教育部人文社会科学青年基金项目成果
（项目编号：12YJC820075）
中国博士后科学基金资助项目成果

周秦时代狱讼制度的

演变

宁全红◎著

人民出版社

目　　录

序　言 ……………………………………………………… 1

绪　论 ……………………………………………………… 1

第一章　研究的前提和基础 ……………………………… 7
　第一节　近现代以来"司法"概念的演进 ……………… 7
　第二节　先秦"狱讼"、"制度"概念之探讨 ………… 22
　第三节　西周以前狱讼模式的初步分析 ……………… 33

第二章　周代狱讼模式探讨之一：西周时期狱讼模式探讨 ……… 44
　第一节　西周时期刑罚的实施与断狱决讼之关系 …… 45
　第二节　西周时期狱讼类器铭辨析 …………………… 61
　第三节　西周时期狱讼模式初步分析 ………………… 83
　余　论 ………………………………………………… 93

第三章　周代狱讼模式考察之二：春秋时期狱讼模式考察 ……… 95
　第一节　春秋时期刑罚的实施与断狱决讼之关系 …… 95
　第二节　春秋时期狱讼史料辨析 …………………… 108
　第三节　关于春秋时期狱讼模式的一些探讨 ……… 122
　小　结 ………………………………………………… 135

第四章　战国时期狱讼制度之考察 …………………… 139
　第一节　《周礼》所载狱讼制度之考察 …………… 139

第二节 《包山楚简》所载楚国狱讼制度之考察 …………………… 160

小 结 ……………………………………………………………… 192

第五章 秦狱讼制度之考察 …………………………………………… 195

第一节 秦中央狱讼制度之考察 ……………………………… 195

第二节 秦地方狱讼制度之考察 ……………………………… 212

小 结 ……………………………………………………………… 251

结 语 …………………………………………………………………… 254

参考文献 ………………………………………………………………… 271

后 记 …………………………………………………………………… 279

序

  人与人之间难免会发生矛盾和纠纷,因而世界各地或迟或早会演化出解决矛盾和纠纷的机制和制度,我国古代相应事物宜称之为狱讼制度。在商以前狱讼类史料匮乏的情况下,研究周秦时代狱讼制度形成和发展的历史,就具有非常重要的意义。长期以来,历史学界关于这方面的研究比较薄弱,学者们多将注意力集中于相关青铜器铭文以及包山简、秦简等出土文献的整理和注释,只有少数学者将出土文献与《周礼》等传世典籍结合起来研究狱讼制度,然亦多未涉及到狱讼制度的发展演变,不能让读者全面了解和把握周秦时代狱讼制度形成和发展的历史。宁全红博士撰写的《周秦时代狱讼制度的演变》一书,在一定程度上弥补了上述缺陷,值得向学人推荐。

  蒙文通先生曾经指出,做学问要敢抓、能抓大问题、中心问题,不要去搞那些枝枝节节无关大体的东西。宁全红博士试图在前辈学者考辨狱讼类文献材料的基础上,梳理周秦时代狱讼制度形成和发展的历程,并且从政治、军事的角度进行分析,试图帮助人们从源头上把握中国古代狱讼制度的成因和特质,很显然属于蒙文通先生所谓大问题、中心问题的范畴。具体地说,宁全红博士在全面归纳西周、东周以及秦等历史时期断狱决讼模式或制度基本内容的基础上,从刑罚是否为断狱决讼的结果、裁决者的确定以及裁决依据等三个方面,总结上述历史时段断狱决讼模式或制度的特点及其发展变化,在此基础上指出战国时期特别是商鞅变法之后我国古代断狱决讼逐渐制度化、定型化,并主要以《商君书》相关记载为依据给予合理之解释。这样就不仅将周秦时代狱讼制度发展史说了个大概,还分析

了其成因,令人不仅知其然,而且在其所以然方面也能够给人非常大之启发。

阅读这本著作,会给人留下比较新颖的印象。这是因为,宁全红博士对于我国古代狱讼制度与西方发达国家近现代司法制度之间的差别有着非常清楚的认识。以往一些学者在西方近现代司法制度框架下研究周秦所谓司法制度,往往容易出现两个方面的问题:一是将周代许多事件理解为所谓司法制度的产物,从而不能向读者正确展示断狱决讼模式逐渐制度化的历程;二是对各个时期的文献作出不中不西的解释,难以在它们之间建立起合理的联系,进而在阐述所谓司法制度发展变迁之际产生一些难以成立的说法。有鉴于此,宁全红博士一开始就分析了近现代以来我国移植西方司法制度的历程以及在中国古代史研究中使用"司法"概念的局限性,并从我国古代文献出发,提出狱讼、裁决者以及裁决依据等概念,以此来梳理或者分析相关史料。这样就形成了比较新颖而且更为接近历史本来面目的研究成果。

"二重证据法"自王国维先生提出之后,成为古史研究的重要方法。周秦时代狱讼制度的研究,既涉及到青铜器铭文、包山楚简、睡虎地秦简、岳麓书院藏战国秦简等出土文献,又涉及到《尚书》、《左传》以及《周礼》等传世文献。上述二类文献有着不同的形成渠道,所记载的内容也大不相同,在合理解释的基础上将它们结合起来阐释狱讼制度的发展变迁,无疑是难度较大的一项工作。前辈学者在此方面虽然已经做了不少研究,然也遗留下来众多问题和分歧。宁全红博士坚信,如果要使用音近通假的方法疏通文献中的字词,必须提供例证,否则缺乏说服力;文献中的案例一定比较清楚地记载事件发生的前因后果;就青铜器而言,铸器者的理由和动机必须要能够得到合理解释。为此,对于一些疑难字,他往往在具体语境中推测其含义,然后在出现该疑难字的其它相关语句中进行验证,通行无碍则予以采纳。正因为如此,宁全红博士在青铜器铭文、包山楚简以及秦简狱讼类文献方面提出了一些比较新颖的解释,并将其与可靠的相关传世文献结合起来,得出让人耳目一新的结论。

总之,《周秦时代狱讼制度的演变》一书有助于学术界了解中国古代狱讼制度的形成和特点,有助于理解近现代司法制度发展演变的历程,甚至有可能为正在进行的司法改革提供有益参考!相信随着时间的推移,该书的学术价值将会日益显现出来。

是为序!

彭裕商

2015 年 9 月 8 日于江安花园

绪　　论

人生而有群,这既是维持人类生存繁衍之必须,也是纠纷产生之根源。与动物依靠气力争斗不同的是,人类很早就已经懂得通过一定的过程并依据一定的规则来解决纠纷,我国古代文献往往称之为"断狱讼"。先秦时期的狱讼制度处于产生、发展和逐渐完善的阶段,对后世相关制度产生至关重要的影响。目前,人们尚无条件利用关于夏商时代狱讼的直接资料,春秋战国时期形成和流传的关于夏商时代狱讼的记载又未必属于夏商时代的狱讼史实,故而研究我国狱讼制度的起源和早期运行存在难以解决的困难。在学界公认我国古代狱讼制度在秦代基本成型的情况下,关于周秦时代狱讼制度的演变的探索有利于深化对于我国古代狱讼制度本质和特征的认识。

自 20 世纪初以来,学者们对周秦时代狱讼制度给予较多关注,并留下大量研究成果。如果按照时段进行分类的话,大致说来可以分为西周狱讼(司法制度)研究、春秋时期狱讼制度(司法制度)研究、战国时期狱讼制度(司法制度)研究,秦狱讼制度(司法制度)研究以及先秦时期狱讼制度(司法制度)的整体研究,现概述如下:第一,关于西周时期狱讼的研究。一些学者以《尚书》、《周礼》、《易经》以及《诗经》等为依据,在近现代法学视角或者框架下,对于西周所谓司法机关、司法权力的归属、诉讼审判制度和原则、刑罚执行制度、法官责任制度以及诉讼观念等进行探讨。由于史料解读和分析受到西方近现代司法理论和制度的过度影响,其结论是否能够比较客观真实地再现西周时期狱讼颇令人疑虑。"古史辨"运动兴起之后,学人们对于传世上古文献的形成和流传有了更为清醒的认识,日益重视不断获取新材料来形成创新观点,出土文献因而日益受到重视。在这种学风的影响下,很多学者开始利用西周青铜器铭文研究西周时期狱讼问题。然而,青铜器铭文上的文字距今已远,

很多在现有条件下难以释读,学者们对一些器铭是否涉及狱讼以及具体内容众说纷纭,不能达成共识。在此情形下,一些学者努力从一些青铜器铭文归纳出所谓西周诉讼制度。客观地说,历史学者更加注意从青铜器铭文出发,在没有任何"前见"的前提下进行归纳并总结,但是,他们毕竟生活在近现代法律制度环境中,在释读乃至组织材料过程中难以避免受到其影响。法学界则仍然在近现代法律和法学框架下讨论所谓诉讼主体、诉讼程序等问题。众所周知,王国维提出的"二重证据法"对于学界的影响非常之大,在历史研究特别是先秦史研究中广泛应用。法学界也努力将出土青铜器铭文和先秦文献结合起来讨论西周所谓司法制度。实事求是地说,法史学者在古文字和文献训诂方面的训练匮乏,受到西方近现代法律制度和理论的影响过深,他们所从事的研究基本上是将青铜器铭文相关史料纳入近现代以来诉讼法律制度框架,由此产生成果的学术价值总的说来比较有限。

第二,关于春秋时期狱讼的研究。与西周不同的是,关于春秋时期的历史,《左传》和《国语》等传世典籍有相对详细的记载。一些法学界人士因而据以研究春秋时期所谓司法制度。在基本上未接受历史学训练的情况下,他们在利用少数案例归纳春秋时期狱讼制度及其特点的过程中,一方面没有考虑狱讼的本来含义,因而在利用案例方面过于泛化;另一方面,他们又在近现代司法制度和理论的影响下对案例作过多解读。突出地表现为,很多研究者完全不顾"为政在人"的时代特征,将一切与刑罚有关的事件均视为所谓司法裁判的结果,进而将相关史料纳入西方近现代司法制度和理论的框架进行解释,由此而产生的所谓起诉、审判以及证据之类制度是很让人怀疑的。如果相关研究还建立在缺乏阅读古典文献的基本能力的基础上,这就意味着关于春秋时期狱讼的研究恐怕需要另起炉灶!

第三,关于战国时期狱讼制度的研究。由于秦火之故,关于战国时期狱讼的研究可资利用的史料只有《周礼》以及包山楚简等。《周礼》为学界公认为产生于战国时期,为作者对于天下归一之后的官制的设想。《周礼》中狱讼相关记载或多或少反映西周以迄战国时期的狱讼实际。或基于这样的认识,一些学人或者完全从《周礼》出发,或者将《周礼》与出土文献结合起来讨论周代狱讼制度。这方面的工作多由历史学者完成:一方面,他们需要遵循从史料出发,尽可能反映历史本来面目的基本原则和规范;另一方面,在研究的过程中,他们也使用近现代法律制度相关概念和制度。他们努力将二者结合起来或者调和二者之间的紧张关系,其成果因而表现出亦中亦西、亦古亦今的特点。由于没有传世文献以资对比,包山楚简的释读存在比较大的困难。在彭浩、刘信芳以及陈伟等古文字学界杰出学者的参与下,学人在利用包山楚简方面有较好基础,也因而出现据以研究所谓楚国诉讼制度的较多成果。无论是历史学者也好,还是法律学者也好,在研究过程中似乎未能考虑楚国所谓司法制度与春秋时期狱讼的关联以及在战国时期特定背景下的变化,也未能深入考察其与西方近现代以来司法制度之间的区别,在研究过程中利用大量西方近现代司法概念。这也就意味着他们在研究楚国狱讼的过程中已经受到西方近现代司法制度的影响和制约。一旦不能完全做到从史料出发进行归纳,而是掺杂主观和异己成分,像这样取得的成果的价值就可能具有局限性。各诸侯国自行发展使狱讼制度在战国时期越来越具有地方性,这就为比较研究提供了可能。如果能够做到从史料本身出发,从战国时期秦楚二国实际出发进行研究,本来可以取得很有价值的成果。遗憾的是,一些学者难以摆脱近现代以来中国法制史研究传统的制约,对楚秦两国所谓起诉制度、审判制度,以及证据制度所做的比较研究成果需要重新审视。

第四,关于秦代狱讼制度的研究。在秦代狱讼制度可资研究的史料方面,除了睡虎地秦简以外,先后出土的龙岗秦简、里耶秦简以及岳麓秦简等都非常珍贵(里耶秦简以及一些新近出土秦简狱讼类部分尚未公布)。就上述出土秦简的考释而言,古文字学界做了大量工作,为秦代狱讼制度研究打下了比较良好的基础。令人遗憾的是,学人们在西方近现代司法制度的过度影响下,在众多关于秦所谓司法制度的研究成果中,所谓诉讼、审判和量刑制度、刑事责任、有罪推定与无罪推定原则、侦查和审判中对证据的注意以及所谓行政兼理司法等方面的表述比比皆是。与此同时,一些研究者在利用史料的过程中存在史料与观点脱节的问题。至于秦代狱讼制度何以如此,怎样发展变迁而来之类问题,迄今为止都没有引起学界的重视。值得一提的是,日本学者籾山明在吸收古文字学界相关成果、对秦汉简牍中狱讼相关术语作精细辨析的基础上,从"程序的复原"、"询问的原理"以及"乞鞫与失刑"三个方面比较系统地

论述秦至汉初的刑事程序。从中国古代原始材料出发整理出秦汉刑事诉讼程序以及使用中国固有概念或者术语是他相关研究的重要特色。不仅如此,他以《对李斯的审判》为题,将传世文献与出土材料紧密结合起来,从个案的角度论述秦代狱讼程序的实际运作,这在目前的研究中尚不多见。① 在秦简不断出土的今天,古文字学界和历史学界越来越愿意在考释方面下功夫,这固然是非常重要的研究工作,却也不能止步于此,在秦代狱讼制度的整体研究方面亟待引起足够的重视。

第五,关于周秦时代狱讼制度的整体研究。学者们除对某一时期某一方面的狱讼制度进行专题研究外,还在诸如中国古代司法制度史之类著述中对于先秦时期狱讼制度作整体论述,也有一些学者从不同的角度论述先秦狱讼制度的某个侧面。这类研究从徐朝阳、张金鉴等开始。与前面所述相似的是,他们也难以脱离中西杂糅的窠臼。不仅如此,"古史辨"运动的积极成果——对于上古伪史的破除没有引起研究者们的足够重视,表现为很多研究者仍然从夏甚至黄帝开始论述所谓司法制度问题。历史学意义上的从问题出发进行研究以及系统阐述狱讼制度的沿革方面鲜有值得称道之成果。

如果努力从先秦狱讼制度研究成果中挖掘有些价值的成份的话,可以这么认为,就狱讼相关出土文献而言,众多学者几乎对其中每一个字词、每一段记载均已经进行非常深入的探讨和争鸣。不仅如此,学者们对先秦时期狱讼制度从各个历史时期、各个侧面进行了探讨,至少在制度层面的研究是如此。虽然由于各种原因显得很不完善,然而,它们可以帮助后来者在更短的时间内对各个历史阶段的狱讼制度进行更为合理的梳理以及探讨。有鉴于此,先秦狱讼制度的研究似可从以下几个方面进行:第一,先秦狱讼相关史料的汇集和考证。迄今为止,绝大多数相关研究都是在诸如"司法"、"诉讼"、"审判"之类等源自西方的概念、制度以及理论的视角下进行,未能对其内涵和外延以及应用于中国古代狱讼研究之际应注意的问题作深入考辨和分析,大量与狱讼根本无关的史料于是在"司法"、"诉讼"以及"审判"的名义下加以使用,造成研究工作的混乱。因此,学人们应在确定"狱讼"的准确含义的基础上搜集相

---

① 参见籾山明:《中国古代诉讼制度研究》,上海古籍出版社 2009 年版。

关史料,考察各种史料产生和反映的时代和地点,等等,在此基础上解决史料的正确释读和理解问题。就传世文献而言,像《左传》中"九刑"这样的记载究竟是指周代制定的刑法还是刑罚,《易经》中的讼卦的含义究竟如何等很多问题,迄今仍然众说纷纭。又如《周礼》,学界基本上认为产生于战国中期,然而,它到底是作者的理想还是人们以现实为基础掺杂若干理想。诸如此类的问题若不能解决,必然会影响后面的研究。就出土文献而言,无论是青铜器铭文也好,还是简帛也好,很多字词难以释读,诸如琱生簋之类铭文是否涉及狱讼迄今为止分歧犹存。像这样的问题不能解决或者解决得不好,很难说可以拿出令人信服的成果。因此,在狱讼的视角下收集相关史料,对史料的时代、地点以及内容作更为合理的释读和考察仍然是目前需要引起高度重视的工作。

第二,关于周秦时代狱讼制度的更加符合其本来面目的研究。在中西方政治与社会组织的形成和结构、政治与社会制度产生的环境和条件、人们的思想观念乃至自然环境这样一些对于狱讼(司法)制度具有决定、制约或者影响的因素均存在显著差别的情况下,中西方狱讼(司法)制度也存在较为重大的差异。在研究过程中,将西方司法制度和理论作为参照物无可厚非,甚至是很有必要的。这样可以让人们更好地理解中西方狱讼(司法)制度之间存在的差异,进而更加注重从中国古代实际出发、用可靠而且经正确释读的史料还原我国先秦时期的狱讼制度。不过,研究者不能继续像以往那样直接使用西方近现代以来的司法相关概念和制度(理论)框架。在今后的研究中,学人们应当注意从先秦时期的狱讼史料出发,根据我国古代政治社会实际形成合理的研究框架,以便对狱讼制度进行更加科学的研究,使之更加符合历史本来面目。

第三,更加准确地把握先秦狱讼制度的发展趋势,在此基础上进行更为合理的解释,甚而创建能够对先秦时期狱讼现象和制度演变做出有效说明和解释的理论。学习和研究历史,不是为研究而研究,归根结底是为了帮助人们正确理解和把握现实,从历史中吸取经验教训以便更好地解决现实问题。在此过程中,人们需要时刻警惕的是屈历史以就现实,甚至像以往那样搞"影射史学"。为此,学人们首先应该基于求真的精神尽可能合理地还原历史。只有

这样,所谓历史为现实服务才有意义。让历史为现实服务的方式有两种,一种是从历史中挖掘性质基本相同或者相似的事件,考察其前因后果,这样可以让人们避免重蹈覆辙。另外一种是从历史中发现趋势、规律,甚至在其基础上提炼出对某类现象具有说服力的理论。由于它经历"去粗取精,去伪存真,由此及彼,由表及里"的工作,人们对于某一类现象不再停留于感性认识阶段,而是进入理性认识阶段。这样,人们就有可能在对某一类现象的认识和处理方面更加得心应手。因此,探索周秦时代狱讼发展趋势、规律,实现先秦狱讼理论之创新,应该是历史学者更高层次的追求。

基于上述认识,本文试图考察周秦时代狱讼制度的发展和演化,分析狱讼制度发展变迁的原因,亦即在恰当梳理周秦时代狱讼制度发展历程的基础上进行合理解释,以便完成研究之目标。为此,本文仍然分周、战国以及秦这几个阶段来考察周秦时代狱讼制度发展与演变。与相关研究不同的是,本文试图在确定先秦时期"狱讼"的涵义的基础上来收集相关史料,对那些存在争议的释读,本文尽可能提出能为更多学者所接受的解释。以此为基础,本文主要从裁决者的确定、刑罚处罚之发展以及裁决依据等方面来梳理史料,考察各个时期的狱讼制度。当然,本文也力求全面而真实展示各时期狱讼模式或者制度的全貌。在结语中,本文将从上述三个方面归纳和总结周秦时代狱讼制度的发展趋势,在分析其原因的基础上提出具有规律性认识。

第一章　研究的前提和基础

　　如前所述,以往绝大多数学人研究先秦狱讼制度都是在"司法"的名义下进行。"司法"的含义究竟为何? 像这样的研究为什么存在前面所述的问题? 这一部分拟在考察近现代"司法"含义的基础上回答这样的问题。研究内容应当受到研究题目的限制,否则就会出现"下笔千言,离题万里"的情形。对"狱讼"进行相对准确的界定,不仅对于史料的选择,而且对于思路的发展和框架的拟定,均显得非常必要。在西周以前,争端或者纠纷以及裁决长期存在,相关实践或对周、秦时代狱讼制度发生重大影响,故而有必要在现有条件下对周以前狱讼进行考察。因此,这一部分拟从以上所述三个方面进行探讨。

第一节　近现代以来"司法"概念的演进

　　"司法"之类语词,在南北朝之际已经出现。比如,(思廉)"寻除河间郡司法",[1]又,"以竖眼为持节镇南军司法"。[2]隋唐之际改为"司法参军",涉军事。比如,"司马冯孝慈、司法参军吕玉并骁勇善战"。[3]宋延续之,不过职掌有所变化,开始涉断狱决讼事。比如,"诏注诸道司法参军皆以律疏试判"。[4]又,"司法参军掌议法断刑"。[5]有宋一代,司法掾也可以参与裁断狱讼。比如,"凡诸州狱则录事参军与司法掾参断之"。[6]由上观之,"司法"在中国古

---

① 姚思廉:《陈书》卷二十七,中华书局 1972 年版,第 354 页。
② 魏收:《魏书》卷七十,中华书局 1974 年版,第 1558 页。
③ 魏征等:《隋书》卷六十五,中华书局 1973 年版,第 1530 页。
④ 脱脱等:《宋史》卷一,中华书局 1977 年版,第 12 页。
⑤ 脱脱等:《宋史》卷一六七,中华书局 1977 年版,第 3976 页。
⑥ 脱脱等:《宋史》卷一九九,中华书局 1977 年版,第 4967 页。

代基本上为职官之名,其职掌随时间的变化而变化。

近现代以来,随着中西文化的碰撞与交流,西方大量概念不断涌入中国,中国传统的"司法"术语的含义因而发生一些变化。相对较早使用"司法"术语的是何如璋,作为"充使日本"的"疏陋小臣",他撰写了出使过程中的见闻,言及日本明治以来的官制。其中指出,日本内设三院九省。三院之一的大审院"掌邦法者也,内外裁判所隶之"。裁判所的具体职能为何,何氏未加说明,故其所谓"掌邦法"是执法还是依法审判尚不能确定。"司法"省属九省之一,其职责为"明邦刑",也就是公布刑律。① 何氏很有可能只不过听取日人的大致介绍而已,对三院九省的相互关系以及具体运作不甚了了。在何氏心目中,"司法"(省)不过是公布法律的机构而已。

清朝驻日本使馆参赞黄遵宪向清政府提供日本情况的报告书,"数年间与日本朝野广泛交往,披览文献档案,访问调查,观察思考,举凡礼乐兵刑、工商文教诸项,皆潜心了解和研究",②在此基础上完成五六十万言的皇皇巨著《日本国志》。其中,《国统志》详细阐述日本由君主之国向民主之国的演变过程,记载日本明治维新之后"置元老院、大审院,敕建立宪政体"诸事。敕的具体内容为:"更设元老院以定立法之源,置大审院以巩司法之权,又召集地方官以通民情,图公益,渐建立宪政体。"黄遵宪就此解释道:"立宪政体盖谓仿泰西制,设立国法,使官民上下分权立限,同受治于法律中也。"③《职官志》详细介绍元老院、大审院以及包括司法省在内的九省之组成和职掌。元老院曾专议政事,④大审院负责受理上诉,审批上等裁判所送呈罪案,裁决异议,审理官犯和国事犯以及辨明和补正法律疑义、阙失,各级裁判所则听理民事、刑事各案。检弹非违、告发公诉由检事负责。⑤ 司法省古为刑部省,据"朕囊敕司法省,本国家之成宪、酌各国之定律,修撰《改定律例》一书,今编撰告成,朕乃与内阁诸臣辩论裁定,命之颁行,尔臣僚其遵守之"这样的记载可知,⑥司法省

① 参见罗森等:《早期日本游记》,湖南人民出版社1983年版,第64页。
② 吴振清:《日本国志》,天津人民出版社2005年版,"前言"第2页。
③ 黄遵宪:《日本国志》,天津人民出版社2005年版,第83页。
④ 参见黄遵宪:《日本国志》,天津人民出版社2005年版,第352页。
⑤ 参见黄遵宪:《日本国志》,天津人民出版社2005年版,第387—388页。
⑥ 黄遵宪:《日本国志》,天津人民出版社2005年版,第655页。

在明治维新初期曾享一定的立法权。后来"日本政府遂一意改用西律,敕元老院依拟佛律、略参国制,以纂定诸律"。① 立法权移归元老院,司法省于是仅主"释律意、选刑官、请恩赦"之类。② 由此可见,黄遵宪对于日本明治维新之后颇具三权分立特征的政治制度的叙述已经比较全面和深刻。然从《日本国志》的体例安排来看,黄遵宪基本上是将其置于传统中国学术范式之中予以考察,这或许反映黄遵宪对于中国学术传统的坚持和情感。与此相关的是,就"司法"概念的使用而言,明治天皇之敕明确指出"置大审院以巩司法之权"。然而,在相关场合,黄遵宪仍然写道:"帝(武烈天皇)听决狱讼,摘伏如神。"③"泰西论者专重刑法,谓民智日开,各思所以保其权利,则讼狱不得不滋,法令不得不密。"④可见在黄遵宪心目中,司法无裁断纠纷之义,相关职能由"狱讼"充当。因此,黄遵宪对于"司法"的使用很可能是因为日本有司法省的存在,并未将"司法"与中国之"狱讼"发生联系。

康有为撰《日本变政考》,详细介绍日本政治制度的演变过程。比如,刑法事务局初督监察、弹纠、捕亡、断狱、刑律事。⑤ 后改为刑部省,掌鞫狱、定刑名、判诸争讼等。⑥ 后又改为司法省,总括各裁判所,除监督裁判事务官员各尽其职、总提新法草案、各裁判所建设之便宜外,还审定疑谳、论决重要之罪犯。⑦ 其司法长官在后来的改革中职掌又限于"司法上之行政、警察及恩赦事务,监察裁判之执行,监督行政事务付裁判所。"⑧然在中国传统社会中成长起来的康有为,仍习惯性地使用"狱讼"这样中国固有的术语。比如,"凡裁判重大之讼狱"⑨、"良吏无所援以断竞争之狱"⑩等。这并不意味着康有为对于"司法"的理解没有发生变化。在关于明治元年三月新定官制之叙述中,他写

① 黄遵宪:《日本国志》,天津人民出版社 2005 年版,第 655 页。
② 黄遵宪:《日本国志》,天津人民出版社 2005 年版,第 387 页。
③ 黄遵宪:《日本国志》,天津人民出版社 2005 年版,第 39 页。
④ 黄遵宪:《日本国志》,天津人民出版社 2005 年版,第 653 页。
⑤ 参见康有为:《日本变政考》,中国人民大学出版社 2011 年版,第 12 页。
⑥ 参见康有为:《日本变政考》,中国人民大学出版社 2011 年版,第 53 页。
⑦ 参见康有为:《日本变政考》,中国人民大学出版社 2011 年版,第 92—93 页。
⑧ 康有为:《日本变政考》,中国人民大学出版社 2011 年版,第 288 页。
⑨ 康有为:《日本变政考》,中国人民大学出版社 2011 年版,第 100 页。
⑩ 康有为:《日本变政考》,中国人民大学出版社 2011 年版,第 117 页。

道:"刑法官掌总判法律,监察纠弹,捕亡断狱等事,是为司法,为执权官。"①这应该是中国历史上较早将总判法律、断狱诸事等与"司法"联系起来的记载。之后,在论及日本新立政体之际,康有为指出:"司法官,主执宪掌律,绳愆纠谬者也。"就像耳目主视听一样,司法者在政治体中主听断之责。② 这样的言论表明康有为对于司法依法审判,解决社会纠纷的职责和功能的理解已经相当接近西方近现代以来司法实际情况。故而,人们对于像"盖自三权鼎立之说出,以国会立法,以法官司法,以政府行政,而人主总之,立定宪法,同受治焉"③这样的言论丝毫不应觉得奇怪。

作为康有为学生和理论鼓吹者的梁启超更是如此。将梁氏关于孟德斯鸠学说的论述与严复在《法意》中的翻译进行对照,可以比较清楚地考察梁氏的立场以及他所谓"司法"之具体所指。梁启超认为,行政、立法、司法三权鼎立,不相侵轶,以防政府之专恣,以保人民之自由。其中,司法之权归于法院。此说由孟德斯鸠提倡。④ 在进一步阐述孟氏学说之际,他指出:"又谓司法之权,若与立法权或与行法权同归于一人或同归于一部,则亦有害于国人之自由权。盖司法权与立法权合,则国人之性命及自由权必至危殆。盖司法官吏得自定法律故也。司法权与行法权合,则司法官吏将藉其行法之权以恣苛虐故也。若司法立法行法三权合而为一,则其害更甚,自不待言"。⑤ 严复力主维新变法,提倡西学,为此翻译大量西方学术著作,《法意》即为其中之一。梁氏所谓"司法权与行法权合",相当于《法意》中"于何政府王者可为法官"以及"行政官不宜为刑法官"两部分。严复译《法意》中与梁启超所谓"司法"相应的成分使用的是"狱讼"、"鞫狱"等中国传统术语。比如,"以国君而主狱讼,其弊尚有不可胜言者"。⑥

---

① 康有为:《日本变政考》,中国人民大学出版社 2011 年版,第 22 页。

② 参见康有为:《日本变政考》,中国人民大学出版社 2011 年版,第 24 页。

③ 康有为:《请定立宪开国会折》,夏新华等:《近代中国宪政的历程:史料荟萃》,中国政法大学出版社 2004 年版,第 16 页。

④ 参见梁启超:《各国宪法异同论》,《梁启超法学文集》,中国政法大学出版社 2000 年版,第 2—3 页。

⑤ 梁启超:《法理学大家孟德斯鸠之学说》,《梁启超法学文集》,中国政法大学出版社 2000 年版,第 23 页。

⑥ 孟德斯鸠:《法意》,严复译,商务印书馆 1981 年版,第 115 页。

又，"不徒君主不可以鞠狱也，即行政大臣为之，亦大不便"。① 梁氏所谓"司法立法行法三权合而为一"，相当于《法意》中所谓"刑狱之柄执于一官何如"以及"读罗马旧史，则知刑狱之柄，凡执于一官，未有不为暴者"。② 因此，梁氏所谓"司法"相当于严氏所谓"狱讼"、"刑狱"等。

日本学者也参与讨论晚清法制变革问题，小林里平就是其中之一。他指出："凡政治机关，可分为二，曰立法，曰行政。行政更分为二，曰行政，曰司法。行政、司法之二权必须分辖，世之学者多赞其说，文明各国咸采用之。"③这是他阐述中国司法制度改革的标准或者参照物。他认为，帝舜举皋陶为士师，使掌刑狱，司法、行政二权已分。大体言之，后世设官分职没有违背这样的原则。不过，若详细考察，二权混同之弊尚多。满清官员多兼管行政和司法，事务繁重，应接不暇，加之无司法经验，因而大量设置幕宾。幕宾们无责任而本官依之如左右手，定罪轻重一以任之，是一切司法弊害之根源。故而，"夫听断，重事也，民命所关，最宜慎重。不可不示之以威，任之以专。"④以此为原则，小林里平就相关官制改革问题发表系列看法，主张以所谓文明各国（实际上是西方资本主义发达国家）司法制度为蓝本，对晚清职官制度进行改革。与之相应的是，小林里平直接用"司法"、"行政"这样的术语来解读所谓中国古代士师掌管刑狱之情形，完全没有像严复那样冷静地看到："从中国之道而言之，则鞠狱判决者，主上固有之权也，其置刑曹法司，特寄焉而已，故刑部奏当，必待制可，而秋审之犯，亦天子亲勾决之。凡此皆与欧洲绝异而必不可同者也。"⑤总而言之，自康有为始，很多中外学者或思想家主张按照西方资本主义发达国家（特别是日本）司法制度和理论模式改革中国传统狱讼制度。与此相应的是，他们径直使用西方"司法"以替代中国传统之"狱讼"术语。

像这样一些在学术界有巨大影响之人士的意见一旦传播开来，就有可能为朝廷官员所接受。比如，御史吴钫完全赞同总司核定官制王大臣关于行政

---

① 孟德斯鸠著：《法意》，严复译，商务印书馆1981年版，第116页。
② 孟德斯鸠：《法意》，严复译，商务印书馆1981年版，第117页。
③ 小林里平：《支那司法制度改革私议》，《江苏》1902年第3期。
④ 小林里平：《支那司法制度改革私议》，《江苏》1902年第3期。
⑤ 孟德斯鸠：《法意》，严复译，商务印书馆1981年版，第116页。

官而兼有立法权、行政官而兼有司法权以及司法官而兼有立法权之弊的奏折，主张"司法独立，揆时度势，最为切实可行"。① 奕劻在奏折中指出："查立宪各国，以立法、行政、司法三项分立为第一要义，原奏亦谓立宪之精义，在以国家统治之权分配于立法、行政、司法三机关……"②达寿则指出："旧时宪法之精神，在于三权之分立。三权分立之说，在昔孟德斯鸠本有误解，彼之所言，谓国家立法、行政、司法三大权，宜各设特别之机关而行使之，互相独立，不受牵制。是说由今观之，不能无弊……大抵近今立宪国家，固以孟氏之论为基础，然舍美国实行分权制度外，余则未有不曲加改良者。"③由此可见，虽在具体实施层面略有分歧，立法、行政、司法三权分立之说，在清廷部分高层官员中间已达成一定共识，这样就会对政治实践产生重大影响。光绪三十二年（1906 年）钦奉懿旨宣布："大理寺著改为大理院，专掌审判。"大理院对此奏称："臣等伏思司法职权以行政分立，欧美各国其始第征诸学说，其后即见诸实行，咸以此为宪法之要义。故西人所谓裁判权虽属司法之一端，而独立不羁……凡一切组织机宜，必符合各国立宪之精神，乃成一代完全之制度。"④也就是说，大理院以西方立宪和司法独立之精神为主要依据建议朝廷定其职掌和官制。不仅如此，宪政编查馆与资政院在会同奏请颁布宪法大纲之际指出："其必设议院协赞立法监察财政者，即由保障臣民权利义务之义而生，其必特设各级审判官以行司法权者，即由保障法律之义而生，而立法、行政、司法，则皆总揽于君上统治之大权。"⑤

以上理想或者设想均须通过审判衙门的建立和运行落到实处。为此，清廷先后议定颁行《大理院审判编制法》、《各级审判厅试办章程》以及《法院编

---

① 《御史吴钫奏厘定外省官制请将行政司法严定区别折》，《清末法制变革史料》（上卷），中国政法大学出版社 2009 年版，第 390—391 页。

② 《宪政编查馆大臣奕劻奏议复修订法律办法折》，《清末法制变革史料》（上卷），中国政法大学出版社 2009 年版，第 71 页。

③ 《考察宪政大臣达寿奏考察日本宪政情形折》，《清末法制变革史料》（上卷），中国政法大学出版社 2009 年版，第 84 页。

④ 《法部大理院奏核议大理院官制折》，《清末法制变革史料》（上卷），中国政法大学出版社 2009 年版，第 241 页。

⑤ 《宪政编查馆资政院回奏宪法大纲暨议院法选举法要领及逐年筹备事宜折》，《近代中国宪政的历程：史料荟萃》，中国政法大学出版社 2004 年版，第 126 页。

制法》等各项法律,基本上仿效日本裁判所建立四级三审的审判制度。① 与此相关的是,在"考列国之成规"、"采最新之学理"和"斟酌中国民俗"②基础上,沈家本先后主持修订《刑事民事诉讼法》、《大清刑事诉讼律草案》、《大清民事诉讼律草案》等程序性法律,均属于法律制度层面司法制度之重要组成部分。关于此类法律,沈家本等起初认为:"窃维法律一道,因时制宜,大致以刑法为体,以诉讼法为用。体不全无以标立法之宗旨,用不备无以收行法之实功。二者相因,不容偏废"。③ 他们在奏请实施《大清民事诉讼律草案》之际指出:"窃维司法要义本匪一端,而保护私权,实关重要。东西各国法制虽殊,然于人民私权秩序维持至周,既有民律以立其基,更有民事诉讼律以达其用"。④由此可见,沈家本等关于诉讼法律制度的认识基本上已经"与国际接轨"。具体地说,《各级审判厅试办章程》主要分为审判通则、诉讼和各级检察厅通则三部分。第一部分主要包括审级、管辖、回避、厅票、豫审、公判以及判决之执行等内容,第二部分主要包括起诉、上诉、证人鉴定人、暂收、保释以及讼费等内容。《大清刑事诉讼律草案》分为四编,第一编为总则,主要内容包括:第一,审判衙门之管辖以及审判职员之回避,第二,原告官、被告人以及辩护人等当事人,第三,讯问、传唤、羁押、搜索、扣押、保管、证言、鉴定、送达以及裁判等诉讼行为。后面各编相继为公诉和公判、上诉、再理、特别诉讼程序以及裁判之执行等。《大清民事诉讼律草案》也分为四编,第一编主要规定审判衙门之管辖、审判衙门职员之回避等;第二编设当事人(包括代理人)之规定;第三编规定普通诉讼程序,其中,总则部分主要包括起诉、准备书状、言辞辩论、证据及调查、裁判、诉讼笔录等内容。这一编还基本上从这些方面就第一审诉讼程序、上诉程序以及再审程序做出具体规定;第四编则规定特别诉讼程序。至

---

① 欧阳正:《民国初期的法律与司法制度》,《中国审判制度史》,上海三联书店 2009 年版,第 281 页。

② 《大清民事诉讼律草案》,《清末法制变革史料》(上卷),中国政法大学出版社 2009 年版,第 542 页。

③ 《修订法律大臣沈家本等奏进呈诉讼法拟请先行试办折》,《清末法制变革史料》(上卷),中国政法大学出版社 2009 年版,第 385 页。

④ 《大清民事诉讼律草案》,《清末法制变革史料》(上卷),中国政法大学出版社 2009 年版,第 542 页。

此,古老的中国在一些有识之士的推动下,在移植西方近现代以来发达国家司法制度基础上初步建设旨在保障民权的司法制度。

需要注意的是,清廷对于预备立宪虽也"期望甚殷",然主张遵循必要的步骤,因为"目前规制未备、民智未开,若操切从事,涂饰空文,何以对国民而昭大信。"清廷以此为由对仿行西法做出明确和更为妥善的安排。① 《钦定宪法大纲》明确规定,总揽司法权为君上大权之一,"委任审判衙门,遵钦定法律行之,不以诏令随时更改。"由此人们可以发现,清廷对于"司法"概念存在异于士大夫的理解之处。其要害在于,君上实际上拥有或者继续控制着司法权。虽然审判衙门依照法律进行审判和判决,不受君上干预,但是,君上拥有颁行法律及发交议案之权,可以召集和解散议院(《钦定宪法大纲》),故在认为必要的时候可以通过制定或者修改法律的方式让审判衙门贯彻其意志。不仅如此,君上可以黜陟百司(《钦定宪法大纲》),故可因为拥有这样的权力而在个案中令审判衙门服从,虽然审判衙门在其主管官员不计得失之际可依照法律来抗衡君上旨意。君上不能因为其私欲而随意干涉审判,这对于维护清廷的统治更为有利,故而像这样的规定实际上完善清廷对于司法的控制。顺理成章的是,清廷在《法院编制法》中规定:"嗣后各审判衙门,朝廷既予以独立执法之权,行政各官即不准违法干涉。该审判官吏等遇有民刑诉讼案件,尤当恪遵国法,审断持平"。② 学者们往往将其理解为清廷赋予审判衙门和审判官员独立审判之权。对此,需要注意的是"独立执法之权"这样的表述。关于"司",《说文·司部》云:"司,臣司事于外者"。在中国古代文献中,"司"多为"主"之义。比如,《诗·郑风·羔裘》:"彼己之子,邦之司直"。③ 学者注曰:"司,主也。"④清廷将"司法"理解为"执法"非常合乎二词的常用意义和使用方法。审判衙门实际上与其他衙门一样执法,不过专司刑民案件而已。

---

① 《宣示预备立宪先行厘定官制谕》,《清末法制变革史料》(上卷),中国政法大学出版社2009年版,第3页。
② 《颁行法院编制法谕》,《清末法制变革史料》(上卷),中国政法大学出版社2009年版,第376页。
③ 《毛诗正义》卷四—三,《十三经注疏》本,中华书局1980年影印版,第340页。
④ 《毛诗正义》卷四—三,《十三经注疏》本,中华书局1980年影印版,第340页。

　　如果将《钦定宪法大纲》所设计的司法制度与清代前期相关制度作一比较，也许可让人们对此看得更为清楚。顺治即位前后，清廷令问刑衙门遵明代律令。顺治三年大清律成，清世祖下诏刊布，要求内外有司官吏敬此成宪，世世守之。雍正即位之后，命大学士朱轼等为总裁，负责修律。雍正五年，清廷颁布《大清律集解》。此后《大清律集解》虽屡经纂修，然仅限于增附律之条例，律文未之或改。若将此过程与《钦定宪法大纲》有关规定相比可以发现，后者不过需要经过议院讨论而已，清廷在贯彻其意志的能力方面未发生实质上的变化。正如 D.布迪和 C.莫里斯所言，清前期的司法制度具有高度集权化的特点，几乎所有的案件最初都由州、县处理。除轻微案件外，州县应将所处理的案件报上级机构，有些案件则要报皇帝本人。① 清廷适应所谓立宪大势设置审判衙门，实质上不过是将审判职能从原来的衙门中分离出来，设置专门审判衙门负责而已。就实施律令而言，清代前期，清廷颁布的律令对于任何一级衙门都有一个绝对的要求，那就是宣判罪行必须援引相应的法律条文。在实践中绝少违反，皇帝也极少直接干预。即便是干预，也未必总是可以达成目的。② 这与"遵钦定法律行之，不以诏令随时更改"几无不同。像这样的政制安排与前面所述三权分立，实际上大异其趣。立宪国家的宪法规定比如总统拥有类似权力，然而，总统对于法律的颁布以及法官的任免，仅仅拥有程序上的权力。在议会通过法律之后，总统基本上难以拒绝颁布；法官在选举中获胜或者赢得议会的提名之后，总统基本上难以拒绝任命。也就是说，总统并不在实质意义上拥有立法权和司法权。这两项权力分别由议会和法院行使，与以总统为首的行政权形成制衡关系。也就是说，清末司法制度虽披上主张仿行西法人士期望的外衣，然躯干未发生实质意义上的变化。

　　晚清司法制度在实际运作过程中，总的说来，多数地方官以词讼刑狱为敛财之方。吏治腐败也使得各项新法令难以通行，就在中央政府改良司法制度的同时，离省僻远之州县，恃大府之耳目难周，竟有恣意酷虐，变本加厉者矣。

---

　　① 参见 D.布迪、C.莫里斯：《中华帝国的法律》，朱勇译，江苏人民出版社 2004 年版，第86 页。

　　② 参见 D.布迪、C.莫里斯：《中华帝国的法律》，朱勇译，江苏人民出版社 2004 年版，第128 页。

都会之地虽然表面上实力奉行,网开三面,而亦无效果可言。① 也就是说,清末司法改革未能有机会改变中国古代长期以来存在的狱讼不公和腐败局面,成为导致清廷土崩瓦解和中华民国诞生的重要因素之一。中华民国全面继承清末法制变革成果,在参酌国情的基础上对其进行修改并付诸实施。有识之士向往和追求英、法、美等国革命之目标,将之作为实现中国繁荣富强的不二法门,为此付诸巨大努力。与此同时,中国法制传统和现实中各种因素对法制变革发挥其巨大影响和制约,共同决定民国司法的发展和演变。

在面临瓜分豆剖,救亡图存的形势非常严峻的情况下,很多中国人在没有来得及对中国未来政治走向进行理性的和深入的探讨,拿出令人信服的理论成果并在最大多数中国人心目中达成广泛共识的情况下,理所当然地将当时国力比较强大的西方列强的政治法律制度视为先进并作为模仿的对象,全然未考虑它们是在何种条件下形成的,当时中国是否具备必要的条件之类问题,简单地认为既然西方列强自建立近现代政治法律制度以后迅速强盛,那么,只要中国向西方列强学习,建立类似的政治法律制度就可以产生同样的效果。在这种大背景和国内各种政治势力的力量对比等因素的共同作用下,打着"中华民国"旗号先后建立的政权颁布的宪法大都规定,司法权由法院行使;法院依照法律审判民事诉讼和刑事诉讼,不受任何人干涉;法院须公开审判,等等。比如,《中华民国临时约法》规定:"法院依法律审判民事诉讼及刑事诉讼","法院之审判,须公开之","法官独立审判,不受上级官厅之干涉"。②《中华民国约法》规定:"司法以大总统任命之法官组织法院行之","法院以法律独立审判民事诉讼、刑事诉讼","法院之审判,须公开之"。③《中华民国宪法》(1923年)规定:"中华民国之司法权,由法院行之","法院依法律受理民事、刑事、行政及其他一切诉讼","法院之审判,公开之","法官独立审判,无论何人,不得干涉之"。④《中华民国宪法》(1946年)规定:"司法院为国家最

① 参见赵晓华:《晚清狱讼制度的社会考察》,中国人民大学出版社2001年版,第274—275页。
② 夏新华等:《近代中国宪政历程:史料荟萃》,中国政法大学出版社2004年版,第159页。
③ 夏新华等:《近代中国宪政历程:史料荟萃》,中国政法大学出版社2004年版,第474页。
④ 夏新华等:《近代中国宪政历程:史料荟萃》,中国政法大学出版社2004年版,第528页。

高司法机关,掌理民事、刑事、行政诉讼之审判及公务员之惩戒","法官须超出党派以外,依据法律独立审判,不受任何干涉"。① 依据前述孟德斯鸠之理论,法院必须独立行使审判权,这也是实践中宪政和法治国家的通常做法。"所谓法院的独立,即法院法官的审判,应不受行政机关和立法机关干涉的意思"。② 因此就以上所述宪法之规定而言,民国政制安排完全符合司法独立之精神,故而,诸如"此项'法官独立审判'的原则,亦为中国历次约法及宪法所恒设的条文"③这样的观点完全可以成立。

在司法机构的设置方面,袁世凯就任大总统后颁布《法院编制法》,废止初级审判厅的设置,民国司法制度由清末四级三审制转变成为三级三审制。就法律层面的司法制度而言,广州军政府在清末刑事诉讼律草案和民事诉讼律草案基础上颁行《民事诉讼律》和《刑事诉讼律》,适用于西南诸省。北洋政府于成立后颁行修订法律馆在清末相关法律基础上修订之《民事诉讼条例》和《刑事诉讼条例》。"民刑诉讼条例完全适用之区域,以新式法院为限,即就此新式法院而言,亦常适用与诉讼条例新法理相违背之追加法令"。④ 为改变一个国家内不同地区适用不同法律的情形,国民政府相继颁布《民事诉讼法》和《新民事诉讼法》以及《刑事诉讼法》和《新刑事诉讼法》。前二部法律不过是在《民事诉讼条例》基础上对一些具体条款加以修订,后面二部法律亦基本上是在《刑事诉讼条例》基础上结合中国实际情况略加修改。⑤ 总的说来,民国时期先后颁行的民刑诉讼法律在基本内容和框架上与清末诉讼律草案相比未发生重大变化。总之,从表面上看,民国时期,中国政府已经在取法西方各国之长并结合中国国情的基础上建立比较完善的司法制度。

制度是历史的产物,是在漫长的历史发展进程中政治、经济、文化等各种条件综合作用的产物。正因为如此,制度如果与决定其产生的各种条件是相

---

① 夏新华等:《近代中国宪政历程:史料荟萃》,中国政法大学出版社2004年版,第1110页。

② 王世杰、钱端升:《比较宪法》,中国政法大学出版社1997年版,第296页。

③ 王世杰、钱端升:《比较宪法》,中国政法大学出版社1997年版,第296页。

④ 欧阳正:《民国初期的法律与司法制度》,《中国审判制度史》,上海三联书店2009年版,第288页。

⑤ 参见谢振民:《中华民国立法史》,中国政法大学出版社1999年版,第981—1030页。

适应的,就能够顺利实行。然而,导致西方列强的司法独立产生的各种条件在中国似乎并不具备。比如,北洋政府公布《县知事兼理司法实务暂行条例》与《县知事审理诉讼暂行章程》规定:在未设审判厅的各县,由县知事自行或在承审员(在不同的时期或者由县知事呈请高等审判厅任命,或是由司法部指派)的协助下审理民刑诉讼,作为第一审的审判机关。审判的方法,则由县知事或承审员相机为之。对于轻微案件,县知事甚至可以不用书面的判决。县知事衙门不适用通行于各级审判厅的诉讼法规,享有相当宽广的裁量权,不但可以在审判前羁押刑案的被告,还可以拘押民事案件的被告。诉讼当事人也不得选任律师在县知事衙门辩护。县知事兼理司法的制度自此以后持续存在,未曾被取代。① 这是法制变革鼓吹者一再抨击的行政权和司法权合一或者行政兼理司法的情形。如果不带偏见地予以看待,人们就可以发现,此类制度不仅在中国有着久远的传统,也有着其客观的条件约束。比如,在司法人才奇缺的情况下,国民政府既没有可能在各县建立完备的司法机构,也没有可能为设置司法机构的各县配备符合法律所规定的合格司法人员。② 又如,国民政府未必有足够的经费维持司法机构的开支。③ 不仅如此,"欲令法院在实际上亦不为其他机关的势力所左右,则法官之任用,与法官身份之如何保障,极关重要。"④而"中国自民国十七年(1928)政府分设五院以来,行政院与司法院成为并行机关;但法官的任用权则向操于司法行政部,与前之操于司法部并无分别。"⑤在法官之任用操于行政之手的情况下,如何指望其独立于行政,不受行政之干涉?

为解决矛盾和纠纷,司法必须持客观、中立的立场,否则不可能产生为矛

---

① 参见欧阳正:《民国初期的法律与司法制度》,《中国审判制度史》,上海三联书店 2009 年版,第 283—285 页。
② 在 1944 年以前,法律系毕业生每年大约三百余名。司法行政部计划自 1942 年起,五年内在全国普设法院,为此需要相关人员达两万以上,由此可知供需缺口何其大也。参见吴学义:《司法人才的供求与待遇》,载《现代评论》1941 年第 5 期。更有甚者,1947 年,由于"司法人员,所需孔亟",在高等考试中竟以四十七分为及格线。参见《快活林》1947 年第 59 期。
③ 比如,"首都自军兴以来,各种政费多受影响,其中以司法经费为尤甚。闻司法院、司法行政部及最高法院等七八两月份经费均未十足领到云。"参见《法律评论》1930 年第 48 期。
④ 王世杰、钱端升:《比较宪法》,中国政法大学出版社 1997 年版,第 296 页。
⑤ 王世杰、钱端升:《比较宪法》,中国政法大学出版社 1997 年版,第 297 页。

盾双方所接受的公平、公正的裁决。这就要求司法人员除忠诚于法律之外，不能服从和服务于任何个人、组织或政党。为此，北洋政府司法总长许世英曾经下令："各该法官等学养有素，中外法理当所熟闻，须知法官一职，绝对处于独立地位，司法之不能干涉他项政治，犹之行政机关之不能干涉司法"。① 北洋政府司法部训令："……各司法机关为保障人民权利而设，凡属法官犹应破除偏私，自处于不党之地位，以保持其独立之精神。乃近闻各省现任法官仍不免挟持党见，广树党援，互相勾结，联为一气，用人既阿其所好，执法安望其持平。实于司法前途大有障碍，亟应严行禁止。"②北洋政府大总统后又重申相关原则和精神："司法独立为法治国之恒规，顾欲保持其独立之精神，一在法官咸循矩矱，不以党系而有所重轻；一在长官各守范围，不以职权而妄加干涉。"③然而，之后的国民政府却开"司法党化"之先河。所谓"司法党化"，就是国民党将其思想和理论作为指导思想或者原则纳入司法理念和司法制度，将其人员和组织作为领导者纳入司法机构，使司法机构完全沦为国民党治国的工具，司法体制完全成为党国体制组成部分。比如，王宠惠曾经提出："为法官者，对于党义，苟无明澈之体验，坚固之信仰，恐不能得适当之裁判"。④ 司法党化实际上是中国近现代史上各种政治势力消长的产物，与国民党在革命的旗号下以武力消灭各种敌对政治势力，掌握国家全部权力的过程相伴随。⑤ 从理论上而言，"一切有权力的人都容易滥用权力，""有权力的人们使用权力一直到遇有界限的地方才休止，"⑥因此，要防止滥用权力，就必须以权力约束权力。这是自古罗马以来就不断形成和演化，而为孟德斯鸠所明确阐述的三权分立以及司法独立的理论基础。这种政制的关键和要义在于，必须存在约束权力之权力，而且，这样的权力必须有足够之力量。然而，我国从来没有像西

---

① 《令京外司法官不得入党文》，《司法公报》第4号，1913年1月15日。
② 《令各省高等审检厅所有各级审检厅法官或无党籍或有党籍未经程名者应填明汇报问》，《司法公报》第2期第6号，1914年3月15日。
③ 《大总统令》，《政府公报》第1610号，1920年8月8日。
④ 李在全：《法治与党治：国民党政权的司法党化（1923—1948）》，社会科学文献出版社2012年版，第189—191页。
⑤ 参见李在全：《法治与党治：国民党政权的司法党化（1923—1948）》，社会科学文献出版社2012年版。
⑥ 孟德斯鸠：《论法的精神》，张雁深译，商务印书馆1982年版，第154页。

方那样产生因利益或者其他诉求发生矛盾的各种政治势力在长期斗争中形成大体平衡的力量,国民党在一党独大、通过武力夺取全部权力的情况下,有可能根据西方的理论和实践让司法权独立以限制自己的手脚吗?汪精卫的回答颇具代表性:"国民党的政权,是费代价而来的,谁个不愿意,也须费点代价,想政府无故而拱让,是做不到的。"①

具体而言,国民党于1924年在借鉴俄共布尔什维克模式的基础上进行改组,在党章中将"纪律"列为专章,要求党员必须遵守党的纪律。后来,国民党在"一大"通过的"纪律问题"决议案中明确规定,"民主主义的集权制度"为其组织原则,着重强调诸如服从之类党员的义务。在此基础上,孙中山主张"以党治国","用本党的主义治国"。② 李剑农对此敏锐地指出:"此后政治中所争的将由'法'的问题变为党的问题了;从前是约法无上,此后将为党权无上;从前谈法理,此后将谈党纪……"③"以党治国"学说后成为司法党化的理论基础,训政时期的政权与治权都由国民党行使,作为五种治权之一的司法权必须要掌控在国民党手中,是国民政府司法党化的法理逻辑。蒋介石领导国民党在形式上实现中国国家统一,集党政军大权于一身,实行以党统政,以党统军。④ 地方党政略有分际,致使矛盾和纠纷频频发生,最终导致地方也朝党政一体化方向发展。⑤ 全面抗战爆发后,蒋介石及其领导的国民党对党政关系进行调整,加强国民党对各级政府的控制,并将其政令贯彻到基层组织,形成高度集权的政治体制。⑥ 在这种政治体制下,司法为国民党完全控制。具体体现为,国民党中央各机关拥有解释法令和变更判例的最后权力;司法机构的组成及大部分司法权受国民党控制;司法机构领导人由国民党决定,他们本身也是国民党党员。因此,司法机构在行使司法权时,要受党的政策和政纲限

---

① 李芦洲编:《国民政府的功绩》,天津庸报社1936年版,第84页。
② 王奇生:《党员、党权与党争 1924—1949年中国国民党的组织形态》,上海书店出版社2009年版,第1—26页。
③ 李剑农:《最近三十年中国政治史》,上海太平洋书店1932年版,第531页。
④ 参见王奇生:《党员、党权与党争 1924—1949年中国国民党的组织形态》,上海书店出版社2009年版,第170页。
⑤ 参见田湘波:《中国国民党党政体制剖析(1927—1937)》,湖南师范大学2004年度博士论文。
⑥ 参见赵红:《抗战时期国民政府政治体制研究》,吉林大学2011年度博士论文。

制,它们甚至比法律更具有权威性。①

人们如果将国民政府司法制度与清王朝相关制度进行比较可以发现,清王朝官员依法裁判,而国民政府司法官须遵守国民党政策和政纲,在与之不违背的情况下依法裁判;清王朝官员受礼教制约,忠于皇帝,而国民政府司法官员须在灵魂上认同党义,也不能不忠于领袖。像司法党化这样的做法即便在国民党内部也受到批判,然而,反对者多数被迫离职。② 归根结底,中华民国司法制度在司法机构及其运作方面,均与清王朝"似曾相识",不过是根据法律(国民党政策和政纲可以看作广义上的法律)来治理民众,维持其统治秩序而已。司法作如是理解才比较符合实际情况。

总而言之,与中国古代作为官名的"司法"概念相比,清末以来的"司法"概念发生巨大的变化。一些士大夫在废除领事裁判权的旗号下不遗余力地推动中国传统的狱讼制度向西方司法制度转型,在清廷的支持下修订包括宪法和民、刑事诉讼法草案在内的系列相关法律制度。中华民国也在宪法上明确规定司法权系与立法、行政鼎立的一种权力,并且制定法院组织法以及民、刑事诉讼法等相关法律。与此相适应的是,"狱讼"话语基本上退出历史的舞台,在人们的心目中,"司法"逐渐替代"狱讼"成为履行审判职能,解决纠纷,维持社会秩序的符号和象征。不过,广大推动中国相关制度朝着西方发达国家司法制度转型的士大夫心目中的"司法"概念与实际上掌握国家权力者心目中的"司法"概念的含义并不一致。前者将司法权视为与立法权、行政权分立和制衡的权力,将"司法"及其职能视为通过法定程序进行审判,依法保障公民的合法权利,维持社会秩序。后者却将司法权视为其掌握的国家各项权力的组成部分,视"司法"为依照其制定的法律进行审判,维持统治秩序的工具。如果说清廷乃至北洋政府还未来得及依据清末法制变革成果建立比较完善的司法机构并进行运作的话,南京国民政府则建立党国一体的国家制度,通过党化司法等方法,将仿照西方发达国家相关制度建立起来的旨在保障公民

---

① 参见田湘波:《中国国民党党政体制剖析(1927—1937)》,湖南师范大学 2004 年度博士论文。

② 李在全:《法治与党治:国民党政权的司法党化(1923—1948)》,社会科学文献出版社 2012 年版,第 173—177 页。

权利的司法机构和司法制度改造成为贯彻其意志和利益的一种权力或者一种手段。就像这样形成的司法制度,成为众多中外学者研究中国古代相关制度之际理所当然的参照系或者"前见",无论是在概念还是在制度框架方面均是如此。如果人们承认上述现象之出现有着深刻的传统文化根源的话,那么,回归历史,回顾一下中国古代狱讼制度产生、发展和成型的历史,也许有助于人们更为深刻地理解近现代以来中国司法制度的变迁。而欲真正回归历史,首先必须在概念方面做一番正本清源的工作,这样才有可能做到祛除"前见",真正做到从史实出发,重建中国古代狱讼制度的发展史。

第二节　先秦"狱讼"、"制度"概念之探讨

郑玄在注疏《周礼》之际指出:"争罪曰狱,争财曰讼"。① 文献中有不少支持这种看法的记载。比如,"非佞折狱,惟良折狱,罔非在中。察辞于差,非从惟从。哀敬折狱,明启刑书胥占,咸庶中正。其刑其罚,其审克之"。② 大意为折狱须明启刑书,其结果或为刑或为罚。又如,"决狱折中,不杀不辜,不诬无罪,臣不如宾胥无,请立为大司理"。③ 据此,大司理决狱应做到"不杀不辜,不诬无罪"。换言之,决狱意味着决定施刑与否。"狱"因而为王朝、诸侯国审断与罪、刑相关的事务。"讼"在先秦典籍中较为多见。比如,"周公将与王孙苏讼于晋,王叛王孙苏,而使尹氏与聃启讼周公于晋。赵宣子平王室而复之。"④这是周公与王孙苏因为争权而发生争端。又如,"天地设而民生之。当此之时也,民知其母而不知其父,其道亲亲而爱私。亲亲则别,爱私则险,民众而以别险为务则民乱。当此之时,民务胜而力征。务胜则争,力征则讼,讼而无正,则莫得其性也。"⑤"讼"在这里意为人们为权、利而发生之争端。然而,人们不能简单根据上述文献记载而认同郑玄之观点,"狱"、"讼"在文献中

---

① 《周礼注疏》卷十,《十三经注疏》本,中华书局 1980 年影印版,第 708 页。
② 《尚书正义》卷十九,《十三经注疏》本,中华书局 1980 年影印版,第 250 页。
③ 黎翔凤:《管子校注》卷二十,中华书局 2004 年版,第 447 页。
④ 《春秋左传正义》卷十九,《十三经注疏》本,中华书局 1980 年影印版,第 1854 页。
⑤ 蒋礼鸿:《商君书锥指》,中华书局 1986 年版,第 51 页。

也时常通用。比如，"谁谓雀无角，何以穿我屋？谁谓女无家，何以速我狱？虽速我狱，室家不足。谁谓鼠无牙，何以穿我墉？谁谓女无家，何以速我讼？虽速我讼，亦不女从。"①"狱"、"讼"显然属于作者为避免重复而作同义替换，这意味着"狱"、"讼"用法和含义相同或者相近。又如，"王叔陈生与伯舆争政。王右伯舆，王叔陈生怒而出奔。及河，王复之，杀史狨以说焉。不入，遂处之。晋侯使士匄平王室，王叔与伯舆讼焉。王叔之宰与伯舆之大夫瑕禽坐狱于王庭，士匄听之"。② 在《左传》和《国语》中，像这样的例子尚有很多。孙诒让在《周礼正义》中对黄度所谓"小曰讼，大曰狱"表示赞同，他进一步指出："盖凡以小事相争者，所竟既小，其罪甚轻，不必具要辞，直身至官质之而已。故经云：'已而造焉民讼'，明讼者身两至即足听断也。以大事相告者，所论既大，其罪较重，则不徒身至官，必兼要辞以备反复抵冒，故小经云：'以两剂禁民狱'。明其必先入要辞文字，不徒身两至而已也。然则狱讼者，以其事之大小为异，束矢之轻于钧金，亦其证也。"就前述史实而言，狱之结果通常为刑罚，而讼之结果往往不及于此。黄度、孙诒让的观点有合理之处，李衡梅对此也表示赞同。③ 然而，文献中也不乏反证。比如，"卫侯与元咺讼，宁武子为辅，针庄子为坐，士荣为大士。卫侯不胜，杀士荣，刖针庄子，谓宁俞忠而免之，执卫侯，归之于京师"。④ 士荣被杀，针庄子被刖，连国君也被执而送于京师，其罪不可谓不重，文献中用的却是"讼"。又如，"晋邢侯与雍子争鄐田，久而无成。士景伯如楚，叔鱼摄理，韩宣子命断旧狱，罪在雍子"。⑤ 诸如争田之类事件，《左传》中多不及于刑罚。在此案例中，若不发生后来"赂以买直"、"鬻狱"以及"专杀"之事，很可能也不及于此，文献中用的却是"狱"。既然如此，人们应该寻求关于"狱"、"讼"的其他合理解释。《说文解字》："讼，争也，从言公声。"人们因故发生争端或纠纷，在无法自行解决的情况下，往往会寻求共同认可之第三者或者朝廷予以解决，这在文献中往往称之为"折狱"、"断

---

① 《毛诗正义》卷一，《十三经注疏》本，中华书局 1980 年影印版，第 288 页。
② 《春秋左传正义》卷三十一，《十三经注疏》本，中华书局 1980 年影印版，第 1949 页。
③ 参见李衡梅：《狱讼辨析》，《人文杂志》1987 年第 4 期。
④ 《春秋左传正义》卷十六，《十三经注疏》本，中华书局 1980 年影印版，第 1827 页。
⑤ 《春秋左传正义》卷四十七，《十三经注疏》本，中华书局 1980 年影印版，第 2077 页。

狱"、"坐狱"之类。比如,"昔者齐庄君之臣,有所谓王里国、中里徼者,此二子者,讼三年而狱不断"。① 前述王叔陈生与伯舆争政的例子也是如此。像这样对"狱"、"讼"进行的解释,在先秦文献绝大多数场合通行无碍。当然,像这样解释也不是没有例外。比如,论及晋国对于卫侯与元咺之讼的处理,周天子指出:"夫君臣无狱,今元咺虽直,不可听也。君臣皆狱,父子将狱,是无上下也"。②《吕氏春秋》亦有类似记载:"秦之野人,以小利之故,弟兄相狱,亲戚相忍"。③ 综合以上情况,或可以认为,一般而言,人们因各种事由发生争端和纠纷,提请第三者裁决曰"讼",予以审断曰"狱";对于争端或纠纷之处断,如果不涉及刑罚曰"讼",反之则曰"狱"。各种文献的产生时间和地域有别,或者就是上述例外产生的原因。换句话说,在某些时期、某些地区,人们对于"狱"、"讼"的理解与一般情况下略有不同。当然,也不能排除个别情况下一些人在使用过程中比较随意的情形。本文像这样使用传世先秦文献中"狱"、"讼"的通常含义,应该不致引起什么歧义。

在先秦语言中,概念往往由单字充当。"制"亦如此,它通常指长期沿袭而为人们所认同故而对人们有约束力的规范。比如,"先王之制:大都,不过参国之一;中,五之一;小,九之一"。④ 这是先王关于都邑而发布的命令;"苟主社稷,国内之民其谁不为臣? 臣无二心,天之制也"。⑤ 这是习以为常而为人们认为理所当然之规范,是否系先王藉天的名义发布不得而知;"大子奉冢祀、社稷之粢盛,以朝夕视君膳者也,故曰冢子。君行则守,有守则从。从曰抚军,守曰监国,古之制也。"⑥这也是古代流传下来而为诸侯国长期遵守的规则。诸如此类之记载,《左传》中尚有很多。尽管在一些记载中缺乏直接的证据将"制"与王者之命令联系起来,然而,像这样做基本上可以对《左传》中的"制"进行合理的解释。郑玄注《礼记·曲礼下》"士死制"曰:"制,谓君教令

---

① 吴毓江:《墨子校注》,中华书局 1993 年版,第 339 页。
② 徐元诰:《国语集解》,中华书局 2002 年版,第 55 页。
③ 许维遹:《吕氏春秋集释》卷十九,中华书局 2009 年版,第 515 页。
④ 杨伯峻:《春秋左传注》,中华书局 2009 年版,第 11 页。
⑤ 杨伯峻:《春秋左传注》,中华书局 2009 年版,第 198 页。
⑥ 杨伯峻:《春秋左传注》,中华书局 2009 年版,第 268 页。

所使为之"。① 也许不是偶然为之。关于"度",《说文·又部》:"度,法制也"。在先秦典籍中,"度"又可指"法度",引申为"合乎法度"。比如,"今京不度,非制也。"②其中"不度"意谓共叔段居京城不合乎法度。又如,"楚令尹子旗有德于王,不知度。与养氏比,而求无厌。王患之。"③其中"不知度"应该是指不知君臣之间的法度。由以上分析可知,先秦文献中的"制"、"度"与近现代以来的"制度"不可同日而语,经常分别指不同的规范。比如,"宪律制度必法道,号令必著明,赏罚必信密,此正民之经也"。④ 这样的记载中的"宪"、"律"、"制"、"度"应分别指不同的规范。所谓"制度以陈,政令以挟,官人失要则死,公侯失礼则幽,四方之国有侈离之德则必灭"⑤中之"制度"也与之类似。"制度以陈"与"政令以挟"的结构类似,"政"、"令"显然分别有所指,"制"、"度"也只能如此。在先秦典籍中,"制度"有时连用,不能分开,它们往往指在位者制定有关贵贱、爵禄等方面的规定,其主要目的是为了确定人们相关行为之边界。比如,"太上以制制度,其次失而能追之,虽有过亦不甚矣。"⑥其中,"制度"指的是"……先王制轩冕足以著贵贱,不求其美;设爵禄所以守其服,不求其观也。使君子食于道,小人食于力"⑦等。"且夫富,如布帛之有幅焉,为之制度,使无迁也"⑧这样的记载可作为旁证。由"革制度、衣服者为畔,畔者君讨"⑨这样的记载可知,制度一旦形成,颇具有强制性,一旦违反就要受到惩罚。

　　后面的分析表明,"制"(或许也包括"度")有时充当断狱决讼之依据。除此以外,在周秦时代典籍中几乎再无"狱讼"与"制度"之间的交集。这就意味着,就"狱讼制度"而言,人们不能在周秦时代典籍中"制度"通常的意义上

---

① 《礼记正义》卷四,《十三经注疏》本,中华书局1980年影印版,第1260页。
② 杨伯峻:《春秋左传注》,中华书局2009年版,第12页。
③ 杨伯峻:《春秋左传注》,中华书局2009年版,第1366页。
④ 黎翔凤:《管子校注》,中华书局2004年版,第301页。
⑤ 王先谦:《荀子集解》,中华书局1988年版,第216页。
⑥ 黎翔凤:《管子校注》,中华书局2004年版,第298页。
⑦ 黎翔凤:《管子校注》,中华书局2004年版,第298页。
⑧ 杨伯峻:《春秋左传注》,中华书局2009年版,第1150页。
⑨ 《礼记正义》卷十一,《十三经注疏》本,中华书局1980年影印版,第1328页。

使用它。与之同时,在使用"制度"这个概念的时候又必须令其切合周秦时代历史实际。在秦汉以降的中国法制史中,"狱讼"通常由律令予以规定。有鉴于此,本文从以下几个方面来界定并使用"制度"概念:其一、制度是以法、令、律、典等形式发布的规范。"先王之制"通过沿袭和言传而长期存在,往往是不成文的。以法、令、律、典等形式发布的规范则与之明显不同,它们是成文的。其二、制度一旦制定出来,具有较大的稳定性。"先王之制"与"为政在人"的时代相适应,一旦有人认为它们不适应形势和时代发展的需要,就有可能导致"先王之制"发生或小或大的变动乃至消亡。与之相反的是,以法、令、律、典等形式出现的制度,除非以朝廷的名义进行修改,不因人的改变而改变,也不因人的注意力的改变而改变。其三、制度是以军队、刑罚和监狱等为后盾保障实施的规范,因而具有较强的约束力。"先王之制"对于后人具有道义上的约束力,有些时候或许比"制度"的约束力更为强大,然而,人们也经常基于利益需求等原因选择性地遵守。进而言之,所谓狱讼制度就是国家以法、令、律、典等形式发布的关于断狱决讼所必须遵循的强制性规范,无论裁决者、裁决过程以及裁决依据均如此。像这样界定"制度",使用了周秦时代的法、令、律、典等概念,故而不会发生削足适履问题。而且,法、令、律、典等是历史演化的产物,通过观察和分析它们的萌芽、成长以及不断发展完善的过程,有助于人们观察和分析周秦时代狱讼制度的变迁。

前面之所以详细叙述清末以来司法制度及与之相应的"司法"概念的演变,是为了比较清晰地展示当时学人们成长和研究所处的法制环境,说明在没有对近现代以来"司法"概念进行比较理性而深刻的反思以及辨析的情况下,上述因素很可能会成为人们研究先秦时期狱讼制度的"前见",限制学人们研究过程中概念、研究范式和框架的使用。也就是说,像这样的回顾有助于人们理解为什么近现代以来会出现像第一部分介绍的那样关于先秦狱讼(制度)的研究成果。在先秦"狱"、"讼"应作如上理解的情况下,近现代以来关于先秦狱讼制度的研究究竟存在什么样的问题? 就此问题而言,首先应该极其重视严复在翻译孟德斯鸠《法意》过程中有关"司法"的处理和评论。作为对中国传统文化知之甚深的学者和思想家,严复对狱讼与司法二者之间的区别与联系进行了比较清晰的阐述。比如,"从中国之道而言之,则鞫狱判决者,主上固有之权也,其置刑曹法司,特寄焉而已,故刑部奏当,必待制可,而秋审之犯,亦天子亲勾决之。凡此皆与欧洲绝异而必不可同者也。"①这样的制度明显属于孟德斯鸠批判之"以国君而主狱讼,其弊尚有不可胜言者"②的情形,自然不便将其与孟德斯鸠据以批评的参照系或标准——"三权分立"之司法相提并论。须知"三权分立"乃清末士大夫所言立宪政体之政治架构,系清末变法之目标,而非清末变法而导致的现实,更非中国古代的历史实际,似不能用于阐释先秦时期之政制。中国古代本无国体、政体之说,人们讨论无非封建、郡县以及礼乐政刑而已。退一步而言之,即便采用西方所谓国体、政体理论来分析,先秦时期的政制也与"三权分立"绝然不同。吕思勉认为,我国国家之成,历经三时代:(一)部落时代;(二)封建时代;(三)郡县时代。③ 封建在我国为"封邦建国"之简称,其道有三:"慑服他部,责令服从,一也。替其酋长,改树我之同姓、外戚、功臣、古旧,二也。开辟荒地,使同姓、外戚、功臣、古旧移植焉,三也。"拓殖于外者于其故主固有君臣之分,慑服者于其上国亦有主从之别。④ 此既与欧洲封建存在质之区别,⑤亦与立宪政体存天壤之别。依照国体决定政体之理论,国体既不同,与之相应之政体理当绝然不同。这固然是从西方史料归纳出来的理论,然而,从中国古代的历史来看也是如此。吕思勉认为,我国政体,于君主政体、贵族政体和民主政体均有形迹可求,后君主之治独存。就后面的论述观之,我国先秦时期实为君主之治。⑥ 既然如此,人们没有任何理由利用政制层面之"司法"阐释周秦时代狱讼问题。

即便从法律制度层面之"司法"言之,直接用西方司法制度和理论框架来理解和解释先秦狱讼制度(模式),亦存在诸多不便。作为司法制度重要组成部分之民事诉讼法、刑事诉讼法之类,本为通过程序以防止司法机关之专断,保障公民的合法权益。比如,管辖可以预防司法机关为自身利害或他人请托而将案件置于自己的控制之下的情形,辩护制度系为防止司法机关漠视有利

---

① 孟德斯鸠:《论法的精神》,严复译,上海三联书店 2009 年版,第 78 页。
② 孟德斯鸠:《论法的精神》,严复译,上海三联书店 2009 年版,第 77 页。
③ 参见吕思勉:《中国制度史》,上海教育出版社 2005 年版,第 241 页。
④ 吕思勉:《中国制度史》,上海教育出版社 2005 年版,第 242 页。
⑤ 参见冯天瑜:《"封建"考论》,武汉大学出版社 2006 年版。
⑥ 参见吕思勉:《中国制度史》,上海教育出版社 2005 年版,第 262—270 页。

于被告人权利之事实,证据制度在很大程度上阻止司法机关任意出入人罪或者因偏袒一方而作出对另外一方当事人之判决,上诉制度则通过上级司法机关的介入和审查,改正冤案或者不公。与之完全不类的是,我国先秦时期狱讼制度,至少在一统天下之政治实体形成之后,不具备保障公民合法权益这样的使命和任务,在很大程度上不过是治民之具而已。生搬硬套地使用一套就职能和精神而言与先秦时期相关制度完全不同的制度和概念体系对其进行阐释,很容易陷入削足适履的困境;强行将一套有机的现象和制度置于完全异质的理论框架,正如将有机体剁成碎片置于可以形成一个有序整体的网格一样,表面看起来很有条理、比较完整,然而失去了其本来面目。因此,人们还是应该从先秦时期的历史事实出发,用归纳的方法,勾勒出狱讼现象和制度运行的实际和逻辑。

在翻译《法意》的过程中,严复使用"狱讼"来翻译人们通常认为西方自古罗马以来属于"司法"的情形。因此,阐明我国古代的"狱"、"讼"究系何指,解释为什么严复可用之于彼而不可用彼之"司法"来阐释先秦时期之"狱讼"非常重要,否则即构成上述论述之反证。如果像前面那样按照"狱"、"讼"的通常用法来看待严复在《法意》中对于西方"司法"的翻译,似合情合理。如前所述,西方自古罗马以来,往往将诉讼分为刑事诉讼和民事诉讼,前者通常因严重侵犯公民合法权益、社会秩序以及公共利益,由国家专门机关发动,以判处被告刑罚告终;后者通常因侵犯其他公民合法权益,由公民自己发动,以判处被告财产赔偿而告终。因此,前者与我国先秦时期"狱"的含义类似而后者与"讼"的含义类似。故而,在严复所译《法意》之《各国私律繁简》一章中,诸如"法廷不一,民讼得择而赴诉之,是之为便,固于社会无所甚损者也。然亦有难者,则一狱之兴,孰定其宜决于何廷耶"①以及"是故专制之君,虽欲使民无讼可也"②之类中,民讼显然是指我国古代因为田土细故发生之争端,法廷受理并审断,恰与"狱"之第一种含义相同。在严复所译《法意》之《各国公律繁简》一章中,诸如"吾人脱不幸以财产之见夺,抑身家之受侵,其奔走而吁之

---

① 孟德斯鸠:《论法的精神》,严复译,上海三联书店2009年版,第72页。
② 孟德斯鸠:《论法的精神》,严复译,上海三联书店2009年版,第72页。

于法廷也,恨不得斯须而得直,顾听吾狱者,必文法之为循,徘徊焉,审虑焉,迟之又久,而后能断"①之类,明显是指公民财产受到严重侵犯者,"听狱"之"狱",前述二种含义均可适用。它处如"罗马鞫狱,沿希腊旧制,视讼端不同,鞫之之法亦异",②国家有关机构受理和审断曰"鞫狱","讼端"是指因为各种事由而发生争端,"鞫之之法亦异"或意味着,如果案件局限民事曰"讼",而达至刑罚处罚则曰"狱"。严复所译《法意》涉及诉讼部分均可以像这样进行解释。也就是说,我国先秦时期的"狱"、"讼"概念外延比较宽泛,完全可以包括西方司法所指称的对象。反过来,如前所述,西方"司法"概念的外延不能包括我国先秦时期的一些现象。因此,在先秦相关研究中,我们还是应该使用"狱"、"讼"这样的概念。与此同时,我们应将研究局限于其外延可以包括的范围。

就使用清末变法以来各类政权所谓"司法"的实质含义来观察和分析中国古代狱讼制度(模式)而言,也存在难以克服的困难和障碍。这样做或许符合我国秦汉以来"以法治国"的传统,却未必符合先秦时期的历史实际。迄今为止,有关先秦时期"法律"的形成和演化之研究尚处于混沌状态,缺乏为人们普遍接受的、能够对先秦时期相关历史现象进行有效解释的论著。如果使用前述概念,无疑事先在头脑中植入"法律"的形象,然后以之来观察先秦时期的相关史实,这就陷入一些学者所谓以秦汉以来的现象和制度来倒推先秦时期历史的问题。③ 具体地说,秦汉以后,历代王朝通常依法而断,在归纳秦汉以后相关现象和制度的基础上形成理论定势,认为先秦时期狱讼也是依法而断;秦汉以后的狱讼已经制度化,认为先秦时期的狱讼也已经制度化。需要特别注意的是,秦汉以降的政治和制度固然是先秦时期政治和制度逐渐演化的结果,然而,以这样的结果来倒推先秦时期的情形,是非常危险的,因为秦汉以后的相关现象和制度与先秦相比基本上已经发生翻天覆地的变化。这个问题事关本文研究对象和范围之确定,大多数或者绝大多数从事相关研究的人

---

① 孟德斯鸠:《论法的精神》,严复译,上海三联书店 2009 年版,第 73 页。
② 孟德斯鸠:《论法的精神》,严复译,上海三联书店 2009 年版,第 75 页。
③ 参见徐祥民:《对中国古代法制研究中几个思维定势的反思》,《中国社会科学》2002 年第 1 期。

都在此问题上误入歧途,故而需要详细辨析。

关于传说中尧舜时代的施刑方式,在传世文献中不乏相关记载。比如,"象以典刑,流宥五刑,鞭作官刑,扑作教刑,金作赎刑,眚灾肆赦,怙终贼刑。"①又如,"流共工于幽洲,放驩兜于崇山,窜三苗于三危,殛鲧于羽山:四罪而天下咸服。"②又如,"皋陶,惟兹臣庶,罔或于予正。汝作士,明于五刑,以弼五教,期于予治。刑期于无刑,民协于中,时乃功,懋哉!"③很多学者据以得出结论,尧舜时代已经制定刑法,经过审判,舜放四凶。专司审判的官员为"士",皋陶曾经担任此职。即使不考虑上述记载在多大程度上反映传说中尧舜时代的历史(一些记载很可能打上后世的烙印),非常明显,论者也已经根据前述近现代以降司法制度和理论的定势对于史料作过多的解读。这是因为,上述史料字里行间根本不含"狱"、"讼"二字,根本无从得知曾经发生争端以及舜或者担任"士"之皋陶进行过审理。历史实际很可能正如林剑鸣所言:"当时的氏族家长,对内拥有无尚的权威,甚至对于族内成员可以任意处置。"④他又指出:"在没有国家,没有法律的原始社会,每个氏族内部之所以能取得各个成员间的'和谐'关系,保持氏族的生存和发展,正是建立在这种家长的绝对权威和全族成员盲目服从的愚昧状态的基础之上的。"⑤所谓家长依据绝对权威任意加以处置似更为符合《舜典》和《大禹谟》本意。可以合理想象的是,在自然条件恶劣,生产力水平低下,人烟非常稀少的时代,人们聚族而居,规模不会很大。违反秩序乃至危及群体生存之人,有无必要经过类似后代的审理以查明事实?

关于夏商时代的施刑状况,传世文献为后人留下的记载也非常匮乏。对于因而显得十分珍贵的史料而言,迄今为止,绝大多数相关研究者也走得太远。比如,"用命,赏于祖;弗用命,戮于社。予则孥戮汝。"⑥又如,"尔尚辅予一人,致天之罚,予其大赉汝。尔无不信,朕不食言。尔不从誓言,予则孥戮

---

① 《尚书正义》卷三,《十三经注疏》本,中华书局1980年影印版,第128页。
② 《尚书正义》卷三,《十三经注疏》本,中华书局1980年影印版,第128页。
③ 《尚书正义》卷四,《十三经注疏》本,中华书局1980年影印版,第135页。
④ 林剑鸣:《法与中国社会》,吉林文史出版社1988年版,第12页。
⑤ 林剑鸣:《法与中国社会》,吉林文史出版社1988年版,第12页。
⑥ 《尚书正义》卷七,《十三经注疏》本,中华书局1980年影印版,第155页。

汝,罔有攸赦。"①又如,"自今至于后日,各恭尔事,齐乃位,度乃口。罚及尔身,弗可悔"。② 又如,"乃有不吉不迪,颠越不恭,暂遇奸宄;我乃劓殄灭之,无遗育,无俾易种于兹新邑。"③又如,"百姓怨望而诸侯有畔者,于是纣乃重刑辟,有炮格之法。"④一些学者将上述记载与《左传》"夏有乱政而作禹刑,商有乱政而作汤刑……"⑤结合起来,在将"禹刑"、"汤刑"理解为法律之后,将《甘誓》、《汤誓》、《盘庚》以及"炮格之刑"等明显在战争或征伐过程中发布的军令普遍化,解释为夏商时代的法律,进而认为夏商王朝依照这样一些法律进行审判,施行相关刑罚。有关学者应该注意的是,《甘誓》、《汤誓》以及《盘庚》系因战争和迁徙这样"国之大事"而发布的命令,没有任何史料证明它们也适用日常生活。其次,"禹刑"、"汤刑"之类,即便可以理解为刑书,然其与前述记载的时代不合:"禹刑"、"汤刑"兴于叔世,而前述记载反映的时代却并非如此。如果注意到叔向所谓"昔先王议事以制,不以刑辟",则夏商时期是否依法而断就应该打上很大的问号。其实,在传世文献中也不难发现所谓依法而断的反例。比如,"比干曰:'为人臣者,不得不以死争。'乃强谏纣。纣怒曰:'吾闻圣人心有七窍。'剖比干,观其心。"⑥这样的记载只能证明如林剑鸣所说的那样纣依其拥有的绝对权力实施刑罚,未见其经过审理过程。依据这样的模式反观《甘誓》、《汤誓》以及《盘庚》中的命令,非常明显也是在征伐和迁徙过程中,如果出现命令所禁止的行为,他们就要令出必行,有必要如后世一样经过审判吗? 在远古漫长的历史时期,人们之间不可能不发生纷争,也就会出现断狱决讼问题。它们是如何得以解决的? 正如后面的分析所表明的,今人只能在现有条件下作有限的推测。

关于西周时期的狱讼,历史学界比较通常的做法是依据出土文献进行考察,很多成果基于狱讼相关铭文的考释以及探讨,相关问题留待后面详细讨

---

① 《尚书正义》卷八,《十三经注疏》本,中华书局 1980 年影印版,第 160 页。
② 《尚书正义》卷九,《十三经注疏》本,中华书局 1980 年影印版,第 170 页。
③ 《尚书正义》卷九,《十三经注疏》本,中华书局 1980 年影印版,第 171 页。
④ 司马迁:《史记》卷九《殷本纪》,中华书局 1959 年版,第 106 页。
⑤ 《春秋左传正义》卷四十三,《十三经注疏》本,中华书局 1980 年影印版,第 2044 页。
⑥ 司马迁:《史记》卷九《殷本纪》,中华书局 1959 年版,第 108 页。

论。有关春秋时期狱讼的论著相对较少,存在的问题也比较严重。以笔者本人为例,在关于春秋时期狱讼的三篇论文中,笔者运用的史料大致可以分为二类:一类的确与狱讼有关,比如《春秋时期的狱讼初探》列举的贵族或诸侯国之间因为争夺田土、权力而发生的狱讼,元咺与卫侯间因卫侯听信谗言杀死元咺之子而发生的狱讼。① 另一类则与狱讼无关。与狱讼无关的史料占论文中所运用之史料的绝大部分,②其中少数史料或许值得一辨。比如,公孙楚与公孙黑争夺徐吾犯之妹,齐与鲁汶阳之田之争。就前者而言,子皙欲杀子南而取其妻,子南击之以戈。"大夫皆谋之"。子产认为:"直钧,幼贱有罪。罪在楚也。"乃执子南而数之,令其速行。③《左传》中固然出现"子皙伤而归,告大夫曰:'我好见之,不知其有异志也,故伤'"这样的记载,这其实是子皙在遇见大夫之后为自己辩解,不过为获得舆论之同情而已。这里的"告"很难理解为控告。从子皙所言内容来看,其中并没有请求大夫们处罚子南,为其报仇之类后世狱讼常见的内容。就后者而言,汶阳之田初属鲁,后为齐占据。成公二年,晋使齐人归鲁汶阳之田。④《左传》并未提及鲁向作为盟主的晋提请,并在晋的主持下与齐辩论,经由晋裁决归鲁。成公八年,"晋侯使韩穿来言汶阳之田,归之于齐",⑤季文子只能私下表示异议而已。上述记载的一个共同特点是,在人与人或者国与国之间出现争端之际,执政或者盟主直接处理,未经历过审理和裁决的过程。当初之所以将其列入狱讼类史料而加以考察,是因为没有做到从史料出发,而是从未经司法审判不得定罪处刑这样近现代刑事法律基本原则出发,对史料作错误解读的结果。秦汉以后,我国形成比较完善的律令体系和狱讼审判制度,通常在审判之后对人进行刑罚处罚。如果因此而认为先秦时期刑罚处罚也如后世经历审判的过程,恐怕会和笔者一样犯同样

---

① 参见宁全红:《春秋时期的狱讼初探》,《重庆师范大学学报》(哲学社会科学版)2006 年第 6 期。

② 参见宁全红:《从〈左传〉看春秋时期狱讼的基本特征》,《司法》第 4 辑,厦门大学 2009 年版;《春秋时期狱讼的确定性问题初探》,《法律文化研究》第五辑,中国人民大学出版社 2009 年版。

③ 《春秋左传正义》卷四十一,《十三经注疏》本,中华书局 1980 年影印版,第 2022 页。

④ 《春秋左传正义》卷二十五,《十三经注疏》本,中华书局 1980 年影印版,第 1896 页。

⑤ 《春秋左传正义》卷二十六,《十三经注疏》本,中华书局 1980 年影印版,第 1904 页。

的错误。这也许就是相关研究出现类似问题的缘故吧？

　　语言及由其构成的概念和理论，通常应该与特定时代、特定地域相一致，因为语言往往是某一时期某一地域约定俗成的结果。在古今、中西之间，无论沧海桑田也好，政治社会制度也好，差异和变化极其巨大，与之相应的约定俗成语言也会发生极其巨大的差异或者变化。因此，人们在研究过程中，应该从特定时代和地域中的史料出发去归纳和总结出概念和研究范式，套用一个时代、一个地域极具有地方性的概念和范式去研究其他时代、其他地域表面类似的现象，就会因为削足适履而误入歧途。在战国以前，现存的文献往往表明，在出现严重危害社会秩序的人和事之后，统治者利用其权威和权力直接对其进行处罚，恢复社会秩序。至少从文献本身来看，人们不能认为经过狱讼审判过程。像这样的情况只会在出现纠纷进而引发"讼"之后。如果不能去除头脑中近现代刑事诉讼范式和秦汉以后狱讼审判模式的"前见"，人们就有可能对秦以前史料作过度的解读，从而令周秦时代狱讼研究误入歧途。

第三节　西周以前狱讼模式的初步分析

　　周秦时代狱讼模式（制度）系在之前狱讼模式基础上发展而来。即便其间发生变化，在一些具体方面也有可能构成其源。故而研究周秦时代以前的狱讼模式有利于人们认识周秦时代的狱讼模式（制度）。而且，对于狱讼模式变化及其原因的探讨有可能产生颇有价值的发现。因此，研究西周之前的狱讼对于本文而言显得十分必要。传世文献关于尧舜时代以及夏代的记载仅具有传说的性质，其间也许反映远古时代一些历史信息，然而，在研究中难以把握，前面业已作些许探讨。因此，这一部分的研究就从商代开始。

　　由于殷墟甲骨的大量出土，一些学者基于甲骨文这样对于殷商史而言的第一手材料开展大量研究，其中也涉及所谓司法审判问题。比如，徐义华认可于省吾关于"听"的释读，并将其与《尚书·洪范》孔疏"听者，受人言、察是非也"以及《书·大传·周传》"诸侯不同听"之注"听，议狱也"、严一萍所谓"谓王听政，然亦可能为听狱"结合起来，将卜辞中王和一些贵族之"听"理解为听狱。理由是，听政属于王的正常职责范围，以占卜结果决定是否听政的概率较

小。专门听狱的次数较少,因而占卜听狱的可能性较大。① 对此似有必要作进一步探讨,首先,很多甲骨文的释读是否准确尚存疑问。不仅如此,后世学者关于《尚书·洪范》以及《书·大传·周传》中"听"的注释本来就带有很大的主观成分,在具体语境中的注释能否普遍化需要斟酌。而且,徐氏所列举的甲骨文本身并不能确保其与听政或听狱有关,故而其后的论述纯属臆断。宋镇豪认为,"惟商耇成人,宅心知训"指的是向商遗老旧贵认真学习领会商司法经验。在"外事,汝陈时臬司,师兹殷罚有伦"以及"汝陈时臬事,罚蔽殷彝,用其义刑义杀"等语中,"外事"指听讼审判,"事罚蔽殷彝"意谓断狱判罪可依据殷彝即殷法。这两句话包含:(一)向司法部门提起诉讼、案件被受理、司法审判;以及(二)核准、断狱、定罪、量刑、施刑等司法程序。② 非常明显的是,"训"所指的范围非常广泛,从上下文来看,不是一定与狱讼有关。其余解释也明显超出史料所能蕴含的信息,它们更有可能是指依照故殷常法实施刑罚,而不一定经过类似后世的审判。一些学者之所以将"外事"理解为与狱讼有关是因为康叔担任司寇,正确理解它们的关键因而在于对司寇职掌的把握。从金文相关记载来看,西周的刑罚狱讼诸事,并无专门职官负责。西周中晚期的司寇之主要职掌是防治盗贼,维持治安,并非专职审判。主掌刑罚狱讼之事者并非司寇。这种情形一直延续到春秋时期。③ 这样,人们就很难将上述《尚书》相关记载理解为与狱讼有关。总而言之,人们将甲骨文与《尚书》等传世文献及相关注疏结合起来研究商代狱讼应该非常慎重,这不仅因为甲骨文的释读尚难以达到比较确切的程度,也因为由于《尚书》等文献成书较晚,与甲骨文难以契合无间。

目前,太史公在其《史记》中留下多处关于虞、芮之讼的记载可能是人们考察西周以前狱讼的几乎唯一可靠的依据。比如,"西伯阴行善,诸侯皆来决平。于是虞、芮之人有狱不能决,乃如周。入界,耕者皆让畔,民俗皆让长。

---

① 参见徐义华:《商代国家与社会》,中国社会科学出版社2011年版,第578—579页。
② 参见宋镇豪:《夏商法律制度研究》,《夏文化研究论集》,中华书局1996年版,第153页。
③ 参见徐祥民:《春秋时期的司寇是法官吗?》,《郑州大学学报》(哲学社会科学版)2002年第1期。

虞、芮之人未见西伯，皆惭，相谓曰：'吾所争，周人所耻，何往为，祇取辱耳。'遂还，俱让而去。"①又如，"诗人道西伯，盖受命之年称王而断虞芮之讼"。②又如，"周西伯政平，及断虞芮之讼，而诗人称西伯受命曰文王"。③ 这很可能是太史公为凸显"西伯盖受命之君"而无意遗留下的史实，应该是关于前周时期狱讼现象比较真实的记录。迄今为止，关于虞芮之讼，除极少数学者外，基本上未进行专门研究。宋代学者吕祖谦在评论《左传》史实之际附带论及这个问题。他指出："昔者文王听虞芮之讼而商道始衰。听讼，非文王之心也。东冰西炭，冻者不得不西；左渊右陆，溺者不得不右。虞芮之讼，文王未尝招之使来，盖麾之不能去也。文王虽不与虞芮期，而虞芮自至，故议者以二国之向背，筮商周之兴亡也。舜避朱，禹避均，益避启，其辞其受，未尝不视狱讼之所归以为决。虞芮之讼，近舍朝歌，而远趋丰镐。彼纣虽倔强于酒池肉林间，直寄坐焉耳……"④观其主要目的，"吾尝持是而观后世隆替之由，权在则昌，权出则亡，未有失其权而国不随亡者也。"⑤也就是说，他从虞芮之讼这样的史实发现人心向背对于国之兴衰的重大意义，进而藉以评论"周公、王孙苏讼于晋"这一问题。王晖也讨论了与虞芮之讼相关的文王受命称王的问题以及它对于商周战略形势转变所产生的影响。⑥ 不过，他并未探讨虞芮之讼本身。因此，从狱讼的角度讨论虞芮之讼及其所反映的前周时期狱讼现象，在对一些具体问题进行考证的基础上，结合商周之际的地理和政治架构，对虞芮之讼相关史料进行深入挖掘，不仅有可能让人们了解其所反映的前周时期的狱讼情况，在人们不能想象更为原始的解决纠纷的方式的情况下，这样的研究也可以让人们认识或推测更为久远时代的断狱讼情况。

《史记正义·括地志》记载了毛苌对于虞芮之讼的进一步阐述："虞、芮之君相与争田，久而不平，乃相谓曰：'西伯仁人，盍往质焉。'乃相与朝周。入其

---

① 司马迁：《史记》卷四《周本纪》，中华书局1959年版，第117页。
② 司马迁：《史记》卷四《周本纪》，中华书局1959年版，第119页。
③ 司马迁：《史记》卷三十二《齐太公世家》，中华书局1959年版，第1479页。
④ 吕祖谦：《东莱先生左氏博议》，中华书局1985年版，第208页。
⑤ 吕祖谦：《东莱先生左氏博议》，中华书局1985年版，第208页。
⑥ 参见王晖：《周文王受命称王考》，《陕西师范大学学报》（哲学社会科学版），2002年第4期；王晖：《论文王平虞芮之讼与商周战略形势之遽变》，《社会科学战线》2003年第1期。

境,则耕者让畔,行者让路。入其邑,男女异路,班白不提挈。入其朝,士让为大夫,大夫让为卿。二国君相谓曰:'我等小人,不可履君子之庭。'乃相让所争地以为闲原。"①其中诸如"卿"、"大夫"、"士"以及"君子"、"小人"之类明显属于后世词语,固无论矣。"西伯仁人,盍往质焉"以及"我等小人,不可履君子之庭"也极有可能是对于《史记》有关记载的发挥。就本文关心的问题而言,"虞"、"芮"因何而起争端,是首先需要辨析的问题。如前所述,虞、芮之人在周看到"耕者皆让畔,民俗皆让长"而惭,相谓"吾所争,周人所耻"云云,表明毛苌所云争田无大问题。虞、芮之人为何会因土地而生争端?《韩非子·五蠹》的一段记载或可以提供一些启示:"古者,丈夫不耕,草木之实足食也;妇人不织,禽兽之皮足衣也。不事力而养足,人民少而财有余,故民不争。是以厚赏不行,重罚不用,而民自治。今人有五子不为多,子又有五子,大父未死而有二十五孙。是以人民众而货财寡,事力劳而供养薄,故民争,虽倍赏累罚而不免于乱"。② 虞、芮之人争地表明,当时既不属于"不事力而养足"的阶段,也不属于"人民众而货财寡"的阶段。这是因为,古公亶父时期,熏育戎狄欲得其地与民,古公不忍"杀人父子而君之","与私属遂去豳,度漆、沮,踰梁山,止于岐下。"③至春秋时期,各诸侯国之间尚有荒原未予开垦。可见,商周之际,人烟稀少,土地辽阔,大量土地尚无人居住。人们可以自由迁徙,选择适宜居住之地。人性好逸恶劳,多愿意选择在无需多少劳动就可以更好生活于其上之土地。换言之,这样的土地人人愿意得之。正如《荀子·礼论》云:"人生而有欲,欲而不得,则不能无求,求而无度量分界,则不能不争……"④又如,"夫一兔走于街,万人追之。一人得之,万人不复走。分未定,则一兔走使万人扰;分已定,则虽贪夫知止。"⑤与此理相似,一些土地在"无度量分界"或者"分未定"之际就会引起争端,虞、芮之争很可能正因为如此而发生。

① 转引自司马迁:《史记》卷四《周本纪》,中华书局1959年版,第117页。
② 王先慎:《韩非子集解》,中华书局1998年版,第443页。
③ 司马迁:《史记》卷四《周本纪》,中华书局1959年版,第114页。
④ 王先谦:《荀子集解》,中华书局1988年版,第346页。
⑤ 向宗鲁:《说苑校证》,中华书局1987年版,第74页。

《史记》所谓"虞"、"芮"是否为毛苌所谓之"国"？如果将比较可信的《尚书》和《左传》相关史实加以梳理，或可略窥我国远古时期政治组织的演变情况。比如，"有扈氏威侮五行，怠弃三正，天用剿绝其命"。① 又如，"夏氏有罪，予畏上帝，不敢不正"。② 据此，夏、商讨伐的对象分别是"有扈氏"和"夏氏"。由于史料仅限于此，今人无从得知"氏"之形成、结构以及功能。不过，后世相关记载或可为人们提供一些启示。比如，"天子建德，因生以赐姓，胙之土而命之氏"。③ 其中，"天子建德"恐为周代做法，由于问题所限，在此忽略不计。值得重视的是后面"因生以赐姓，胙之土而命之氏"这样的记载。它们很有可能意味着，氏是相互之间有血缘关系、相对稳定地居住在一块土地上的群体。殷商兴起以后，群体很可能在"氏"的基础上建立"邦"。比如，"故我先王灭夏，变强，捷蠚邦……"④人们固然可由此认为，"邦"在夏商之际已经存在。不过，相对于前述商汤的言说而论，这是殷王武丁对其先王功绩的追忆，在历史学上为间接证据。不仅如此，殷王武丁很有可能根据自己所处时代的习惯来理解先王之际的情况。因此，武丁之际已经逐渐形成新的政治组织"邦"，这恐怕是更为合理的解释。"邦"这种政治体一直持续到周王朝之建立。比如，"先王有服，恪谨天命，兹犹不常宁，不常厥邑，于今五邦"。⑤ 其中，"五邦"是指五次迁徙后建立的政治体。又如，"天毒降灾荒殷邦，方兴沈酗于酒"。⑥ 以及，"我友邦冢君……"。⑦ 据此，商周之际，周之友邦与殷邦并存。

① 《尚书正义》卷七，《十三经注疏》本，中华书局1980年影印版，第155页。
② 《尚书正义》卷八，《十三经注疏》本，中华书局1980年影印版，第160页。
③ 《春秋左传正义》卷二，《十三经注疏》本，中华书局1980年影印版，第1733页。
④ 李学勤：《清华大学藏战国竹简》（三），中西书局2012年版，第125页。在无异议的情况下，文中直接使用《清华简》整理者所注释的与隶定字通假之字，此后亦同。
⑤ 《尚书正义》卷九，《十三经注疏》本，中华书局1980年影印版，第168页。
⑥ 《尚书正义》卷十，《十三经注疏》本，中华书局1980年影印版，第177页。
⑦ 《尚书正义》卷十一，《十三经注疏》本，中华书局1980年影印版，第183页。与此相关的是"邑"。《尚书·汤誓》载："夏王率遏众力，率割夏邑，有众率怠弗协"。参见《尚书正义》卷八，《十三经注疏》本，中华书局1980年影印版，第160页。《清华简》之《说命》载："其惟说邑，在北海之州"。见李学勤：《清华大学藏战国竹简》（三），中西书局2012年版，第122页。《尚书·牧誓》载："俾暴虐于百姓，以奸宄于商邑"。参见《尚书正义》卷十一，《十三经注疏》本，中华书局1980年影印版，第183页。这三条史料有一共同的特点为，"邑"与"众"或者"百姓"联系密切。这与李雪山根据卜辞指出"邑是人住的地方"一致。参见李雪山：《商代分封制度研究》，中国社会科学出版社2004年版，第11—12页。

推而广之，当时形成天下万邦的格局。① 这种情形在周王朝建立之后发生一些变化，这就是华夏大地出现了"国"。比如，"臣之有作福、作威、玉食，其害于而家、凶于而国"。② 这里的"国"应该是指周王朝所分封的政治体。后世相关记载或更有助于理解"国"的含义。比如，"惠之二十四年，晋始乱，故封桓叔于曲沃，靖侯之孙栾宾傅之。师服曰：'吾闻国家之立也，本大而末小，是以能固。故天子建国，诸侯立家，卿置侧室，大夫有贰宗，士有隶子弟，庶人、工、商，各有分亲，皆有等衰。是以民服事其上而下无觊觎。今晋，甸侯也，而建国。本既弱矣，其能久乎？'"③晋封桓叔于曲沃被指为"建国"。这样的记载至少可以表明，天子与诸侯所分封的政治体均可称为"国"。相对于君而言，臣有可能"凶于而国"。这样理解"国"，在上述各项史料之间不会形成什么障碍和困难。④ "虞"、"芮"由于处于商周之际，根据前述"氏"、"邦"、"国"的演进模式，它们至多为"邦"而已。之所以加上"至多"二字，是因为商周之际，尽管殷商势力和影响所及的范围比较广阔，然而，它毕竟未能一统天下，也未有史料表明它曾对华夏大地上的所有政治社会组织进行类似后世整齐划一的规范和治理工作。因此，人们也不能排除"虞"、"芮"尚未演化至"邦"的可能性。毛苌生活在周王朝封邦建国之后的时代，已经对诸侯国之类习以为常，故而有可能在不经意间用以理解之前的历史现象。

不过，由于商周等均已为邦，"虞"、"芮"演进为邦的可能性更大，故而对邦这种政治体需作进一步观察。《尚书》关于作为邦的殷周相关情况有若干记载。比如，商汤曾对众庶下令："尔尚辅予一人，致天之罚，予其大赉汝。尔无不信，朕不食言。尔不从誓言，予则孥戮汝，罔有攸赦"⑤。而盘庚声称："乃

---

① 需要指出的是，在传世文献中，"国"最初见于古文《尚书》之《殷训》和《泰誓》，由于其作者和成书年代不详，故而不能用以说明前周时期的历史问题。

② 《尚书正义》卷十二，《十三经注疏》本，中华书局 1980 年影印版，第 190 页。

③ 《春秋左传正义》卷五，《十三经注疏》本，中华书局 1980 年影印版，第 1744 页。

④ 李雪山认为，在先秦文献中，国与邦往往可以互训，并列举《尚书》之《金縢》、《酒诰》、《召诰》以及《君奭》等证其说。参见李雪山：《商代分封制度研究》，中国社会科学出版社 2004 年版，第 11 页。其实，它们均为"国"已经产生之后的记载。由于语言和传统的惯性，人们在言说中仍然使用在天下中地位和特征与"国"差不多的"邦"实属正常。这或者并不意味着二者之间就不存在差别。

⑤ 《尚书正义》卷八，《十三经注疏》本，中华书局 1980 年影印版，第 160 页。

有不吉不迪，颠越不恭，暂遇奸宄，我乃劓殄灭之，无遗育，无俾易种于兹新邑"。① 以上记载表明，在像战争和迁都这样邦之重大事务上，"邦"之首领可以发布以赏、罚为手段的命令。对于拒绝服从之人，邦能够施以刑罚，甚至可以灭其家族。在日常生活中，邦在认为必要的时候也很可能如此。换句话说，邦可以强制其民服从其意志。周邦的情形与之有所不同。比如，"古公亶父复修后稷、公刘之业，积德行义，国人皆戴之。熏育戎狄攻之，欲得财物，予之。已复攻，欲得地与民。民皆怒，欲战。古公曰：'有民立君，将以利之。今戎狄所为攻战，以吾地与民。民之在我，与其在彼，何异。民欲以我故战，杀人父子而君之，予不忍为。'"②实际上，这不过是手段或者方式不一而已。在对民与土地的支配问题上，周与商大概大同小异。此外，"古我先王，亦惟图任旧人共政"③这样的记载表明，至少在盘庚时期，邦之统治者并非一人，而是一个集团。张光直利用出土甲骨文证明，统治集团除王以外，还包括妇、子以及贞人、祭司和占有土地的贵族等。④ 他们建立庞大政府机构和军事力量，并依靠法律进行治理。⑤ 不过，这样的论点似乎需要更多的证据来支撑。武王在战前下令："嗟！我友邦冢君，御事、司徒、司马、司空、亚旅、师氏、千夫长、百夫长及庸、蜀、羌、髳、微、卢、彭、濮人。称尔戈，比尔干，立尔矛，予其誓"。⑥ 其中，"御事、司徒、司马、司空、亚旅、师氏、千夫长、百夫长"应该是指周邦军队的各级统帅和将领。春秋时期，诸侯国的各级贵族日常执政，战时出征，周初很有可能也是如此。总的说来，商周时期，邦已经设官分职进行治理，并且以严厉的刑罚为后盾维持秩序和统治。

　　虞、芮之人在出现争田纠纷之后，没有选择战争，而是通过狱讼来解决问题。由于史料所限，今人已经无从得知他们为何作如此决定。不过，他们对于

　　① 《尚书正义》卷九，《十三经注疏》本，中华书局1980年影印版，第171页。
　　② 《史记》卷四《周本纪》，中华书局1959年版，第113—114页。
　　③ 《尚书正义》卷九，《十三经注疏》本，中华书局1980年影印版，第169页。
　　④ 参见张光直：《商文明》，北京工艺美术出版社1999年版，第145—176页。陈梦家将其划分为臣正、武官和史官。参见陈梦家：《殷墟卜辞综述》，中华书局1988年版，第503—521页。在甲骨的释读尚存疑问的今天，人们对于殷商统治集团成员可以有其他解释。
　　⑤ 参见张光直：《商文明》，北京工艺美术出版社1999年版，第137页。
　　⑥ 《尚书正义》卷十一，《十三经注疏》本，中华书局1980年影印版，第183页。

裁断者的选择值得进一步分析。这就需要论及它们与殷商之间的关系。前面已经论及,商周之际,天下万邦。与其他邦不同的是,殷商之实力非常强大。它不仅经常讨伐所谓"四夷",而且还可以"赐弓矢斧钺,使得征伐"。① 其他诸邦也在殷道兴盛之际不时"来宾","来朝"。学者们认为殷商的势力和影响不仅及于黄河中下游,而且向南已达长江以南,向北达长城以北。② 不过,商王仅为名义上的共主,只能控制王畿以及四方散布的几个或十几个邦而已,其间分布着若干与殷商没有往来甚至是敌对的邦,夹杂着无主的荒地和草原。即便是这几个或十几个邦,也是各自为政,与殷商之间仅存在名义上的服从和道义上的支援关系。③ 那么,"虞"、"芮"与殷商之间是一种什么样的关系?《史记》之裴骃《集解》以及张守节《正义》分别引《地理志》和《括地志》对"虞"、"芮"的地望作大致论述。不过,到裴骃、张守节所处的时代,历时已久,"虞"、"芮"之地已然多次易主,其名也可能经常发生变化。在资料非常匮乏的情况下,他们试图对其地望做出比较准确的判断非常困难。大致说来,它们位于商周之间。④ "武乙即位,周王季命为殷牧师"⑤这样的记载表明,殷商的势力在季历之际已经越过"虞"、"芮"而到达周。王晖认为,文王通过平虞、芮之讼而控制了潼关至崤函一带的函谷关天险。⑥ 也就是说,"虞"、"芮"或为殷商通往西周的必经之地。由于殷商和周之间的交通不存在障碍,"虞"、"芮"已经臣服于殷商不失为一种合理的推断。比如,"西伯归,乃阴修德行善,诸侯多叛纣而往归西伯"。⑦ 与之类似的是,"西伯阴行善,诸侯皆来决平,于是虞、芮之人……"。⑧ "诸侯皆来决平"以及"诸侯多叛纣而往归西伯"均为"西伯阴行善"之结果,它们显然是同一事物的不同表达。而"于是虞、芮之

① 司马迁:《史记》卷三《殷本纪》,中华书局 1959 年版,第 106 页。
② 参见王玉哲:《中华远古史》,上海人民出版社 2003 年版,第 330 页。
③ 参见王玉哲:《中华远古史》,上海人民出版社 2003 年版,第 334—335 页。
④ 参见谭其骧主编:《中国历史地图集》(先秦卷)之《商时期全图》,地图出版社 1982 年版。
⑤ 范祥雍:《古本竹书纪年辑校订补》,上海人民出版社 1957 年版,第 23 页。
⑥ 参见王晖:《论文王平虞芮之讼与商纣战略形势之遽变》,《社会科学战线》2003 年第 1 期。
⑦ 司马迁:《史记》卷三《殷本纪》,中华书局 1959 年版,第 107 页。
⑧ 司马迁:《史记》卷四《周本纪》,中华书局 1959 年版,第 117 页。

人……"紧紧承接"诸侯皆来决平"一语,这至少可以透露二个信息:一、虞、芮以往与其他诸侯一样臣服于殷商,因西伯阴行善而倒向西伯;二、虞、芮之人与诸侯地位等同。总而言之,依据现有史料,人们应该可以将虞、芮理解为曾经臣服于殷商之二邦,毛苌将"虞、芮之人"理解为"虞、芮之君"也属合理。不过,在《左传》中,"某人"既可特指某国国君,也可泛指某国之人,《史记》也可能沿袭"人"的第二种用法,故而不能排除其他解释的可能性。"虞、芮之人未见西伯,皆惭,相谓曰:'吾所争,周人所耻,何往为,祇取辱耳。'"这是因为,他们看到,"耕者皆让畔,民俗皆让长。"也就是说,虞、芮之人所谓"周人"指的是"耕者"和"民","虞、芮之人"因而也有可能指虞、芮之百姓。无论"虞、芮之人"是指虞、芮之君或百姓,在已经因为利益或欲望而发生争端的情况下,来自虞、芮的任何裁断都不太可能令另外一方信服,除非发生后来他们在周看到的情形。因此,他们需要寻求站在中间立场能够令双方均信服的裁决,这颇具西方"一个人不应成为自己案件的法官"的精神。那么,在当时的政治格局下,在像争田这样的纠纷出现之后裁判者如何诞生? 如果像一些学者所认为的那样,殷商已经设立"士"或者"理",主持狱讼事务,那么,在已经臣服于殷商的情况下,虞、芮之人理应将案件交由殷商王朝的专门机构和官员审理。恰恰相反的是,他们因为周伯行善和政平而选择他来解决纠纷。至此,或许有必要提及《孟子》的相关记载:"尧崩,三年之丧毕,舜避尧之子于南河之南,天下诸侯朝觐者,不之尧之子而之舜;讼狱者,不之尧之子而之舜;讴歌者,不讴歌尧之子而讴歌舜"。[①] 尽管人们不能据以认为《孟子》这样的记载反映尧舜时代狱讼的实际情况,然而,它们或者为一代代人口耳相传的产物,或者是战国时期人们对于祖先生活的记忆。人们固然不能排除其中存在虚构或者美化的成分,恐也不能否认其间蕴含着一些历史信息。对本文而言非常重要的是,人们在出现纠纷之际可以自行选择足以令其信服的裁断者。在这一问题上,《孟子·万章上》的记载与《史记》关于虞芮之讼的记载完全相似,或可以作为商周之际狱讼情况的旁证。虞芮之讼发生在邦与邦之间,在二邦均有可能已经臣服殷商的情况下,他们自行选择西伯作为裁断者,这是否可以让人们推测

---

① 《孟子注疏》卷九下,《十三经注疏》本,中华书局1980年影印版,第2737页。

邦内部发生纠纷的情况？史料不足以证明各邦已经设置专司裁断的官员，只能说明邦君利用其权力打击或者惩罚拒绝服从其命令、严重破坏秩序之分子。人们将这些方面结合起来是否可以认为，在此情况下，人们也是自行选择足以令双方信服之人来裁断纠纷？这样的人既有可能属于邦内，也有可能属于邦外？

王晖认为，从《诗经·大雅·文王之什》载"虞芮质厥成，文王蹶厥生"来看，"质"《说文》训"以物相赘"，《尚书大传》所谓"文王受命，一年断虞、芮之质……"是合乎情理的。① 那么，如果虞、芮之人不是如《史记》所载"遂还，俱让而去"，而是如《尚书大传》所言经历裁决，周文王如何裁断？就此而言，"关于商王朝时期法律决断方面的甲骨文资料是诱人的，但又是不可靠的。"② 在传世文献也无相关记载的情况下，不妨根据其他记载产生一个合理的推测。比如，"历山之农者侵畔，舜往耕焉，期年，甽亩正。河滨之渔者争坻，舜往渔焉，期年而让长。东夷之陶者器苦窳，舜往陶焉，期年而器牢"。③《韩非子》中存在许多在今人看来纯属故事的记载，然而，也有很多记载可以在其他先秦文献中找到依据或者佐证。在百家争鸣的时代，韩非及服膺其主张之人不太可能使用荒诞无稽之谈来试图说服别人接受其观点和主张。故而，像这样的记载必然渊源有自。与之相似的是，孔子答复季康子："……子欲善而民善矣。君子之德风，小人之德草。草上之风必偃"。④ 孔子的言论多是在总结历史经验的基础之上产生。以上记载提示人们，周人"耕者皆让畔，民俗皆让长"完全有可能是周诸王及其臣子身体力行、长期教化的结果。如果周文王对虞芮之讼进行裁断的话，最有可能的是，他用周长期以来行之有效的做法和原则作为依据。从当时的实际情况来看，在有大量土地可供开垦的时代，任何土地都不是各群体身家性命所系，在妥协和退让之后完全有可能很快寻找并获取新的乐土，至多不过耗费一些体力而已。因此，对于田土和人际之间的争

---

① 参见王晖：《论文王平虞芮之讼与商纣战略形势之遽变》，《社会科学战线》2003 年第 1 期。
② 张光直：《商文明》，毛小雨译，北京工艺美术出版社 1999 年版，第 184 页。
③ 王先慎：《韩非子集解》，中华书局 1998 年版，第 349 页。
④《论语注疏》卷十二，《十三经注疏》本，中华书局 1980 年影印版，第 2504 页。

端,像这样的原则既容易为人接受,舍此以外也无其他更好的解决办法。也就是说,周文王裁决他们互相让一步,也容易为其所接受。这样也符合文献"俱让而去"的记载。

虞、芮之讼表明,在周王朝建立之前,邦君通常仅仅致力于利用其权威和权力制裁严重危害社会秩序之分子,对于人们之间的讼争持一种比较放任的态度。即便依靠实力雄踞于诸邦之上的殷商王朝也是如此。加之当时各邦与殷商王朝之间的联系也并不紧密,人们在因为田土之类发生纠纷之后,很可能自主寻求双方均可以接受的裁判者。裁判者也只能根据其行之有效的经验和原则进行处理。这很可能就是周王朝建立之前的狱讼模式。

第二章　周代狱讼模式探讨之一:
西周时期狱讼模式探讨

殷周之际,华夏大地政治架构发生了巨大的变化。具体地说,殷商这个非常强大的邦依靠军事实力以及祖先崇拜等因素不断扩大势力和影响,赢得众多之邦的服从或者拥护。不过,仍然有很多邦时服时叛,在殷商势力范围内也存在很多与之敌对的邦,导致战争不断。周则在伐商成功之后不断封邦建国,建立王国维在《殷周制度论》中所述诸制度,①不断消灭敌对势力,扩大地盘和影响,成为中国历史上真正意义上统一天下的王朝。由地下出土金文资料观之,为维持王朝正常运转和社会秩序,周王朝建立了比较完善的治理机构和职官体系。像这样的变化对狱讼模式是否产生影响以及产生何种程度的影响,有待进行考察。

关于西周时期之狱讼,《尚书》、《诗经》等传世文献中有少量记载,对于西周狱讼研究具有重要意义。② 不过,仅仅利用传世文献进行研究是远远不够的,利用第一手资料——相关西周青铜铭文非常必要。西周青铜铭文古奥难读,在传世文献非常匮乏的情况下,人们难以为其确定相对准确和完整的语境,也难以为铭文中的字词建立比较可靠的文献根基(这恐怕就是学者们对一些器铭众说纷纭、难以形成一致意见的原因)。不仅如此,出土青铜器铭上的案例也非常稀少,而且还是拥有财富和权力的贵族之间的狱讼,它们能在多

---

① 参见王国维:《殷周制度论》,《观堂集林》(第 2 册),中华书局 1959 年版,第 451—480 页。

② 《易经》一些记载含"狱"、"讼"二字,或与狱讼有关。然而,《易经》相关记载究竟在何时形成,在什么样的环境下形成,其中蕴涵什么样的历史信息等问题,基本上无从解决,故而不方便利用。

大程度上反映西周时期的狱讼实践,难以形成比较准确的判断。基于上述认识,这一部分首先考察西周时期的刑罚是否断狱决讼之结果,然后对与狱讼相关的青铜器铭文作深入辨析,在此基础上对西周时期狱讼模式作初步的归纳以及有限的推测。

第一节　西周时期刑罚的实施与断狱决讼之关系

与西周时期刑罚相关的史料,就出土文献而言,目前所知的仅仅有师旅鼎、训匜以及翼城大河口墓地 M2002 所出鸟形盉等铭文;就传世文献而言,仅《尚书》之《康诰》、《酒诰》以及《吕刑》等留下一些记载,它们是周统治者就刑罚之原则以及具体实施提出的意见或者发布的命令。这就意味着,在目前的条件下考察西周时期的刑罚,所得出的结论有一定局限性。就刑罚实施与断狱决讼之间的关系而言,若有记载表明刑罚实施经过断狱决讼过程,那么人们就可以得出相应的结论;若现有资料不能证明这样的过程,人们恐只能认为,在有些情况下,刑罚实施没有经过断狱决讼过程。这是因为,在目前刑罚相关青铜器铭相对有限的情况下,断然予以否认存在较大风险。

师旅鼎铭文之记载无疑包含刑罚实施,故而是相关研究的重要文献。历史学界和古文字学界对于该鼎止于文字考释和文意疏通,对其性质往往不做判断。法学界冯卓慧、胡留元认为,(师旅鼎记载的)"是对西周军队内部违反军令行为的审判。铭文虽只有七十九字,但对审判方式、诉讼程序及其相应的刑罚原则等重要司法制度,都有较详细的记载,是一篇难得的历史文献。"[1]从"审判方式"、"诉讼程序"、"司法制度"这样的概念来看,二位学者是在近现代法学框架内对其进行解释。在他们得出这样的结论之后,基本上未引起学界任何质疑。这不一定意味着得到学界公认,然也不意味着学者们并不信服其说。在学界公认运用西方近现代法律框架解释中国古代法律现象通常存在偏差的情况下,这篇铭文也有必要进行认真考察,以便更为准确地把握其蕴含的历史信息。其铭文如下:

---

[1]　冯卓慧、胡留元:《西周军法判例——〈师旅鼎〉述评》,《人文杂志》1986 年第 5 期。

惟三月丁卯,师旂众仆不从王征于方,𤲬(雷)事(使)厽(厥)友弘呂(以)告于白(伯)懋父。才(在)莽,白(伯)懋父迺(乃)罚得、顯、古三百守。今弗克厽(厥)罚,懋父令曰:义(宜)敄(播)!叔!厽(厥)不从厽(厥)右征。今母(毋)敄(播),帻(其)又(有)内(纳)于师旂。弘呂(以)告中史书,旂对厽(厥)𧶀于障(尊)彝。

"师旂众仆不从王征于方"。"师旂"为周王朝重要贵族,[1] 众"仆"则为其属下武官。[2] 学界多认为,"方雷"为国名。[3] 不过,在甲骨文中,人们经常可见"×方"之称。这些不为华夏所征服之民族继续与周王朝敌对,故而周王兴师讨伐也不无可能,至于它是否为孟方值得进一步探讨。马承源等人将"雷"下读,[4]这样的处理可能更为合理。[5]

"𤲬(雷)事(使)厽(厥)友弘呂(以)告于白(伯)懋父"。在等级森严的时代,众仆不随王征,应是师旂不在场的作为。众仆不是周王之臣,他们不随周王出征,只有在此情况下可以理解。师旂如果在场的话,他不可不服从周王之命,众仆也不敢不服从师旂之命。杨树达认为,"按不从王征方雷者,众仆之所为,非师旂之本意也。……故师旂不得已,使其僚属弘告之伯懋父也。"[6]其中有些意见可供参考。这样就可以理解为何是𤲬(雷)使友弘将众仆交给白(伯)懋父处理。友为职官,弘为其名,[7]应与雷一样为师旂之僚属,后者地位很可能高于前者。

"告"字值得引起特别重视,学者们往往将"告"解释为"控告",进而将这一事件解释为军事审判。不能否认的是,在其他的与狱讼有关的青铜器铭文中,"告"是引起狱讼的主因。然而,这是否意味着,这一事件因为"告"的存在而必然与狱讼相关呢?也不一定。比如,"周公欲弑庄王而立王子克。辛伯

---

① 参见张亚初、刘雨:《西周金文官制研究》,中华书局 1986 年版,第 4—7 页。
② 参见盛张:《岐山新出训匜若干问题探讨》,《文物》1976 年第 6 期。
③ 参见杨树达:《积微居金文说》,上海古籍出版社 2007 年版,第 284 页。
④ 参见马承源:《商周秦铜器铭文选》第三卷,文物出版社 1988 年版,第 60 页。
⑤ 比如,若不如此,下面一句话缺主语。
⑥ 杨树达:《积微居金文说》,中华书局 1997 年版,第 162 页。
⑦ 参见杨树达:《积微居金文说》,上海古籍出版社 2007 年版,第 284 页。

告王,遂与王杀周公黑肩。王子克奔燕"。① 又如,"文子使告于赵孟曰:'范、中行氏虽信为乱,安于则发之,是安于与谋乱也。晋国有命,始祸者死。二子既伏其罪矣,敢以告。'赵孟患之。安于曰:'我死而晋国宁,赵氏定,将焉用生?人谁不死,吾死莫矣。'乃缢而死。赵孟尸诸市,而告于知氏曰:'主命戮罪人,安于既伏其罪矣,敢以告。'"②在此二项记载中,均与师旂鼎记载的事件一样因"告"而导致有关人等受到刑罚处罚。然而,如果说"告"在桓公十八年的记载中有可能指控告的话,在定公十四年的记载中完全不存在解释为"控告"的可能性。其实,在以上二记载中,"告"仅仅指"告诉"而已。"辛伯告王,遂与王杀周公黑肩"这样的记载很难让人们认为其间存在审理过程。实际上,周王在辛伯的支持下直接诛杀周公黑肩。从"范、中行氏虽信为乱,安于则发之,是安于与谋乱也。晋国有命,始祸者死。二子既伏其罪矣,敢以告"这样的言论来看,文子不过是派人提醒赵孟,安于违背晋国"始祸者死"之命,应该予以处罚。事情经过大家都比较清楚,不存在听断的过程和必要。由此可见,在青铜器铭文中,"告"不必然解释为"控告",也不一定就与狱讼有关。

"才(在)莽,白(伯)懋父乃罚得、亄、古三百寽。"唐兰将其理解为友弘所告之言。③ 然而,弘将众仆交给白(伯)懋父处理,系因他们不随王出征。在莽的时候白(伯)懋父曾罚云云,不仅于铭文所载事由不合,友弘直呼白(伯)懋父之名也不太合常理(礼)。杨树达等认为处罚的对象是师旂,因为其驭下无方之故。④ 然而,师旂不在场,故而谈不上接受白(伯)懋父处罚的问题。正确解释这句铭文的关键在于合理理解"今弗克毕(厥)罚"。《说文·克部》:"克,肩也。"引申为"肩任"、"承受"。比如,《尚书·吕刑》:"惟克天惠。"⑤故而,"今弗克毕(厥)罚"很可能意为,众仆不太愿意承受"三百寽"的处罚。

---

① 《春秋左传正义》卷七,《十三经注疏》本,中华书局1980年影印版,第1759页。
② 《春秋左传正义》卷五十六,《十三经注疏》本,中华书局1980年影印版,第2151页。
③ 参见唐兰:《西周青铜器铭文分代史征》,中华书局1986年版,第313页。
④ 参见杨树达:《积微居金文说》,上海古籍出版社2007年版,第284页。
⑤ 《尚书正义》卷十九,《十三经注疏》本,中华书局1980年影印版,第249页。

"得、戡、古"为众仆之名，①若解释为财物或货币之名，难以在文献中得到佐证。至于为什么前面不提及而至此才说明其名，或许不随王征之众仆人数较多，行为各异，不能一概而论。

"懋父令曰：义（宜）救（播）！厥卑（厥）不从卑（厥）右征。今母（毋）救（播），颙（其）又（有）内（纳）于师旂"。只有如上文那样对"今弗克卑（厥）罚"进行解释，才可理解伯懋父这段话。伯懋父此言之目的归根结底在于令众仆"颙（其）又（有）内（纳）于师旂"，也就是将罚金交给师旂。若如一些学者所言，"今弗克卑（厥）罚"意为免（或者缓）交罚金，②那么"颙（其）又（有）内（纳）于师旂"该如何解释？如果将"乃罚得、戡、古三百寽"理解为对师旂之处罚，那么，为何又要将罚金交给他本人呢？而且，前面业已指出，伯懋父处罚的对象为得、戡、古等三人。因此，这句铭文更为合理的解释应该是，伯懋父指出，众仆"不从卑（厥）右征"，他可以对其处以播迁之刑。③如果他们将罚金交给师旂，④就"母（毋）救（播）"。伯懋父这句话实际上是警告，迫使众仆两害相权取其轻，缴纳罚金。伯懋父之言至此结束，一些学者所谓战事再起，众仆从王出征，刑罚可暂缓乃至免于执行之类不过是将其意见强加于铭文而已。"弘昌（以）告中史书，旂对卑（厥）貲于隣（尊）彝。""中史"当为负责记载刑罚事务的职官，⑤"对"，应也。比如《仪礼·士冠礼》"冠者对"郑玄注。"旂对卑（厥）貲于隣（尊）彝"大意为，作为回应，（收到罚金的）师旂将伯懋父的判决铸于青铜器。

在师旂鼎记载的事件中，既看不到狱讼所必须的双方或多方之争端，也不能发现双方或多方陈述己见，听断者予以裁决之情形。也就是说，它与《尚书·吕刑》中周穆王所谓"两造具备，师听五辞"不太相符。恰相反，它却与《左传》中的一些事件相类。比如，"（子西）惧而辞曰：臣免于死，又有谗言，谓

---

① 参见唐兰：《西周青铜器铭文分代史征》，中华书局 1986 年版，第 316 页。
② 参见冯卓慧、胡留元：《西周军法判例——〈师旂鼎〉述评》，《人文杂志》1986 年第 5 期。
③ 参见于省吾：《双剑誃吉金文选》，中华书局 2009 年版，第 125 页。
④ 参见盛张：《岐山新出训匜若干问题探讨》，《文物》1976 年第 6 期。
⑤ 参见王晶：《师旂鼎铭文集释及西周军法审判程序窥探》，《嘉应学院学报》2011 年第 7 期。

臣将逃，臣归死于司败也。"①又如，晋侯之弟扬干乱行于曲梁，魏绛戮其仆。魏绛至晋侯之所，授仆人书。公读其书曰："……臣之罪重，敢有不从，以怒君心，请归死于司寇。"②众仆不从周王征伐，师旂僚属将其交由伯懋父处罚，与上述二例非常类似，也就是在犯下错误之后，由有司处罚而已，根本没有经历断狱决讼的过程。

　　学术界大都认为，师旂鼎产生于西周中晚期。因此，仅依据这样一件器铭难以对西周时期刑罚实施情况形成比较可靠的判断：如何保证它不是个别或者例外情况呢？不过，如果传世文献也有相应的记载，那就应另当别论。关此，《尚书》有若干记载。比如，"封，敬明乃罚。人有小罪，非眚，乃惟终，自作不典，式尔，有厥罪小，乃不可不杀。乃有大罪，非终，乃惟眚灾，适尔，既道极厥辜，时乃不可杀"。③ 由于后文讨论的是杀不杀的问题，故"敬明乃罚"之罚系指刑罚。"非眚"，顾颉刚、刘起釪认同古"省"、"眚"通用的说法，进而引用《尔雅・释诂》"省，察也"之说法，言外之意当解释为察。④ "非眚"即习以为常，不以为然。"乃惟终"，各家均认为，乃终生行之。⑤ "自作不典"，伪《孔传》据《尔雅・释诂》"典、法，常也"将其释为"自为不常"，后世学者多解释为"自为不法"。⑥ 在西周金文中，"法"多与"废"通，无后世学者所理解的规范、制度方面的含义。"典"系记录事务之文书，在"议事以制"时代，典所记录之"故事"、先例等常成为处罚之依据，"不典"即与典中"故事"、先例等确定的原则、规范相违背，像这样解释或更符合实际情况。"式尔"，顾颉刚、刘起釪将其解释为故意犯罪，⑦这样的解释缺乏文献依据。"式"，恶也。比如，"式勿从谓"。⑧ 郑云："式读曰慝"。⑨ "慝"，恶也。比如，"负罪引慝，祗载见瞽叟"。⑩

---

① 《春秋左传正义》卷十九上，《十三经注疏》本，中华书局 1980 年影印版，第 1848 页。
② 《春秋左传正义》卷二十九，《十三经注疏》本，中华书局 1980 年影印版，第 1931 页。
③ 《尚书正义》卷十四，《十三经注疏》本，中华书局 1980 年影印版，第 203 页。
④ 参见顾颉刚、刘起釪：《尚书校释译论》，中华书局 2005 年版，第 1319 页。
⑤ 参见顾颉刚、刘起釪：《尚书校释译论》，中华书局 2005 年版，第 1320 页。
⑥ 参见顾颉刚、刘起釪：《尚书校释译论》，中华书局 2005 年版，第 1320 页。
⑦ 参见顾颉刚、刘起釪：《尚书校释译论》，中华书局 2005 年版，第 1320 页。
⑧ 《毛诗正义》卷十四—三，《十三经注疏》本，中华书局 1980 年影印版，第 486 页。
⑨ 《毛诗正义》卷十四—三，《十三经注疏》本，中华书局 1980 年影印版，第 486 页。
⑩ 《尚书正义》卷四，《十三经注疏》本，中华书局 1980 年影印版，第 137 页。

学者注曰:"言舜负罪引恶,敬以事见于父",①故懋当为恶也。"乃惟眚灾","灾"如众学者所言为"哉"之误,②"眚"亦当如上文,察也。"惟",思也。比如,"惟天降命,肇我民"。③"乃惟眚灾"即思虑并察觉,这样的人当为"日三省吾身"之辈。"适尔","适"与"式"相对,善也。比如,"瑕适皆见,精也"。④"既道极厥辜",其中,"道",以道为本,或曰,合乎道。比如,"志以道宁,言以道接"。⑤学者注曰:"在心为志,发气为言,皆以道为本"。⑥"辜",《说文·辛部》:"辠也"。这句话大意为,(其行)非常合乎道,(在此情形下)陷于罪。盖辜由统治者根据治理需要而确定,而道关乎人间公义。故执道者有可能危及治理,古今中外都比较常见。

又如,"凡民自得罪,寇攘奸宄,杀越人于货,昏不畏死,罔弗憝",⑦以及"元恶大憝,矧惟不孝不友。子弗祗服厥父事,大伤厥考心;于父不能字厥子,乃疾厥子。于弟弗念天显,乃弗克恭厥兄;兄亦不念鞠子哀,大不友于弟。惟吊兹,不于我政人得罪,天惟与我民彝大泯乱。曰乃其速由文王作罚,刑兹无赦"。⑧这两段话言及对一些具体的(抑或者通常的)行为的刑罚原则,其中之字词并无疑难或者模棱两可;有些字词,比如"寇攘奸宄"明显指各种罪行,顾颉刚、刘起釪均给予比较详细而精到的解释。⑨其大意为,周王告诫封对一些行为不应当宽恕和赦免,尽快予以处罚。

上述记载均为周王对于一些行为或者现象当施以刑罚的言说,⑩无论如何探究,都无法将其与断狱决讼联系起来。在《尚书·康诰》中,也有记载涉

① 《尚书正义》卷四,《十三经注疏》本,中华书局1980年影印版,第137页。
② 参见顾颉刚、刘起釪:《尚书校释译论》,中华书局2005年版,第1321页。
③ 《尚书正义》卷十四,《十三经注疏》本,中华书局1980年影印版,第206页。
④ 黎翔凤:《管子校注》,中华书局2004年版,第815页。
⑤ 《尚书正义》卷十三,《十三经注疏》本,中华书局1980年影印版,第195页。
⑥ 参见《尚书正义》卷十三,《十三经注疏》本,中华书局1980年影印版,第195页。
⑦ 参见《尚书正义》卷十四,《十三经注疏》本,中华书局1980年影印版,第204页。
⑧ 《尚书正义》卷十四,《十三经注疏》本,中华书局1980年影印版,第204页。
⑨ 参见顾颉刚、刘起釪:《尚书尚书校释译论》之《康诰》相关部分,中华书局2005年版。
⑩ 用今天的话而言就是,有些行为应当确定为需要惩罚的犯罪,或者,人们认为,蚩尤时代,人们将一些行为确定为犯罪。

及刑罚的实施。① 比如,"非汝封刑人杀人,无或刑人杀人;非汝封又曰劓刵人,无或劓刵人"。② 正确理解这段话的关键在于对"无或"之解释。顾颉刚、刘起釪解释为"没有谁,没有什么人"。③ 既然如此,为什么要刑人杀人呢? 故而不可从。"或",《说文·戈部》:"邦也"。"无"为"毋"之古文,此处当为"毋",发声词。这样解释才可以与下文"外事,汝陈时臬司,师兹殷罚有伦"④以及"汝陈时臬事,罚蔽殷彝,用其义刑义杀,勿庸以次汝封"⑤相吻合和统一。"外事"即外朝之事,也就是刑罚事务。"陈",设也。"蔽",犹当也。比如,"一言以蔽之"。次,即也,二字古通。这两段话大意为,你将刑杀事务交给臬事、臬司办理,取法殷罚,比照殷彝。这样的话,就不是你要刑人杀人,而是邦(维持正常秩序)不得不刑人杀人。非常明显,上述记载可以表明,周王要求封将刑罚之实施交给有司依照殷商刑罚故制办理,避免因此激起殷商遗民之愤怒,进而危及王朝的长治久安。其中也没有任何字词或者语句可以表明相关事务必须经历断狱决讼之阶段。师旂鼎所载仅为个案,然而,在它所反映的刑罚实施过程与《尚书》相关记载一致的情况下,人们不无理由"扩展个案",视之为西周时期具有普遍意义的刑罚模式。

师旂鼎以及《尚书》相关记载反映的应该是西周时期刑罚实施的通常模式,而在翼城大河口墓地 M2002 出土的鸟形盉(以下简称"鸟形盉")表明,西周时期,刑罚实施还有其他模式。其铭文如次:

> 乞誓曰:"余某弗叟(再)公命,余自无劓(则)金(鞭)身,彖传出,报乒(厥)誓。"曰:"余既曰,余叟(再)公命,毁(襄)余亦改朕(朕)驨(辞),出弃。"彝(对)公命,用乍(作)宝般(盘)盉,孙子甘(其)邁(万)年用。

其中,"乞"为墓主名,亦为制造该器铭之人。"某弗"为双重否定,⑥表达

---

① 用今天的话来说就是,在确认犯罪之后,对犯人实施刑罚处罚。
② 《尚书正义》卷十四,《十三经注疏》本,中华书局 1980 年影印版,第 204 页。
③ 顾颉刚、刘起釪:《尚书校释译论》,中华书局 2005 年版,第 1325 页。
④ 《尚书正义》卷十四,《十三经注疏》本,中华书局 1980 年影印版,第 204 页。
⑤ 《尚书正义》卷十四,《十三经注疏》本,中华书局 1980 年影印版,第 204 页。
⑥ 参见白军鹏:《翼城大河口墓地 M2002 所出鸟形盉铭文解释》,http://www.gwz.fudan.edu.cn/SrcShow.asp? Src_ID=1488;裘锡圭:《翼城大河口西周墓地出土鸟形盉铭文解释》,《中国史研究》2012 年第 3 期。

对于"曼(禹)公命"天经地义的立场。"曼(禹)",各家基本上读为"称",遵从之意。① "余某弗曼(禹)公命"大意为,我不能不遵从公命！"自",由也,与《尚书·康诰》"凡民自得辠"中的"自"相类。"无",《说文·亡部》:"无,亡也。"这里训为"失",亦即违背。"则",法也,也就是前面"余某弗曼(禹)公命"这样的规则。㪔,"鞭"字古文。② "余自无剮(则)㪔(鞭)身"大意为,我由违背而受鞭刑。"筍传",李学勤认为,是一种有遮蔽的传车,③裘锡圭亦认同此说。"筍传出"紧承"余自无剮(则)㪔(鞭)身"其后,人在受刑之后不能行动自如,而且很不体面,大概为了维护贵族的尊严,故而用有遮蔽的传车载出。"报辝(厥)誓"意为作为对违反誓言的报应。它们是乞向霸伯表明谨遵其命而立的誓言,若有违反,霸伯显然就会依上述誓言施以惩罚。以上为乞单方面的誓言,而不是双方达成的合意。若为后者,不经对方同意则合意难以取消。单方面的誓言则与之不同,乞会不会在认为必要的时候修改其誓言呢? 为了杜绝这样的可能性,进一步表明其立场,乞进一步发誓,亦即"余既曰,余曼(禹)公命,叚(曩)余亦改躾(朕)䚸(辞),出弃。"董珊认为,叚读为假设连词"倘","亦"是句中语气助词,无意义。"改朕辞",改变我的话,即不遵守我自己所曾说的誓辞。④ 这样的理解非常正确,在学术界也基本无异议。"出弃"则需要进一步审视。在传世文献中,"出"无"出丧"之意。更何况,乞违反誓言与"出丧"何干?"出"训为"逐"更为合理,与《左传·文公十八年》"遂出武、穆之族"相类。"弃"解释为"弃尸"也无文献依据,训为"抛弃"更为合理,与《尚书·西伯戡黎》"故天弃我"相类。"出弃"意为,(若我更改誓言,就)驱逐出境而为众所弃。在乞向霸伯发下如此誓言之后可以想象,如果乞违背誓言,霸伯将对其施以鞭刑;如果乞更改其誓言,霸伯必然将其驱逐出境。也就是说,刑罚之实施,并非执政者依据先公先王之言以及"常刑",而是依据当事

---

① 参见裘锡圭:《翼城大河口西周墓地出土鸟形盉铭文解释》,《中国史研究》2012 年第 3 期。

② 参见白军鹏:《翼城大河口墓地 M2002 所出鸟形盉铭文解释》,http://www.gwz.fudan.edu.cn/SrcShow.asp? Src_ID=1488。

③ 参见李学勤:《试释翼城大河口鸟形盉铭文》,《文博》2011 年第 4 期。

④ 参见董珊:《翼城大河口鸟形盉铭文的理解》,http://www.gwz.fudan.edu.cn/SrcShow.asp? Src_ID=1492。

人的誓言。这样的情形显然不宜理解为乞与霸伯因为乞遵命与否发生争端,
故而无所谓断狱决讼过程。

在乞违背誓言之后当会如何呢? 或许有些人理所当然地认为,霸伯或有
司将依据乞的誓言施以刑罚。然而,在历史研究中,合乎逻辑的未必合乎事
实。这是因为,我们所能获得的只是历史遗留下来的残砖片瓦,在对古人的建
筑能力和建筑方法不十分了解的情况下,贸然重构大厦并认为古代就是如此,
往往十分危险。这是因为,古今之人在上述至为重要的方面或许存在重大差
别。比较幸运的是,我们可依据训匜获得关于前述问题的答案,其铭文如次:

> 隹(唯)三月既死霸甲申,王才(在)荥上宫。白(伯)扬父廼(乃)成
> 賏,曰:"牧牛,獻乃可湛! 女(汝)敢以乃师讼! 女(汝)上邶先誓,今女
> (汝)亦既又(有)孚誓。専、趡、畜、觊、训宵,亦兹五夫,亦既孚乃誓。女
> (汝)亦既从讄(辞)从誓弋可。我义(宜)便(鞭)女(汝)千,黥黥女
> (汝),今我赦女(汝)。义(宜)便(鞭)女(汝)千,黜黥女(汝),今大赦女
> (汝)。便(鞭)女五百,罚女(汝)三百孚。白(伯)扬父廼或吏(使)牧牛
> 誓曰,自今余敢夒(扰)乃尖(小大)史(事)?! 乃师或以女(汝)告,则臸
> (致)乃便(鞭)千,黥黥。"牧牛则誓,乃以告吏覬、吏督于会。牧牛辞誓
> 成,罚金。训用乍(作)旅盉。

"白(伯)扬父廼(乃)成賏"。学者们关于这一句解释的争议较大。黄盛
璋以为,铭文中的伯扬父是《国语集解》中在幽王三年,西周三川皆震之后预
言"周将亡矣"的伯阳父。[1] 唐兰认为此匜似较早,故推测二人可能同名。王
辉从器型的角度判断此器不至于晚至幽王时期,赞同马承源等在《商周青铜
器铭文选》中作出的伯扬父即扬篚之扬的判断。[2] 李学勤认为,《国语·周
语》中的伯阳父是司寇一类掌理刑狱的官,系幽王时人,其年代和身份均与该
匜中的伯扬父不合,二者恐非一人。[3] 春秋时期,各诸侯国之司寇基本上不掌
刑狱,《周礼》也未明确司寇掌刑狱。因此,人们难以根据铭文的内容判定伯
扬父为司寇一类职官。器型是判断青铜器年代的一个参考因素,而非决定因

---

①　转引自王辉:《商周金文》,文物出版社 2006 年版,第 179 页。

②　参见王辉:《商周金文》,文物出版社 2006 年版,第 179 页。

③　参见李学勤:《青铜器与古代史》,(台)联经出版事业公司 2005 年版,第 389 页。

素。没有任何证据表明同一时代的人们铸造的青铜器在形制方面必然相同。礼制或者对青铜器的尺度以及数量做出规定,以区别铸造者之间的身份和社会地位,却未必对器型以及纹饰做出明确规定。也没有任何证据表明人们在一个或者几个周王朝规定的地点铸造青铜器,使用比较定型的铜范。更有可能的是,人们按照与其身份相应的规格自行铸造,并选取其满意的器型和纹饰。如果这样的推测成立的话,尽管不能排除一个时代盛行某种风尚的可能性,然而,也不能排除不同的时代器型和纹饰因传播而相同或者相似的可能性,特别是在某些地域和某些家族之内(间)。因此,上述关于该匜年代的判断属于缺乏必要证据的推测,在此基础上对于器铭中伯扬父与《国语·周语》中伯阳父之间关系的判断也是如此。"扬"与"伯扬父"之间的差别不可谓不大,在缺乏其他证据的情况下认为二者为同一人似难以服人。"成",个别学者根据《周礼·方士》注"成,平也"认为系法律语词,这样的论断不无受到后世法律影响之嫌。其实,"成"在此处用其本义"形成"即可。"贽",一些学者将其读为谳。从其论证过程来看,不无辗转通假之嫌,在此过程中还存在缺乏必要例证的问题。其实,"贽"与后面裁决、判决的联系密不可分。在缺乏其他令人信服的解释手段的情况下,不妨将其理解为西周时期裁决、判决的一种代称,或者根据铭文语境理解为与裁决、判决相关的决定。① 像这样的处理至少避免形成比较主观的、或者因为后世影响而加之于铭文的意见。如果将来出土更多相关铭文,就可以在归纳的基础上对西周时期相关事物形成更接近历史真实的看法。

"牧牛,叚乃可湛!女(汝)敢甶(以)乃师讼"。一些学者在对"可"、"湛"破读之后进行解释,然未能举出例证,从上下文来分析也不大合理。比如,牧牛并未诬告,如果将"湛"解释为"信"、"诚"之类,将其与下文联系起来则不通畅。"叚乃可湛"应为时人表达一种比较强烈的负面情绪的方式,大致相当于现代"简直岂有此理"。② "女(汝)敢以乃师讼"是对"叚乃可湛"进一步说明。伯扬父对于牧牛"敢以乃师讼"非常不认同甚至极端反感,才有"叚乃可

---

① 参见李学勤:《岐山董家村训匜考释》,《古文字研究》第一辑,中华书局1979年版,第151页。马承源:《商周青铜器铭文选》(三),文物出版社1988年版,第185页。
② 参见马承源:《商周青铜器铭文选》(三),文物出版社1988年版,第185页。

湛"这样的说法。之所以如此,是因为"师"在先秦文献中常常可以训"长",此"师"也应作如此解。在非常重视尊卑等级的西周社会,牧牛与其尊长发生争讼,当然令人极端反感乃至愤怒。可以合理推测的是,铭文省略该狱讼发生的缘由,也就是牧牛与其尊长发生争端的原因。

"女(汝)上邶先誓,今女(汝)亦既又(有)孚誓。專、趙、酋、覩、训宥,亦兹五夫,亦既孚乃誓"。关于"上",王辉认为与《吕氏春秋·安死》"自此以上者,亡国不可胜数"之"上"用法相同,可解释为"以前"。① 如果这样的话,则后文之"先"不好处理。关于"邶"字,诸家众说纷纭,尚未形成令人信服的说法。"上邶"很可能为地名或者盟誓场所,"女(汝)上邶先誓"大意为,你在"上邶"事先宣誓过。周代,"子之能仕,父教之忠,古之制也。策名委质,贰乃辟也"。② 又,"臣闻之,委质为臣,无有二心,委质而策死,古之法也"。③ 人与人之间形成君臣关系,臣当效忠于君,如果有所违背,则臣当死。这是人们在自愿基础上形成的关系,凭什么保证它得以维系、臣誓死以效忠呢? 在周代,人们为各种事务经常盟誓。可以合理推测的是,在形成君臣关系之际,往往也会经历盟誓环节,臣要宣誓效忠于君,牧牛即是如此。关于"孚",王辉指出,其原作"🐾"。上海博物馆藏战国楚竹书《缁衣》引《诗经·大雅·文王》"万邦作孚"中"孚"字作"🐾"。④ 可从,故而直接将其隶定为孚。孚可训信,在此用作动词,信从,信守之义。"既"可训为"终",比如"既伐于崇"。⑤ "女(汝)上邶先誓,今女(汝)亦既又(有)孚誓"大意为,你以前发过誓,现也终将信守誓言。"宥"字不识,马承源等学者认为其通"授",缺乏例证,故而令人心有不安。"宥"从上下文看,疑为"在场"。⑥ "專、趙、酋、覩、训宥,亦兹五夫,亦既孚乃誓"大意为,專、趙、酋、覩、训等人(在你盟誓之际)在场,也是这五个人,

---

① 王辉:《商周金文》,文物出版社 2006 年版,第 180 页。
② 《春秋左传正义》卷十五,《十三经注疏》本,中华书局 1980 年影印版,第 1814 页。
③ 董增龄:《国语正义》,巴蜀书社 1985 年版,第 990—991 页。
④ 王辉:《商周金文》,文物出版社 2006 年版,第 180 页。
⑤ 《毛诗正义》卷十六—五,《十三经注疏》本,中华书局 1980 年影印版,第 526 页。
⑥ 李学勤指出,"宥,从郭沫若说,释为造。邢狱案件中原告或者证人在审讯时出席,特称为造。"可供参考。参见李学勤:《岐山董家村训匦考释》,《古文字研究》第一辑,中华书局 1979 年版,第 151 页。

已经证实你的誓言。其中,"孚"用为动词,为"信"之引申用法。

"女(汝)亦既从谳(辞)从誓弋可"。"谳(辞)",诸家均训为"辞",李学勤进一步解释为"言辞",①可从。"女(汝)亦既从谳(辞)从誓弋可"紧随"专、赵、啻、觊、训宥,亦兹五夫,亦既孚乃誓"之后,与"女(汝)上邶先誓,今女(汝)亦既又(有)孚誓"相类,难以设想会与"在打官司时陈述理由或案情"相关。先秦文献中,"辞"基本上未用作"判决",故而此处解释为"判决"之类缺乏文献依据。不仅如此,从铭文本身来看,也让人难以认为以往因为类似事件形成过判决。如果解释为"言辞",不仅有文献依据,也可与"誓"形成并列关系,表达相对强烈的依照牧牛之前的言论和誓言作出判决之意,这样更为合理。诸家通常将"弋可"下断,然要么缺乏文献依据,要么不能疏通全文。比如,有学者将弋读为"式",训为"法",将"弋可"解释为按法予以责罚。② 然而,"式"解释为"按法"已经比较勉强,"可"解释为"予以责罚"更是非常主观之产物,不能提供任何根据。如果将"弋可"上断,弋为语气助词。这句铭文可解释为"你也依照言辞和誓言(办理)即可",应更加可行。

"我义(宜)便(鞭)女(汝)千,馶馶女(汝),今我赦女(汝)。义(宜)便(鞭)女(汝)千,黜馶女(汝),今大赦女(汝)。便(鞭)女五百,罚女三百寽"。"馶馶"以及"黜馶",诸家都认为可能是墨刑。由于与馶馶对应的是"今我赦女(汝)",而与"黜馶"对应的是"今大赦女(汝)",显然,"黜馶"比"馶馶"的处罚更重。全句大意为,我可以打你一千鞭,对你施以馶馶之刑,现在我赦免你。我可以打你一千鞭,施以黜馶之刑,现在更为宽宥地赦免你。(最终决定)打你五百鞭,罚你三百寽。这样的解释大约没有太大问题,然令人费解的是,伯扬父为何赦免两次?铭文记载过于简短,难以确知,大概牧牛的行为触及其誓言中两项可以处罚之约定。

"白(伯)扬父迺或事(使)牧牛誓曰,自今余敢嫚(扰)乃小大事?! 乃师或以女(汝)告,则钛(致)乃便(鞭)千,馶馶"。这段铭文大意为,白(伯)扬父要求牧牛发誓在小大事务上再也不烦劳其师(意即不与其发生争端)。如果

---

① 参见李学勤:《青铜器与古代史》,(台)联经出版事业公司 2005 年版,第 393 页。
② 参见马承源:《商周青铜器铭文选》(三),文物出版社 1988 年版,第 185 页。

牧牛之师再将牧牛告到他那儿的话，白（伯）扬父"则致乃便（鞭）千，黻黻"作为处罚。之所以在学术界引起一些争议，是因为白（伯）扬父一会要求牧牛重复其言"自今余敢鍰（扰）乃小大事"，一会又站在自己的立场上警告牧牛"乃师或以女（汝）告，则致（致）乃便（鞭）千，黻黻。"铭文比较忠实地再现白（伯）扬父之言，故而令不太熟悉具体语境的人们产生歧见。

"牧牛则誓，乃以告吏觥、吏替于会。牧牛辞誓成，罚金。训用乍（作）旅盉。"这段铭文在字词解释方面亦无困难，问题在于，告吏觥、吏替者为何事？是牧牛之誓？狱讼及解决办法？还是两者兼有？有学者根据相关资料认为，西周时期已经出现专人负责处理狱讼文书档案。然而，值得注意的是，其一，"乐（厥）以告吏觥、吏替于会"紧承"牧牛则誓"；其二，伯扬父实际上是籍"今女（汝）亦既又（有）孚誓"解决牧牛与其师之讼。他可能觉得用専、趞、啬、鬃以及训等五人证实牧牛的誓言颇为不便，认为若由"史"这样的专人予以记载，如果再出现争讼就可避免类似问题；①其三，告知的对象为"吏觥、吏替"。中国很早就产生"左史记言，右史记事"的传统，然而，难以在这样的事件中将"吏觥、吏替"视为记载王以及重要贵族言行的左史、右史，他们可能属于"史"集团地位相对较低的成员。狱讼类铭文为相关之人对狱讼事件的记载，其用途在于记录通过狱讼获得的田土之类利益，而不在于为他人之狱讼提供参考。既然如此，"吏"记载狱讼有何意义？因此，将告知史的内容理解为"誓"可能更为合适。"训用乍（作）旅盉"也令人觉得难以理解。"训"在铭文中仅出现一次，即"専、趞、啬、鬃、训宇，亦兹五夫，亦既孚乃誓"。他或因为证实牧牛的誓言而获得报酬，也就是牧牛所交之罚金，除此之外难以获得其他合理的解释。此外，此处"牧牛辞誓成"有助于人们进一步理解前面"女（汝）亦既从讄（辞）从誓弋可"，二者相互补充，表明其与陈述的案情或者判决无关。

仅仅从这件铭文字面来看，伯扬父并未对牧牛与其师的纠纷做出裁决，而是就牧牛与其师讼本身而予以处罚，是一起贵族在受理狱讼之后依据一方曾经的誓言而实施处罚的案件。这起狱讼案件意味着，人们如果违反曾经发布的誓言，就要因而付出他们自己承诺的代价，这就回答了前面提出的问题。从

---

①　鸟形盉记载也是誓言，若有违反，直接拿来作为依据进行处罚。

另外一个角度而言,牧牛受到处罚,意味着其师在这起狱讼中胜诉,故而伯扬父实质上也对这起案件进行了裁决。值得进一步思考的是,牧牛本人不可能不知道自己曾经的誓言,也不可能不知道当时盛行的做法,为何会向伯扬父请求裁决争端呢? 如果将之与春秋时期的重大事件联系起来或许不难理解: "卫侯与元咺讼,宁武子为辅,针庄子为坐,士荣为大士。卫侯不胜。杀士荣,刖针庄子,谓宁俞忠而免之。执卫侯,归之于京师……"①后来周王批评了晋国的做法:"夫君臣无狱,今元咺虽直,不可听也。君臣皆狱,父子将狱,是无上下也。而叔父听之,一逆矣。又为臣杀其君,其安庸刑? 布刑而不庸,再逆矣。"②元咺请求晋国裁决他与卫侯的争端,其诉求甚至得到晋国的支持。在存在争议的具体事情上,元咺理直。然而,就他与卫侯之狱本身而言,却违反上下之间的正常秩序。牧牛很可能也是如此,然而,他心目中的正当诉求得不到满足,却要因为违反誓言,告诉师长而受到处罚。在正常情况下,这应该是尊卑等级森严的西周社会必然结果吧?

在为周代礼治所容许的狱讼案件中,情形会如何? 换言之,刑罚会否为断狱决讼之结果呢?《尚书·吕刑》起初为周穆王关于刑罚历史之言说,比如,"三后成功,惟殷于民,爰制百姓于刑之中,以教祗德。穆穆在上,明明在下,灼于四方,罔不惟德之勤。故乃明于刑之中,率乂于民棐彝。典狱非讫于威,惟讫于富"。③ 伪孔本改"爰"为"士",王鸣盛依据《后汉书·梁统传》和《后汉书·扬震传》证成"士"本为"爰",此说得到孙星衍的赞同。顾颉刚、刘起釪对此所论甚详。④ "爰"为发语词。以上所述为传说(尽管在穆王时人心目中很可能为真实的历史),故而并不足以证实为传说时代的刑罚现象。不过,它们应该可以被认为是穆王时人理解传说时代刑罚现象的方式。这是因为,每一个时代的人对于历史事物和现象的理解都会深深打上时代的烙印,不太可能超越其所处的时代。穆王时人理解传说时代刑罚的方式在一定程度上可以折射其所处时代刑罚的特征。就本文关心的问题而言,关键在于对"典狱非讫

---

① 《春秋左传正义》卷十六,《十三经注疏》本,中华书局1980年影印版,第1827页。
② 徐元诰:《国语集解》,中华书局2002年版,第55—56页。
③ 《尚书正义》卷十九,《十三经注疏》本,中华书局1980年影印版,第248页。
④ 参见顾颉刚、刘起釪:《尚书校释译论》,中华书局2005年版,第1970—1972页。

于威,惟讫于富"的正确理解。王引之在《经义述闻·书》"惟讫于富"条后按云:"讫,竟也,终也。富当读曰福"。①　其论证合理充分,可从。"明于刑之中"与"典狱非讫于威"之间存在比较明显的因果关系,典狱的最终目标是"明于刑之中",不欲藉此而立威。由此可知,刑罚乃典狱之结果。后文"四方司政典狱,非尔惟作天牧?今尔何监,非时伯夷播刑之迪?其今尔何惩?惟时苗民,匪察于狱之丽,罔择吉人,观于五刑之中。惟时庶威夺货,断制五刑,以乱无辜"②云云进一步表明刑罚与狱讼之间的联系。这是因为,在上文中,"四方司政典狱"有"播刑"之责,"罔择吉人,观于五刑之中"以及"断制五刑,以乱无辜"均为"匪察于狱之丽"之结果。

不仅如此,在《吕刑》记载的周穆王之正式诰命中,刑罚亦明显为断狱决讼之结果。比如,"在今尔安百姓,何择非人?何敬非刑?何度非及?两造具备,师听五辞,五辞简孚,正于五刑……"③"两造具备"大意为"诉讼双方都到场"。④　关于"师听五辞",在先秦文献中,"师",可训"众",可训"长",也可作职官之名。在西周青铜器铭文中,裁决狱讼者无一定之规。或正因为如此,周穆王在此使用比较泛泛之词来指称。"五辞",诸家解释为"入五刑之辞"。⑤根据《左传》《国语》来看,春秋时期的刑罚具有非法定性、非必行性、非规范性和半国家性四个特点。⑥　故而"五刑"与"五辞"之"五"均为泛指,这样解释可能更加符合历史实际。"辞"为理由、根据之义,在断狱决讼之际用言语表达出来。关于"五辞简孚"之"简",蔡沈训为"核其实",⑦可从。其大意为,狱讼双方(或一方)经过审核可以信从。关于"正于五刑"之"正",其原意为"不偏斜",这里为形容词使动用法。"正于五刑"意为通过刑罚使被破坏的关系、秩序等回归正常、正道。"两造具备"云云,最终是为实现"何敬非刑"之目标,"正于五刑……"之后刑罚原则均为断狱决讼之结果。

---

①　转引自顾颉刚、刘起釪:《尚书校释译论》,中华书局2005年版,第1976页。

②　《尚书正义》卷十九,《十三经注疏》本,中华书局1980年影印版,第249页。

③　《尚书正义》卷十九,《十三经注疏》本,中华书局1980年影印版,第249页。

④　参见顾颉刚、刘起釪:《尚书校释译论》,中华书局2005年版,第2002—2003页。

⑤　参见顾颉刚、刘起釪:《尚书校释译论》,中华书局2005年版,第2003页。

⑥　参见徐祥民:《略论春秋刑罚的特点》,《法学研究》2000年第3期。

⑦　转引自顾颉刚、刘起釪:《尚书校释译论》,中华书局2005年版,第2004页。

又如,"非佞折狱,惟良折狱,罔非在中。察辞于差,非从惟从。哀敬折狱,明启刑书胥占,咸庶中正。其刑其罚,其审克之。狱成而孚,输而孚"。① 关于"非佞折狱"之"佞",顾颉刚、刘起釪指出,屈万里所谓"佞,谓佞人"相对诸家解释更为合理,指有才无行之人。"惟良折狱"之"良"则与"佞"对举,指贤良、公正之人。② 关于"察辞于差",关键在于对"差"之理解。吕祖谦《书说》云:"辞之实者,屡讯屡鞫,前后如一,欺罔文饰者,虽巧于对狱,其辞要必有差,因其差而察之。"此说非常合理,故而得到后世学者广泛称引,③无出其右者。关于"非从惟从",江声根据《尚书大传》"君子之于人也,有其语也,无不听者,皇于听狱乎?必尽其辞矣,听狱者或从其情,或从其辞"指出其意为"非从其辞,惟从其情。"江氏此说有文献依据,从上下文来看也比较通畅,系"察辞于差"自然而然的结果,故而得到顾颉刚、刘起釪的赞同。④ 关于"哀敬折狱",《尚书大传》作"哀矜折狱",《尚书今古文注疏》也认为:"'敬'与'矜'声相近,今文作'矜'。"⑤此说有文献可征。比如,"如得其情,则哀矜而勿喜。"⑥《孔疏》据以指出:"断狱者于断之时,当怜下民之犯法也。死者不可复生,断者不可复续,当须敬慎断狱之害人勿得轻耳。"⑦其中犯法之说无据,且非当时之情,不过,如果将其置换成当时之规范,这样的解释已经十分接近本意。关于"明启刑书胥占",在先秦文献中,"胥"多可训为"相"。"占",度也,辨也。比如,"令民得以律占租"。⑧ 师古曰:"占谓自隐度其实,定其辞也……今犹谓狱讼之辨曰占,皆其意也。"⑨这一句大意为,公开言明刑书,将狱讼一方的行为与刑书相度。"咸庶中正",诸家解释没有多少歧异,大意为狱讼大概都可以获得中正之裁决。"其刑其罚,其审克之"比较容易理解。

① 《尚书正义》卷十九,《十三经注疏》本,中华书局 1980 年影印版,第 250 页。
② 参见顾颉刚、刘起釪:《尚书校释译论》,中华书局 2005 年版,第 2043 页。
③ 转引自顾颉刚、刘起釪:《尚书校释译论》,中华书局 2005 年版,第 2043—2044 页。
④ 参见顾颉刚、刘起釪:《尚书校释译论》,中华书局 2005 年版,第 2045—2046 页。
⑤ 孙星衍:《尚书今古文注疏》,中华书局 1986 年版,第 539 页。
⑥ 《论语注疏》卷十九,《十三经注疏》本,中华书局 1980 年影印版,第 2532 页。
⑦ 转引自顾颉刚、刘起釪:《尚书校释译论》,中华书局 2005 年版,第 2047 页。
⑧ 班固:《汉书》卷七《昭帝纪》,中华书局 1962 年版,第 224 页。
⑨ 班固:《汉书》卷七《昭帝纪》,中华书局 1962 年版,第 224 页。

"克",《尚书今古文注疏》认为:"当为'覆',假借字",①意为核查。这句话大意为,刑也好,罚也好,一定要进行认真而慎重的核查。关于"狱成而孚,输而孚","孚"在先秦文献中多训为"信"。这句话大意为,在狱讼中达成其目的者(类似后世胜诉者)信从,输家亦信从。"狱成而孚,输而孚"均为"其刑其罚,其审克之"的直接目标。

又如,"民之乱,罔不中听狱之两辞;无或私家于狱之两辞。"②"乱"当训为"治"。比如,"纣有亿兆夷人,亦有离德。余有乱臣十人,同心同德。"③"中"在此显然为副词,意为"公正",不偏听偏信。"家",应训为嗜利营私,与"汝无以家相乱王室"④之"家"含义同。前句大意为,民之治,无不是因为公正地听取狱讼双方言辞(理由),没有在其间嗜利营私的。这样的告诫在"朕敬于刑,有德惟刑"之后,亦可谓刑罚为断狱决讼之结果之据。

至此,人们应该可以大致认为,西周时期,执政者既有可能直接施以刑罚,也有可能在断狱决讼之后根据一方誓言或者治理需要而施以刑罚。具体地说,如果执政者在治国理政过程中通过各种途径发现应当予以刑罚处罚的行为,则会按照第一种模式办理;如果他们因为告诉而在断狱决讼的过程中发现应当给予刑罚处罚的行为,则会按照第二种模式办理。换言之,刑罚既有可能是断狱决讼之结果,也有可能并非如此。这就提醒人们,在研究过程中,不能将一切以刑罚告终的事件均视为狱讼案件,并将其纳入研究者心目中既有狱讼制度(或模式)进行分析,这样不仅可能限制或者影响对于字词的分析和解释,并有可能努力将事件纳入事先根据少数材料形成的先入之见,从而进一步固化片面的甚至肤浅的认识,最后得出并非合理的结论。

第二节　西周时期狱讼类器铭辨析

迄今为止,诸如琱生诸器之类铭文,学界对其是否涉及狱讼争议较大。还

---

① 孙星衍:《尚书今古文注疏》,中华书局 1986 年版,第 540 页。
② 孙星衍:《尚书今古文注疏》,中华书局 1986 年版,第 540 页。
③ 《春秋左传正义》卷五十一,《十三经注疏》本,中华书局 1980 年影印版,第 2105 页。
④ 黄怀信等:《逸周书汇校集注》,上海古籍出版社 1995 年版,第 1001 页。

有少数器铭,比如五祀卫鼎、曶鼎、融攸比鼎等,学人们对于其涉及狱讼基本上不持异议,然而,在一些具体字词上存在不同理解和解释。正因为如此,目前涉及狱讼的青铜器铭文的释读和研究均存在一些不尽如人意之处。为了重构比较符合历史真实的狱讼模式和理论,对相关铭文进行更为合理的解释和说明实属必要。

一、关于琱生三器的辨析

(一)五年琱生簋

佳(唯)五年正月乙丑,琱生又(有)事,寷(召)来合事。余献嫱(妇)氏以壶,告曰:"曰(以)君氏令曰:'余老止,公仆鄘(附庸)土田多諫(刺),弋(式)白(伯)氏从许。公宕(拓)其参(叁),女(汝)则宕(拓)其贰;公宕(拓)其贰,女(汝)则宕(拓)其一。'余鼒(惠)于君氏大章(璋),报嫱(妇)氏帛束、璜"。寷(召)白(伯)虎曰:"余既讯,戻(谢)我考我母令(命),余弗敢商(变)。余或(又)至(致)我考我母令(命)。"琱生则堇(觐)圭。

(二)五年琱生尊

佳(唯)五年九月初吉,寷(召)姜以琱生弍(牺)五、寻、壶两,曰(以)君氏命曰:"余老止,我仆鄘(附庸)社(土)田多束(刺),弋(式)许,勿使敝(散)亡。公宕(拓)其参(叁),女(汝)则宕(拓)其贰。其妣(兄)公,其弟乃"。余鼒(惠)大章(璋),报嫱(妇)氏帛束、璜一,有嗣(司)眔盟两、屖。琱生对扬朕宗君休,用乍(作)寷(召)公障盧(牺),用巚(祈)□录(禄)、寻(得)屯(纯)霝(灵)冬(终),子孙永宝用享。其又(有)敢覽(乱)兹命,曰:"女(汝)事寷(召)人公则明巫!"

(三)六年琱生簋

佳(唯)六年四月甲子,王才(在)莽。寷(召)白(伯)虎告庆曰:"余告庆曰:公苿(厥)稟、貝,用狱諫(刺)为!白(伯)又(有)祗又(有)成,亦我考幽白(伯)幽姜令!"余告庆:"余曰(以)邑讯有嗣(司),余典勿敢封。今余既讯有嗣(司)曰:戻(谢)令(命)!余既一名典,献白(伯)氏",则报璧。琱生奉扬朕宗君其休,用乍(作)朕剌(烈)且(祖)寷(召)公尝簋,其万年子孙宝用，享于宗。

以上三器所记事情相互牵连，绝大多数学者，无论是否认为三器与狱讼相关，均将它们结合起来进行研究。如果按照时间顺序联读的话，人们就可以对一个事件的前因后果形成比较完整的认识。正如后面的分析表明，这样做是比较合适的。《五年琱生簋》记载的是琱生与召伯虎初次狱讼经过。"琱生又（有）事，訊（召）来合事"。"又事"作"有事"解，"合事"作"会事"解，殆无疑问。问题在于，"事"应该作何解？这直接关系对于铭文所记载事件的定性。结合后文来看，琱生和召伯虎因为"土田仆庸"发生纠纷，琱生提请君氏裁决，召伯虎因而前来参与其事。换言之，琱生为原告，召伯虎为被告。之所以铭文像这样比较委婉地表述，是因为狱讼毕竟为大伤和气之事，同宗之间发生这样不幸的事情，自然要竭力淡化。

"余献婦（妇）氏以壶"。朱凤瀚对于为何如此断句作比较详细的论述，甚为合理。① 一些学者将此理解为贿赂，是值得商榷的。人们铸器的主要目的是"铭其功烈以示子孙，昭明德而惩无礼也"，②很难设想琱生会将贿赂这样不光彩的事情传之子孙。而且，通过这样的手段获取的利益无论如何也是不正当的。比如，春秋时期，宋以郜大鼎赂鲁，鲁"纳于大庙，非礼也！"臧哀伯力谏，其中一句为，"今灭德立违，而置其赂器于大庙，以明示百官。百官象之，其又何诛焉？"③据此，百官收受贿赂通常会予以诛杀。因此，琱生为对方留下难以毁灭的"铜"证也是很不明智的。"献婦（妇）氏以壶"应该另作它解，理解为当时的礼俗恐比较妥当。琱生和召伯虎寻求婦（妇）氏解决纠纷，婦（妇）氏为长辈，故而他们在觐见之际应献礼以表敬意。在《五年琱生尊》中，"訊（召）姜以琱生贰（煖）五、寻、壶两"，颇具"礼尚往来"的特征。杨向奎在《宗周社会与礼乐文明》中对"礼尚往来"问题有颇为精彩的阐述。④ 如果将其置于杨向奎所述西周那种比较浓厚的礼文化氛围，也许比较容易理解。

---

① 参见朱凤瀚：《琱生簋与琱生尊的综合考释》，《新出金文与西周历史》，上海古籍出版社2011年版，第76页。

② 《春秋左传正义》卷三十四，《十三经注疏》本，中华书局1980年影印版，第1968页。

③ 《春秋左传正义》卷五，《十三经注疏》本，中华书局1980年影印版，第1743页。

④ 参见杨向奎：《宗周社会与礼乐文明》，人民出版社1992年版，第244—257页。

"告曰"紧紧承接"余献嫦(妇)氏以壶",非常明显与"献嫦(妇)氏以壶"共用主语,也就是"余"所指代的琱生。陈梦家也认为:"'告曰'之主词应为琱生。"①

"以君氏命曰"之"以",与"晋穆侯之夫人姜氏以条之役生太子,命之曰仇。其弟以千亩之战生,命之曰成师"②中"以"用法相类似,"由于"、"因为"之义。结合后文来看,琱生是以君氏之命阐述其主张之理由和根据。

"余老止。"朱凤瀚认为,"止"是语尾虚词,意思同"矣"。③ 这一句恐为长者比较常见的话,意在希望人们尊重其意见,不要过多打扰。

"公仆章(附庸)土田多諌(刺)"。关于"仆章土田",孙诒让、王国维认为相当于《诗·鲁颂·閟宫》中的"土田附庸"。郭沫若进一步将"仆章"释为"附庸",意为"附属于土地的农民"。郭说引起众多学者的赞同,他们对"附庸"又提出诸多新的解释。④ "仆章"以及"土田"之具体所指,根据现有资料难以确定,理解为"土田"及其耕作者应大致不差。至于"多諌(刺)","刺"可能是指狱讼的过程。比如,"以三刺断庶民狱讼之中"。⑤ 故"公仆章(附庸)土田多諌(刺)"或可以理解为,公室有关"仆章(附庸)土田"的狱讼过程繁杂。它表达的很可能是嫦(妇)氏站在尊长的角度,对后生小子陷其于比较麻烦的断狱决讼之中而表示不满。其中也不乏施加压力之意,即希望他们尊重其意见,迅速结束争端。

"弋(式)白(伯)氏从许"。弋(式)是句首语气助词,无实际意义。三篇铭文中,白(伯)氏除召伯虎外别无他人。这里(伯)氏显然是特指召伯虎。"从",《说文·从部》:"从,相听也。"先秦文献多用为"听从"。"许"意为"答应"。比如,"亟请于武公,公弗许"。⑥ "弋(式)白(伯)氏从许"可以理解为,白(伯)氏要听从并答应啊!像这样解释,就能够理解铭文后面的记载:在琱生指出君氏曾经表达有关"附庸土田"的意见之后,召伯虎当即表示唯其母命

① 陈梦家:《西周铜器断代》,中华书局 2004 年版,第 233 页。
② 《春秋左传正义》卷五,《十三经注疏》本,中华书局 1980 年影印版,第 1743 页。
③ 参见朱凤瀚:《琱生簋铭新探》,《中华文史论丛》1989 年第 1 期。
④ 参见沈长云:《上古史探研》,中华书局 2002 年版,第 210 页。
⑤ 孙诒让:《周礼正义》卷六十六,中华书局 1987 年版,第 2775 页。
⑥ 《春秋左传正义》卷二,《十三经注疏》本,中华书局 1980 年影印版,第 1715 页。

是从。

"公宕（拓）其参（叁），女（汝）则宕（拓）其贰；公宕（拓）其贰，女（汝）则宕（拓）其一"。王辉认为，宕与拓通用，大致赞同斯维至所谓"拓伐、拓取、拓殖"之义。大意为，公室取三份，你就取两份；公室取两份，你就取一份。①

"余眛（惠）于君氏大章（璋），报婦妇帛束、璜"与《五年琱生尊》"眛（惠）大章（璋），报婦（妇）氏帛束、璜一"基本一致，铭文恐不能像一些学者那样理解为，琱生当着召伯虎的面许诺，如果（妇）氏做出对其有利的裁决，他将给（妇）氏上述礼物。从常理而言，在贿赂以后做出的裁决不可能为召伯虎所接受。张亚初、刘雨指出："从金文情况看，西周的刑讯诉讼诸事，并无专官管理……"②人们发生纠纷之后寻求双方均信服之人裁决，而裁决者并无调解和听断纠纷的职责，却要为此费时劳神，向其赠送一定的礼物作为酬劳是可能的。如果这是当时通行的做法，狱讼参与者的礼物就不会影响裁决的公正性，故而可以为双方所接受。因此，不如将铭文理解为，琱生请求他们裁决并解决这一争端，承诺按照通行做法支付报酬或礼物，这样可能更加符合实际情况。

"余既讯，戾（谢）我考我母令（命），余弗敢阖（变）。余或（又）至（致）我考我母令（命）"是召伯虎对于琱生之言的答复。"既"训为"已"，"讯"训为"问"，先秦文献中均比较常见。"余既讯"意为"我已经问"。召伯虎在参与狱讼之前或已征询其母的意见，其母可能有所交代。在这起案件中，召伯虎根本未提出任何反对及其依据，或许正因为尊重其母以前的安排或者承诺。根据"元恶大憝，矧惟不孝不友。子弗祗服厥父事，大伤厥考心。于父不能字厥子，乃疾厥子。于弟弗念天显，乃弗克恭厥兄；兄亦不念鞠子哀，大不友于弟"这样的诰命③可知，周人对于"孝"、"友"之道非常重视。召伯虎这种反应比较符合这样的原则和氛围。不过，他和琱生之间为"附庸土田"发展到狱讼的地步，可见之前的争端已经十分激烈。这样人们就比较容易理解"余或（又）至（致）我考我母令（命）"。其大意为，召伯虎可能就此问题传达他母亲新的令（命），意在表明，他会向其考其母阐述其理由，争取他（她）发布新的令

---

① 参见王辉：《琱生三器考释》，《考古学报》2008年第1期。

② 张亚初、刘雨：《西周金文官制研究》，中华书局1986年版，第39页。

③ 《尚书正义》卷十四，《十三经注疏》本，中华书局1980年影印版，第204页。

（命），实现其目标。

《五年琱生尊》记载的是狱讼的第二次处理及其结果。"勿使椒（散）亡"，学者们基本上解释为不要使"附庸土田"散亡（失）。这样的解释从字面来看没有多大问题，然放在上下文中难以说通：二人狱讼之结果，不过是导致"附庸土田"在二者之间转移而已，怎么可能导致其散亡（失）？因此，这样的解释不妥。《说文·林部》："椒，分离也。"而"亡"之本意为"逃"，引申为"失"。考虑到琱生和召伯虎二人同宗这样的关系，结合上下文来看，不如解释为，不要因为"附庸土田"这样的争端导致（同宗）分离、（感情）丧失。

"公宕（拓）其参（叁），女（汝）则宕（拓）其贰"。正如李学勤所言："召姜也就是妇氏此次所传之命，是在上次两种划分方案中决定了一种，即按三与二之比，显然对琱生更加有利。"①不妨合理推测，召伯虎回去之后进一步力争，这样的行为反而引起其考其母的重视，认为同宗之人不应为"附庸土田"闹到如此地步。故而他（她）强调"勿使椒亡"，并要求采取上述办法解决纠纷，以更加符合礼让精神，实现"勿使椒亡"之目的。

"其觥（兄）公，其弟乃"。将"余"下断可能更加合理，这是因为，如果像这样处理，不仅两句对仗工整，而且下面一句获得主词。李学勤认为，"乃"读为"礽"，意思是说，为兄者公平，其弟便能得福。②"兄"指"伯氏"召伯虎，"弟"就是琱生。上述解决办法让琱生得利，又让召伯虎得礼让之名。"其觥（兄）公，其弟乃"仍然是召姜转达君氏之意见，似应理解为君氏要求召伯虎让，以利其弟得福。这样就可与前面"勿使椒亡"相互吻合。

"余薹（惠）大章（璋），报婍（妇）氏帛束、璜一，有嗣（司）眔盥两、屖。""余"显然指琱生，他依照先前的承诺支付酬劳。琱生也向有（司）支付"眔盥两、屖"。在诸如《散氏盘》这样的西周青铜器之铭文中，涉及田土移转之类事务，往往需要有司参与。王辉也指出："周代在处理土田纠纷时，除王朝公卿外，往往有有司参与处理具体事务，当事者有时还要送给他们礼物。"③

---

① 李学勤：《琱生诸器铭文联读研究》，《文物》2007 年第 8 期。
② 参见李学勤：《琱生诸器铭文联读研究》，《文物》2007 年第 8 期。
③ 王辉：《琱生三器考释》，《考古学报》2008 年第 1 期。

《六年琱生簋》记载的是召伯虎和琱生向周王汇报狱讼之结果。"普天之下,莫非王土",如今因狱讼之故而使田土发生转移,故而召伯虎等需要向周王汇报。关于"余告庆曰",李学勤认为,簋铭都有"告庆"之事。《左传》成公二年、哀公元年都有"告庆"一语,虽系指战事而言,然可以看出其意义是宣告成功。① 此语近是,也有可能是人们就这类事务向周王汇报之际的通常做法或常用语。

"公厀(厥)稟、贝,用狱諫(刺)为!""公"应该是指召氏公室,除此之外,无更为合理之解释。具体地说,召伯虎不可能称王为"公",也不可能称琱生为"公"。在先秦文献中,"公"无此用法。"稟"所指为何已然难以确定,或者为土地所产之物,"贝"则很可能与钱有关。琱生已经"报妇氏帛束、璜,有司眔盟两、屖",故召伯虎也有可能向裁决者支付报酬。"为"是句末语气助词,先秦文献比较常见。②

"白(伯)又(有)祗又(有)成"。有些学者将"白(伯)"上读为"用狱(刺)为白(伯)",意为召伯虎继承乃祖遗风,注意听讼。然而,在这场狱讼中,召伯虎是参与者,像这样的解释显得不太合理。林沄指出:"白(伯)"度情理当指琱生,③联系下文来看,也只有这样的解释可通。"祗"可作"词"解,大致相当于现代人之"依据"或者"道理"。比如,"祗保越怨不易。"④"有成"与"久而无成"⑤相对,"成,平也"。⑥"有成"意为纠纷得以解决。

"亦我考幽白(伯)幽姜令!"结合具体语境来看,铭文包含三层意思:其一,琱生的依据系"幽白(伯)幽姜"之命;其二,在结果对琱生有利、显然是召伯虎作了让步的情况下,这句话不无归美于尊长之意;其三,"让"毕竟是召伯虎做出,是召伯虎听从尊长之命的结果,故而也不乏自矜之意。

"余告庆"。一些学者仍然认为系召伯虎告庆之言,这样似不太合理。在

---

①　参见李学勤:《琱生诸器铭文联读研究》,《文物》2007 年第 8 期。

②　参见王引之:《经传释词》,黄侃、杨树达批本,岳麓书社 1982 年版,第 49—51 页。

③　参见林沄:《琱生三器新释》,http://www.gwz.fudan.edu.cn/SrcShow.asp? Src_ID = 284,访问时间:2013 年 5 月 5 日 17 时 30 分。

④　《尚书正义》卷十四,《十三经注疏》本,中华书局 1980 年影印版,第 207 页。

⑤　杨伯峻:《春秋左传注》,中华书局 2009 年版,第 1367 页。

⑥　杨伯峻:《春秋左传注》,中华书局 2009 年版,第 1367 页。

铸造青铜器并非易事之际,很难设想会像这样出现重复之言,也难以设想召伯虎会如此啰嗦。铭文除涉及周王外,只剩下召伯虎和琱生。因此,将"余"理解为琱生更为合理。李学勤也认为,后一处"余告庆"则为琱生所说。①

"余㠯(以)邑讯有嗣(司),余典勿敢封。"李学勤认为,"余以邑讯有司"是指琱生以所分得的田邑告于有司官员。"典"为大册,在此指登记田邑的簿籍。琱生虽已分得仆庸土田,持有簿籍,仍不敢自行封树疆界。② 这样的解释与其他器铭中田土移转往往需要有司在场的记载一致。之后,田土界限往往由封树进行确定。因此,此处之"封"理解为"封树"恐更为合理。

"今余既讯有嗣(司)曰:厗(谢)令(命)!"有学者将"令"解释为"幽伯幽姜的意见",这样的意见欠妥。从上下文来看,琱生之地位虽不及召伯虎,然而,他可以见周王,召伯虎也需称之为"伯",可见其地位也非同一般。他向有司陈述其事,要求有司履行相关手续,有司作如此答复显得合情合理。

"余既一名典,献白(伯)氏"仍然是琱生所言,意为已经将"附庸土田"登录于文书,交给召伯虎。学界对这样的解释基本无异议。召伯虎"则报璧",如前所述,这是西周时期的礼仪。李学勤认为:"召伯虎于是以玉璧答谢,使礼仪完成"。③

对于琱生三器所记载的事件是否涉及狱讼,一些学者提出质疑。比如,王玉哲指出,从《琱生簋》二篇铭文中,看不出谁是原告、谁是被告,到底是谁和谁在打官司。④ 狱讼起于人与人之间的争端。在此三器中,琱生与召伯虎因为"附庸土田"发生争端和纠纷,也就是铭文中"琱生又(有)事,召来合事"。谁是原告,谁是被告,十分清楚! 琱生与召伯虎之间的关系需要略加分析,因为有可能影响人们对于该事件是否属于狱讼的判断。根据"其㲼(兄)公,其弟乃"可知,二人之间的确是兄弟关系。或许有人会提出质疑,兄弟之间会发生纠纷乃至狱讼吗? 实际上,今人对于二人之间的亲疏远近已经无从做出准确的判断。从君氏处理"附庸土田"的原则来看,琱生已经从公室分离出来,

---

① 参见李学勤:《琱生诸器铭文联读研究》,《文物》2007 年第 8 期。
② 参见李学勤:《琱生诸器铭文联读研究》,《文物》2007 年第 8 期。
③ 李学勤:《琱生诸器铭文联读研究》,《文物》2007 年第 8 期。
④ 参见王玉哲:《〈琱生簋铭新探〉跋》,《中华文史论丛》第 44 辑,第 98 页。

仅此而已。诸如"晋赵鞅杀邯郸午,赵稷、涉宾以邯郸叛"①这样的记载表明,兄弟之间由于利害冲突,杀戮都有可能发生,何况狱讼? 琱生与召伯虎生活的时代,总的来说,"兄弟致美"仍然占据主导地位。但是,这并不意味着兄弟之间就不会发生争端。因为他们之间是兄弟关系,琱生尽可能淡化纠纷和狱讼的色彩,这就比较符合他们的身份和当时比较委婉的表达方式。争端发生以后,诉诸第三人加以裁决为判断是否狱讼的重要标准。在这三件铭文中,妇氏首先发表意见,后来争端因为召姜的意见而解决,也符合狱讼的这一特征。至于所谓事件历经一年半之久,若发生在比较质朴的西周时代不容易理解云云,并非判断是否狱讼的必要条件。今人对于西周时期田土之分布、人们的行为方式、制度以及习俗等方面的知识已经非常匮乏,人为地设置一些很可能并不成立的标准进行推断对于讨论的问题而言并无益处。

一些学者认为,琱生三器记载的是召氏宗族田土(财产)之分配问题。比如,王玉哲认为:"其中心内容盖为琱生记录召氏宗族对其土地产品之分配问题,是本族内部的事务,并没有扩大到诉讼问题上去。"②"盖"字其实已经表明,他对此并无绝对把握。在否定狱讼说的基础上,王玉哲提出自己的观点,认为这是一起家族内部田土产品分配事件。他指出:"君氏本人在处理琱生的事中没有亲临参与,而是委派召伯虎作为代表。"③委派之说,铭文并无明证。妇氏传达君氏之命:"余老止",意为他年已老,不能亲自出场办事。然而,召伯虎到来,未必是出于君氏委派。"琱生又(有)事,𥄂(召)来合事"这样的记载表明,事情发生在琱生与召伯虎之间。如果这样的解释成立,委派之说就难以成立,因为很难设想君氏会委派召伯虎去处理他与另外一个人的争端。这样的结果有可能为琱生接受吗? 王玉哲可能坚持认为,"事"指的是召氏家族田土分配之事,召伯虎前来是为了代表公室与琱生之间进行分配。然而,如果这样的话,"公宕(拓)其参(叁),女(汝)则宕(拓)其贰;公宕(拓)其贰,女(汝)则宕(拓)其一"这句话就应该由召伯虎说出,而不必由妇氏代劳,更不可

---

① 《春秋左传正义》卷五十六,《十三经注疏》本,中华书局 1980 年影印版,第 2150 页。
② 王玉哲:《〈琱生簋铭新探〉跋》,《中华文史论丛》第 44 辑,第 98 页。
③ 王玉哲:《〈琱生簋铭新探〉跋》,《中华文史论丛》第 44 辑,第 99 页。

能如前面分析的那样实际上由琱生说出。王玉哲或继续坚持认为,妇氏为召伯虎之妻,君氏实际上委派的是妇氏。这样会否定委派召伯虎之说。如果不考虑后面所述妇氏身份,接受他的观点,召伯虎接下来的言论就应该是要求琱生接受云云。然而,召伯虎所言为"余既讯,厥(谢)我考我母令(命),余弗敢阏(变)",表达的分明是对于君氏意见的态度。人们恐怕很难相信,君氏会委派一位妇人去传达关于她的夫君与另外一人的田土分配意见。因此,这样的推测其实难以自圆其说。比较合理的理解应该是,君氏委派妇氏处理争端和纠纷。妇氏相对于琱生和召伯虎而言,居于中间人地位,与召伯虎、琱生二人的关系要么同样亲近,要么同样疏远。像这样解释,上述疑窦才可以合理解决。

关于君氏和妇氏,尚需要进一步分析,因为一些学者基于对她们身份的判断而在事件是否涉及狱讼的问题上发表否定的意见。① 首先,妇氏和召姜为同一人的可能性比较大。第一次由其出面裁决二人争端,第二次也由其出面比较合乎情理。其实,铭文所描述的事件当不至于如此简单,铸造者很可能仅仅记载至关重要的言论。妇氏参与第一次决讼之后对于双方争端、主张及其理由应该十分清楚,第二次仍然由其出面对于解决争端显然更为有利。当然,事隔几个月之久,也不能排除其他可能性。其实,她们是否同一人不影响事件的性质。其次,如果承认召伯虎为召氏家族嫡长子的话,就很难认为妇氏为召伯虎之母。《五年琱生簋》仅记载琱生和召伯虎的言论,并没有记载妇氏的言论,也就是其并没有发布什么令(命),故而召伯虎所谓"我母"不太可能指妇氏。鉴于器铭对于琱生的重要性,琱生不记录为召伯虎所遵从之命的可能性不大,更何况琱生明言"以君氏令曰"? 因此,召伯虎所谓"我母"更有可能是指君氏。君氏通常是夫人(女性)的称呼,不太适合用来称召氏家族的族长。比如,"夏,君氏卒。声子也。不赴于诸侯,不反哭于寝,不祔于姑,故不曰薨。不称夫人,故不言葬,不书姓。为公故,曰'君氏'"。② 如果将《五年琱生簋》"公仆章(附庸)土田多诔(刺)"与《五年琱生尊》"我仆章(附庸)礼(土)田多

---

① 参见徐义华:《〈新出土五年琱生尊〉与琱生器铭试析》,《中国史研究》2007 年第 2 期。
② 《春秋左传正义》卷三,《十三经注疏》本,中华书局 1980 年影印版,第 1722 页。

束(刺)"对读,以我指"君氏",进而推知"君氏"指"公"也就是召氏家族族长的话,不仅存在如前所述君氏通常是夫人(女性)的称呼这一障碍,而且,像这样理解"公",在"公宕(拓)其参(叁),女(汝)则宕(拓)其贰;公宕(拓)其贰,女(汝)则宕(拓)其一"这样的处理原则中,"公"的解释也会存在障碍。更不需要将"公"与爵位之类挂钩,《六年琱生簋》中显然根本不存在爵位问题。最后,如果承认上述分析之合理性,则对于为什么这场争端由妇氏和召姜出面裁决就比较容易理解。君氏与召伯虎之间是母子关系,而召伯虎与琱生之间是兄弟关系。如果二人为亲兄弟的话,他们为田土细故争吵,"大伤厥考之心";如果二人不是亲兄弟的话,君氏与琱生之间的关系必然较为疏远,这时由她出面裁决或有偏袒之嫌。在这两种情况下,由与其关系密切之妇氏和召姜出面显得更为妥当。

关于琱生三器,李学勤在分析的过程中指出:"仆庸土田之乱,是其归属不定,多有疏于管理,酿成狱讼的情事"。① 既然如此,三器中间的"狱"字很有可能就是"狱讼"之"狱",前面的分析已经证明像这样理解无障碍。也许可以将发生在春秋时期的狱讼与这一案例作一比较:"晋郤至与周争鄇田,王命刘康公、单襄公讼诸晋。郤至曰:'温,吾故也,故不敢失。'刘子、单子曰:'昔周克商,使诸侯抚封,苏忿生以温为司寇,与檀伯达封于河。苏氏即狄,又不能于狄,而奔卫。襄王劳文公而赐之温,狐氏、阳氏先处之,而后及子。若治其故,则王官之邑也,子安得之?'晋侯使郤至勿敢争"。② 二者之间是否具有一些共同特征呢?双方发生争端,诉诸第三方加以解决。在第三方的主持下,双方各自陈述其理由。在这一案例中,晋侯使郤至勿敢争。如果他继续争下去,会不会因为裁决而解决呢? 至此,是否还有必要怀疑这一事件涉及狱讼呢?

二、关于五祀卫鼎之辨析

佳(唯)正月初吉庚戌,卫吕(以)邦君厉告于井白(伯)、白(伯)邑父、定白(伯)、琼白(伯)、白(伯)俗父曰:厉曰:余执龏(恭)王卹(恤)工

---

① 李学勤:《琱生诸器铭文联读研究》,《文物》2007 年第 8 期。
② 《春秋左传正义》卷二十七,《十三经注疏》本,中华书局 1980 年影印版,第 1909—1910 页。

（功）于卲（昭）大（太）室东逆（朔）燮（营）二川。曰：余舍女（汝）田五田。
正廼嘫（讯）厉曰：女（汝）賈田不（否）？厉廼许曰：余寏（审）賈田五田。
丼白（伯）、白（伯）邑父、定白（伯）、琼白（伯）、白（伯）俗父廼顋，事（使）
厉誓，廼令參（三）有嗣（司）：嗣（司）土邑人趚、嗣（司）马颤人邦、嗣（司）
工隆（随）矩、内史友寺刍，帅履（履）裘卫厉田三（四）田。廼舍寓（宇）于
毕（厥）邑：毕（厥）逆（朔）彊（疆）眔厉田，毕（厥）东彊（疆）眔散田，毕
（厥）南彊（疆）眔散田，眔政父田，毕（厥）西彊（疆）眔厉田。邦君厉眔付
裘卫田：厉弔（叔）子𤳳、厉有嗣（司）𩁾（申）季、庆癸、燹（幽）襄、刔（荆）人
敢、丼人偶屖。卫小子逆甘（其）卿（饗）匋（媵）。卫用乍（作）朕（朕）文考
宝鼎。卫甘（其）万年永宝用。隹（惟）王五祀。

本器铭自"丼白（伯）、白（伯）邑父、定白（伯）、琼白（伯）、白（伯）俗父廼顋，事
（使）厉誓"至"卫甘（其）万年永宝用"为裘卫与邦君厉之争端解决之后按照
惯例转移田土并铸器之记载，因此，前面内容相对本文主题而言更为重要。
"卫目（以）邦君厉告于丼白（伯）、白（伯）邑父、定白（伯）、琼白（伯）、白（伯）
俗父曰"。学界对于"告"的理解存在分歧，唐兰解释为"告知"，[1]赵光贤理解
为"控告、诉讼"，[2]王辉认为是"转告"。[3]《尔雅·释诂》："命、令、禧、畛、祈、
请、谒、讯、诰，告也。"这意味着，直至《尔雅》产生的时代，文献中与"告"之义
相同或相近的仅有"命、令、禧、畛、祈、请、谒、讯、诰"等。学人们将"告"理解
为"控告、诉讼"，很可能是将器铭记载事件认定为狱讼，进而用后世概念进行
解释的结果。至于"转告"，显然是因紧接着裘卫转述邦君厉的言论之故。实
际上，铭文是裘卫陈述其主张所依据之事实，不宜作"转告"解。而且，像这样
解释有"增字"之嫌。因此，按照先秦时期通常的用法将其解释为"告知"更为
恰当。

"厉曰：余执龏（恭）王卹（恤）工（功）于卲（昭）大（太）室东逆（朔）燮
（营）二川"一语，唐兰、王辉均认为这是裘卫转述邦君厉之言，赵光贤却认为

---

① 唐兰：《西周青铜器铭文分代史征》，中华书局1986年版，第313页。
② 赵光贤：《从裘卫诸器铭看西周的土地交易》，《北京师范大学学报》（社会科学版）1979
年第12期。
③ 王辉：《商周金文》，文物出版社2006年版，第139页。

这是裘卫自己的言论。从"正廼讯厉曰:女(汝)賨田不(否)"、"帅眉(履)裘卫厉田三(四)田"以及"邦君厉眔付裘卫田"等铭文推知,"余舍女(汝)田五田"定为邦君厉所言,也就是其前之"曰"的主语为邦君厉。其原因为何? 应该从"余执龏(恭)王卹(恤)工(功)于卲(昭)大(太)室东逆(朔)癸(营)二川"一语之中寻找。执龏(恭)王卹(恤)工(功)的主体究竟是如赵光贤所言裘卫,还是如王辉等所言邦君厉?"余执龏(恭)王卹(恤)工(功)"云云紧承"厉曰"之后,应为邦君厉所言。① 至于赵光贤所谓"曰厉曰",一是这样表达在先秦文献中非常罕见;二是所谓"曰厉曰"紧承"卫以邦君厉告于丼白(伯)、白(伯)邑父、定白(伯)、琼白(伯)、白(伯)俗父",裘卫既然将其与邦君厉之纠纷告知上述诸人,请求他们裁断,怎么可能跟邦君厉言及于此呢? 不仅如此,若如赵光贤所言裘卫为王室工作,也就是营二川,那么,即便邦君厉因而受益,他也应该向王室答谢而不至于与裘卫为田而发生争端,最后向裘卫交付田五田。裘卫不过是受王室之命主持其事而已。因此,所谓裘卫为王室工作的看法不能自圆其说。至于"厉答应卖给他五田"云云,也是难以成立的,因为后文根本就没有关于买卖田土的记载,而只有邦君厉在三有司的监督下转移田土的信息。根据以上分析,王辉等人的解释可能更为合理,邦君厉为王室工作,营建二川,很可能因为不得不占裘卫之田,故而需要予以补偿,而田五田应是邦君厉为王室工作所获赏赐的一部分。

　　"正廼噙(讯)厉曰:女(汝)賨田不(否)? 厉廼许曰:余啻(审)賨田五田。"賨隶定为賨大概无问题,后文只有邦君厉向裘卫转移田土之记载,而无任何交易的内容,不如根据铭文内容将其解释为"补偿"。至于训诂方面的合理依据,恐怕只能留待更多相关文献出土。"啻(审)",诸家均释为"确实",在上下文中可通。这段话的大意应该是"正"在听取裘卫的主张及其依据后对邦君厉所进行的讯问,由于邦君厉作出符合裘卫期望之答复,争端因而解决并进入下一阶段。

---

　　① 黄盛璋亦认为,"'卫以邦君厉告于丼伯……伯俗父曰',主语是卫,下面就是他告于执政们的话。""'厉曰'云云,主语明明是厉,以下是他所说的话,所以下面两个'余'皆厉自称,'余舍汝五田',是厉主动提出舍卫五田,执政们才问厉'汝贮田否?'即有没有这回事?"参见黄盛璋:《卫盉、鼎中"贮"与"贮田"及其牵涉的西周田制问题》,《文物》1981年第9期。

铭文的文字非常简练,省略若干对今人而言比较重要的信息。比如,裘卫与邦君厉之间的争端,很可能是因为邦君厉未能或者拒绝履行自己的承诺向裘卫支付田五田。裘卫无奈,诉之于"丼白(伯)、白(伯)邑父、定白(伯)、琼白(伯)、白(伯)俗父"。他们了解事情的前因后果,认为问题的关键在于邦君厉,这样才可能有"女(汝)寅田不(否)"这样的问题。邦君厉是否就像铭文中所载那样给以答复,不得而知。上述问题对于铸器者——裘卫而言并非十分重要,故而没有加以记载。

三、关于曶鼎之辨析

曶鼎第一部分主要内容为周王在穆王大室,令曶继承其祖考管理卜事,并赏赐赤金诸物,曶用以制鼎并传之子孙诸事,与本文无关,在此从略。第二部分内容如下:

> 隹(唯)王三(四)月既眚(生)霸,辰在丁酉。丼弔(叔)才(在)异为□。□①吏(使)厥(厥)小子嚣曰(以)限讼于丼弔(叔):"我既賣女(汝)五□②,□③父用匹马束丝。限諾(许)曰:阺勳(则)卑(俾)我賞(偿)马,效□④勳(则)卑(俾)覆(复)厥(厥)丝束。贤、效父廷諾(许)。"嚣曰:"于王参门,□□木榯,用徵徙賣丝(兹)五夫,用百寽(锊)。非出五夫勳(则)旬。廷器又(有)旬绎罸金。"丼弔(叔)曰:"才(在)王廷廷賣,用徵,不逆。付曶,母(毋)卑(俾)式于阺。"曶勳(则)撶(拜)頴(稽)首,受丝(兹)五□⑤:曰阤、曰恒、曰耕、曰龕、曰眚。吏(使)寽(锊)以告阺,廷卑(俾)□⑥曰(以)曶酉(酒)彶(及)羊,丝(兹)三寽(锊),用致丝(兹)人。曶廷每(诲)于阺□⑦:"女(汝)其舍嚣矢五秉"。曰:"必尚(当)卑(俾)处厥(厥)邑,田厥(厥)田"。阺勳(则)卑(俾)覆(复)令曰:"若(诺)!"

---

① 从上下文看为"曶"字。
② 从上下文看为"夫"字。
③ 从上下文看为"效"字。
④ 从上下文看为"父"字。
⑤ 从上下文看为"夫"字。
⑥ 从上下文看为"饗"字。
⑦ 从上下文看为"曰"字。

"井弔(叔)才(在)异为□"。"□"表缺一字,谭戒甫补"理"字,①刘翔等补"士"字,②王辉认为:"从铭文看,邢叔主管诉讼事,但周金文中主管狱讼者并非一定是士,故不补。"③王说可从,略加补充的是,在《左传》中,"士"也未必专司断狱决讼。比如,士景伯从事的事务除了出使楚国以外,他在晋灵公死后奉命辞如晋之鲁昭公于河,④在周发生王子朝之乱后奉晋侯之命莅问周故,⑤在晋顷公卒后奉魏献子之命诘吊且送葬的郑国游吉。⑥ 这些事务均与断狱决讼无关。在其之前的士文伯同样如此,加之晋国还有士匄、士鞅之类人的存在,士更有可能属于姓氏,而不是晋国专司狱讼的官员。在卫侯与元咺讼一案中,士荣为大士。卫侯不胜,士荣被杀。⑦ 大士显然不是听断狱讼的官员,哪有争端一方失利而听断官员被杀的道理?"理"在先秦典籍中也难以发现充当审判官的确切例证,"西周金文中不是专职的理官也得断讼事",⑧因此,铭文没有必要补字,大致可以理解为邢叔在"异"这个地方处理政务。"□⑨吏(使)乎(厥)小子巤曰(以)限讼于井弔(叔)"。马承源等人认为,名为"巤"的小子"是曶的家臣,代表曶向井叔起诉。"⑩王辉也作如是解。⑪ 然而,在《左传》中,"小子"地位颇高。比如,"曲沃伯诱晋小子侯,杀之。"⑫又如,"夏四月戊辰,晋侯、宋公、齐国归父、崔夭、秦小子憖次于城濮"。⑬ 曲沃伯为夺取晋国政权诱杀晋国小子,秦小子可以参与诸侯会盟。由此可知"小子"在诸侯国的地位非同一般。这里的"小子"也应是曶氏家族比较重要的人物。

①　参见谭戒甫:《西周"曶"其铭文综合研究》,《中华文史论丛》第3辑,中华书局1963年版,第76页。

②　参见刘翔等:《商周古文字读本》,语文出版社2002年版,第102页。

③　王辉:《商周金文》,文物出版社2006年版,第170页。

④　参见杨伯峻:《春秋左传注》,中华书局2009年版,第1361页。

⑤　参见杨伯峻:《春秋左传注》,中华书局2009年版,第1451页。

⑥　参见杨伯峻:《春秋左传注》,中华书局2009年版,第1506页。

⑦　参见杨伯峻:《春秋左传注》,中华书局2009年版,第472页。

⑧　马承源:《商周青铜器铭文选》(三),文物出版社1988年版,第170页。

⑨　从上下文看为"曶"字。

⑩　马承源:《商周青铜器铭文选》(三),文物出版社1988年版,第170页。

⑪　参见王辉:《商周金文》,文物出版社2006年版,第172页。

⑫　《春秋左传正义》卷七,《十三经注疏》本,中华书局1980年影印版,第1753—1754页。

⑬　《春秋左传正义》卷十六,《十三经注疏》本,中华书局1980年影印版,第1825页。

故而,舀令他将与"限"之间的纠纷告知邢叔(并请求其解决)。

"我既賣女(汝)五□①,□②父用匹马束丝。限話(许)曰:觝劓(则)卑(俾)我賞(偿)马,效□③劓(则)卑(俾)復(复)乓(厥)丝束。瞏、效父廼話(许)"。关于"賣",很多学者将其读为"赎"。陈连庆指出:"交纳财物以免除罪刑,求得人身的解放,这才是赎字的本义。赎绝不是简单的交易行为。"④也就是说,賣训"赎"难以说通,因为这一案例非常明显以交易为主要内容。晁福林训为"买"⑤,从"用百寽(锊)"以及"舀劓(则)摔(拜)頣(稽)首,受丝(兹)五夫"这些铭文来看,事件的确由于买卖五夫而起,故而晁福林的解释更为合理。学界通常将交易理解为舀用"匹马束丝"从限与效父那里赎取五夫,⑥从下文来看,这样的解释难以自圆其说。舀使戠用百寽(锊)买五夫,五夫的卖主当为限。舀很可能依据当时惯例提议通过效父完成交易,即向效父支付百寽(锊),而由效父向限给付他所需要的匹马束丝。限表示同意,然对舀的提议进行修正:"觝劓(则)卑(俾)我賞(偿)马,效□⑦劓(则)卑(俾)復(复)乓(厥)丝束。"大意为,觝就让其提供马作为(出让五夫的)补偿,效父则让他还是提供丝束(作为补偿)。限的意见得到瞏(亦即觝)和效父的赞同,即文中所谓"瞏、效父廼話(许)",协议因而达成。

然而,履约之际出现意外,亦即戠曰:"于王参门,□□木榜,用衒征賣丝(兹)五夫,用百寽(锊)。非出五夫劓(则)旬。廼謂又(有)旬槑卌金。"关于"王参门,□□木榜",一些学者试图考证其具体所指,然由于资料所限,难以脱离主观推测的范畴,在目前资料条件下解释为"履约地点"为宜。"衒",郭沫若认为是金属货币,⑧对此,学术界基本无异议。"用衒征賣丝(兹)五夫"若

---

① 从上下文看为"夫"字。

② 从上下文看为"效"字。

③ 从上下文看为"父"字。

④ 陈连庆:《试论舀鼎铭文中的几个问题》,《古文字研究》第20辑,中华书局2000年版,第86页。

⑤ 参见晁福林:《"匹马束丝"新释——读〈舀鼎〉铭文札记》,《中华文史论丛》1982年第3辑,第65页。

⑥ 参见马承源:《商周青铜器铭文选》(三),文物出版社1988年版,第170页。

⑦ 从上下文看为"父"字。

⑧ 参见郭沫若:《两周金文辞大系图录考释》,上海书店出版社1999年版,第98页。

解释为"用䵼购买这五夫",上下文均比较通畅。其中之"征"当为西周时期两个动词性词组之间承接连词,并无实际意义。"用百孚(锊)"是对"用䵼征卖丝(兹)五夫"的解释性说明,表明智所耗费金属货币的具体数量。"旬",马承源认为,"从言,午为基本声符,字即悟、迕,有逆、背、违之义。"①马未进行必要的分析和提供足够的证据,从上下文来看,像这样解释可通。"非出五夫则旬"大意为,不交出五夫就有违(前面的约定、契约等)。"迺"为句首语气助词,无实际意义。"䵼金"显然是指䵼代表智向賸支付的䵼。故"迺(乃)賸又(有)旬眔䵼金"意谓賸的行为有悖于他得到䵼金的事实。这起狱讼的原委,至此已经比较清楚:䵼代表智按照约定向賸支付䵼,然而,賸在得到䵼金之后却未能如约交付"匹马"(协议中的另外一个人物效父未再出场,很可能在接受䵼金之后交付了束丝,故而与争端乃至狱讼无关),限于是拒绝向䵼交付五夫,引发智的不满。因此,智命䵼告知井叔并请求解决。由此可见,限成为被告是砥拒绝履行协议导致他无法向智交人之故。

井叔曰:"才(在)王廷迺賣,用□②,不逆。付智,母(毋)卑(俾)式于砥。"王廷,传世文献中往往写作"王庭",它与"王参门,□□木榜"所指相同,故而可以相互印证。"逆"字,刘翔等引《释名·释言语》所载"逆,不顺也"而认为:"不逆就是顺,此指合法。"③王辉也持同样的意见。④ 不过,"顺"与"合法"之间不无差异。"合法"为现代用语,西周时期像这样的表达比较罕见,故而诸如此类的解释难以令人信服。此处之"逆"不如解释为"反"。在王庭交换,一方已经支付䵼,不能令交换过程反过来。也就是说,不能让砥退还䵼,然后限拒绝交付五夫。在传世文献中,"逆"解释为"反"者不乏其例。比如,"未退而逆之。"⑤"逆"还可引申为"乖于常理。"又如,"言辩而逆。"⑥这句话或者还可以进一步解释为,在王庭这样比较庄严的地方交换,却因种种原因导致毁约的事情发生(交易反向),有违常理。"式"当为"贰",学界基本上无异议,

---

① 马承源:《商周青铜器铭文选》(三),文物出版社 1988 年版,第 170 页。
② 从上下文看为"䵼"字。
③ 刘翔等:《商周古文字读本》,语文出版社 2002 年版,第 104 页。
④ 参见王辉:《商周金文》,文物出版社 2006 年版,第 174 页。
⑤ 徐元诰:《国语集解》,中华书局 2002 年版,第 422 页。
⑥ 王先谦:《荀子集解》,中华书局 1988 年版,第 99 页。

问题在于应当如何合理解释。在传世文献中,"贰"有"变"之义。比如,"成事不贰"。① "弍"在此处也应作如此解释。具体地说,在曶已经依据协议支付百孚(锊)的情况下,不能令协议因为氒而生变(亦即无法履行)。

"曶剌(则)捧(拜)頴(稽)首,受丝(兹)五□②:曰陟、曰恒、曰耕、曰鑫、曰眚。吏(使)孚(锊)以告氒,廼卑(俾)□③自(以)曶酉(酒)彶(及)羊,丝(兹)三孚(锊),用致丝(兹)人。"曶因井叔的裁决而得到五夫。表面上看,曶在井叔裁决之后即"捧(拜)頴(稽)首,受丝(兹)五夫"。其实不然,曶并未参加狱讼,代表他参与狱讼的是"小子嚳"。换言之,"曶剌(则)捧(拜)頴(稽)首,受丝(兹)五□"是他在听完"小子嚳"回报之后的行为。谁"吏(使)孚(锊)以告氒"? 这句话紧承"曶剌(则)捧(拜)頴(稽)首,受丝(兹)五□",故而其主语当为"曶"。曶在井叔处得到期待的结果,也就是限向其给付了五夫。然而,氒尚未依据先前的协议向限交付马,故而曶命人持孚(锊)(从下文看,另外还有酒、羊等物)以告诉氒(井叔的裁决结果)。氒违约大概系因为曶先前支付的孚未能满足其预期,故而曶命人持孚前往。"廼卑(俾)□④自(以)曶酉(酒)彶(及)羊,丝(兹)三孚(锊),用致丝(兹)人"含义比较清楚,大意为氒乃用曶赠送的礼金招待来者。

曶廼每(诲)于氒□⑤:"女(汝)其舍嚳矢五秉"。曰:"必尚(当)卑(俾)处氒(厥)邑,田氒(厥)田"。氒剌(则)卑(俾)复(复)令曰:"若(诺)!"前面是曶提出的要求,"若(诺)"则为氒的答复。"舍嚳矢五秉"应为当时通常做法,其具体所指已经难以准确界定,这里尝试提出一种较为合理之解释:争端系由氒违约而起,也以他败诉而告终,故而矢有可能指狱讼相关费用。《周礼》有"以两造禁民讼,入束矢于朝,然后听之"之类记载,⑥如果"朝"是指朝廷或者公室的话,这样的记载可能反映作者关于朝廷或者公室成为狱讼受理

① 参见徐元诰:《国语·集解》,中华书局2002年版,第109页。
② 从上下文看为"夫"字。
③ 从上下文看为"饗"字。
④ 从上下文看为"饗"字。
⑤ 从上下文看为"曰"字。
⑥ 孙诒让:《周礼正义》,中华书局1987年版,第2748页。

者之后的设想，而这样的设想又有可能源于西周、春秋时期的狱讼实践。也就是说，曶作为胜诉方要求败诉的氐向裁断者支付狱讼费用也不无可能。关于"必尚（当）卑（俾）处乎（厥）邑，田乎（厥）田"，诸家解释基本一致，大意为氐必须确保五夫居住于其邑，耕种那些土地。也就是说，氐不能再生事端，令五夫归属再生变动。

曶鼎第三部分也是一个案例，其铭文如下：

昔馑岁，匪（匡）众乎（厥）臣廿夫寇曶禾十秭。以匪（匡）季告东宫，东宫廼曰：求乃人，乃弗得，女（汝）匪（匡）罚大。匪（匡）乃頔（稽）首于曶，用五田，用众一夫曰嗌，□①朏、曰莫，曰：用丝（兹）四夫。頔（稽）曰：余无囚（由）昇（具）寇，足□②不出，竣（鞭）余。曶或（又）已（以）匪（匡）季告东宫，曶曰：必为朕□□③赏（偿）。东宫廼曰：赏（偿）曶禾十秭，债（遗）十秭，为廿秭。□来岁弗赏（偿），副（则）贳（付）卌（四十）秭。廼或（又）即曶：用田二，又臣□□。④ 凡用即曶田七田、人五夫。曶觅（免）匪（匡）卅秭。

"昔馑岁，匪（匡）众乎（厥）臣廿夫寇曶禾十秭"。其大意为，饥荒之年，匡所属众臣二十人强抢曶禾十秭。李学勤将"匪（匡）众乎（厥）臣"断为"匪（匡）众、乎（厥）臣"，以与下文匡交出的人有众有臣相合，这样的处理非常合理。⑤ 秭为西周时期计量单位，如今已经难以确定。

"以匪（匡）季告东宫，东宫廼曰：求乃人，乃弗得，女（汝）匪（匡）罚大"。"以匪（匡）季告东宫"，大意为曶将匡季所作所为告知东宫，（请求处理他们之间的争端）。"东宫"，李学勤赞同前贤说法，将其解释为王太子，甚至进一步具体到人。⑥ 王辉也持同样意见。⑦ 不过，太子称东宫为后世说法和惯例。

---

① 从上下文看为"曰"字。
② 从上下文看为"禾"字。
③ 从上下文看为"禾是"二字。
④ 从上下文看为"一夫"二字。
⑤ 参见李学勤：《论曶鼎及其反映的西周制度》，《中国史研究》1985 年第 1 期。
⑥ 参见李学勤：《论曶鼎及其反映的西周制度》，《中国史研究》1985 年第 1 期。
⑦ 参见王辉：《商周金文》，文物出版社 2006 年版，第 175 页。

马承源等人认为,"东宫"为人名:"保卣铭称公东宫,太子不得称宫,故当是人名。"①"求乃人,乃弗得,女(汝)匧(匡)罚大"大意为,追查寇劫禾之人,如果不能查出的话,你匧就要承担大罚。求,追查也。比如,"棰楚之下,何求而不得?"②其中"求"、"得"之用法与此处相同,虽然不一定为法律专用语。第一个"乃"无实义,第二个"乃"为连词,与"若"同。③

"匧(匡)乃頡(稽)首于曶,用五田,用众一夫曰嗌,用臣曰疌、□④肸、曰奠,曰:用丝(兹)四夫"。此处"于曶"应上断,匧之属下抢劫曶之禾,故而匧应该用稽首这样的大礼表示歉意。先秦时期也存在类似的用法。比如,"夏五月,楚师将去宋。申犀稽首于王之马前"⑤ "用",学者们通常解释为"交付"、"交出",像这样的解释在文中比较通畅,然古时"用"似无此用法。比如,"虞叔有玉,虞公求旃。弗献,既而悔之,曰:'周谚有之:匹夫无罪,怀璧其罪。吾焉用此,其以贾害也?'乃献。"⑥铭文中四个"用"与此"用"的用法相同,大意为用五田和四夫以求平息争端、求得谅解。

"頡(稽)曰:余无卣(由)昪(具)寇,足□⑦不出,㪍(鞭)余"。关于铭文的主语,迄今为止众说纷纭。匧已经"稽首于曶",故而这里的"稽首"就不应是匧所为。匧将寇禾者交给苦主,他们理所当然应向苦主稽首表示歉意、祈求原谅。因此,铭文的主语应为以上所述四夫。卣(由),从也。具,多取而兼有之谓。比如《尚书·盘庚》"具乃贝玉"蔡沈集传。"余无卣(由)具寇"大意为,我们无从抢劫全部禾而兼有之。前面已经指出,寇禾者为廿夫。"鞭"当解释为"鞭打"。比如,"公惧,坠于车,伤足,丧屦。反,诛屦于徒人费。弗得,鞭之见血"。⑧ 从后文来看,曶的目的是得到补偿,这四个人并没有得到全部禾,故

① 马承源:《商周青铜器铭文选》(三),文物出版社 1988 年版,第 172 页。
② 班固:《汉书》卷五十一,《贾邹枚路传》,中华书局 1962 年版,第 2370 页。
③ 参见王引之:《经传释词》,岳麓书社 1982 年版,第 123 页。
④ 从上下文看为"曰"字。
⑤ 《春秋左传正义》卷二十四,《十三经注疏》本,中华书局 1980 年影印版,第 1887 页。
⑥ 《春秋左传正义》卷七,《十三经注疏》本,中华书局 1980 年影印版,第 1755 页。
⑦ 从上下文看为"禾"字。
⑧ 《春秋左传正义》卷八,《十三经注疏》本,中华书局 1980 年影印版,第 1765 页。

而说"足□不出,鞭余",意为拿不出足够的禾,就鞭打我们吧!①

"曶或(又)㠯(以)匡(匡)季告东宫,曶曰:必为朕□□②赏(偿)。东宫迺曰:赏(偿)曶禾十秭,遗(遗)十秭,为廿秭。□来岁弗赏(偿),鼏(则)付卌(四十)秭。"匡季试图将四名寇禾之人交出,并用田五田来了结此事。然而,曶志不在此,故而又将其与匡季因赔偿问题而产生的争端告知东宫,即"必为朕□□③赏(偿)",意为我一定要为此事得到足够的补偿。东宫提出的赔偿方案是:赔偿曶禾十秭,来年再赔偿十秭,一共廿秭。匡季来年如果未能赔偿的话,就要向曶赔偿禾四十秭。由此可见,由于匡季所属之人所作所为的性质比较恶劣,东宫裁决对曶所造成的损失要加倍赔偿。东宫不太可能随意提出令匡季难以接受的重罚,这或许是当时通常的做法。

"迺或(又)即曶:用田二,又臣□□。④ 凡用即曶田七田、人五夫。曶觅(免)匡(匡)卌秭。"。这应为东宫裁决之后,曶与匡季私下达成的解决方案。或许禾廿秭对于匡季而言难以承受,故而他试图用增加人和田的赔偿方案来解决争端。具体地说,他提议在原来的基础上增加田二、臣一夫作为赔偿,使总共的赔偿达到田七田、人五夫。曶最终同意这样的解决办法,并免除匡禾卌秭。由此可以推断,这样的方案并非发生在东宫提出赔偿办法的当年,而是发生在次年。如前所述,四十秭的赔偿是在第二年匡季未能赔偿剩余十秭之禾的情况下发生,非常明显,如果无此事实就谈不上免除禾卌秭。

四、关于鬲攸比鼎的辨析

隹(唯)卅又一年三月初吉壬辰,王才(在)周康宫徲大室,鬲比㠯(以)攸卫牧告于王,曰:女(汝)孚我田,牧弗能许鬲比。王令(命)眚史南㠯(以)即虢旅。迺事(使)攸卫牧誓曰:敢弗具(俱)付鬲比其且(祖)射分田邑,则杀。攸卫牧则誓。比乍(作)朕皇且(祖)丁公、皇考叀(惠)公隮鼎,鬲攸比其万年子子孙孙永宝用。

① 参见马承源:《商周青铜器铭文选》(三),文物出版社1988年版,第171页。
② 从上下文看为"禾是"二字。
③ 从上下文看为"禾是"二字。
④ 从上下文看为"一夫"二字。

"隹(惟)卅又一年三月初吉壬辰,王才(在)周康宫徲大室"为铭文所记载事件发生的时间和地点。"鬲比㠯(以)攸卫牧告于王"记载事件的开端,鬲比将其与攸卫牧之间的纠纷告知于王(希望得到王秉公处理)。

"女(汝)寽我田,牧弗能许鬲比"。关于寽字,孙诒让释枲。他认为,"《说文》枲即孚之古文,其义当为俘之藉字"。① 郭沫若隶定为"觅",释为"求"。② 马承源等释"受"。③ 关于"觅"说,《广韵·锡部》"觅,求也"为年代较晚之用法。至于所谓"不合理性"、"非法性"以及"强制的含义"更是掺杂现代用语以及比较主观之解释。关于"受"说,《说文》:"受,相付也。"在先秦典籍中,"受"相关用法均在此义基础上引申。从上下文来看,寽极有可能为采取不正当手段获取之义,与《左传·定公十年》"胡子尽俘楚邑之近胡者"④之"俘"义相近,而与比较中性之"受"不类,故孙诒让之说更为可取。关于"许",孙诒让曰:"《说文》:许,听也。盖鬲比以攸卫牧取其田;故告王,欲使还田,攸卫牧不之听也"。⑤其说有可取之处,不过,最后一句修改为"攸卫牧不答应将田退还鬲比"似更符合上下文意。不过,"女(汝)寽我田"显然为鬲比对攸卫牧所言,而不可能如杨树达所言鬲比"诘问攸卫牧之辞"。"牧弗能许鬲比"显然是鬲比向王陈述攸卫牧之行径。或许鬲比在王面前指责攸卫牧之后再向王陈述。

"王令(命)眚史南㠯(以)即虢旅"。杨树达云:"眚者,罪也,其史司罪过之事,故曰眚史。"⑥"眚者,罪也"无据,先秦典籍似无此用法,故"其史司罪过之事"也无从谈起。不过,杨树达将眚史作为职官有可取之处。一些学者在"眚"后将语句断开,读"眚"为"省",进而依据《尔雅·释诂》"省,察也"将其解释为省察、调查。⑦ 不过,"省察"这样的表达非常罕见,而且"史南㠯(以)即虢旅"即便可通,也显得非常突兀。如果理解为周王令眚史南将这起狱讼交

---

① 孙诒让:《古籀拾遗 古籀余论》,中华书局1989年版,第22页。
② 参见郭沫若:《郭沫若全集·考古编(第八卷)两周金文辞大系图录考释(二)》,科学出版社2002年版,第127页。
③ 参见马承源:《商周青铜器铭文选》(三),文物出版社1988年版,第296页。
④ 《春秋左传正义》卷五十六,《十三经注疏》本,中华书局1980年影印版,第2152页。
⑤ 孙诒让:《古籀拾遗 古籀余论》,中华书局1989年版,第22页。
⑥ 杨树达:《积微居金文说》,上海古籍出版社2007年版,第46页。
⑦ 参见罗伯建:《鬲从簋盖铭文考释及金文中的诉讼》,《中国历史博物馆馆刊》第20期。

给虢旅办理，不仅符合尽可能不破读之原则，也比较符合周王之身份。《左传》不乏周王令他人解决纠纷之例，比如，"晋郤至与周争鄇田，王命刘康公、单襄公讼诸晋"。①

"廼事(使)攸卫牧誓曰：敢弗具(俱)付龢比其且(祖)射分田邑，则杀。"铭文的主语为虢旅，这一点殆无异议。"具(俱)"，全部也。针对一些学者将"且"读为"租"、"助"的现象，罗伯建指出："将且读租、读助于金文无证，且读如字于文义难通，考虑到金文中'且'字的用法绝大多数是作为'祖'字，因此笔者认为这里的且仍应读作'祖'。'龢比其且(祖)射分'是田邑的定语，'射'疑是人名，为龢比的先辈"。② 应该说，这在目前的条件下应该是最为合理的解释。刘桓指出："从史籍来看，'租'的出现较晚，比'租'早的是'税'，《春秋经·宣公十五年》'初税亩。'"③其中不乏合理之处，可以作为参考。铭文大意为，如果不将龢比之祖射所分田邑全部交还龢比，情愿受到惩罚。

第三节　西周时期狱讼模式初步分析

迄今为止，无论传世文献还是出土文献关于西周时期狱讼的记载都比较匮乏，尤其是缺乏判断这一时期狱讼模式是否已经制度化的必要依据。《尚书·吕刑》之记载表明，在西周中晚期，周王曾就此问题发布诰命。然而，它毕竟与后世朝廷正式发布的法、律、令、典存在差别，令人无从确定它就是断狱决讼所必须遵循的制度，其强制性和稳定性也无从证实。目前只能在一些具体案例进行有限的归纳和分析，故而称其为狱讼模式是比较稳妥的做法。

一、西周时期的狱讼过程

（一）狱讼之发生

五祀卫鼎可能作于夷王之世，④智鼎可能作于厉王之世，⑤訓匜年代大致

---

① 　杨伯峻：《春秋左传注》，中华书局2009年版，第854页。
② 　罗伯建：《㝬从簋盖铭文考释及金文中的诉讼》，《中国历史博物馆馆刊》第20期。
③ 　刘桓：《㝬攸比鼎铭新释》，《故宫博物院院刊》2001年第4期。
④ 　参见彭裕商：《西周青铜器年代综合研究》，巴蜀书社2003年版，第352页。
⑤ 　参见彭裕商：《西周青铜器年代综合研究》，巴蜀书社2003年版，第401页。

在厉王早年,其上限可到夷王末期,①珊生所作诸器年代应在宣王时期,②斜攸比鼎也应为宣王时物。③ 上述铭文记载的案例大致发生在西周中晚期。邦君厉为何不履行承诺"舍田五田"(五祀卫鼎)? 胝为何不履行已经达成的协议(曶鼎)? 牧牛为何敢以乃师讼(训匜)? 召伯虎为何与珊生为田而发生纠纷(珊生三器)? 斜卫牧为何采取不正当手段获取斜比之田(斜攸比鼎)? 答案应该比较简单:人们为满足自己没有止境的欲望而变得贪婪,采取一切手段尽可能获得财富,因而背信弃义,不履行协议,这样就容易发生争端和纠纷。

在人们寻求各方都可以接受的解决办法的情况下,争端和纠纷就有可能通过狱讼的途径解决。比如,在五祀卫鼎中,"卫以邦君厉告于丼白(伯)、白(伯)邑父、定白(伯)、琼白(伯)、白(伯)俗父";在曶鼎中,"□④吏(使)厥(厥)小子酆(以)限讼于井弔(叔)"、"以匡季告东宫";在珊生三器中,虽然也不能发现"告"与"讼"之类语词,不过,"珊生又(有)事,鬣(召)来合事"以不同的方式表达了与以上所述相同的情形,这就是珊生将其与召伯虎之间的争端告于君氏;在斜攸比鼎中,"斜比以(以)攸卫牧告于王";在训匜中,"牧牛,啟乃可湛! 女(汝)敢以(以)乃师讼"这样的记载表明,牧牛将与其师的争端告于伯扬父。无论争端最终是以刑罚处罚的方式解决也好,还是以继续履行约定、赔偿等方式解决也好,狱讼均因为一方将争端告知于裁决者而启动。迄今为止,没有证据表明西周时期存在公室代表一方向对方提起诉讼的问题,也就是不存在所谓公诉问题。西周时期狱讼均由一方提起,非常类似于西方近现代司法制度中的自诉。不过,自诉系相对于公诉而言。由于不存在公诉,对于西周狱讼案例中提请解决争端这样的行为恐不宜称为自诉。而且,在近现代司法制度中,当事人一方提起诉讼,司法机关通常会对事由和证据进行审查,如果不符合法律规定的情形,就会拒绝受理。也就是说,并非所有起诉都进入审判阶段。然而,在青铜铭文记载的案例中,人们将争端诉诸裁决者之后,均得到裁决。制度因时因地而制宜,仅此一点就足以表明,不能以心目中"普适

---

① 参见彭裕商:《西周青铜器年代综合研究》,巴蜀书社 2003 年版,第 429 页。
② 参见彭裕商:《西周青铜器年代综合研究》,巴蜀书社 2003 年版,第 449 页。
③ 参见彭裕商:《西周青铜器年代综合研究》,巴蜀书社 2003 年版,第 459 页。
④ 从上下文看为"曶"字。

制度"为模式来看待我国古代的相关现象,否则极容易犯削足适履的错误。

在提请第三者裁断狱讼之后,根据琱生三器"琱生又(有)事,曶(召)来合事"这样的记载来看,争端各方应均到场。 散攸比鼎记载的案例同样可说明这一点。在铭文"女(汝)寽我田"中,散攸比不可能用"女(汝)"直呼王,王也不可能寽其田。"女(汝)"只有可能指攸卫牧。换言之,散攸比与攸卫牧同时为解决田地纠纷而至王所。不过,其他涉及狱讼铭文难以像这样形成比较确定的看法。比如,在五祀卫鼎中,卫将其与邦君厉之纠纷"告"于丼白(伯)、白(伯)邑父、定白(伯)、琼白(伯)、白(伯)俗父等,询问邦君厉的却是"正"。"告"与"讯"发生在不同的时间,表明其间已历经诸环节,令人难以判断卫与邦君厉是否同时到场。从常理而言,如果争端一方不到场的话,对其而言,任由对方信口雌黄显然于己不利,到场并陈述其理由或根据才有利于实现自己的诉求。因此,争端和纠纷各方均到场比较符合常理。从传世文献来看,关于"两造具备,师听五辞,五辞简孚,正于五刑;五刑不简,正于五罚;五罚不服,正于五过",①人们常常将"两造具备"理解为诉讼双方均到齐。如果将"造"直接解释为"诉讼当事人",明显是加入了自己的主观解释。在先秦典籍中,"造"无此用法。又如,"以两造禁民讼,入束矢于朝,然后听之。"②郑玄曰:"造,至也;使讼者两至。既两至,使入束矢,乃治也。"③其中,"使讼者两至"恐只能理解为争讼双方均到场。"辞",言辞也。《吕刑》这句话大意为,争讼双方均到场,师听取双方的言辞("五"明显系泛指)。如果言辞可以相信的话,师就可处以五刑……《尚书·吕刑》记载的是裁决结果为刑罚的狱讼,也许在一些学者看来,这样的记载对于结果为赔偿之类的狱讼而言不具说服力。就此而论,根据训匜铭文来看,在诉诸第三者裁决之前,人们对于裁决结果并不知晓,否则,牧牛决不会前往兴讼。因此,《尚书·吕刑》这样的记载对于狱讼都应具有说服力。《周礼》为晚起之文献,不过,它也不可能在凭空设想的基础上产生。在《尚书·吕刑》有关于狱讼双方均当场的记载,一些铭文也可予以证实的情况下,它亦可作为旁证。

---

①　《尚书正义》卷十九,《十三经注疏》本,中华书局1980年影印版,第249页。

②　孙诒让:《周礼正义》,中华书局1987年版,第2748页。

③　孙诒让:《周礼正义》,中华书局1987年版,第2748页。

(二)断狱决讼之过程

在五祀卫鼎中,卫向丼白(伯)、白(伯)邑父、定白(伯)、琼白(伯)、白(伯)俗父等陈述其与邦君厉发生争端的事由,"正"据而对邦君厉进行讯问;在曶鼎中,曶吏(使)小子瞏向丼弔(叔)陈述曶与限以及效父、䁛之间的约定以及他们这一方的履约情况;在鬲攸比鼎中,鬲比向王陈述攸卫牧拒绝归还用不正当手段侵夺之田之后,王随即将此事交由虢旅处理。有的铭文未能记载相关内容,比如,在匡众乓(厥)臣廿夫寇曶禾十秭一案中,铭文没有关于曶陈述事件经过的记载;训匜同样未记载牧牛与其师之间争讼的情形。不过,既然"匡众乓(厥)臣廿夫寇曶禾十秭。曰(以)匡季告东宫",曶必然向东宫陈述匡众乓(厥)臣廿夫的行为。训匜的情况比较特殊,它所关注的重点并非牧牛与其师之间的争讼内容,而是牧牛与其师争讼这件事本身。也就是说,不能因此而否定牧牛陈述与其师之间争端的可能性。既然双方或多方产生争端,并诉诸裁决者解决,在陈述争端之后必然是提出诉求。不过,除曶鼎第二个案例明确"必为朕[禾是]赏(偿)"外,它器均未作如此记载。这并不意味着不能依据铭文记载作出合理推测。在五祀卫鼎中,在卫陈述邦君厉的承诺之后,正立即讯厉是否履行承诺,卫的诉求跃然纸上。在曶鼎所载第一个案例中,曶使人向裁决者陈述协议的内容和他本人履行协议的情形,裁决者表示一方在王廷履行,另一方不得违约,曶的诉求不言而喻。在珊生三器中,珊生陈述君氏之命,难道不是表达希望按照君氏之命处理仆庸土田问题吗?在鬲攸比鼎中,人们也不难从"女(汝)寽我田,牧弗能许鬲比"中读出鬲比希望牧归还所夺之田的诉求。总而言之,上述案例的共同点在于,在双方均当场之后,一方向裁决者陈述争端及其诉求。

除珊生三器记载召白(伯)虎"余既讯,戾(谢)我考我母令(命),余弗敢䡍(变)。余或(又)至(致)我考我母令(命)"这样的言论外,其他目前所能发现的狱讼类铭文均未记载另外一方的言行。从常理而言,人们为利益或其他缘故发生矛盾和纠纷,在正常情况下都应该有其理由和根据。如果一方认为自己完全没有道理,在对方提出请第三方进行裁决之际就有可能妥协,断狱决讼就难以发生。人们将争端诉诸第三者本身就意味着他认为其要求和主张有理由和根据,能够得到支持。也就是说,很难设想在狱讼过程中一方会完全失声。在春秋时期,在狱讼一方陈述之后,另外一方通常要进行答辩。争端或纠纷发展到狱讼的程度，裁决者仅凭一家之言就可以做出令双方均能接受的裁决也显得不合情理。之所以在青铜器铭中出现这样的现象，或是因为，青铜器通常由在狱讼中获胜一方铸造，在器可以容纳的字有限的情况下铸器者有意省略另外一方的言论。

此外，訓匜记载尃、趞、嗇、覛以及訓等五夫证实牧牛之誓言，说明裁决者在狱讼过程中已经通过一定途径判断狱讼各方的言行的真实性。从理论上言，如果没有为人们所接受的判断狱讼双方言行真实性的方法，将会导致狱讼双方为获得对自己有利的裁决而信口雌黄。在此情况下，裁决即便做出，也不可能真正解决纷争。

（三）**狱讼之裁决**

裁决者在听取争端各方的陈述和诉求、答辩，并且很可能在对他们涉及狱讼事项进行调查与核实之后，就会对狱讼进行裁决。比如，在五祀卫鼎中，正廼讯厉曰："女（汝）寘田不（否）？"在曶鼎中，井弔（叔）曰："付曶，母（毋）卑（俾）弍于瓻。"又，东宫廼曰："求乃人，乃弗得，女（汝）匡罚大"以及后来"赏（偿）曶禾十秭，遗十秭，为廿秭。口来岁弗赏（偿），剚（则）賃（付）卅（四十）秭"。在𩵋攸比鼎中，"廼事（使）攸卫牧誓曰：'敢弗具（俱）付𩵋比其且（祖）射分田邑，则杀'"在訓匜中，"便（鞭）女（汝）五百，罚女（汝）三百寽。"在琱生三器中，"公宕（拓）其参（叁），女（汝）则宕（拓）其貳"。争端各方寻求裁决的目的，是为了获得各方都可以接受的解决办法，故而不可能设想没有裁决。

（四）**裁决之执行**

除五祀卫鼎"邦君厉眔付裘卫田"以及曶鼎"受丝（兹）五[夫]"外，西周涉及狱讼铭文基本上未见裁决执行的记载。不过，既然狱讼事件已经铸于青铜器，想必裁决已经得到执行。学界通常将狱讼类铭文中相关誓言、田土转移（田土类狱讼）甚至铸造青铜器之类认定为裁决之执行，这样的看法颇有可商之处。关于誓言，比如𩵋攸比鼎中的"攸卫牧则誓"，实际上是为确保攸卫牧执行，执行的具体内容应该是"具（俱）付𩵋比其且（祖）射分田邑"，二者不应混为一谈。五祀卫鼎之"丼白（伯）、白（伯）邑父、定白（伯）、琼白（伯）、白（伯）俗父廼顓，吏（使）厉誓"亦如此。关于田土移转，比如五祀卫鼎之"廼令参（三）有嗣（司）：嗣（司）土邑人趞、嗣（司）马頲人邦、嗣（司）工隆（随）矩，内

史友寺刍,帅履(履)裘卫厉田三(四)田",在比较宽泛的意义上固然可将其视为执行的一部分。严格说来,它应该属于西周王朝土地管理的内容。散氏盘也有类似记载,却与狱讼无关,可以构成比较有力的反证。也就是说,裁决之执行由于涉及土地移转,故需要有司参与履田。然而,作为西周土地管理组成部分之有司履田未必都是执行裁决。这是因为,导致土地转移的原因多种多样,比如青铜铭文中常见的田土交易。铸造青铜器的目的多种多样。比如,"琱生对扬朕宗君其休,用乍(作)朕剌(烈)且(祖)釁(召)公尝簋,其万年子孙宝用,享于宗"。又,"卫用乍(作)朕文考宝鼎。卫其万年永宝用。"以及"比乍(作)朕皇且(祖)丁公、皇考寅(惠)公尊鼎,觥攸比其萬(万)年子子孙孙永宝用",铭文并未说明与裁决之执行有关。如果相关铭文与格伯簋所谓"铸宝簋,用典格白(伯)田"相同或者相似,人们才可以得出与裁决之执行相关的结论。否则,不过是想当然地强加于铭文而已。

二、裁决者及其依据

(一)裁决者之身份

在琱生三器中,裁决者事实上为君氏,比较明显系召氏家族宗君之夫人。在五祀卫鼎中,裁决者为丼白(伯)、白(伯)邑父、定白(伯)、㻅白(伯)、白(伯)俗父等人,根据"酒(乃)令参(三)有嗣(司):嗣(司)土邑人赵、嗣(司)马頪人邦、嗣(司)工隆(随)矩,内史友寺刍,帅履(履)裘卫厉田三(四)田"这样的铭文来看,他们应该是周王朝颇有权力和地位之贵族。在觥攸比鼎中,"觥比自(以)攸卫牧告于王"。在其陈述争端缘由后,"王令(命)眚史南自(以)即虢旅"。周王恐不会直接处理庶民之事务,故虢旅也应是拥有一定权力和地位之贵族。与之略有不同的是,在训匜中,裁决者白(伯)扬父决定"便(鞭)女(汝)五百,罚女(汝)三百寽",是依据牧牛先前之誓而做出的裁决,故而难以确定其身份。不过,他们均为贵族的可能性较大。这是因为,铸器者本身为贵族,有其必须遵守的行为规范,比如,"君子小人,物有服章,贵有常尊,贱有等威,礼不逆矣"。① 贵族之间发生争讼,如果去寻求小人裁决,就不能做到尊和

① 《春秋左传正义》卷二十三,《十三经注疏》本,中华书局1980年影印版,第1879页。

威,这恐为礼所不容。比如,"及其乱也,君子称其功以加小人,小人伐其技以冯君子,是以上下无礼,乱虐并生……"①关于"伐",杜预注曰:"自称其能为伐"。② 案例发生西周中晚期,虽然"王道衰微",然而,从铭文来看,"小人伐其技以冯君子"的可能性似乎不大。

在智鼎记载的第二个案例中,裁决者为"东宫"。学界对此有两种意见,一种认为是大子所居之宫,第二种认为是人名。在传世文献中,"东宫"较早见于《左传》。比如,"卫庄公娶于齐东宫得臣之妹,曰庄姜"。③ 杜预注曰:"得臣,齐大子也。此大子不敢居上位,故常处东宫。"④然而,在《左传》中,"东宫"未必为大子所居。比如,"遂东大子光,使高厚傅牙,以为大子,夙沙卫为少傅。"⑤其中,"东"为使动用法,如果可以解释为"使居于东宫"的话,恰好表明居于东宫者非大子,因为这段话大意为废黜光的大子之位,以牙为大子。如果可以将此与"齐东宫得臣"联系起来,得臣为大子、居东宫之说就难以成立。如果不能建立二者的联系,则缺乏足够的因得臣居东宫而认定其为大子的证据。又如,"穆姜薨于东宫"。⑥ 杜预注曰:"太子宫也。穆姜淫侨如,欲废成公,故徙居东宫,事在成十六年"。⑦ 成十六年固记载穆姜淫侨如事,"欲废成公"不过威胁而已,"徙居东宫"系无稽之谈。既然如此,穆姜薨于东宫,则无论是她长年居是宫还是因将死而徙居此宫,东宫不为太子宫明矣。又如,"使拳弥入于公宫,而自大子疾之宫谋以攻公"。⑧ 如果大子疾居东宫,此处的记载则应当为"而自东宫谋以攻公"。也就是说,至少在鲁国,大子所居之宫不一定为东宫。韩宣子感叹:"周礼尽在鲁矣。吾乃今知周公之德,与周之所以王也。"⑨据此,鲁国一向继承和秉持周礼。由鲁国东宫并非大子所居之宫可以推测,西周时期之东宫也很可能不是大子所居之宫,智鼎所载"东宫"因

① 《春秋左传正义》卷三十二,《十三经注疏》本,中华书局 1980 年影印版,第 1954 页。
② 《春秋左传正义》卷三十二,《十三经注疏》本,中华书局 1980 年影印版,第 1954 页。
③ 《春秋左传正义》卷三,《十三经注疏》本,中华书局 1980 年影印版,第 1724 页。
④ 《春秋左传正义》卷三,《十三经注疏》本,中华书局 1980 年影印版,第 1724 页。
⑤ 《春秋左传正义》卷三十四,《十三经注疏》本,中华书局 1980 年影印版,第 1968 页。
⑥ 《春秋左传正义》卷三十,《十三经注疏》本,中华书局 1980 年影印版,第 1942 页。
⑦ 《春秋左传正义》卷三十,《十三经注疏》本,中华书局 1980 年影印版,第 1942 页。
⑧ 《春秋左传正义》卷六十,《十三经注疏》本,中华书局 1980 年影印版,第 2182 页。
⑨ 《春秋左传正义》卷四十二,《十三经注疏》本,中华书局 1980 年影印版,第 2029 页。

而为人名可能性较大。

或有学者因而将他们与后世专门职司狱讼的各级官员等同起来,进而产生误解,故颇有进一步探讨之必要。瑚生三器所载之君氏虽在召氏家族地位崇高,然作为宗君夫人担任周王朝职官的可能性似乎不大。如果周王朝如后世一样设置处理狱讼的专门机构,鬲攸比应不会直接将攸卫牧告于王。王在听取鬲攸比之陈述后将争端交给虢旅,是否可以说明这类事务之处理具有随意性?曶鼎所载两个案例的裁决者不同,如果周王朝设置负责办理狱讼相关事务的机构,在时间相隔不可能过长的情况下,曶应该将争端交给同一机构办理。而且,"井弔(叔)才(在)异为□"这样文字表明,井弔(叔)在"异"这个地方"为□"系临时行为,他处理这起狱讼事件也具有较大的偶然性。

张亚初、刘雨所谓"大大小小的职官都可以受理讼罚之事"①之说在一定条件下可以成立。之所以加上"一定条件"的限制,是因为《殷周金文集成》4215 龘簋载:"王曰:'龘,令女(汝)嗣(司)成周里人,众者(诸)侯、大亚,讯讼罚,取征五寽。赐女(汝)尸(夷)臣十家。用事。'"②《殷周金文集成》4294、4295 扬簋载:"王若曰:'扬,乍(作)嗣(司)工(空),官嗣(司)量田佃(),众嗣(司)空(位),众嗣(司)刍,众嗣(司)寇,众嗣(司)工(空)史(事),昜(赐)女(汝)赤[字](市)、鑾(鸾)旂,讯讼,取征五寽。'"③上述二铭文比较清楚地表明,周王亲自任命的龘和扬,在主要职责之外,亦可以"讯讼"。既然如此,所谓"西周时,尚无法律科条,亦无专任审理诉讼之司法官吏"④之说就只能在一定限度内成立:若言无专任审理诉讼之官员或可以成立,若言无审理诉讼之官员则难以成立。周王在任命一些官吏之际,赋予他们裁决狱讼并收取一定费用的权力。只有这样,五祀卫鼎中丼白(伯)、白(伯)邑父、定白(伯)、琼白(伯)、白(伯)俗父的言行才可以理解:他们因其职务而可以"令参(三)有嗣

---

① 张亚初、刘雨:《西周金文官制研究》,中华书局 1986 年版,第 25 页

② 中国社会科学院考古研究所:《殷周金文集成》(第八卷),中华书局 1987 年版,第 126—127 页。

③ 中国社会科学院考古研究所:《殷周金文集成》(第八卷),中华书局 1987 年版,第 239—240 页。

④ 陈公柔:《西周金文中所载〈约剂〉的研究》,《先秦两汉考古学论丛》,文物出版社 2005年版,第 118 页。

(司):酮(司)土邑人趄、酮(司)马颂人邦、酮(司)工隆(随)矩,内史友寺刍,帅
顽(履)裘卫厉田三(四)田",正如扬作司空,官(司)量田佃一样;他们有可能
得到周王授权,故而可以裁决卫与邦君厉之间的争端。又如,在训匦中,伯扬
父裁决"便(鞭)女五百,罚女(汝)三百孚"。传世文献也有相关记载,比如,
周穆王曰:"吁!来!有邦有土,告尔祥刑。在今尔安百姓,何择非人?何敬
非刑?何度非及?两造具备,师听五辞,五辞简孚,正于五刑……",[1]这样的
言论系针对"有邦有土"者,他们可以断狱并且可处以刑罚。因此,伯扬父的
身份可能与前述贵族类似,也是周王任命的职官:他可以进行裁决,也可实施
刑罚。值得注意的是,珊生三器的裁决者为君氏,这就意味着,人们在产生争
端和纠纷之后,不一定寻求周王任命的职官进行裁决。根据训匦铭文的内容
来看,告者为牧牛,争端系因它事而起。也就是说,伯扬父担任裁决者是牧牛
主动选择的结果。或可以认为,西周时期,狱讼之裁决者是人们选择的结果。
周王任命多位贵族,为人们这类选择提供了可能。

(二)裁决之依据

就珊生三器而言,"其猇(兄)公,其弟乃"是珊生为记载君氏的裁决而无
意间留下,与《尚书·康诰》所载"元恶大憝,矧惟不孝不友。子弗祗服厥父
事,大伤厥考心;于父不能字厥子,乃疾厥子。于弟弗念天显,乃弗克恭厥兄;
兄亦不念鞠子哀,大不友于弟"[2]非常类似。《尚书·康诰》是王对即将前往
封国的封所进行的告诫,故而不能将其视为王在西周初年所发布的王朝上下
均须遵循的诰命,进而将君氏的裁决视为遵循这类诰命的结果。其一,缺乏直
接的证据让人形成这样的看法;其二,君氏依据这样的原则作出决定和裁决,
很可能出于父母对于子女相互友爱的非常自然的愿望。五祀卫鼎的铭文非常
简略,没有关于裁决依据的直接记载。在卫陈述"厉曰:'余执龏(恭)王卹
(恤)工(功)于邵(昭)大(太)室东逆燹(荣)二川。'曰:'余舍(捨)女(汝)田
五田'"之后,可以合理推测的是,丼白(邢伯)、白(伯)邑父、定白(伯)、琼白
(伯)、白(伯)俗父等人经调查发现卫所言属实,卫与邦君厉的争端是因为后

---

① 《尚书正义》卷十九,《十三经注疏》本,中华书局 1980 年影印版,第 249 页。
② 《尚书正义》卷十四,《十三经注疏》本,中华书局 1980 年影印版,第 204 页。

者拒绝履行诺言或曰协议所致，故而才作如是询问。周穆王曰："民兴胥渐，泯泯棼棼，罔中于信，以覆诅盟"。① 春秋时期，君子认为："《风》有《采蘩》、《采蘋》，《雅》有《行苇》、《泂酌》，昭忠信也"。② 由此可见，周之贵族对于信非常重视，采取各种方式推行，"信"成为这起狱讼的裁决依据当属于合理之推测。曶攸比鼎的情形与此类似。在曶鼎记载的第一个案例中，裁决者井（叔）曰："才（在）王廷廼賣，用徵，不逆。付曶，母（毋）卑（俾）弋于甾。"其中，"付曶，母（毋）卑（俾）弋于甾"为裁决，"才（在）王廷廼賣，用徵，不逆"为依据。这或者是西周时人交易所遵循的一种惯例。反过来说，如果"賣"以及"用徵"并非发生在王廷这样特殊的地点，"逆"或许也不是绝无可能。在曶鼎记载的第二个案例中，匡季须为臣甶夫寇曶禾的行为赏（偿）十秭，遗十秭，为廿秭。第二年若仍然未赏（偿）的话则须加倍。对于这样的裁决，匡季并未表示异议。从他"凡用即曶田七田、人五夫"来看，他不愿或者没有能力执行这样的裁决，故而他试图在此基础上进行曶可以接受的变通，反映了他对于裁决的尊重。这或许意味着，加倍赔偿为当时通行的惯例，这样可以比较有效地解释匡季的行为。在訓匜中，白（伯）扬父并未对牧牛与其师的争议事项进行裁决，而是通过"叙乃可湛！女（汝）敢以（以）乃师讼"这样的言论表达一种强烈的愤慨，并援引"女（汝）上邛先誓"对牧牛的行为进行裁决。如果进一步探究的话，牧牛的行径颇有"不尊贵也"之意味。《尚书·吕刑》所谓"哀敬折狱，明启刑书胥占，咸庶中正。其刑其罚，其审克之"③表明，至少从穆王时代起，"有邦有土者"可以依据"刑书"断狱。然而，迄今为止，尚无铭文支持这样的结论，甚至《左传》也是如此，故而对于依照刑书断狱之说只能存疑。综上所述，就目前所能看到的资料而言，西周中晚期狱讼裁决之依据无一定之规，陈公柔所谓"审理案件，并无法律科条可据"④在很大程度上是可以成立的。裁决之依据与争讼双方的身份以及彼此之间的关系有关：如果双方为兄弟，就应遵循

---

① 《尚书正义》卷十九，《十三经注疏》本，中华书局 1980 年影印版，第 247 页。
② 《春秋左传正义》卷三，《十三经注疏》本，中华书局 1980 年影印版，第 1723 页。
③ 《尚书正义》卷十九，《十三经注疏》本，中华书局 1980 年影印版，第 250 页。
④ 陈公柔：《西周金文中所载〈约剂〉的研究》，《先秦两汉考古学论丛》，文物出版社 2005 年版，第 119 页。

兄弟友爱的原则；如果双方有主从之别，就需要遵循尊贵的原则；如果双方不存在这类关系，或地位平等，或无血缘关系，在交易之际就需要守"信"，并且遵循正在或已经形成的惯例，等等。

余　论

如果不是在近现代以来从西方传入中国的"LAW"的意义上使用法律，进而在诸如西周金文中的法律制度之类研究中泛泛地将西方近现代以来的法律才会关注和调整的对象纳入研究，而是从中国先秦时期所固有的"法"、"律"、"令"以及"狱讼"概念出发，将西周相关青铜器铭文纳入研究范围的话，可以发现可供研究的对象十分有限。即便在本书研究的铭文之外加上周王赋予一些贵族断狱决讼之责以及有可能涉及所谓狱讼费用的铭文，目前已经出土的所谓涉法铭文不过十几件而已。如果像中国法制史学界通常所做的那样就法而论法，既有的青铜器铭文资料十分有限。在不能使用历史学界所常用的在普遍联系的视野下考察各种历史现象之间关联的方法的情况下，相关法律研究成果必然存在大量与法律毫不相干的内容，也就是出现个别愤世嫉俗者所批评的"满地堆放的都是带着'法'字的烟花，但在天空中展现的却不是法学的景致，而是法盲式的胡言乱语"①之类问题。有鉴于此，笔者在长期关注先秦时期"法"、"律"以及"狱讼"之含义的基础上，比较慎重选择并确定器铭，在逐句进行尽可能合理的解释的基础上，以之为依据略窥西周时期的狱讼模式。

需要强调的是，本书涉及刑罚之狱讼所占比例甚小，而由于田土细故类争端引发的狱讼所占比例较大。这是材料限制的结果，不一定反映西周时期狱讼的实际情况。尽管成、康之际天下安宁，刑措四十余年不用，然周穆王就刑罚发布著名诰命之后，以及周厉王时期，刑罚想必被广泛适用。在西周几百年时间中，形势应当是不断变化的。本书由于资料所限重在阐述西周时期的狱

---

① 《八问法律史博士论文写作》，http://blog.tianya.cn/blogger/post_show.asp？BlogID = 40175&PostID = 14825930 访问时间：2013 年 11 月 12 日 13 时整。

讼的模式,而无法对此进行分析。如果对于本文所提供的狱讼模式进一步予以思考,不难产生一些颇有意味的看法:其一,在一些青铜器铭文中,周王赋予一些贵族断狱决讼之责,就像《吕刑》所表明的那样,他们断狱决讼的结果很可能是以刑罚对一方进行惩罚。虽然战国时期出现的《周礼》仍然对于百姓复仇持理解甚至放任态度,然而,那是百姓用暴力解决问题的结果,并不意味着百姓可以在狱讼结束之后用刑罚来惩罚败诉一方。也就是说,有可能导致刑罚后果或者希望对方接受刑罚处罚才能泄愤之类争端,人们很可能必须寻求周王任命的贵族解决。其二,本文分析的几篇铭文表明,关于田土细故方面的争端,人们如果愿意通过狱讼的途径解决,选择双方均可以认同的裁决者即可。裁决者在裁决依据方面并无一定之规,只要能让各方信服即可。这种模式,非常类似现代社会之调解。由此而导致一些学者将其解释为调解,以与其心目中的"打官司"相区别。对此,需要指出的是,西周之狱讼与今日之调解在形式上相似,用语却的确不同。将西周之狱讼解释为调解,实际上是以今日社会中与打官司有别之调解来解释西周社会之狱讼,进而必然产生诸如西周何者才是打官司的问题。然而,这不是西周时期的问题,而是现代人强加于西周的问题。当然,如果从文化的角度来分析,则人们在争端发生之后寻求第三者予以裁决的传统源远流长,有助于解释现代社会重要性日益突出的调解现象。①

---

① 这一部分曾经以《西周金文中狱讼模式》为题发表于《厦门大学法律评论》2014年第2期。前不久有机会拜读朋友完成的《出土铜器铭文中法律相关材料集释》,比较全面地了解和把握相关研究成果,并对这一部分进行幅度较大的修改。

第三章　周代狱讼模式考察之二：
春秋时期狱讼模式考察

　　春秋时期，周王室仍然为天下共主。不过，与西周时期"礼乐征伐自天子出"不同的是，这一时代逐渐呈现"礼乐征伐自诸侯出"的特征。具体表现为，周王室在东迁以后无力继续领导天下诸侯，一些诸侯国霸主逐渐登上历史的舞台，先后在"伯"的名义下号令群雄，导致周王朝政治结构中周王室和"伯"的功能发生重大变化。各诸侯国随着实力的提升，不断开疆辟土，导致各诸侯国的地理分布格局逐渐发生变化，产生一些新的争端和问题。为适应争霸战争或者救亡图存的需要，一些诸侯国不断进行变革，发展出新的治理之道。这是否意味着，相对于西周时期断狱决讼实践而言，春秋时期的狱讼模式有所变化和发展？这一部分尝试从以下三个方面进行考察：第一，以《左传》和《国语》中相关记载为依据，进一步考察刑罚实施与断狱决讼之间的关系；第二，在对疑难词语进行疏通和解释的基础上将春秋时期狱讼案例置于特定的时间和区域，让人比较清晰地把握案例的产生与发展，为后面的研究打下基础；第三，归纳春秋时期的狱讼模式，并简要分析西周、春秋之际狱讼模式之成因。

第一节　春秋时期刑罚的实施与断狱决讼之关系

　　在探讨西周时期的刑罚实践之际，可资利用的史料仅限于《尚书》中的少许记载以及数量极为有限的青铜器铭文，据以得出的结论难免令人怀疑是否具有普遍性。进一步探讨春秋时期相关现象和模式，一方面有利于深化人们对于相关现象和模式的认识，另一方面也有利于人们认识它们在西周、春秋时期的发展变迁。众所周知，各诸侯国的形成不尽相同，加之国君们的治理之道

也不尽相同,故而它们在周王朝一统天下的情况下难免各具地方特色。随着周王室与诸侯国实力的此消彼长,周王室在思想和制度方面统一天下的能力不断弱化,各诸侯国的地方性特征日益增强。因此之故,这一部分拟分别考察周王室和各诸侯国的刑罚实施情况,并在此基础上归纳出刑罚实施模式。

在周王室,桓公十八年,"周公欲弑庄王而立王子克。辛伯告王,遂与王杀周公黑肩。王子克奔燕。"①周公黑肩欲弑庄王的目的是立王子克,原因不详。与前面之分析同理,"辛伯告王"之"告"不能解释为"控告",而只能解释为"告知"。辛伯"遂与王杀周公黑肩",其间明显没有经历"两造具备,师听五辞,五辞简孚"等过程。弑君是非常严重的罪行。比如,各诸侯国经常接纳因在其他诸侯国犯罪而出奔之人,然而,周公黑肩事件三十余年后,晋国骊姬设计诬陷大子申生谋弑献公,有人建议其出奔,大子曰:"君实不察其罪,被此名也以出,人谁纳我?"②由此可见,弑君者为世所不容。周庄王在可以将狱讼案件交付有关官员审理的情况下,他并没有这样做,而是直接施以刑罚。

在晋国,僖公二十三年,"(怀公)命无从亡人,期,期而不至,无赦。狐突之子毛及偃从重耳在秦,弗召。冬,怀公执狐突,曰:'子来则免。'对曰:'子之能仕,父教之忠,古之制也。策名、委质,贰乃辟也。今臣之子,名在重耳,有年数矣。若又召之,教之贰也。父教子贰,何以事君?刑之不滥,君之明也,臣之愿也。淫刑以逞,谁则无罪?臣闻命矣。'乃杀之"。③ 所谓"亡人",即重耳。由狐突的言论可知,国君下达命令也应当受"制"之约束。然而,诸如此类的约束对国君并无多大约束力。狐突违命,怀公在狐突进行简单分辩或曰抗议之后"乃杀之",令人无从认为其间经历审讯过程。又如,僖公二十八年,(晋文公)"令无入僖负羁之宫,而免其族,报施也。魏犨、颠颉怒曰:'劳之不图,报于何有!'爇僖负羁氏,魏犨伤于胸。公欲杀之,而爱其材。使问,且视之。病,将杀之。魏犨束胸见使者,曰:'以君之灵,不有宁也。'距跃三百,曲踊三百。乃舍之。杀颠颉以徇于师……"④杨伯峻认为,"爇,音焫,又音芮,烧也。

---

① 杨伯峻:《春秋左传注》,中华书局 2009 年版,第 154 页。
② 杨伯峻:《春秋左传注》,中华书局 2009 年版,第 299 页。
③ 杨伯峻:《春秋左传注》,中华书局 2009 年版,第 403 页。
④ 杨伯峻:《春秋左传注》,中华书局 2009 年版,第 454 页。

氏犹家也。《昭二十七年传》'令尹欲饮酒于子氏',《吕氏春秋慎行篇》作'令尹欲饮酒于子之家'可证"。① 魏犨、颠颉等二人烧僖负羁之家,违反文公"无入僖负羁之宫而免其族"之令。从"公欲杀之而爱其材,使问,且视之。病,将杀之"来看,晋文公派人前往的主要目的是观察魏犨的身体状况,而非审问。他杀颠颉而赦魏犨,体现出较大的随意性,表明晋国国君可以根据一己之意对臣下施以刑罚。又如,

> 栾桓子娶于范宣子,生怀子。范鞅以其亡也,怨栾氏,故与栾盈为公族大夫而不相能。桓子卒,栾祁与其老州宾通,几亡室矣。怀子患之。祁惧其讨也,愬诸宣子曰:"盈将为乱,以范氏为死桓主而专政矣,曰:'吾父逐鞅也,不怒而以宠报之,又与吾同官而专之,吾父死而益富。死吾父而专于国,有死而已,吾蔑从之矣!'其谋如是,惧害于主,吾不敢不言。"范鞅为之征。怀子好施,士多归之。宣子畏其多士也,信之。怀子为下卿,宣子使城著而遂逐之。

> 秋,栾盈出奔楚。宣子杀箕遗、黄渊、嘉父、司空靖、邴豫、董叔、邴师、申书、羊舌虎、叔罴。囚伯华、叔向、籍偃……晋侯问叔向之罪于乐王鲋,对曰:"不弃其亲,其有焉。"于是祁奚老矣,闻之,乘驲而见宣子,曰:"《诗》曰:'惠我无疆,子孙保之。'《书》曰:'圣有谟勋,明征定保。'夫谋而鲜过,惠训不倦者,叔向有焉,社稷之固也。犹将十世宥之,以劝能者。今壹不免其身,以弃社稷,不亦惑乎? 鲧殛而禹兴;伊尹放大甲而相之,卒无怨色;管、蔡为戮,周公右王。若之何其以虎也弃社稷? 子为善,谁敢不勉? 多杀何为?"宣子说,与之乘,以言诸公而免之。②

事件起因于栾祁诬陷栾盈将为乱,在有人愿意为之作证后,执政者因为其他缘故偏听偏信,对怀子等人进行严惩,其间并未经历"两造具备,师听五辞"的过程。这意味着,栾盈虽然也是晋国颇有地位和影响之贵族,在被控"为乱"之后没有获得任何辩解的机会。从"晋侯问叔向之罪于乐王鲋"以及"不弃其亲,其有焉"这样的答复来看,晋侯也未历经"五辞简孚"这样一个过程,不过

---

① 杨伯峻:《春秋左传注》,中华书局 2009 年版,第 454 页。
② 杨伯峻:《春秋左传注》,中华书局 2009 年版,第 1058—1061 页。

听取"言于君无不行"这样一个平时比较亲信之人的意见而已。为叔向进行开脱的祁奚的言论丝毫不涉及叔向是否如诬陷者所言参与"为乱",而是从维护晋国社稷的角度立论。执政者宣子乃至晋侯也不考虑叔向等是否有罪以及应当受到何种处罚的问题。宣子考虑的是怀子"多士"的问题。从乐王鲋的回答来看,晋侯关注的是诬陷者所称"为乱"问题。从他们赦免叔向一节来看,他们共同关注晋国的长远大计问题。也就是说,宣子等人从自己的关切出发,对于违反命令或者所谓"为乱"者直接下令施以刑罚。这让人很容易地联想起荀罃、士鲂逆周子于京师之际君臣之言论:"孤始愿不及此。虽及此,岂非天乎!抑人之求君,使出命也,立而不从,将安用君?二三子用我今日,否亦今日。共而从君,神之所福也。"对曰:"群臣之愿也,敢不唯命是听。"①国君就是发命者,可以根据需要发布一切命令,其中包括施以刑罚。

在郑国,昭公二年,"郑公孙黑将作乱,欲去游氏而代其位,伤疾作而不果。驷氏与诸大夫欲杀之。子产在鄙,闻之,惧弗及,乘遽而至,使吏数之,曰:'伯有之乱,以大国之事,而未尔讨也。尔有乱心无厌,国不女堪。专伐伯有,而罪一也。昆弟争室,而罪二也。薰隧之盟,女矫君位,而罪三也。有死罪三,何以堪之?不速死,大刑将至。'再拜稽首,辞曰:'死在朝夕,无助天为虐。'子产曰:'人谁不死?凶人不终,命也。作凶事,为凶人。不助天,其助凶人乎?'请以印为褚师,子产曰:'印也若才,君将任之。不才,将朝夕从女。女罪之不恤,而又何请焉?不速死,司寇将至。'"②其中,"司寇将至"颇有辨析之必要。学界一些人或基于司寇是法官的成见而将"司寇将至"理解为公孙黑即将接受司寇的审判。事实上,司寇是春秋时期周王室和各诸侯国普遍设立的机关,晋、齐、宋、鲁、郑等对春秋政治、军事等有重要影响的诸侯国都有司寇。不管是用司法和行政职能分化的观点,还是国家职能进化的观点,都不能得出春秋时期的司寇是法官的结论。③ 在这一事件中,对于公孙黑的行为,受害方——驷氏以及治理郑国之诸大夫均未考虑审判问题,而是"欲杀之"。作为

① 杨伯峻:《春秋左传注》,中华书局 2009 年版,第 906—907 页。
② 杨伯峻:《春秋左传注》,中华书局 2009 年版,第 1229—1230 页。
③ 参见徐祥民:《春秋时期的司寇是法官吗?》,《郑州大学学报》(哲学社会科学版)2002年第 1 期。

郑国执政之子产也未要求公孙黑以及游氏等两造具备,听取双方意见,审核事实,将其行为与刑书进行比对并做出判决,而是直接使吏陈述其罪行,迫其自杀。"司寇将至"与"大刑将至"的表达类似,都是"不速死"的直接结果,据而将司寇理解为职掌实施大刑之人恐更加符合春秋时期实际。对于"昆弟争室,而罪二也"一语进行考察,也可得出比较有意义的结论。所谓"昆弟争室"是指发生在前一年之事件:

> 郑徐吾犯之妹美,公孙楚聘之矣,公孙黑又使强委禽焉。犯惧,告子产。子产曰:"是国无政,非子之患也。唯所欲与。"犯请于二子,请使女择焉,皆许之。子晳盛饰入,布币而出。子南戎服入,左右射,超乘而出。女自房观之,曰:"子晳信美矣,抑子南,夫也。夫夫妇妇,所谓顺也。"适子南氏。子晳怒,既而櫜甲以见子南,欲杀之而取其妻。子南知之,执戈逐之。及冲,击之以戈。①

> (子产)执子南而数之,曰:"国之大节有五,女皆奸之:畏君之威,听其政,尊其贵,事其长,养其亲,五者所以为国也。今君在国,女用兵焉,不畏威也;奸国之纪,不听政也;子晳,上大夫,女,嬖大夫,而弗下之,不尊贵也;幼而不忌,不事长也;兵其从兄,不养亲也。君曰:'余不女忍杀,宥女以远。'勉,速行乎,无重而罪!"②

在争端发生之后,公孙楚被放逐,公孙黑却未受到任何处罚,子产的理由是"直钧,幼贱有罪。罪在楚也。"然而,就在这一事件发生后的第二年,子产又将"昆弟争室"作为公孙黑必须处死的罪名之一,令人比较费解。对此,应该结合其他记载给予比较合理的解释。就在"昆弟争室"的同年,"郑为游楚乱故,六月丁巳,郑伯及其大夫盟于公孙段氏,罕虎、公孙侨、公孙段、印段、游吉、驷带私盟于闺门之外,实薰隧。公孙黑强与于盟,使大史书其名,且曰七子。子产弗讨"。③ 在郑伯并没有让公孙黑盟于公孙段氏的情况下,公孙黑强行参与,甚至非常过分地"矫君位",表明他在郑国的实力比较强大,子产也对他颇为忌惮。由次年"驷氏与诸大夫欲杀之"可知,公孙黑在郑国已经成为众矢之

---

① 杨伯峻:《春秋左传注》,中华书局 2009 年版,第 1211—1212 页。
② 杨伯峻:《春秋左传注》,中华书局 2009 年版,第 1212—1213 页。
③ 杨伯峻:《春秋左传注》,中华书局 2009 年版,第 1215 页。

的,子产施以刑罚不会遇到任何来自支持公孙黑之势力的抗拒。在郑国公室以及支持子产实施处罚的力量不足以应对公孙黑及其支持者之际,子产可以做到隐忍不发。时机一旦成熟,子产就以迅雷不及掩耳之势予以实施。这从一个方面说明,即便贤如子产,也是根据治理和政治形势需要而对公孙黑之流施以刑罚,毋须历经类似后世的狱讼审判过程。关于刑罚和断狱决讼,子产的一段话比较耐人寻味:"发命之不衷,出令之不信,刑之颇类,狱之放纷,会朝之不敬,使命之不听,取陵于大国,罢民而无功,罪及而弗知,侨之耻也……"①其中,"狱之放纷"与"刑之颇类"并列,与其他方面一样,都是指执政者未能履行其职责所造成的情形。据此可以认为,在郑国,执政在其权力范围内对一些人和事进行处罚与审理狱讼是二类不同的事务,在有些时候可以直接对罪人施以刑罚。

作为殷商之后的宋国,代表历史更为久远之文化和传统,在施刑方面,似与中原其他诸国并无太大不同。比如,襄公六年,"宋华弱与乐辔少相狎,长相优,又相谤也。子荡怒,以弓梏华弱于朝。平公见之,曰:'司武而梏于朝,难以胜矣!'遂逐之。夏,宋华弱来奔。司城子罕曰:'同罪异罚,非刑也。专戮于朝,罪孰大焉!'亦逐子荡"。② 其中,司城子罕所谓"同罪异罚"是指宋平公对子荡与华弱二人在朝堂的违制行为做出不同的处罚。令人比较感兴趣的是处罚的形成过程:平公见荡以弓梏华弱于朝,认为"司武而梏于朝,难以胜矣!"于是放逐华弱,其间显然没有断狱决讼的余地。

楚国与周王朝长期处于不和甚至敌对的状态,发展出比较独特的楚文化,然而,在处刑方面,楚国也表现出与中原诸国类似的特征。比如,桓公十三年,"莫敖使徇于师曰:'谏者有刑。'及鄢,乱次以济。遂无次,且不设备。及罗,罗与卢戎两军之,大败之。莫敖缢于荒谷,群帅囚于冶父以听刑。楚子曰:'孤之罪也。'皆免之"。③ 以上是史家在知悉战争前因后果的基础上形成的记载,也就是说,"乱次以济"以及"不设备"为楚军伐罗失利之原因乃史家的看法。"群帅囚于冶父以听刑"这样的记载表明,群帅因为这次伐罗之战大败

---

① 杨伯峻:《春秋左传注》,中华书局 2009 年版,第 1377 页。
② 杨伯峻:《春秋左传注》,中华书局 2009 年版,第 946 页。
③ 杨伯峻:《春秋左传注》,中华书局 2009 年版,第 137—138 页。

而理所当然地认为应当接受处罚。各诸侯国均在战争失败之后对将帅进行处罚,这可能正是"群帅囚于冶父以听刑"的原因所在。楚王在得知战争失利之际,却没有在查明事实的基础上分析导致战争失利的原因以及群帅应当承担的责任,而是以"孤之罪也"为由不予以处罚。所谓"孤之罪也",根据前文来看是楚王当初未采纳斗伯比以及夫人邓曼之言而及时阻止莫敖伐罗。这意味着,楚王不需要遵循惯例,也未必调查和审判,直接根据一己之意就战争失利事件对将帅做出处罚与否的决定。

又如,襄公二十二年,"楚观起有宠于令尹子南,未益禄而有马数十乘。楚人患之,王将讨焉。子南之子弃疾为王御士,王每见之,必泣。弃疾曰:'君三泣臣矣,敢问谁之罪也?'王曰:'令尹之不能,尔所知也。国将讨焉,尔其居乎?'对曰:'父戮子居,君焉用之? 泄命重刑,臣亦不为。'王遂杀子南于朝,轘观起于四竟"。① "未益禄而有马数十乘"是楚王"杀子南于朝,轘观起于四竟"的原因。它表明,禄与车马之间已经形成定制,观起和令尹子南的行为破坏楚国因定制而形成的秩序。"楚人患之"是导火索,在《左传》中,"人"的用法比较广泛,其中之一是指国君。"楚人患之,王将讨焉"这样的记载表明,"楚人"系泛指,观起因为"有马数十乘"而违反楚国定制,故而引起公愤。从"泄命重刑"一语来看,楚国已经形成一些在实践中长期通行之规则,由楚王因子南之子弃疾之故而犹豫不决来看,在是否以及何时执行这样的规则问题上,楚王也有较大的随意性。像这样的事情如果发生在后世,即便事实清楚,朝廷也会进行审判,依据律令定罪量刑。然而,楚王并未经历审判,直接在朝堂做出决定。

又如,昭公二十年,"费无极言于楚子曰:'建与伍奢将以方城之外叛,自以为犹宋、郑也,齐、晋又交辅之,将以害楚,其事集矣。'王信之,问伍奢。伍奢对曰:'君一过多矣,何信于谗?'王执伍奢,使城父司马奋扬杀大子……"② 与前面二案例事实清楚不同的是,在这一事件中,费无极之言是否属实尚无真凭实据。费无极的谗言事关储君以及重臣,不可谓不重大。然而,楚王仅仅是

---

① 杨伯峻:《春秋左传注》,中华书局 2009 年版,第 1069 页。
② 杨伯峻:《春秋左传注》,中华书局 2009 年版,第 1047 页。

询问伍奢而已。人们不能因为费无极的身份而将其言行理解为控告,楚王的行为也不应理解为审判。"王执伍奢,使城父司马奋扬杀大子"是在楚王完全掌控楚国的正常统治状态下发生。这样的记载表明,对于像"叛"这样严重危害诸侯国安全秩序的事件,楚王直接通过对有关人等予以处罚的方式予以解决,没有经过断狱决讼过程。

在秦国,施刑模式与中原诸国并无多大不同。比如,"初,缪公亡善马,岐下野人共得而食之者三百余人,吏逐得,欲法之。缪公曰:'君子不以畜产害人。吾闻食善马肉不饮酒,伤人。'乃皆赐酒而赦之。"①"法"用作动词。与之类似的是,"此人虽有百罪,弗法"。② 如果将法解释为行法,行刑,二处解释均可通。在记载春秋史实的典籍中,"法"作为动词常常为"效法"、"取法"之义。比如,"作事可法"。③ 又如,《国语·齐语》:"昔吾先王昭王、穆王,世法文、武远绩以成名"。④ 战国时期,孟子倡"法先王",荀子主"法后王",用法均与之类似。在目前的条件下,人们或许应该认为,《史记》此类记载已经深深打上后世之烙印。正因为如此,恐不能简单将其解释为秦吏欲依法对食缪公善马之野人施以刑,而只能在去除"法"的汉代用法的前提下根据作者欲表达的意思、语境以及春秋时期的常态而将其解释为秦吏欲对野人施刑。从"吏逐得,欲法之"之记载本身来看,人们难以认为其间经历审判过程。

以上既包括晋、楚这样长期争霸的大国,也包括宋、郑这样的小国;既包括周分封的姬姓诸侯国——晋、郑,也包括宋、楚、秦这样与周关系相对疏远之诸侯国。这些诸侯国的刑罚实施具有一个共同的特点:治理者在认为必要的时候直接施以刑罚。不容否认的是,在《左传》和《国语》中,尚有一些存在其他解释可能性的记载。比如,"齐庆克通于声孟子,与妇人蒙衣乘辇而入于闳。鲍牵见之,以告国武子。武子召庆克而谓之,庆克久不出,而告夫人曰:'国子谪我!'夫人怒。国子相灵公以会,高、鲍处守。及还,将至,闭门而索客。孟子诉之曰:'高、鲍将不纳君,而立公子角。国子知之。'秋七月壬寅,刖鲍牵而

---

① 司马迁:《史记》卷五《秦本纪》,中华书局1959年版,第189页。
② 司马迁:《史记》卷六十二《酷吏列传》,中华书局1959年版,第3147页。
③ 杨伯峻:《春秋左传注》,中华书局2009年版,第1195页。
④ 徐元诰:《国语集解》,中华书局2002年版,第218页。

逐高无咎"。① 仅从字面而言，人们难以从中发现任何关于断狱决讼的蛛丝马迹，然而，人们又难以断然否认在孟子向灵公进谗言以后至秋七月之间断狱决讼的可能性。在此可能性缺乏有力证据予以支持，以及也可以用周王室和诸侯国对于危及权力和统治秩序的人和事直接予以处罚这样的模式予以解释的情况下，人们或不能将其作为前面归纳的刑罚实施模式的例外甚至否认其有效性。

或许有学者会质疑，上述事件能够在多大程度上反映春秋时期的刑罚实施模式？在难以获得足够的材料进行统计分析的情况下，诸如此类的问题或许可以从另外的角度予以分析和解决。至少从西周开始，华夏地区就已经形成"左史记言，右史记事"的传统。春秋时期，史官记事当如曹刿所言："夫礼，所以整民也。故会以训上下之则，制财用之节；朝以正班爵之义，帅长幼之序；征伐以讨其不然。诸侯有王，王有巡守，以大习之。非是，君不举矣。君举必书……"②"君举必书"紧承"非是，君不举矣"，容易让人误以为，各诸侯国史官仅仅记载违反礼的事件。史官记载违礼事件当无疑问，然而，如果仅限于此的话，以史官之记载为素材而形成的《左传》中大量遵守礼的事件又当如何解释？"君举必书"应该是史官比较常态化做法，而《左传》之作者根据其褒贬之需要进行抉择：那些符合礼然而不具有重大意义或影响不足以垂范后世的日常行为，想必不会为《左传》所记载；与之相反，那些影响比较恶劣足以为后世镜鉴的行为，想必《左传》应当载入。如果这样的推测成立，则贵族因为各种事由受到刑罚处罚之类事件不应为《左传》之作者所遗漏。这是因为，各诸侯国卿大夫与国君之间往往都存在宗法血缘关系，事情居然发展到刑罚加之于身的地步不可谓不重大，也足以警醒世人。这样看来，前面通过一些事件的分析得出的刑罚模式应该具有普遍意义。更何况，人们不难在本文相关部分发现这种刑罚模式的源与流。

此外，在《左传》和《国语》中有一些关于"常刑"之记载，颇有探究之必

---

① 杨伯峻：《春秋左传注》，中华书局 2009 年版，第 898 页。
② 《春秋左传正义》，《十三经注疏》本，中华书局 1980 年影印版，第 1778—1779 页。

要。常可以训为"恒"。比如,"芒主目伸五色,耳常五声"。①"常刑"应解释为在某些情况下通常实施之刑。比如,"傅瑕贰,周有常刑,既伏其罪矣。"②其经过为"厉公入,遂杀傅瑕",其间未经历断狱决讼。傅瑕事郑子然杀之及其二子而纳厉公,事实清楚,"贰"的性质和特征明显,厉公遂依据"常刑"相关规则而予以处罚。又如,荀跞曰:"寡君使跞谓吾子:'何故出君? 有君不事,周有常刑,子其图之!'"③季氏出鲁昭公,天下皆知。荀跞所传达晋侯之命不过表明,晋国可能根据"有君不事,周有常刑"之规则对季氏进行处罚。从季氏"君若以臣为有罪,请囚于费,以待君之察也,亦唯君"这样的回答可见,君如果认为臣有罪,不像后世一样进行审理,而是查证而已。又如,仲几曰:"臣之失职,常刑不赦"。④ 关于其中之"常刑",或可作有限的推测。从《左传》和《国语》的大量记载来看,故事、先例以及先王先公之言论等对包括刑罚实施在内的各种事务之处理均产生重大的影响。随着时间的推移,对于某行为施以某刑罚逐渐成为惯例,成为通常的做法。这可能就导致"常刑"的形成。如果这样的推测成立,在发生应予惩罚的人和事之后,执政者按照惯例办理,而不是像后世一样断狱决讼。

后世王朝大都非常重视律令之修订和颁布,各级官府则必须经由审判查明事实,并严格依照律令定罪量刑。春秋时期刑罚实施模式与之存在重大区别,从《左传》和《国语》记载来看,各类事件容易为众所周知,治理者也无需如后世一样获取确凿的证据以查明事实。在没有正式颁布法律令的情况下,在位者也不存在准确适用法律令的问题。因此,在各种危害治理秩序的事件发生之后国君和卿大夫议处这样的施刑模式长期盛行具有时代的必然性。春秋晚期,华夏诸国出现与后世颁布律令相类的"铸刑书"事件,是否会导致施刑模式发生变化? 答案是未必如此! 在郑国贤大夫子产铸刑书三十五年之后,驷歂"杀邓析,而用其竹刑。"⑤这样的记载表明,刑书对于郑国一些执政者而

---

① 黎翔凤:《管子校注》卷十七,中华书局 2004 年版,第 982 页。
② 杨伯峻:《春秋左传注》,中华书局 2009 年版,第 197 页。
③ 杨伯峻:《春秋左传注》,中华书局 2009 年版,第 1510 页。
④ 杨伯峻:《春秋左传注》,中华书局 2009 年版,第 1467 页。
⑤ 杨伯峻:《春秋左传注》,中华书局 2009 年版,第 1571 页。

言实属必要。① 之所以加上"一些"二字，是因为是否修订刑书以及让刑书发挥什么样的作用取决于执政的需要。比如，"郑子产有疾，谓子大叔曰：'我死，子必为政。唯有德者能以宽服民，其次莫如猛。夫火烈，民望而畏之，故鲜死焉；水懦弱，民狎而玩之，则多死焉。故宽难。'疾数月而卒。大叔为政，不忍猛而宽。郑国多盗，取人于萑苻之泽。大叔悔之，曰：'吾早从夫子，不及此。'兴徒兵以攻萑苻之盗，尽杀之，盗少止"。② 子大叔的言行表明，子产所铸之刑书与后世秦法存在重大区别。否则，盗一旦出现且违反刑书之规定，子大叔就应当派人抓捕并依照刑书予以处罚，否则就应当承担违反刑书之责。事实上，子大叔"不忍猛而宽"。在盗比较猖獗之后，他"兴徒兵以攻萑苻之盗，尽杀之"。如果依照刑书治理，子大叔至少应当将盗捕获并予以审讯，查实他们违反刑书的什么规定，并依照刑书施以刑罚。事实上并非如此，子大叔直接兴徒兵，尽杀之，与后世处理类似问题的方式截然不同。

　　与之相似的是，晋国邢侯杀叔鱼与雍子于朝后，宣子问其罪于叔向，叔向曰："三人同罪，施生戮死可也。雍子自知其罪，而赂以买直，鲋也鬻狱，刑侯专杀，其罪一也。己恶而掠美为昏，贪以败官为墨，杀人不忌为贼。《夏书》曰：'昏、墨、贼，杀。'皋陶之刑也。请从之。"③宣子于是根据叔向的意见施刑。也就是说，仲尼所谓"以正刑书"④之"刑书"，乃是像《夏书》这样的史书所载施刑的规范，并非如后世一样系朝廷发布而由各级官府负责执行的律令。昭公二十九年晋国赵鞅等"以铸刑鼎，著范宣子所为刑书焉"⑤这样的记载表明，范宣子执政期间曾制定刑书。范宣子于襄公十九年执晋国政，而昭公二年晋国已由赵文子执政，则范宣子刑书在襄公十九年至昭公二年间产生。若干年之后，晋国执政却依据叔向所谓《夏书》中"皋陶之刑"施刑，说明"刑书"尽

---

① 郑国贤大夫子产已经制定刑书，为何邓析要制定竹刑？最有可能的原因是，邓析认为子产之刑书已经不符合时代需要，他希望在新形势下制定合乎郑国之需要之刑书。由于刑书书于竹帛，故而称为"竹刑"。邓析这样的行为应该属于私人行为，竹刑故而也属于私家著作。这是因为，如果他因国君或者执政的命令而制作，应该不会遭来杀身之祸。

② 杨伯峻：《春秋左传注》，中华书局2009年版，第1421页。

③ 杨伯峻：《春秋左传注》，中华书局2009年版，第1366—1367页。

④ 杨伯峻：《春秋左传注》，中华书局2009年版，第1367页。

⑤ 《春秋左传正义》，中华书局影印《十三经注疏》阮元刻本，1980年版，第2124页。

管已经制定,是否执行却取决于后世执政的需要。换言之,前世执政者制定的刑书即便未经修改和废除,后世执政者也并非如后世一样必须执行。

大致而言,春秋时期的"刑书"有两种,一是流传至春秋时期的史书中的记载,二是在位者根据需要而发布的命令。"臣展四体,以率旧职,犹惧不给而烦刑书"①这样的记载或有助于人们了解刑书发挥何种作用。"恭而不中礼谓之给。"②子鱼之言大意为,虽欲全力从事旧职,仍然担心恭而不中礼,以至于可能烦劳刑书。换言之,刑书可能充当执政者实施处罚之参照或依据,然而,它们对于后世执政者没有约束力。也就是说,刑书的出现乃至铸之于鼎,并没有改变以往治理模式。像一些学者那样简单将它们视为后世律令,认为刑书的出现导致"为国以礼"向"缘法而治"转变实在走得太远。

至少在春秋早期,秦国可能已经产生了"法"。③ 比如,"(文公)二十年,法初有三族之罪。"④"法"的出现是否令秦国的施刑模式与它国有异,甚至成为断狱决讼的依据呢?诸如此类的问题应结合具体事件予以分析。比如,"宁公卒,大庶长弗忌、威垒、三父废太子而立出子为君。出子六年,三父等复共令人贼杀出子"。⑤ 后来,"(武公)三年,诛三父等而夷三族,以其杀出子也"。⑥ 其中完全没有提及断狱决讼以及依据既定之"法"而夷三族,当然,也不能排除这样的可能性。然而,如果将其与前面的分析相结合,难免让人认为前者的可能性更大。又如,

> "石奢者,楚昭王相也。坚直廉正,无所阿避。行县,道有杀人者,相追之,乃其父也。纵其父而还自系焉。使人言之王曰:'杀人者,臣之父

① 杨伯峻:《春秋左传注》,中华书局 2009 年版,第 1535 页。

② 《礼记正义》卷五十,《十三经注疏》本,中华书局 1980 年影印版,第 1613 页。

③ 也不能否认这样的可能性,秦国当时根本没有"法"。在"法"成为国家治理至关重要之规范的汉代,人们必须遵守。换言之,"法"深深影响人们的生活,成为人们理解古代事物的"前见"。正如近现代许多法学研究者以近现代西方法律制度来诠释中国古代相关事物和现象一样,太史公也很有可能将古代秦国的相关规则理解为"法",尽管它们在名义上并不存在。在别无其他证据予以否认的情况下,我们不欲以这样的分析和推测来否认《史记》相关记载,故而在文中予以尊重。

④ 司马迁:《史记》卷五,中华书局 1959 年版,第 179 页。

⑤ 司马迁:《史记》卷五,中华书局 1959 年版,第 181 页。

⑥ 司马迁:《史记》卷五,中华书局 1959 年版,第 182 页。

也。夫以父立政，不孝也；废法纵罪，非忠也；臣罪当死。'王曰：'追而不及，不当伏罪，子其治事矣。'石奢曰：'不私其父，非孝子也；不奉主法，非忠臣也。王赦其罪，上惠也；伏诛而死，臣职也。'遂不受令，自刎而死。"①"废法纵罪"指石奢纵其父，导致楚国有关杀人之法不能得以实施。以上记载似乎表明钱穆"春秋时人亦尚不知有如后人所谓'法'字之意义"②之观点需要重新审视。不过，值得注意的是，后世之律令一旦制定，除非修改或者废除，应当持续有效。根据"无宇之阍入焉。无宇执之，有司弗与，曰：'执人于王宫，其罪大矣。'执而谒诸王"以及无宇"若以二文之法取之，盗有所在矣"③这样的记载可知，在无宇执其阍于章华之宫之后，有司没有依据楚文王"盗所隐器，与盗同罪"之法认定其行为合法，而是因其"执人于王宫"而认为其有罪。加之如果楚文王之法如后世法令一样仍然具有约束力，则无宇完全没有必要像那样发表长篇大论，除提及"古之制"、《诗》以及周文王之法之外，甚至言及"昔武王数纣之罪，以告诸侯曰：'纣为天下逋逃主，萃渊薮'，故夫致死焉。君王始求诸侯而则纣，无乃不可乎"，以利害打动楚王。④ 也就是说，无宇提及"文王之法"完全是为增强其道义上之说服力。因此，与中原各国基本相似的是，楚国之法也并不是如后世一样，继任者必须遵循。从这样的角度来反观《史记》关于石奢之记载，恐怕只能认为，在楚昭王时期，诸如杀人者应当予以追究之类法令有效，然而，是否应经过审理以及如何追究不得而知。而且，石奢"自刎而死"的理由是"不奉主法，非忠臣也"，并不是执行楚国相关法令。因此，《史记》相关记载不足以动摇前面经由分析得出的结论。也就是说，与"常刑"、刑书一样，"法"也仅仅充当施刑的参考和依据，与断狱决讼无涉。

春秋时期的刑罚实施模式与西周乃至文献记载的尧舜夏商时代刑罚实施模式基本一致，在一定程度上可以说是远古以来的刑罚实施传统在周代的延续。最为根本的原因是，与以往一样，春秋时期仍然是"为政在人"的时代，它与后世"依法治国"存在本质的区别。在这一时期，"法律"仍然处于萌芽状

---

① 司马迁：《史记》卷五十九，中华书局1959年版，第3103页。
② 钱穆：《两汉经学今古文评议》，商务印书馆2001年版，第370页。
③ 杨伯峻：《春秋左传注》，中华书局2009年版，第1285页。
④ 杨伯峻：《春秋左传注》，中华书局2009年版，第1284—1285页。

态,治理者根本无需像后世一样在证据确凿的基础上查明真相,准确适用法律。对他们而言,最为重要的是维持以他们为核心的治理秩序,为此可以采取一切必要措施,根本无需如后世一样受到法律束缚,突出表现为在前人制定的法令有助于实现这样的目标之际就予以重视,否则就弃之一旁。如果人们的思维为后世法律令盛行时代的刑罚及狱讼模式所左右,就很容易误认为春秋时期刑罚实施必然是依据法律断狱决讼之结果。尽管从文献记载来看,春秋时期,一些刑罚的实施的确是断狱决讼之结果,然而,正如前面的分析所见,这只是刑罚实施的一种模式,没有足够的证据否定其他刑罚实施模式的存在,甚而将其普遍化。

第二节　春秋时期狱讼史料辨析

《左传》和《国语》为后人留下一些关于春秋时期几百年间狱讼的记载。尽管它们从表面看起来通俗易懂,然而,作为古文经典,却并非如很多人所认为的那样一望而知其义,很多歧见和学术纷争由此而产生。为了更为合理地考察春秋时期的断狱决讼模式,这一部分试图对于相关史料作相对准确的考释,并对一些似是而非的说法予以澄清。

一、周王室内部的狱讼

第一,"周公将与王孙苏讼于晋。王叛王孙苏,而使尹氏与聃启讼周公于晋。赵宣子平王室而复之。"①其中,"周公将与王孙苏讼于晋"在解释上并无困难,值得探讨的是这一事件发生之原因。除"十四年春,顷王崩。周公阅与王孙苏争政,故不赴"②之外,《左传》并未记载二人其他争端。因此,二人争政应该是狱讼发生之直接原因。从《左传》和《国语》的记载来看,为政者可以在必要的时候调动王师出征,在用人和处罚等周王室重大事务方面有很大发言权。正因为如此,关于"政"之分配甚至可以导致贵族与周王发生直接冲

① 杨伯峻:《春秋左传注》,中华书局 2009 年版,第 604 页。
② 杨伯峻:《春秋左传注》,中华书局 2009 年版,第 602 页。

突。比如,"王崩,周人将畀虢公政。四月,郑祭足帅师取温之麦。秋,又取成周之禾。周、郑交恶。"①又如,"王夺郑伯政,郑伯不朝。秋,王以诸侯伐郑。"②既然如此,周公与王孙苏二人为"政"而敢冒天下之大不韪也就可以理解。也正因为"政"如此重要,周公阅与王孙苏甚至因而不出席周代非常重要之礼仪活动,反映这样的争端已经导致双方矛盾激化。

关于"王叛王孙苏,而使尹氏与聃启讼周公于晋","叛"在《左传》中通常用于臣、民叛君、诸侯国叛盟主等,此处之用法比较罕见。杜预将"叛"解释为"不与"。③ 杨伯峻注:"叛,背弃诺言也。"④从上下文看,两种解释均可通。不过,杨注缺乏必要的文献证据,杜注可能更为可取。值得探讨的是,王"不与"王孙苏,为何又不支持与王孙苏争政的周公,反而"使尹氏与聃启讼周公于晋"?像"乐免之,死,将讼女于天"⑤这样的言论表明"讼某于某"这样的句式表达了对讼的对象至少是不很友善的态度。比较合理的解释是,在拒绝支持王孙苏之后,周王也没有支持周公,而是另命他人为政。由"使尹氏与聃启讼周公于晋"这样的记载来看,周王任命的很可能是尹氏与聃启等人。

关于"赵宣子平王室而复之",由后面"晋侯使士匄平王室"可知,"平"可以解释为平息,"平王室"应可以解释为解决王室矛盾。因此,这句话大意为,赵宣子解决周王室因争政而形成的矛盾,使周王室恢复到原来的正常状态。

第二,"王叔陈生与伯舆争政。王右伯舆,王叔陈生怒而出奔。及河,王复之,杀史狡以说焉。不入,遂处之。晋侯使士匄平王室,王叔与伯舆讼焉。王叔之宰与伯舆之大夫瑕禽坐狱于王庭,士匄听之。王叔之宰曰:'筚门闺窦之人而皆陵其上,其难为上矣!'瑕禽曰:'昔平王东迁,吾七姓从王。牲用备具,王赖之,而赐之骍旄之盟,曰:世世无失职。若筚门闺窦,其能来东底乎?且王何赖焉?今自王叔之相也,政以贿成,而刑放于宠,官之师旅,不胜其富,吾能无筚门闺窦乎?唯大国图之!下而无直,

---

① 杨伯峻:《春秋左传注》,中华书局 2009 年版,第 27 页。
② 杨伯峻:《春秋左传注》,中华书局 2009 年版,第 104 页。
③ 《春秋左传正义》卷十九下,《十三经注疏》本,中华书局 1980 年影印版,第 1854 页。
④ 杨伯峻:《春秋左传注》,中华书局 2009 年版,第 604 页。
⑤ 杨伯峻:《春秋左传注》,中华书局 2009 年版,第 1076 页。

则何谓正矣？'范宣子曰：'天子所右，寡君亦右之。所左，亦左之。'使王叔氏与伯舆合要，王叔氏不能举其契。王叔奔晋。"①

关于"王右伯舆"，《说文·口部》："右，助也。""王右伯舆"意为周王支持伯舆。这引起王叔陈生的愤怒，甚而出奔。因此，"晋侯使士匄平王室，王叔与伯舆讼焉。"由于"士"经常为人理解为司法官，故而"士匄"应该略加辨析。在《左传》中，关于士匄的记载尚有其他。比如，"晋侯使士匄来聘。"②又，"晋为郑服故，且欲修吴好，将合诸侯。使士匄告于齐曰：'寡君使匄，以岁之不易，不虞之不戒，寡君愿与一二兄弟相见，以谋不协，请君临之，使匄乞盟。'"③又，"冬十月，诸侯伐郑。庚午，季武子、齐崔杼、宋皇郧从荀罃、士匄门于鄟门"。④又，"荀罃、士鲂卒。晋侯蒐于上以治兵，使士匄将中军……"⑤依据上述记载可知，士匄所承担的使命既包括聘、也包括出使，而且担任军队将帅。因此，不能简单将其与《尚书·舜典》所谓"皋陶！蛮夷猾夏，寇贼奸宄。汝作士，五刑有服，五服三就；五流有宅，五宅三居：惟明克允"⑥联系起来，而将"士"解释为司法官。根据第一节的论述来看，对于"蛮夷猾夏，寇贼奸宄"之类，"士"根本就不必审理，而是直接施以刑罚。在《左传》中，除士匄外，晋国还有士鞅、士弱、士文伯、士景伯等贵族，其所承担的使命也和士匄一样，由晋侯根据需要确定。因此，"士匄"之"士"为姓氏的可能性更大。在这一事件中，尽管"士匄"担任裁决者的角色，但不能因而误认为"士"就是司法官。

"王叔之宰与伯舆之大夫瑕禽坐狱于王庭，士匄听之"。"坐狱于王庭"意为在王庭参与狱讼。《周礼·秋官·小司寇》载："凡命夫、命妇不躬坐狱讼。"⑦王叔之宰与伯舆之大夫瑕禽分别代王叔以及伯舆参与狱讼，是否或者怎样体现《周礼》关于周代狱讼这类惯例或者制度的记载，颇值得深究。有学

---

① 杨伯峻：《春秋左传注》，中华书局 2009 年版，第 983—984 页。
② 杨伯峻：《春秋左传注》，中华书局 2009 年版，第 905 页。
③ 杨伯峻：《春秋左传注》，中华书局 2009 年版，第 926 页。
④ 杨伯峻：《春秋左传注》，中华书局 2009 年版，第 967 页。
⑤ 杨伯峻：《春秋左传注》，中华书局 2009 年版，第 999 页。
⑥ 《尚书正义》卷三，《十三经注疏》本，中华书局 1980 年影印版，第 130 页。
⑦ 孙诒让：《周礼正义》卷六十六，中华书局 1987 年版，第 2768 页。

者认为,"贵族在诉讼中如果当庭对质,特别是与不同身份、地位的人发生争讼而对簿公堂,就被认为是亵渎了贵族的尊严。因此,他们以涉足公堂为耻。为存其体,法律保护这种不平等的特权,无论其为原告或被告,均不使其与平民或下级对质,平民或下级不能当面控诉他,他也无须亲自到公堂向法官答辩,必要时,可派下属子弟或官吏代替。"①这样的论述大体不差,然而,其间也不无值得进一步探讨之处。其一,王庭未必适宜与后世之公堂相提并论。公堂是秦汉以降狱讼制度化之后人们对于官府审理狱讼场合的非正式称呼。前面已经论及,周王朝并未与后世一样设置职司断狱决讼之官吏,狱讼事件发生之后,更有可能出现的现象是,裁决者因双方身份和便利等故选择适宜的地点进行审理,而这样的地点未必可以称为公堂。基于公堂而产生的相关判断,比如"对簿公堂"以及"以涉足公堂为耻"等说法就难以成立。其次,贵族派人参与狱讼,是否为法律保护其不平等的特权,也存在进一步探讨的空间。"法律"为西方的术语和概念,周王朝保障贵族之特权的系列做法,未必适宜称为"法律"。君子曰:"世之治也,君子尚能而让其下,小人农力以事其上,是以上下有礼,而谗慝黜远,由不争也,谓之懿德。及其乱也,君子称其功以加小人,小人伐其技以冯君子,是以上下无礼,乱虐并生,由争善也,谓之昏德。国家之敝,恒必由之。"②从"筚门闺窦之人而皆陵其上"这样的言论以及瑕禽并未直接予以驳斥这一点来看,王叔与伯舆之间的地位明显存在差距。二人相争恰好属于后者之范畴。也就是说,前述狱讼参与者之安排,是等级社会和等级制度的产物,与所谓法律无关。

"王叔之宰曰:'筚门闺窦之人而皆陵其上,其难为上矣!'"杜预注:"筚门,柴门。闺窦,小户,穿壁为户,上锐下方,状如圭也。言伯舆微贱之家。"③王叔即周王之叔,伯舆相对而言地位较低,故而杜说可从。《说文·自部》:"陵,大阜也。"此处用其引申义"侵凌",与"少陵长"相类。④ 在训匜中,白(伯)扬父以"女(汝)敢以乃师讼"为由,严惩牧牛。可见下陵上在周代为比

① 温慧辉:《"命夫、命妇不躬坐狱讼"辨析》,《法律评论》2006年第3期。
② 杨伯峻:《春秋左传注》,中华书局2009年版,第1000页。
③ 杨伯峻:《春秋左传注》,中华书局2009年版,第983页。
④ 参见杨伯峻:《春秋左传注》,中华书局2009年版,第32页。

较恶劣的行为,王叔之宰因而不论争政双方理由是否正当,而是就伯舆与王叔争政本身着手攻击对方。

"昔平王东迁,吾七姓从王。牲用备具,王赖之,而赐之骍旄之盟,曰:世世无失职。若筚门闺窦,其能来东底乎?且王何赖焉?"杜预注:"平王徙时,大臣从者有七姓。伯舆之祖,皆在其中,主为王备牺牲,共祭祀。王恃其用,故与之盟,使世守其职。"①孔颖达疏:"瑕禽言伯舆之祖是七从之一,言其世贵也。其祖为王主备牺牲,以共祭祀。王家牲用备具,王恃赖之,言其世有功也。平王初迁,国家未定,故与大臣结盟,令使世掌其职也"。②"国之大事,在祀与戎","为王备牺牲,共祭祀"者因而在周王朝地位颇高。瑕禽曰"若筚门闺窦,其能来东底乎?"杜预注:"言我若贫贱,何能来东,使王恃其用而与之盟邪?"③"且王何赖焉"为反问语,"言其世有功也"之解释颇为得当。这一段话系瑕禽对王叔之言的驳斥,从世系和功劳两方面否定王叔之宰所谓"筚门闺窦之人而皆陵其上"这样的说法。

"今自王叔之相也,政以贿成,而刑放于宠,官之师旅,不胜其富,吾能无筚门闺窦乎?"关于"政以贿成",杜预注:"随财制政"。④春秋时期,"贿"在一些情形下为礼所容许。比如,"先事后贿,礼也"。⑤又如,"公如晋,自郊劳至于赠贿,无失礼"。⑥然而,"贿"在春秋时期未必就是值得称道之事,特别是对为政者而言。比如,"侨闻君子长国家者,非无贿之患,而无令名之难"。⑦由此可知,令名的价值高于贿。又如,"主以不贿闻于诸侯,若受梗阳人,贿莫甚焉"。⑧也就是说,不贿有助于获取令名。这或因为,政以贿成,未必不会造成弊端。比如,(叔向使诒子产书,曰:)"乱狱滋丰,贿赂并行,终子之世,郑其败乎!"⑨因此,瑕禽所谓"政以贿成"是对王叔为政的一种指责。关于"刑放

① 《春秋左传正义》卷三十一,《十三经注疏》本,中华书局 1980 年影印版,第 1949 页。
② 《春秋左传正义》卷三十一,《十三经注疏》本,中华书局 1980 年影印版,第 1949 页。
③ 《春秋左传正义》卷三十一,《十三经注疏》本,中华书局 1980 年影印版,第 1949 页。
④ 《春秋左传正义》卷三十一,《十三经注疏》本,中华书局 1980 年影印版,第 1949 页。
⑤ 杨伯峻:《春秋左传注》,中华书局 2009 年版,第 1141 页。
⑥ 杨伯峻:《春秋左传注》,中华书局 2009 年版,第 1266 页。
⑦ 杨伯峻:《春秋左传注》,中华书局 2009 年版,第 1088 页。
⑧ 杨伯峻:《春秋左传注》,中华书局 2009 年版,第 1497 页。
⑨ 杨伯峻:《春秋左传注》,中华书局 2009 年版,第 1276 页。

于宠",杜预注:"宠臣专刑,不任法。"①孔颖达疏曰:"刑罚放赦之事,在于宠臣"。② 在《左传》中,"法"基本无若后世律令之义,就"刑放于宠"而言,无所谓"不任法"之说,像这样的解释有增字之嫌。"放"在《左传》中多指诸侯国或卿大夫将人驱逐至特定诸侯国,比如,"夏,卫侯入,放公子黔牟于周,放宁跪于秦"。③ 因此,"刑放于宠"意为将实施刑、放之权力置于宠信之人之手。"吾能无竿门闺窦乎"应为"政以贿成,而刑放于宠,官之师旅,不胜其富"等因素综合作用之结果。"(政)务三而已,一曰择人,二曰因民,三曰从时。"④或因为"政以贿成"之故,伯舆无从担任比较重要的职务,并享有相应的财富,故而成为"竿门闺窦之人"。这段话"以子之矛,攻子之盾",显然具有强烈的讽刺意味。

"唯大国图之! 下而无直,则何谓正矣?""大国"显然是指作为裁决者的晋国,"下"指地位低下者,也就是伯舆。"直",孔颖达解释为"直理",⑤与"直钩,幼贱有罪"⑥之"直"同义。这句话仍然是针对王叔之宰之言的反驳。大意为,如果地位低下就没有道理。换言之,他们在与地位尊贵者的争讼中就应落败。"则何谓正矣"之"正"应释为"公正",全句意为"则何来公正之说呢"。

"范宣子曰:'天子所右,寡君亦右之。所左,亦左之。'"杜预注曰:"宣子知伯舆直,不欲自专,故推之于王。"⑦其说可从。

"使王叔氏与伯舆合要,王叔氏不能举其契"。孔颖达云:"合要者,使其各为要约言语,两相辩答"。⑧ 孔颖达将"要"解释为"要约言语",⑨仍然令人不明所指。至于"两相辩答"似有增字为训之嫌。杨伯峻认为:"合要,谓前此两方相争之罪状,证辞等取而合之。"⑩此说似较为符合狱讼发展之情形,然

---

① 《春秋左传正义》卷三十一,《十三经注疏》本,中华书局1980年影印版,第1949页。
② 《春秋左传正义》卷三十一,《十三经注疏》本,中华书局1980年影印版,第1949页。
③ 杨伯峻:《春秋左传注》,中华书局2009年版,第168页。
④ 杨伯峻:《春秋左传注》,中华书局2009年版,第1288页。
⑤ 参见《春秋左传正义》卷三十一,《十三经注疏》本,中华书局1980年影印版,第1949页。
⑥ 杨伯峻:《春秋左传注》,中华书局2009年版,第1212页。
⑦ 《春秋左传正义》卷三十一,《十三经注疏》本,中华书局1980年影印版,第1949页。
⑧ 《春秋左传正义》卷三十一,《十三经注疏》本,中华书局1980年影印版,第1949页。
⑨ 《春秋左传正义》卷三十一,《十三经注疏》本,中华书局1980年影印版,第1949页。
⑩ 杨伯峻:《春秋左传注》,中华书局2009年版,第984页。

而,如何相合并据而裁决狱讼曲直,仍然令人难以理解。"要"与"契"之间有密切的联系,杨伯峻下文所谓"契即要辞之契券。盖两方相争,周灵王助伯舆,其要辞亦必以王叔为曲,王叔氏因不能举出"①似不太合理,范宣子所谓"天子"应该是指周平王,而不是周灵王。而且,杨伯峻之解释实际上回避了契的问题。在"由质要"②之处,杜预注:"质要,券契也"。③ 若像这样解释"要",则"使王叔氏与伯舆合要,王叔氏不能举其契"中"要"与"契"之间的关系就得以疏通。"要"究竟何指?或为"赐之骍旄之盟"。只有像这样理解"要",才可以将其与"范宣子曰:'天子所右,寡君亦右之。所左,亦左之。'"联系起来。伯舆可以提供当年盟约以供王叔质询,而王叔自然无从提供支持其主张之"要"。这样,双方孰胜孰负便一目了然。

二、诸侯国内部的狱讼

春秋时期,有些相对完整的案例可由《左传》和《国语》的相关记载合并而成。比如,"卫侯与元咺讼,宁武子为辅,针庄子为坐,士荣为大士。卫侯不胜。杀士荣,刖针庄子,谓宁俞忠而免之。执卫侯,归之于京师,寘诸深室"。④ 与之密切相关的记载是,"温之会,晋人执卫成公,归之于周。晋侯请杀之,王曰:'不可。夫政,自上下者也。上作政,而下行之不逆,故上下无怨。今叔父作政而不行,无乃不可乎?夫君臣无狱,今元咺虽直,不可听也。君臣皆狱,父子将狱,是无上下也。而叔父听之,一逆矣。又为臣杀其君,其安庸刑?布刑而不庸,再逆矣。一合诸侯而有再逆政,余惧其无后。不然,余何私于卫侯?'晋人乃归卫侯"。⑤

这次狱讼的起因大致是,卫侯在重耳即位为晋文公并打败楚国后惧而出奔楚,命令元咺奉叔武参加晋文公主持的盟会。有人在卫侯面前进谗言,说元咺已经立叔武为国君。元咺之子角此时从卫侯出奔,卫侯于是命人杀了他。

---

① 杨伯峻:《春秋左传注》,中华书局 2009 年版,第 984 页。
② 《春秋左传正义》卷十九上,《十三经注疏》本,中华书局 1980 年影印版,第 1843 页。
③ 《春秋左传正义》卷十九上,《十三经注疏》本,中华书局 1980 年影印版,第 1843 页。
④ 杨伯峻:《春秋左传注》,中华书局 2009 年版,第 984 页。
⑤ 徐元诰:《国语集解》,中华书局 2002 年版,第 55—56 页。

事实上,元咺仍然不废卫侯之命,奉叔武以入守卫国。晋国令卫侯归国,卫侯于约定的日期前进入卫国。叔武即将沐浴,听闻国君到达,非常高兴,捉发走出,作为前驱的公子歂犬射而杀之。关于"元咺出奔晋",杜预注曰:"元咺以卫侯驱入,杀叔武,故至晋愬之"。① 不知杜预依据为何,根据以上所述,元咺以卫侯听信谗言杀其子角为由至晋愬之也不无可能。

"卫侯与元咺讼,宁武子为辅,针庄子为坐,士荣为大士。卫侯不胜"。杜预就"卫侯与元咺讼"注:"争杀叔武事"。② 亦不能排除的可能是,卫侯杀元咺之子角成为争讼的内容。关于"大士",杜预注曰:"大士,治狱官也。《周礼》'命夫命妇不躬坐狱讼'。元咺又不宜与其君对坐,故使叔针庄子为主,又使卫之忠臣及其狱官质正元咺"。③ 孔颖达根据《周礼》中狱讼相关记载以及郑玄注疏云:"元咺不宜与君对坐,故使针庄子代卫侯为坐狱之主,宁子为辅,辅庄子也。以宁子位高故先言之。士荣亦辅庄子,举其官名,以其主狱事,故亦使辅之,与晋之狱官对理质正元咺也"。④《周礼》很可能为战国中晚期之作品,为作者对统一天下之后的政治设想,其中可能包含西周、春秋之制的成分,也可能打上战国的烙印。加之西周金文和《左传》中的记载表明,听狱决讼之人无一定之规,因此,难以依据《周礼》一些记载以及郑玄的注释而认定"大士"为"治狱官"或者"主狱事"。《左传》和《国语》对于听狱者未置一词,令人难以确定。在听狱可由大小贵族充任的情况下,在此意义上理解"晋之狱官"也无多少不妥。除此之外,杜预和孔颖达的解释基本可从。

"夫政,自上下者也,上作政,而下行之不逆,故上下无怨。今叔父作政而不行,无乃不可乎?""自"应训为"由"。比如,"凡民自得罪"。⑤ "夫政,自上下者也"大意为,政由上而施之于下。"上作政,而下行之不逆"大意为,上发布政令,下奉行而不违命。在"今叔父作政而不行"一语中,"叔父作政"显然是指晋国受理并裁决卫侯与元咺之讼。此"行"恐与"上作政,而下行之不逆"

---

① 《春秋左传正义》卷十六,《十三经注疏》本,中华书局 1980 年影印版,第 1826 页。
② 《春秋左传正义》卷十六,《十三经注疏》本,中华书局 1980 年影印版,第 1827 页。
③ 《春秋左传正义》卷十六,《十三经注疏》本,中华书局 1980 年影印版,第 1827 页。
④ 《春秋左传正义》卷十六,《十三经注疏》本,中华书局 1980 年影印版,第 1827 页。
⑤ 《尚书正义》卷十四,《十三经注疏》本,中华书局 1980 年影印版,第 204 页。

一语中之"行"不类。以晋文公的声望和晋国强大的国力,晋国的政令至少在卫国恐没有人敢不奉行。此"行"犹顺也,与《管子·制分》所谓"故天道不行"之"行"相类。① 周王此语系责备晋文公受理和裁决的这起狱讼违反君臣上下之常道,因而不顺。

"夫君臣无狱,今元咺虽直,不可听也。君臣皆狱,父子将狱,是无上下也"。"直"在句中作谓语,系形容词或名词用作动词,类似于今人所谓"有理"。周王强调君臣父子之间的上下关系,易让人联想训匜中白(伯)扬父所谓"女(汝)敢以乃师讼"以及前述王叔所谓"筚门闺窦之人而皆陵其上,其难为上矣"这样的言论,表明周王更为重视的是上下之间的秩序而非事情本身的是非对错。

"又为臣杀其君,其安庸刑?布刑而不庸,再逆矣"。"庸"显然是动词,当训为"用"。比如,《后汉书·梁统传》:"经曰:'天讨有罪,五刑五庸哉。'"②周王此语大概是说"为臣杀其君"之类刑不便施行,因为它违反君臣上下之常道。"布刑而不庸"之"庸"为形容词,可训为"常"。这句话大意为施刑不符合常道。

《左传》还有一些与春秋时期各诸侯国狱讼有关的记载。比如,鲁庄公曰:"小大之狱,虽不能察,必以情。"③关于"察",《左传·文公元年》载:"既,又欲立王子职,而黜大子商臣。商臣闻之而未察,告其师潘崇曰:'若之何而察之?'潘崇曰:'享江芈而勿敬也。'从之。江芈怒曰:'呼,役夫!宜君王之欲杀女而立职也。'告潘崇曰:'信矣。'"④商臣通过享江芈而勿敬的方式而确信楚王欲罢黜他而立职,就是"察"。因此,"察"相当于现代所谓通过调查以发现真相。在《左传》其他记载中,"察"的用法与此相类,意义又不仅限于此。比如,"君若以臣为有罪,请囚于费,以待君之察也,亦唯君"。⑤ 与前述不同的是,此处之"察"不仅限于通过调查以发现事实真相,而且含有判断是否有罪

---

① 黎翔凤:《管子校注》卷十,中华书局 2004 年版,第 543 页。
② 范晔:《后汉书》卷三十四,中华书局 1965 年版,第 1168 页。
③ 杨伯峻:《春秋左传注》,中华书局 2009 年版,第 183 页。
④ 杨伯峻:《春秋左传注》,中华书局 2009 年版,第 514 页。
⑤ 杨伯峻:《春秋左传注》,中华书局 2009 年版,第 1151 页。

之意。像这样的用法还有二例,其一,大子曰:"君实不察其罪,被此名也以出,人谁纳我?"①"君实不察其罪"指的是晋献公未能调查并确认骊姬诬陷大子之罪。其二,平子登台而请曰:"君不察臣之罪,使有司讨臣以干戈,臣请待于沂上以察罪。"②季平子认为鲁昭公在未通过调查而认定其罪的情况下派有司兴师问罪,因此,他拟"待于沂上",意在请鲁昭公进行相关调查。如前所述,在狱讼之中,裁判者通常需要通过双方辩论并核实其言的方式确定一方之罪。因此,"虽不能察"之"察"应当与后面三例之"察"的用法一致。关于"情",《周礼·天官·小宰》:"六曰以叙听其情"。③ 其中"情"字,郑玄解释为"争讼之辞",这样的解释可从。④ 鲁侯此语大意为,在大小狱讼中,他虽然不能做到事事调查以发现实情,并判断过错,然而,一定根据双方争讼之辞来裁决。

又如,"晋邢侯与雍子争鄐田,久而无成。士景伯如楚,叔鱼摄理。韩宣子命断旧狱,罪在雍子"。⑤ 人们常将"士景伯"之"士"与《周礼》以及《尚书·皋陶谟》中与"士"相关的记载联系起来而将"士"解释为"司法官"。前面已经论及,这样的解释不无不妥之处,"士景伯"之"士"很可能仅为姓氏而已。关于"理",《国语·晋语》:"昔隰叔子违周难于晋国,生子舆为理,以正于朝,朝无奸官……"⑥也就是说,在晋国,"理"可能为监察百官之官而已。不过,如果"理"如后世包拯这样的官员,也可如此。《史记·循吏列传》载:

　　"李离者,晋文公之理也。过听杀人,自拘当死。文公曰:'官有贵贱,罚有轻重。下吏有过,非子之罪也。'李离曰:'臣居官为长,不与吏让位;受禄为多,不与下分利。今过听杀人,傅其罪下吏,非所闻也。'辞不受令。文公曰:'子则自以为有罪,寡人亦有罪邪?'李离曰:'理有法,失刑则刑,失死则死。公以臣能听微决疑,故使为理。今过听杀人,罪当

① 杨伯峻:《春秋左传注》,中华书局 2009 年版,第 299 页。
② 杨伯峻:《春秋左传注》,中华书局 2009 年版,第 1463 页。
③ 孙诒让:《周礼正义》,中华书局 1987 年版,第 159 页。
④ 孙诒让:《周礼正义》,中华书局 1987 年版,第 159 页。
⑤ 杨伯峻:《春秋左传注》,中华书局 2009 年版,第 1366 页。
⑥ 徐元诰:《国语集解》,中华书局 2002 年版,第 425 页。

死。'遂不受令,伏剑而死。"①

"理",《史记正义》注:"狱官也",②即断狱决讼之官。"能听微决疑",《史记索隐》注:"言能听察微理,以决疑狱。"③《左传》以及《国语》均无关于李离之记载,然不能因而否认其存在的可能性。在《左传》没有与"理"相关的记载足以否定《史记》这一记载的可靠性的情况下,比较合理的作法是予以认可,特别是在《国语》相关记载又可在一定程度上予以佐证的情况下。《史记》上述记载至少表明,"士景伯"之"士"绝非狱官也就是一些学者所认为的司法官。如果其为狱官,"士景伯如楚,叔鱼摄理"就难以解释。"过听杀人"比较确凿地证明,理官在断狱决讼之后施以刑罚。士景伯出使楚国期间,叔鱼代理其职,韩宣子故而命其断旧狱。所谓"狱",是指邢侯与雍子争鄐田。关于"罪",在《左传》中,其在很多情况下仅有过错之意。比如,"贡之不入,寡君之罪也……"④屈完不可能因为楚国未向周王室进贡包茅而认为楚王构成现代意义上的刑事犯罪,至多错误、过错而已。在像争田这样的纠纷中,"罪"恐也应做如是解。由此可知,晋国之"理",在小至田土细故之纠纷大至处以死刑的案件下,都有权听断。

又如,"冬,梗阳人有狱,魏戊不能断,以狱上。"⑤关于"以狱上",杜预注曰:"上魏子。"⑥可从。晋国执政韩宣子死后,魏献子为政,"魏戊为梗阳大夫"。魏子问成鱄:"吾与戊也县,人其以我为党乎?"成鱄回答:"何也? 戊之为人也,远不忘君,近不逼同,居利思义,在约思纯,有守心而无淫行。虽与之县,不亦可乎? 昔武王克商,光有天下。其兄弟之国者十有五人,姬姓之国者四十人,皆举亲也。夫举无他,唯善所在,亲疏一也……"⑦魏子为政后任十人为县大夫,单单因为任魏戊为梗阳大夫而担心人们讥其"为党"。可见,魏戊与其有比较特殊的关系。从成鱄举出武王克商、光有天下之后亦举亲这样的

① 司马迁:《史记》卷五十九,中华书局 1959 年版,第 3102—3103 页。
② 转引自司马迁:《史记》卷五十九,中华书局 1959 年版,第 3103 页。
③ 转引自司马迁:《史记》卷五十九,中华书局 1959 年版,第 3103 页。
④ 杨伯峻:《春秋左传注》,中华书局 2009 年版,第 290 页。
⑤ 杨伯峻:《春秋左传注》,中华书局 2009 年版,第 1496 页。
⑥ 杨伯峻:《春秋左传注》,中华书局 2009 年版,第 1496 页。
⑦ 杨伯峻:《春秋左传注》,中华书局 2009 年版,第 1494 页。

故事以及举人"唯善所在,亲疏一也"这样的理由可知,魏戊为魏子之亲。魏子为政,魏戊由魏子所任,故而在涉及政事之际魏戊亦称魏子为"主":"其大宗赂以女乐,魏子将受之。魏戊谓阎没、女宽曰:'主以不赂闻于诸侯,若受梗阳人,赂莫甚焉。吾子必谏'"既然大宗欲赂以女乐者为魏子,则魏戊"以狱上"的对象必为魏子。这个"魏子",正是执晋国之政的魏献子。

此外,汪继培辑自《御览》百三十六之《尸子下》记载:"(穆)公明于听狱,断刑之日,揖士大夫曰:寡人不敏,教不至(据《书抄》四十四补此三字),使民入于刑,寡人与有戾焉。二三子各据尔官,无使民困于刑。"①关于《尸子》,《汉书·艺文志》载:"《尸子》,二十篇"。班固注:尸子"名佼,鲁人,秦相商君师之。鞅死,佼逃入蜀"。②《隋书·经籍志》载:"《尸子》二十卷:目一卷,梁十九卷。秦相卫鞅上客尸佼撰。其九篇亡,魏黄初中续。"③《旧唐书·经籍志》、《新唐书·艺文志》亦作二十卷。由此可知,《尸子》一书在隋唐时期仍然流传,然近一半内容恐已非《尸子》之旧。裴骃《史记集解》曰:"刘向《别录》曰:'楚有尸子,疑谓其在蜀。今按《尸子书》,晋人也,名佼,秦相卫鞅客也。卫鞅商君谋事画计,立法理民,未尝不与佼规之也。商君被刑,佼恐并诛,乃亡逃入蜀。自为造此二十篇书,凡六万余言。卒,因葬蜀。"④司马贞《史记索隐》亦曰:"按:尸子名佼,音绞,晋人,事具《别录》。"⑤裴骃、司马贞二人根据刘向《别录》言及《尸子》,显然未见其书,大概已经亡佚。清代惠栋刻《尸子辑本》三卷,又有任兆麟刻《校订尸子》三篇,继有孙星衍刻《尸子集本》二卷。嘉庆年间,汪继培据上述三书辑佚,重加厘定而成《尸子校正》二卷。其书以唐代《群书治要》所载《尸子》部分为上卷,以散见各书之文字为下卷,另集各辑本所违错及误收文字为《存疑》,附于书后。《尸子》经历如此辗转过程,其记载难免令人生疑。不过,如果将其与卫侯与元咺之讼以及"不教而杀谓之虐"之类文献记载对比的话可以发现,二者之间存在诸多相似,故而亦有可能

---

① 转引自马非百:《秦集史》,中华书局 1982 年版,第 21 页。
② 班固:《汉书》,中华书局 1962 年版,第 1741 页。
③ 魏征等:《隋书》,中华书局 1973 年版,第 1006 页。
④ 转引自司马迁:《史记》卷七十四《孟子荀卿列传》,中华书局 1959 年版,第 2349 页。
⑤ 转引自司马迁:《史记》卷七十四《孟子荀卿列传》,中华书局 1959 年版,第 2349 页。

为秦穆公时期之史实,故录于此以供参考。

三、诸侯国之间的狱讼

第一,"郑伯与许男讼焉,皇戌摄郑伯之辞。子反不能决也,曰:'君若辱在寡君,寡君与其二三臣共听两君之所欲,成其可知也。不然,侧不足以知二国之成。'"①这件事起因于"郑公孙申帅师疆许田,许人败诸展陂。郑伯伐许,取鉏任、泠敦之田"。②"皇戌摄郑伯之辞"意为皇戌代郑伯陈述其理由。关于"成",在《左传》中尚有一些用法与之相似的记载。比如,"惠公之季年,败宋师于黄。公立而求成焉。九月,及宋人盟于宿,始通也"。③ 杨伯峻注:"成,解怨结好也,今言媾和"。④ 求成发生于战争之后,杨伯峻之解释较为合理。又如,"公欲平宋、郑。秋,公及宋公盟于句渎之丘。宋成未可知也,故又会于虚。冬,又会于龟"。⑤ 宋、郑不和,是因为"宋雍氏女于郑庄公,曰雍姞,生厉公。雍氏宗有宠于宋庄公,故诱祭仲而执之,曰:'不立突,将死。'亦执厉公而求赂焉。"⑥由此可知,诸侯国之间并非仅仅因为战争而生求成之需要,其他导致二国生隙之事也有可能如此。像这样解释"成",就可合理理解子反关于"成"的言论:对于郑、许二国发生争端和冲突,只有楚国国君才能加以解决,实现二国解怨结好之目标。后来,"许灵公愬郑伯于楚。六月,郑悼公如楚,讼,不胜。"⑦许灵公求诸楚王,终于胜诉。

第二,"晋郤至与周争鄇田,王命刘康公、单襄公讼诸晋。郤至曰:'温,吾故也,故不敢失。'刘子、单子曰:'昔周克商,使诸侯抚封。苏忿生以温为司寇,与檀伯达封于河。苏氏即狄,又不能于狄而奔卫。襄王劳文公而赐之温,狐氏、阳氏先处之,而后及子。若治其故,则王官之邑也,子安得之?'晋侯使

---

① 杨伯峻:《春秋左传注》,中华书局 2009 年版,第 819 页。
② 杨伯峻:《春秋左传注》,中华书局 2009 年版,第 819 页。
③ 杨伯峻:《春秋左传注》,中华书局 2009 年版,第 18 页。
④ 杨伯峻:《春秋左传注》,中华书局 2009 年版,第 18 页。
⑤ 杨伯峻:《春秋左传注》,中华书局 2009 年版,第 134 页。
⑥ 杨伯峻:《春秋左传注》,中华书局 2009 年版,第 132 页。
⑦ 杨伯峻:《春秋左传注》,中华书局 2009 年版,第 823 页。

郄至勿敢争"。① 关于鄇,孔颖达疏曰:"鄇是温之别邑,本从温内分出。温属晋,鄇属周。温是郄氏旧邑,郄氏既已得温,则谓从温而分出者,亦宜从温而属郄氏,故郄至争之。其刘子、单子之言'襄王劳文公而赐之温',於时鄇已分矣,赐晋以温,不赐以鄇也。狐氏、阳氏先处温邑,于时亦不得鄇,鄇本未尝属晋,故为王官之邑"。② 孔颖达此疏说明郄至与周争端之缘由,可作为一说。关于"使诸侯抚封",杜预注曰:"各抚有其封内之地"。③ 杨伯峻引《礼记·文王世子》郑注"抚犹有也",④虽未置之一词,然赞同其说无疑也。由于"苏忿生以温为司寇,与檀伯达封于河"紧接其后,二者之间存在密切的联系。若"抚犹有也",则这句话难以理解。"抚"应训"安",文献中这样的例句甚多。比如,"子以君命镇抚弊邑"。⑤ 周克商之后,各诸侯封国均非十分安定。封国内土著居民和殷商遗民对周分封的统治者态度比较复杂,各诸侯须予以安抚。疑"苏忿生以温为司寇"句在"以"后承前省"抚"字,全句应为"苏忿生以(抚)温为司寇"。大意为,苏忿生因为安抚温(有功)而担任司寇。"若治其故,则王官之邑也"。关于"治",《周礼·天官·宰夫》载:"帅官有司而治之",⑥贾公彦疏为"辨"。⑦ "治"在此处显然也应训为"辨"。全句大意为,如果辨温之故事,则温应为周王室之邑。

第三,"邾人愬于晋,晋人来讨。叔孙婼如晋,晋人执之。书曰:'晋人执我行人叔孙婼。'言使人也。晋人使与邾大夫坐。叔孙曰:'列国之卿,当小国之君,固周制也。邾又夷也。寡君之命介子服回在,请使当之,不敢废周制故也。'乃不果坐"。⑧ 这起狱讼之缘由为"(鲁)遂取邾师,获锄、弱、地"。⑨ "讨",责问也。在邾人愬于晋之后,晋作为盟主理应如此,即后文"所谓盟主,

---

① 杨伯峻:《春秋左传注》,中华书局 2009 年版,第 854 页。
② 《春秋左传正义》卷二十七,《十三经注疏》本,中华书局 1980 年影印版,第 1909 页。
③ 《春秋左传正义》卷二十七,《十三经注疏》本,中华书局 1980 年影印版,第 1909 页。
④ 杨伯峻:《春秋左传注》,中华书局 2009 年版,第 854 页。
⑤ 徐元诰:《国语集解》,中华书局 2002 年版,第 178 页。
⑥ 《周礼正义》卷三,《十三经注疏》本,中华书局 1980 年影印版,第 656 页。
⑦ 参见《周礼正义》卷三,《十三经注疏》本,中华书局 1980 年影印版,第 656 页。
⑧ 杨伯峻:《春秋左传注》,中华书局 2009 年版,第 1442 页。
⑨ 杨伯峻:《春秋左传注》,中华书局 2009 年版,第 1442 页。

讨违命也"。"坐",杜预注曰:"坐讼曲直"。① 此处之"坐"显然为解决争端而坐,杜预之说可从。叔孙指出"列国之卿,当小国之君,固周制也"意在表明自己作为鲁国之卿,与邾子相当,故而与邾大夫坐在身份上不对等。"介子服回"大概是与叔孙一道受鲁侯之命出使晋国之人,地位较叔孙婼为低,依周制与邾大夫等,故而可以"当之"。"果"在此应释为"终","乃不果坐"大意为最终没有与邾大夫坐而争讼。

第三节　关于春秋时期狱讼模式的一些探讨

前面已经论及,春秋时期,华夏地区已经出现刑书和法,充任施刑的依据或者参考,与断狱决讼缺乏直接关联,而且,它们对后世也缺乏约束力,故而不能证明春秋时期狱讼已经制度化。此外,也无任何有力证据表明,文献中的断狱决讼如后世一样在制度的约束和规范下进行,因此,以文献记载的狱讼案例为依据归纳出春秋时期的狱讼制度也难以令人信服。尽管如此,春秋时期各诸侯国发生的断狱决讼事件还是存在着某些共性,或许是后世狱讼制度的源泉或雏形。因此,在归纳史实基础上形成的春秋时期断狱决讼模式对于人们更为深入地认识春秋时期的狱讼以及分析周秦时代狱讼制度之演变,具有重要意义。

春秋时期,争端是形成狱讼的主要原因。然而,争端不一定发展成为狱讼。比如,"初,州县,栾豹之邑也。及栾氏亡,范宣子、赵文子、韩宣子皆欲之。文子曰:'温,吾县也。'二宣子曰:'自郤称以别,三传矣。晋之别县不唯州,谁获治之?'文子病之,乃舍之。二子曰:'吾不可以正议而自与也。'皆舍之。"②范宣子、赵文子、韩宣子都想获得栾豹之邑,在争夺的过程中,他们因为"自郤称以别,三传矣。晋之别县不唯州,谁获治之"这样的说法而达成共识,争端因而消弭于无形。又如,

　　　　周甘人与晋阎嘉争阎田。晋梁丙、张趯率阴戎伐颍。王使詹桓伯辞

---

① 杨伯峻:《春秋左传注》,中华书局 2009 年版,第 1442 页。
② 杨伯峻:《春秋左传注》,中华书局 2009 年版,第 1239—1240 页。

于晋,曰:"我自夏以后稷,魏、骀、芮、岐、毕,吾西土也;及武王克商,蒲姑、商奄,吾东土也;巴、濮、楚、邓,吾南土也;肃慎、燕、亳,吾北土也。吾何迩封之有? 文、武、成、康之建母弟,以蕃屏周,亦其废队是为,岂如弁髦,而因以敝之? 先王居梼杌于四裔,以御螭魅,故允姓之奸居于瓜州,伯父惠公归自秦,而诱以来,使逼我诸姬,入我郊甸,则戎焉取之。戎有中国,谁之咎也? 后稷封殖天下,今戎制之,不亦难乎? 伯父图之。我在伯父,犹衣服之有冠冕,木水之有本原,民人之有谋主也。伯父若裂冠毁冕,拔本塞源,专弃谋主,虽戎狄,其何有余一人?"叔向谓宣子曰:"文之伯也,岂能改物? 翼戴天子,而加之以共。自文以来,世有衰德,而暴灭宗周,以宣示其侈,诸侯之贰,不亦宜乎? 且王辞直,子其图之。"宣子说。①周甘人与晋阎嘉之间的争端已经发展到剑拔弩张的地步,局面眼看就要一发不可收拾。周王以大义相责,宣子亦听从叔向之言,赞同其"翼戴天子而加之以共"的主张。《左传》的记载虽然简略,透露的信息却非常明确,这就是周王和叔向分别对争端双方进行干预,使争端得以和平解决。又如,

> 晋侯蒐于绵上以治兵,使士匄将中军,辞曰:"伯游长。昔臣习于知伯,是以佐之,非能贤也。请从伯游。"荀偃将中军,士匄佐之。使韩起将上军,辞以赵武。又使栾黡,辞曰:"臣不如韩起。韩起愿上赵武,君其听之!"使赵武将上军,韩起佐之。栾黡将下军,魏绛佐之。新军无帅,晋侯难其人,使其什吏其卒乘官属,以从于下军,礼也。晋国之民,是以大和,诸侯遂睦。君子曰:"让,礼之主也。范宣子让,其下皆让。栾黡为汰,弗敢违也。晋国以平,数世赖之。刑善也夫……"②

晋侯择人之所以获得圆满结果,乃是士匄率先让的结果。如君子所言,这是礼发挥作用之结果。当然,并非所有的争端都可以通过诸如此类的方式解决,有些必然激化,进入狱讼解决的阶段。

一、狱讼之产生

《左传》中两起发生在周王室的狱讼均与争政有关。任命执政本来是周

---

① 杨伯峻:《春秋左传注》,中华书局 2009 年版,第 1307—1310 页。
② 杨伯峻:《春秋左传注》,中华书局 2009 年版,第 999—1000 页。

天子和各诸侯国国君的固有权力,前者如"王夺郑伯政";①后者如"宋襄公即位,以公子目夷为仁,使为左师以听政,于是宋治"。② 然而,自周平王东迁以来,周王室的实力和影响力不断下降,随之权威不断下降,礼乐征伐由天子出转为由诸侯出。这就意味着,诸侯可以凭借其实力和影响力争夺于己有利的权力。在周王室和各诸侯国的内部,如果周王或者国君缺乏足够的品德和才能,难以左右政局甚至难以服众,就会出现类似的局面。一旦如此,礼乐教化的影响固然深远,然而也不是对所有的人都能产生效力。如果有人垂涎于执政权力之诱惑,就会越过礼所设定的边界,进而与他人发生争端,乃至诉诸第三者。

春秋时期,田土之争也不乏其例。在周王室和各诸侯国,卿大夫们为公室服务或者立功,公室则以食邑作为类似后世之俸禄或者赏赐。食邑不能继承,卿大夫在职务被褫夺以及死后均要归还公室。实际上,周王室和各诸侯国形成世卿世禄局面,食邑往往成为卿大夫们长期占有的财产,除非有些卿大夫因获罪出奔或被杀。在此情况下,其食邑就成为其他卿大夫竞相获取之物。在它们成为二位以上卿大夫共同争夺的对象之后就会形成争端。③ 比如,齐懿公在成为国君之前与邴歜之父争田,晋邢侯与雍子争鄐田,晋郤至与周争鄇田以及晋阎嘉与周甘人争阎田,等等。这样的争端还发生在诸侯国之间。这是因为,春秋时期,周王室逐渐衰微,各诸侯国逐渐强大,为获取更多的土地而不断扩张。晋、楚等霸主先后登上历史的舞台。为维持同盟的正常秩序,它们时常举行盟会,签订盟约,建立并维持同盟诸侯国之间的正常秩序。然而,诸侯国之间的关系以及实力消长经常发生变化,盟约因而并不能有效约束一些诸侯国的野心,导致诸侯国之间不断发生争端。比如,郑伯伐许,取鉏任、泠敦之田;卫石买、孙蒯伐曹取重丘;卫人侵戚东鄙;季武子伐莒;莒牟夷带着牟娄以及防、兹两地投奔鲁国以及鲁征伐邾人、莒人等。总之,上述争端各方在不付诸武力解决,又不肯相让的情况下就会进入狱讼阶段。

---

① 杨伯峻:《春秋左传注》,中华书局 2009 年版,第 104 页。
② 杨伯峻:《春秋左传注》,中华书局 2009 年版,第 331 页。
③ 这是根据《左传》、《国语》相关记载进行的大致总结,实际情形也许比上述看法复杂得多。

二、断狱决讼的过程

在讨论这类问题之际，以往学人们倾向于使用"程序"这样的概念。"程序"与"过程"固无太大区别。然而，在涉及狱讼的情况下，使用"程序"这样的概念容易与近现代法律为限制司法机关的专擅而设计的"程序"相混淆，甚至进一步将研究者的思维限制于与程序相关的概念，本文因而用"过程"来指狱讼发展的经过和步骤。大致而言，断狱决讼过程如次：第一步，争端一方向第三方提请解决争端。这在《左传》和《国语》中分为两种情况：其一，比较常见的是争端一方"愬"或者"诉"于第三方。前者如"王使王叔陈生愬戎于晋"；后者如"取鄟之役，莒人诉于晋"。就诸侯国而言，"愬"或者"诉"的对象常常为晋、楚这样长期在一定势力范围内充当盟主的大国。在接受诸侯国之"愬"或者"诉"之后，晋、楚等经常直接利用其作为盟主的地位或者威望采取措施予以解决。就"愬"而言，比如，在"卫石买、孙蒯伐曹，取重丘，曹人愬于晋"①之次年，"晋人执卫行人石买于长子，执孙蒯于纯留，为曹故也"。② 又如，"陈庆虎、庆寅畏公子黄之逼，愬诸楚曰：'与蔡司马同谋。'楚人以为讨。公子黄出奔楚"。③ 就"诉"而论，比如，

> 邾人、莒人诉于晋曰："鲁朝夕伐我，几亡矣。我之不共，鲁故之以。"晋侯不见公，使叔向来辞曰："诸侯将以甲戌盟，寡君知不得事君矣，请君无勤。"子服惠伯对曰："君信蛮夷之诉，以绝兄弟之国，弃周公之后，亦唯君。寡君闻命矣。"叔向曰："寡君有甲车四千乘在，虽以无道行之，必可畏也，况其率道，其何敌之有？牛虽瘠，偾于豚上，其畏不死？南蒯、子仲之忧，其庸可弃乎？若奉晋之众，用诸侯之师，因邾、莒、杞、鄫之怒，以讨鲁罪，间其二忧，何求而弗克？"鲁人惧，听命。④

在邾人、莒人向晋诉"鲁朝夕伐"之后，晋国并没有要求鲁国与邾人、莒人坐，而是直接以武力威胁鲁国听命。无论如何，由于晋、楚等系盟主，并且拥有强

---

① 杨伯峻：《春秋左传注》，中华书局 2009 年版，第 1030 页。
② 杨伯峻：《春秋左传注》，中华书局 2009 年版，第 1035 页。
③ 杨伯峻：《春秋左传注》，中华书局 2009 年版，第 1053 页。
④ 杨伯峻：《春秋左传注》，中华书局 2009 年版，第 1357 页。

大的国力。不论它们的决定是否公正或令人信服,诸侯国往往服从,争端就像这样解决。《左传》、《国语》的记载过于简略,令人无从得知晋、楚等国为何不通过狱讼的途径察所诉是否属实以及过错在哪一方。或许,像征伐这样比较重大的事件,早已为晋、楚等国通过各种途径获悉。因此,它们直接依据盟约或者同盟各国公认之"制"加以处置。也有记载表明,受理争端者不直接处理,而是要求争端双方坐讼曲直,这样就进入狱讼的下一阶段。比如,"许灵公愬郑伯于楚。六月,郑悼公如楚,讼……"其二,争端一方直接将争端"讼"于第三方。比如,"周公将与王孙苏讼于晋,王叛王孙苏,而使尹氏与聃启讼周公于晋"。又如,"晋郤至与周争鄇田,王命刘康公、单襄公讼诸晋"。在此情形下理所当然地进入狱讼的下一阶段。

第二步,争端双方坐讼曲直。"坐",争讼曲直之意也。关于坐讼曲直者身份、地位以及坐讼的具体情形等颇有探讨之必要。关于"王叛王孙苏,而使尹氏与聃启讼周公于晋",杜预注曰:"尹氏,周卿士。聃启,周大夫"。[1] 其中,周卿士有必要略加考察。春秋初期,郑庄公因担任王室卿士而率领王室军队讨伐其他诸侯国。又如,"单靖公为卿士,以相王室"。[2] 因此,周卿士乃周王室执政者,权力很大,地位也非常显赫。而据"十四年春,顷王崩。周公阅与王孙苏争政,故不赴"[3]可知,尹氏与聃启讼于晋之周公是周公阅。《春秋经·僖公九年》载:"公会宰周公、齐侯、宋子、卫侯、郑伯、许男、曹伯于葵丘"。[4] 而《左传·僖公十年》载:"周公忌父、王子党会齐隰朋立晋侯"。[5] 因此,僖公十年,周公忌父担任周王室之宰。《春秋经·僖公三十年》载:"天王使宰周公来聘"。[6] 而《左传·僖公三十年》记载其事曰:"王使周公阅来聘。"[7]则到了僖公三十年,周公仍然担任周王室之宰,然已经不是周公忌父,而是周公阅。换言之,周公忌父死后,其职位由周公阅继承。联系周公旦在周

---

① 《春秋左传正义》卷十九下,《十三经注疏》本,中华书局1980年影印版,第1854页。
② 杨伯峻:《春秋左传注》,中华书局2009年版,第984页。
③ 杨伯峻:《春秋左传注》,中华书局2009年版,第602页。
④ 杨伯峻:《春秋左传注》,中华书局2009年版,第324页。
⑤ 杨伯峻:《春秋左传注》,中华书局2009年版,第333页。
⑥ 杨伯峻:《春秋左传注》,中华书局2009年版,第478页。
⑦ 杨伯峻:《春秋左传注》,中华书局2009年版,第482页。

初的地位和作用以及春秋时期存在的世卿世禄现象可以推断,周公旦的子孙在周王室未必执政,然承袭了其爵位,在身份和地位上很可能与作为卿士的尹氏对等。在郑伯与许男之讼中,有些细节也颇耐人寻味。比如,"郑伯与许男讼焉,皇戌摄郑伯之辞"。郑伯与许男同为诸侯国国君,在发生争端之后,郑伯并不亲自坐讼,而是由皇戌摄理。又如,"郑悼公如楚讼,不胜,楚人执皇戌及子国"。郑悼公如楚正是为应对许灵公之愬,然而,为楚人所执者为"皇戌及子国"。"伯"与"男"有别,它们说明许国与郑国在诸侯国等级序列上并不位于同一层次。很有可能正是因为"列国之卿,当小国之君,固周制也",在子反面前,皇戌代理郑伯与许男讼。既然有此惯例,则在楚国的情形应该与此相类,皇戌及子国为楚人所执才让人容易理解。以上分析表明,春秋时期,断狱决讼的实际情形未必如《周礼》所谓"凡命夫、命妇不躬坐狱讼",而是坐讼曲直者身份应该对等。《左传》诸多记载表明,参与坐讼者均为诸侯国之卿大夫,也就是《周礼》所谓"命夫"。如果人们认同上述分析所得出的结论,则大体可以解释《左传》和《国语》中的其他狱讼案件。为什么在王叔与伯舆之讼中,王叔之宰与伯舆之大夫瑕禽坐狱于王庭?这或是因为王叔之宰与伯舆之大夫地位对等。为什么在卫侯与元咺之讼中,卫侯不亲自坐讼,而是由"宁武子为辅,针庄子为坐,士荣为大士"?这或是因为元咺与针庄子等地位对等。为什么在晋郤至与周关于鄇田之争中,王命刘康公、单襄公讼诸晋?这或是因为刘康公、单襄公等才与郤至之地位对等。

关于坐讼曲直的具体情形,《左传》关于王叔与伯舆之讼的记载相较而言略微详细:王叔一方从其身份着手指责对方下陵上,而不论所争之事本身的是非对错。伯舆一方则从其家族对于周王室的功劳以及周平王所赐盟约入手反驳对方关于身份的指责。不仅如此,这一方还就政绩进行陈述,指责王叔执政之弊端,从反面证明其所争的合理性。由此可知,人们对于争端可以从各个方面、各个角度陈述己方主张的理由和根据。晋郤至与周王室鄇田之争亦如此,郤至认为温系其故邑,然而,刘康公、单襄公则从"普天之下,莫非王土"的角度立论,指出包括温在内都是王官之邑。因此,参与者可以多方证明自己的主张符合一些观念和规则,力求说服裁决者,与后世法庭往往从事实真相以及法律适用等方面进行论辩存在很大区别。

从王叔与伯舆之讼来看,在坐讼曲直的过程中,人们固然可以从下不应陵上之类出发来支持自己的诉求,有时候也涉及以往的事实。从理论上而言,狱讼参与者如果可以随意捏造事实以支持自己的主张的话,势必陷入长期无谓的论争。因此,人们在狱讼中应该采取必要的方式对双方的言辞进行验证。在王叔与伯舆之讼中,士匄使王叔氏与伯舆合要,即为核实伯舆所言的真实性。不过,也不是在所有的情况下均如此。所谓"小大之狱,虽不能察,必以情"这样的言论表明,鲁庄公不能在小大之狱中都做到查明实情,而是仅凭双方的言辞裁决。因为《左传》和《国语》留下的记载太少,而且有限的案例也呈现极为不同的特征,人们恐怕只能认为,春秋时期的狱讼具有极大的随意性,是否需要核实狱讼双方言论的真实性因事制宜,因人而异,难以形成比较普遍而确切的判断。

第三步,断狱决讼的裁决。争端各方难以妥协以至于发展到狱讼的程度,裁决者必须进行裁决,以解决争端,这是坐讼曲直的必然结果。争端各方都可以从各方面提出于己有利的主张和根据,它们有时勉强可以形成交集。比如,一方认为:"温,吾故也,故不敢失。"然而,这块土地可以上溯至周克商时代。故而,刘子、单子亦可以证明它为王官之邑。之所以说勉强,是因为自西周中期以来,土地可以买卖,拥有者可以发生变化。有时又难以形成交集。比如,"筚门闺窦之人而皆陵其上"与"王赖之,而赐之骓旃之盟,曰:'世世无失职'"之间显然风马牛不相及,"世世无失职"不能说明这一方之地位可以与王叔对等因而其行为未陵其上。伯舆一方取胜的原因很有可能在于"今自王叔之相也,政以贿成,而刑放于宠。官之师旅,不胜其富"之类。在此情形下,裁决者必须提出双方共同认可的道理和标准来进行裁断,这就对裁断者提出非常高之要求。如果这样的分析成立的话,"子反不能决也"就比较容易理解。《论语·颜渊》载子曰:"片言可以折狱者,其由也与?"[1]其中,"片言",朱熹注为"半言"。[2] 人们多将其理解为一方面的言辞,进而将其理解为"根据一方面的言辞裁决狱讼"。从春秋时期的狱讼案件来看,在断狱决讼过程中,争端

---

[1] 转引自朱熹:《四书章句集注》,中华书局 1983 年版,第 136 页。

[2] 朱熹:《四书章句集注》,中华书局 1983 年版,第 136 页。

双方通常坐讼曲直,裁决者像这样裁断实属不可能。杨伯峻正确地指出:"打官司一定有原告和被告两方面的人,叫做两造。自古迄今从没有只根据一造的言辞来判决案件的(除掉被告缺席裁判)"。① 然而,他所谓"孔子说子路'片言可以折狱',不过表示他的为人诚实直率,别人不愿欺他罢了"似乎又离题太远。②《左传》记载狱讼事件均十分简要,很难设想像政权、田土争端这样的大事可以轻易解决。合理的解释应该是,双方均从各方面为自己的主张辩解,《左传》很可能只记载最为紧要的言辞而已。这就意味着,裁决者用只言片语就能够令双方信服、从而解决争端非常困难。不过,在王叔与伯舆之讼中,范宣子以"天子所右,寡君亦右之。所左,亦左之"为由做到这一点。因此,片言折狱应解释为用少量言辞就可以解决狱讼。《左传》和《国语》关于狱讼裁决之记载除此以外绝无仅有。在大量狱讼中,能够做到片言折狱者,在孔子贤徒中也只有极少数可以做到。大多数裁决者是否提出令双方可以认同的标准,进行适当的说理就非今人所能得知,这种可能性大概是存在的。

三、裁决者及其依据

(一)裁决者

鲁庄公"小大之狱,虽不能察,必以情"③之类言论表明,鲁国国君也参与审理并裁决狱讼。其他诸侯国是否也是如此,不得而知。在晋国,依据"晋邢侯与雍子争鄐田,久而无成。士景伯如楚,叔鱼摄理,韩宣子命断旧狱"这样的记载来看,春秋晚期,晋国已经出现专司狱讼之职官。《左传》又有这样的记载:"冬,梗阳人有狱,魏戊不能断,以狱上。其大宗赂以女乐……"当此之时,魏戊任梗阳大夫。梗阳人既然有机会晋见晋国执政,且有能力赂以女乐,显然也属于贵族之列。梗阳人没有将狱讼提交它县之大夫裁决,也没有直接请求晋国执政裁决,而是交由梗阳大夫裁决。梗阳大夫在不能裁决的情况下没有令其另选裁决之人而是将狱讼提交执政者裁决。或许,这可以结合上述《左传》昭公十四年的狱讼进一步认为,执政者既可以自己裁决,也可命其他

---

① 杨伯峻:《论语译注》,中华书局 1980 年版,第 128 页。
② 杨伯峻:《论语译注》,中华书局 1980 年版,第 128 页。
③ 杨伯峻:《春秋左传注》,中华书局 2009 年版,第 183 页。

他认为胜任之贵族裁决。如果这样的分析成立,则晋国对于狱讼之裁决已经初步形成一套比较稳定的模式,人们在进入狱讼之后并不能自由选择裁决者,这或与晋国各级贵族对于人民的控制能力增强有关。

与西周时期断狱决讼模式相比,春秋时期狱讼之裁决者具有两个比较明显的特点。其一,在周王室内部因争政以及周王室与晋国贵族之间因土地而发生狱讼,周王一般委托晋国审理并裁决。《左传》中记载的唯一的贵族与国君之间的狱讼——卫侯与元咺之讼也由晋国审理和裁决。这类现象之出现并非偶然。晋国自文公以来迅速强大,在城濮之战中打败南方的楚国,并出兵协助周王镇压第二次王子带之乱。周王因而命尹氏及王子虎、内史叔兴父策命晋文公为侯伯。晋国一方面利用周王室的权威来号令中原诸国,另一方面对周王室比较尊重,在应周王室的要求介入其政事之际常常比较尊重周王的意愿。① 中原诸国经常面临北方戎狄和南方楚国的威胁。当此之时,周王室衰微,经常自顾无暇,无力兼顾诸侯事务。中原诸国不得不经常会盟,联合以求自保,身为侯伯的晋国理所当然地成为诸侯的盟主。卫侯与元咺之讼本来属于卫国国内事务,在狱讼一方为卫侯的情况下,卫国难以有合适之人进行裁断,故而请求身为盟主之晋国裁决。其二,诸侯国之间发生的争端,有的由晋国审理和裁决,有的则由楚国审理和裁决,这要视谁担任其盟主而定。从盟约来看,盟会除了具有维护诸侯国内部秩序的功能之外,一个非常重要的功能就是维持诸侯国之间的秩序,以便团结一致,共同应对外来威胁。比如,督扬之盟的主要内容为"大毋侵小。"②在同盟诸侯国之间发生相关争端,理所当然地应当由盟主裁决。

前述三类裁决的执行情形与裁决者的实力和权威有着密切的关联。就周王室的狱讼而言,周王屡次委托的晋国与争端各方没有利害关系,可以站在中间立场上裁决争端。从狱讼过程本身来看,争端各方可以从各个方面为其立场和诉求提供依据,裁决者则在认真听取各方理由的基础上提出令各方均可以接受的标准和依据,进而予以裁决。这就意味着,狱讼中的过错一方因而没

---

① 参见石井宏明:《东周王朝研究》,中央民族大学出版社 1999 年版,第 50—65 页。
② 杨伯峻:《春秋左传注》,中华书局 2009 年版,第 1045 页。

有理由不接受和执行裁决。而且,晋国是一个大国,实力不容小觑。它可以应
周王之要求出兵平定王室动乱,因而可以对失败一方形成执行裁决的无形威
慑。就诸侯国内部的狱讼和诸侯国之间的狱讼而言,裁决者要么为执掌诸侯
国权力的贵族,要么因为拥有强大实力和威望因而被诸侯国拥戴为盟主之国,
在裁决者与狱讼各方之间的实力对比方面,裁决者享有绝对优势,他们可利用
诸侯国或盟主的力量来确保裁决之执行,裁决因而往往能够得以执行。当然,
像晋、楚这样长期担任盟主的诸侯国的实力不断消长。其他诸侯国往往根据
其生存和发展需要而决定参与盟会、拥戴盟主,特别是像郑国这样夹在晋、楚
两大国之间的诸侯国尤其如此。这就意味着,诸侯国完全可以通过加入其他
阵营、获取另一盟主协助的方式改变其与盟主之间的实力对比关系,令已经产
生的裁决难以执行。总之,在裁决由裁决者来执行的情况下,春秋时期丰富多
彩的裁决执行情形可以从裁决者的身份和实力等方面得到合理解释。

(二)裁决的依据

在《左传》和《国语》之中,明确记载裁决依据的只有王叔陈生与伯舆之
讼,即范宣子所谓"天子所右,寡君亦右之。所左,亦左之。"这是裁决者在听
取双方言辞之后提出的能为各方所接受的依据。胜者接受裁决毋需多言,作
为败者的王叔接受裁决的史实颇值得进一步分析。王叔支持其诉求的根据是
"筚门闺窦之人而皆陵其上,其难为上矣",像这样的理由在当时非常有力。
比如,(无宇曰):"天子经略,诸侯正封,古之制也。封略之内,何非君土? 食
土之毛,谁非君臣? 故《诗》曰:'普天之下,莫非王土。率土之滨,莫非王臣。'
天有十日,人有十等,下所以事上,上所以共神也"。[1] 楚虽称王,然无自称天
子之故事,文献也无楚王分封之记载。故而"天子经略,诸侯正封"应该是指
西周初年王室分封天下。"普天之下,莫非王土。率土之滨,莫非王臣"出自
《诗》,反映的王拥有天下土地和臣民的观念也应隶属于周文化。既然如此,
与之密切相关的"下所以事上,上所以共神也"也应是长期流行乃至远播四夷
的观念。这大概通过"为国以礼"来实现。周礼的重要功能是区分人在既定
秩序之中的位置和尊卑关系,让人在习焉不察的过程中将这样的关系视为天

---

① 杨伯峻:《春秋左传注》,中华书局 2009 年版,第 1283—1284 页。

经地义。比如，随武子曰："君子小人，物有服章，贵有常尊，贱有等威；礼不逆矣"。① 在这样的原则主导下，人们不难理解周王就卫侯与元咺之讼所发表的看法，他关注的并非具体事件中谁对谁错，而是君臣父子上下这样一些维系秩序的基本原则。在与伯舆之讼中，王叔也不论事情本身对错，而是就上下问题而支持其说。范宣子无法撼动这样的基本原则，然从事情本身来看，王叔执政的确多有不便。在王叔也必须尊王的情况下，范宣子藉周王的名义做出裁决，实质上是以王叔之矛攻其盾。这起狱讼表明，君臣上下之大义在人们头脑中根深蒂固，有时对于狱讼之裁决也会产生巨大影响。总之，在"为国以礼"的时代，裁决者需要提出令双方均可以接受的裁决依据和结果，礼自然是最为重要的依据。

与此同时，也不能排除人们在一些具体问题上就其他依据达成共识的可能性。换言之，如果简单地仅仅将礼视为春秋时期狱讼裁决的依据，存在很大局限性。这是因为，与西周时期相较而言，春秋时期尊礼重信的程度有所不及。而在前面论述西周时期的狱讼之际，裁决的依据就已经相对多样化。对此，我们或可以根据相关记载作有限推测。在指责子产铸刑书的信之中，叔向提及"昔先王议事以制"一语，②这是叔向对于先王治理模式的概括和总结。关于"议事以制"之解释，诸家在注疏中众说纷纭，大致说来分为两种，一种是将"制"视为名词，作诸如"制度"之类解，"议事以制"即以制度为依据来商议解决面临之事的办法；一种是将"制"视为动词，作裁制、裁断解。"议事以制"即商议面临之事并作裁断。这两种解释都有合理之处，从根本上而言是一致的，以制度为依据进行商议的结果必然是裁制和裁断。叔向之言的重要性在于，它可以为人们提供观察周代统治者治理模式的又一视角，这就是君臣讨论决定面临的事务。③ 具体而言，各方就面临事务提出主张和依据，在商议中就依据和决定达成一致。从《左传》和《国语》的记载观之，断狱决讼与贵族们议决事务的过程几无不同。也就是说，断狱决讼也可能是"议事以制"的一个方

---

① 杨伯峻：《春秋左传注》，中华书局 2009 年版，第 725 页。
② 杨伯峻：《春秋左传注》，中华书局 2009 年版，第 1274 页。
③ 像这样的治理模式至少在汉代仍然延续，"廷议"就是具体形式之一。

面。"议事以制"过程中的依据,也有可能成为断狱决讼的依据。大致说来,这样的依据有以下几种:其一,故制。比如,"请京,使居之,谓之京城大叔。祭仲曰:'都,城过百雉,国之害也。先王之制:大都,不过参国之一;中,五之一;小,九之一。今京不度,非制也,君将不堪'。"①姜氏为大叔请京,祭仲表示反对,其依据就是先王之制。又如,"晋侯使大子申生伐东山皋落氏。里克谏曰:'大子奉冢祀,社稷之粢盛,以朝夕视君膳者也,故曰冢子。君行则守,有守则从。从曰抚军,守曰监国,古之制也。夫帅师,专行谋,誓军旅,君与国政之所图也,非大子之事也……'"②里克反对晋侯使大子申生伐东山皋落氏的理由也是"古之制"。其二,故事。比如,"冬,蔡穆侯将许僖公以见楚子于武城。许男面缚,衔璧,大夫衰绖,士舆榇。楚子问诸逢伯,对曰:'昔武王克殷,微子启如是。武王亲释其缚,受其璧而祓之。焚其榇,礼而命之,使复其所。'楚子从之。"③又如,"(郑子产献捷于晋)晋人曰:'何故侵小?'对曰:'先王之命,唯罪所在,各致其辟。且昔天子之地一圻,列国一同,自是以衰。今大国多数圻矣!若无侵小,何以至焉?'"④其三,先王先公之言。前面的例子其实已经提及先王之命,在《左传》中,这样的记载较多。比如,莒大子仆因国人以弒纪公,以其宝玉奔鲁国,纳诸宣公。公命与之邑,季文子却使司寇出诸竟。鲁宣公问其故,季文子使大史克对,除举舜去四凶的故事外,最为重要之依据是"先君周公制《周礼》曰:'则以观德,德以处事,事以度功,功以食民。'作《誓命》曰:'毁则为贼,掩贼为藏,窃贿为盗,盗器为奸。主藏之名,赖奸之用,为大凶德,有常,无赦,在《九刑》不忘。'"⑤先王先公的言论有时通过《书》而得以流传,故而,春秋时期也不乏以《书》之记载为依据之例。比如,"楚之讨陈夏氏也,庄王欲纳夏姬,申公巫臣曰:'不可。君召诸侯,以讨罪也。今纳夏姬,贪其色也。贪色为淫,淫为大罚。《周书》曰:明德慎罚。文王所以造周也。明德,务崇之之谓也;慎罚,务去之之谓也。若兴诸侯,以取大罚,非慎之

---

① 杨伯峻:《春秋左传注》,中华书局 2009 年版,第 11—12 页。
② 杨伯峻:《春秋左传注》,中华书局 2009 年版,第 268 页。
③ 杨伯峻:《春秋左传注》,中华书局 2009 年版,第 314 页。
④ 杨伯峻:《春秋左传注》,中华书局 2009 年版,第 1106 页。
⑤ 杨伯峻:《春秋左传注》,中华书局 2009 年版,第 633—635 页。

也。君其图之!'王乃止。"①又如,晋侯以乐之半赐魏绛,后者辞,比较重要的
理由是:"《书》曰:'居安思危。'思则有备,有备无患,敢以此规。"②或与之相
关之故,《诗》也经常成为人们支持其主张之依据。比如,前面提及之祁奚,乘
驲而见宣子,劝其免叔向,理由之一是"《诗》曰:'惠我无疆,子孙保之。'《书》
曰:'圣有谟勋,明征定保。'"③又如,叔向责子产铸刑书,其重要依据是"《诗》
曰:'仪式刑文王之德,日靖四方。'又曰:'仪刑文王,万邦作孚。'如是,何辟之
有?"④人们之所以援引它们以论证其主张的合理性,必然有深刻的观念以及
社会方面根源,这里不拟展开讨论。总而言之,它们容易得到人们的认同,故
而有利于说服他人。因此,人们在狱讼中引用以支持其主张。

四、裁决之执行

裁决的执行情况大致可以分为三类。第一类是裁决基本得到执行。比
如,尹氏、聃启与周公之讼,"赵宣子平王室而复之"。王叔陈生与伯舆之讼,
"王叔奔晋",放弃与伯舆争政。卫侯与元咺之讼,晋国"杀士荣,刖针庄子,谓
宁俞忠而免之。执卫侯,归之于京师,置诸深室"。大致而言,忠于卫侯的卿
大夫因为其过受到严厉处罚,裁决基本得以执行。第二类是狱讼一方采取措
施导致裁决无法执行。比如,郑伯与许男之讼,"楚人执皇戌及子国"。《左
传》未明言郑伯是否归还鉏任、泠敦之田,从"故郑伯归,使公子偃请成于晋。
秋八月,郑伯及晋赵同盟于垂棘"这样的记载来看,郑国通过这种方式获得与
楚实力至少相当之晋国的庇护,恐难以归还所侵之田。第三类是裁决未得到
执行,争端进一步恶化。比如,晋国邢侯与雍子关于鄐田之讼,罪在雍子。然
而,"雍子纳其女于叔鱼,叔鱼蔽罪邢侯。邢侯怒,杀叔鱼与雍子于朝"。也就
是说,叔鱼裁判不公,争端进一步恶化。总而言之,在正常情况下,裁决者秉公
而断,除非狱讼一方获得与裁决者实力至少相当者的庇护,裁决往往得到执
行。与之相反的是,如果裁决者因接受贿赂而偏袒一方,裁决就难以得到执

---

① 杨伯峻:《春秋左传注》,中华书局 2009 年版,第 803 页。
② 杨伯峻:《春秋左传注》,中华书局 2009 年版,第 994 页。
③ 杨伯峻:《春秋左传注》,中华书局 2009 年版,第 1060 页。
④ 杨伯峻:《春秋左传注》,中华书局 2009 年版,第 1276 页。

行,甚至导致争端或者矛盾进一步激化。

小　结

　　对周王朝建立前后到春秋时期这一长时段的狱讼模式进行考察可以发现,虽然春秋中晚期以来出现裁决者逐渐集中于盟主以及贵族的趋势,然而,人们自由选择裁决者的传统依然延续。周王朝赋予诸多贵族以裁决权,使得人们自由选择成为可能。进入狱讼过程之后,争端各方各自提出有利于自己的主张和依据,裁决者需要核查相关事实的真实性,提出令各方均为信服的裁决依据,进而做出裁决。像这样的依据多种多样,先王先公的言论、古之制、非常类似后世先例的故事以及通过《诗》、《书》之流传而广为人知乃至接受的道理等都有此可能。与此相关的还有刑罚之实施,对于有些危及王朝或者统治者安危以及治理秩序的行为,执政者直接施以刑罚。像这样的行为也有可能在断狱决讼中发现,在经过通常的狱讼过程之后,裁决者也会做出对一方施以刑罚的裁决,对于另外一方而言,也取得了胜利,争端得以解决。总而言之,周王朝既未如后世一样积极主动地将一切纠纷和争端之裁决纳入其政务的重要范畴,也未如后世一般通过制定并公布法律令,以此作为狱讼裁决的依据。换言之,周王朝没有试图在断狱决讼过程中积极贯彻自己的意志。

　　对此,或可以结合周王朝的诞生略作分析。周以小邦而灭大邑,不过是占领殷商之王畿,消灭商王及其在王畿的势力而已。在华夏大地上仍然不乏实力非常强大的殷商王朝支持者。故而,周武王在灭商以后忧心忡忡。[①] 在周王室内部因武王离世而出现纷争后,武庚乘机联合管叔和蔡叔,勾结殷商王朝支持者发动叛乱。周公东征,彻底予以平息。周王朝创建和稳定之不易,给周统治者留下深刻的印象:"天畏棐忱,民情大可见。小人难保,往尽乃心,无康

---

　　① 《史记·周本纪》载武王克商以后,"至于周,自夜不寐"。在周公询问下,他指出,"维天不飨殷,自发未生于今六十年,麋鹿在牧,蜚鸿满野。天不享殷,乃今有成。维天建殷,其登名民三百六十夫,不显亦不宾灭,以至今。我未定天保,何暇寐!"司马迁:《史记》卷四《周本纪》,中华书局1959年版,第128—129页。

好逸豫,乃其乂民"。① 周王对天充满敬畏,要求封善待小人和民,在刑事政策方面竭力希望给人留下万不得已而施之的印象。这样的言论对后世而言成为先王之言(贤明卿大夫之言成为先公之言),在周代长期而持续发生影响。比如,祭公谋父谏穆王曰:"先王耀德不观兵。夫兵戢而时动,动则威,观则玩,玩则无震。是故周文公之颂曰:'载戢干戈,载櫜弓矢,我求懿德,肆于时夏,允王保之。'先王之于民也,茂正其德而厚其性,阜其财求而利其器用,明利害之乡,以文修之,使之务利而辟害,怀德而畏威,故能保世以滋大"。② 祭公谋父劝谏穆王勿征犬戎,却提及"先王之于民"的问题,归根结底是因为"增修于德,无勤民于远"。由祭公谋父的言论观之,先王对待民的主要方式是"茂正其德而厚其性,阜其财求而利其器用",在这样的基础上"怀德而畏威",几乎无驱使民为王朝而战之意。又如,内史过曰:"民之所急在大事,先王知大事之必以众济也,是故祓除其心,以和惠民。考中度衷以莅之,昭明物则以训之,制义庶孚以行之。祓除其心,精也;考中度衷,忠也;昭明物则,礼也;制义庶孚,信也。然则长众使民之道,非精不和,非忠不立,非礼不顺,非信不行……"③由此可知,先王亦知大事需要民的积极支持和拥护,而实现这样的目标的途径在精、忠、礼、信。以上所述多属于统治者对待百姓的根本原则和出发点,它需要通过各种具体"政"务来加以实现。关于此,春秋中晚期之际的一些士大夫在提出其主张之际对先王之道加以阐述,足见其影响之深远。比如,叔向曰:"昔先王议事以制,不为刑辟,惧民之有争心也。犹不可禁御,是故闲之以义,纠之以政,行之以礼,守之以信,奉之以仁,制为禄位,以劝其从,严断刑罚,以威其淫。惧其未也,故诲之以忠,耸之以行,教之以务,使之以和,临之以敬,涖之以强,断之以刚。犹求圣哲之上,明察之官,忠信之长,慈惠之师,民于是乎可任使也,而不生祸乱……"④先王固然也采取"纠之以政"、"严断刑罚以威其淫"等措施避免"民之有争心",然而,"诲之以忠,耸之以行,教之以务,使之以和,临之以敬"等显然占主导地位,而且还要"求圣哲之上,明

---

① 《尚书正义》卷十四,《十三经注疏》本,中华书局1980年影印版,第203页。
② 司马迁:《史记》卷四《周本纪》,中华书局1959年版,第135页。
③ 徐元诰:《国语集解》,中华书局2002年版,第32页。
④ 杨伯峻:《春秋左传注》,中华书局2009年版,第1274页。

察之官,忠信之长,慈惠之师"予以实施。稍晚之孔子也认为:"道之以政,齐之以刑,民免而无耻;道之以德,齐之以礼,有耻且格。"①其主张德礼教化,反对政刑偏好明矣! 固然,先王先公以及卿大夫也使用赏罚之手段。然而,"古之治民者,劝赏而畏刑,恤民不倦。赏以春夏,刑以秋冬。是以将赏,为之加膳,加膳则饫赐,此以知其劝赏也。将刑,为之不举,不举则彻乐,此以知其畏刑也。夙兴夜寐,朝夕临政,此以知其恤民也"。② 也就是说,即便是不得已使用刑罚,也要从"恤民"这一根本出发予以实施。总的说来,治理者在对待民的态度上,周统治者从王朝建立之际的内外形势和经验出发,提出善待百姓,"以德配天"的主张和政策,在历代贤君明臣的践行下,形成一种后世称为"以民为本"的治理传统。在这样的传统中,统治者不太可能通过厚赏和严刑来将百姓完全纳入耕战轨道,进而也就没有必要垄断断狱决讼的权力以确保厚赏和严刑发挥应有的效果。

以上所述的政策和主张系在周初特定形势下形成,正如秦在商鞅变法之后完全改变其政策一样,在形势完全发生变化,不改变治理方式不足以应对的情况下,执政者也有可能加以改变。在春秋时期诸侯争霸、"礼乐征伐自诸侯出"乃至"陪臣执国命"的环境中,华夏大地出现郑、晋铸刑书这样的变革,然从目前的资料来看并没有成为普遍的趋势,或可以说明那一时期基本形势未发生根本的变化。这一点还可以通过齐、晋为争霸而采取的政策措施来加以说明。就齐而言,齐桓公欲从事于诸侯,管仲为此提出"修旧法,择其善者而业用之;遂滋民,与无财,而敬百姓"以及"作内政而寄军令"等措施。③ 像"敬百姓"这样的记载既可表明管仲延续周治理传统,也可说明那是当时形势下可以采取的有效途径。在齐国欲速得志于天下诸侯然而寡甲兵的情况下,管仲的建议为:"制重罪赎以犀甲一戟,轻罪赎以鞼盾一戟,小罪谪以金分,宥闲罪。索讼者,三禁而不可上下,坐成以束矢。美金以铸剑戟,试诸狗马;恶金以铸鉏、夷、斤、欘,试诸壤土"。④ 这样的措施为适应争霸战争的需要而制定,对

---

① 杨伯峻:《论语译注》,中华书局 1980 年版,第 12 页。
② 杨伯峻:《春秋左传注》,中华书局 2009 年版,第 1120—1121 页。
③ 徐元诰:《国语集解》,中华书局 2002 年版,第 223—224 页。
④ 徐元诰:《国语集解》,中华书局 2002 年版,第 230—231 页。

齐国政务发生影响。与秦完全不同的是,齐国通过赎罪以及收取类似后世诉讼费用的方式解决甲兵不足的问题。由"索讼者三禁而不可上下,坐成以束矢"这样的记载来看,管仲提出且很可能为齐国采纳的主张对于争讼并不支持和鼓励,相反,国家通过收取"束矢"的方式一举两得。就晋国而言,重耳得国之后,先后采取"教其民"、"务利民"、"伐原以示之信。民易资者不求丰焉,明征其辞"以及"大蒐以示之礼,作执秩以正其官"等措施,进而在系列战争中取得胜利。① 又如,"晋悼公即位于朝。始命百官,施舍、己责,逮鳏寡,振废滞,匡乏困,救灾患,禁淫慝,薄赋敛,宥罪戾,节器用,时用民,欲无犯时……凡六官之长,皆民誉也。举不失职,官不易方,爵不逾德,师不陵正,旅不逼师,民无谤言,所以复霸也"。② 由此可见,在春秋时期,像晋国那样的诸侯国,只要采取赢得百姓支持和拥护的政策措施,就可以实现争霸目标。在上述措施中,几乎完全没有提及断狱决讼,很可能是因为,在当时的形势下,这方面的政务对于争霸而言并不具有比较重要的作用和意义。

从百姓的角度而言,上述原则、出发点以及具体政策措施都是正面的、积极的,实际上践行的也是史书上比较贤明之君臣。历史上,并非所有王室以及各诸侯国君臣都如此。比如,"王行暴虐侈傲,国人谤王。召公谏曰:'民不堪命矣。'王怒,得卫巫,使监谤者,以告则杀之。其谤鲜矣,诸侯不朝。三十四年,王益严,国人莫敢言,道路以目……"③周厉王专利和止谤,在《史记》中作为反面典型而出现,明显具有教化之目的。然而,它们无疑属于事实。诸如此类的史实提醒人们,周代君臣完全有可能抛弃先王先公"以民为本"的传统,利用百姓来解决其面临的国内外问题。不过,一些周代统治者倾向于通过直接施以刑罚的方式来实现目标,而不是像秦那样颁布有助于实现治理目标的法律令以及垄断断狱决讼权力。这既有可能与"为政在人"的传统有关,也有可能与人们尚未具有自觉利用规范来实现既定目标的能力有关。总而言之,正反两方面的史实均表明,周代断狱决讼模式决非偶然,而是有着政治、军事以及人们的主观方面深刻的缘由。

---

① 杨伯峻:《春秋左传注》,中华书局 2009 年版,第 447 页。
② 杨伯峻:《春秋左传注》,中华书局 2009 年版,第 908—911 页。
③ 司马迁:《史记》卷四《周本纪》,中华书局 1959 年版,第 142 页。

第四章　战国时期狱讼制度之考察

与春秋时期相比,战国时期的政治架构发生翻天覆地的变化,比较突出地表现为:第一,周王室彻底丧失天下共主地位。比如,秦、齐等国先后要求其交出象征天下的九鼎,赖颜率的计谋得以保全。① "普天之下,莫非王土;率土之滨,莫非王臣"的观念通过《诗》而流传下来,然不过沦为一种谈资而已;②第二,各诸侯国逐渐向集权化方向发展。与之相适应的是,世卿世禄现象逐渐淡出历史舞台,官僚制逐渐兴起。除极少数诸侯国以外,贵族在各诸侯国基本上不再发挥重要作用,其封邑基本上沦为食邑。新兴士人逐渐把持各国重要官职,其俸禄通过货币来发放。第三、从治国方略的角度而言,"为国以礼"逐渐向"以法治国"转变。从理论上而言,这些可能意味着狱讼裁决者和裁决依据发生重大变化。秦王朝颁《挟书令》,焚烧各国史书以及《诗》、《书》等文化典籍,加之不断亡佚之故,今人所能见到的战国史料已经非常匮乏。幸运的是,《周礼》仍然可以为人们提供时人关于狱讼问题的安排或设想,在一定程度上也许可以反映战国时期中原各国的狱讼制度。湖北荆门出土的《包山楚简》也包含少量狱讼文书,可以让人借以略窥楚国狱讼制度之面目。这一部分拟以它们为依据,仍然从刑罚与狱讼之关系、裁决者以及裁决依据等方面观察战国时期的狱讼制度面貌,确定它们在华夏大地早期狱讼发展史中的地位和作用。

第一节　《周礼》所载狱讼制度之考察

在以往《周礼》所谓司法制度的研究中,研究者每每将注意力集中于考察

---

① 参见缪文远:《战国策新校注》,巴蜀书社 1998 年版,第 1—3 页。
② 参见缪文远:《战国策新校注》,巴蜀书社 1998 年版,第 15 页。

其反映或者体现先秦某一时期的狱讼实际。在史料匮乏的情况下,这类研究很难落到实处。这是因为,各诸侯国狱讼制度在有些方面持续存在,有些可能随着历史的演进逐步增加新的内容,有些虽然形式上继续存在然内容和实质均发生重大变化。在资料匮乏以至于难以把握的情况下,研究者难以避免将《周礼》记载的狱讼制度误以为以往某一时期狱讼制度(模式),犯以今度古的错误。因此,研究者应当充分注意《周礼》这部要籍的特点。冯绍霆认为:"历史上,许多哲人抨击他们所处的尔虞我诈、恃强凌弱的社会,渴望一个公平和谐的社会。于是,在他们的笔下出现了一幅又一幅理想社会的蓝图。《周礼》就是其中之一"。① 彭林也认为:"《周礼》不可能是先秦官制的实录,而是将不同历史时期、不同国家的职官,按照作者的理想重新构拟的理想国法典"。② 李学勤比较敏锐地发现,汉代学者常常将《周礼》与汉律并称,在比较秦汉律文和《周礼》有关记载后认为,秦汉律的一些规定可以在《周礼》中发现渊源,希望学者对《周礼》和秦汉律作系统的比较研究。③ 他的言外之意或许是,秦汉以来,人们逐渐将《周礼》的理想变成现实。人的社会存在决定人的社会意识,理想社会的蓝图或者理想国法典也不可能是完全脱离现实的空想,它必然或多或少地包含若干现实的因素。换言之,《周礼》中狱讼制度在一定程度上反映战国时期中原各国狱讼制度的实际——无论它们是一直持续存在的,战国时期新增的还是在以往存在而在战国时期内容和实质发生变化的。基于这样的考虑,这一部分对《周礼》狱讼制度略加考察。

一、《周礼》中狱讼制度化的依据

这里所谓《周礼》中狱讼制度化,即将《周礼》中狱讼相关记载视为制度。以往,包括本人在内的诸多学人理所当然地将先秦典籍中狱讼类记载视为制度的产物或者制度本身,进而据以考察所谓司法制度或狱讼制度。这是受到头脑中已有制度和理论框架影响的产物,也就是对于相关史料作过度解读的

---

① 冯绍霆:《周礼:远古的理想》,上海古籍出版社1997年版,第2页。

② 彭林:《以人法天的理想国纲领——〈周礼〉》,《光明日报》,2001年3月27日。

③ 参见李学勤:《竹简秦汉律与〈周礼〉》,《当代学者自选文库·李学勤卷》,安徽教育出版社1999年版,第383—390页。

产物。制度是历史的产物,通常经历萌芽——模式——制度且不断发展演变等漫长的演化过程。先秦典籍的记载本身并不能告诉人们它们居于上述模式的哪一阶段,因此,在确定先秦典籍中某项记载是否为当时制度之际,应该事先考察其是否具备制度的特征,最为重要的是确定它们是否由国家具有强制性、稳定性和普遍约束力的法、律、令、典等加以规定。

在《周礼》中,大宰之职为,"掌建邦之六典,以佐王治邦国:一曰治典,以经邦国,以治官府,以纪万民;二曰教典,以安邦国,以教官府,以扰万民;三曰礼典,以和邦国,以统百官,以谐万民;四曰政典,以平邦国,以正百官,以均万民;五曰刑典,以诘邦国,以刑百官,以纠万民;六曰事典,以富邦国,以任百官,以生万民。"①大宰之职掌在一定程度上反映《周礼》以典治国的总纲,其他职官围绕大宰而设置。比如,司徒掌邦教,宗伯掌邦礼等。他们的属官根据完成职掌需要而配置。而且,大小职官必须依据典、法、则、成等履行职责。因此,对于典的正确认识是确定《周礼》相关记载是否制度的关键所在。郑玄将"典"训为"常也,经也,法也"。② 如果将"常也,经也,法也"置于具体的语境中,似有不妥。若将"典"训为"常",则"建邦之六常"令人难以理解,势必让人进一步追寻"常"之涵义。在先秦典籍中,"常"可以训为"典也"。比如,"陈常于时夏";③"常"亦可以训为"典常"。比如,"败常乱俗";④"常"还可以训为"旧法"。比如,"无忘国常"。⑤ 像这样将"典"训为"常"或者"典常",而"常"又解释为"典",问题没有得到解决。若将"典"训为"经",则应考察先秦时期"经"之用法。"经"的用法较多,就与"典"相关之用法而言,典籍中不乏其例。比如,"凡诸侯同盟,于是称名,故薨则赴以名,告终、称嗣也,以继好息民,谓之礼经。"⑥杜预注:"……礼经皆当书于策。仲尼修《春秋》,皆承策为

---

① 孙诒让:《周礼正义》,中华书局 1987 年版,第 58 页。
② 孙诒让:《周礼正义》,中华书局 1987 年版,第 58 页。
③ 《毛诗正义》卷十九—二,《十三经注疏》本,中华书局 1980 年影印版,第 590 页。
④ 《尚书正义》卷十八,《十三经注疏》本,中华书局 1980 年影印版,第 237 页。
⑤ 徐元诰:《国语集解》,中华书局 2002 年版,第 582 页。
⑥ 杨伯峻:《春秋左传注》,中华书局 2009 年版,第 53—54 页。

经。"①换言之,"经"不过书于策之记载而已。孔颖达在此将"经"解释为"常法"。② 如此,则"典"在辗转一番后可解释为"常法"。《夏书》曰:"与其杀不辜,宁失不经。"③孔颖达注曰:"经,常也",④亦如此。若将"典"训为"法",则《周礼》有些记载难以解释得比较圆满。比如,"凡治,以典待邦国之治,以则待都鄙之治,以法待官府之治,以官成待万民之治,以礼待宾客之治。"⑤由此可知,"典"与"则"、"法"、"官成"以及"礼"等各有其用途,各有其适用的对象。比如,"司会掌邦之六典、八法、八则之贰,以逆邦国都鄙官府之治"。⑥ 如果"典"可以训为"法",就会让诸如此类的记载产生逻辑上的问题。因此,以往一些学者将"典"训为"法"似有不妥,推而广之更须慎重。

若试图对"典"之类字词作更为合理之解释,应该从其本义出发,探讨其在文献中意义不断引申或者发展变化的过程,进而探求最符合历史和文献本身的解释。《说文·丌部》:"典,五帝之书也。从册在丌上,尊阁之也。"所谓"五帝之书也"应为许慎在特定历史文化背景下的解释,未必符合历史。不过,典为受到尊阁之书之说从甲骨、金文的字形结构可予以证明,应该就是其本义。在此基础上,"典"在历史文献中意义不断得到引申和发展。比如,《尧典》中的词和词语大部分产生于春秋战国时期,结合其内容、典章礼制以及地名来看,《尧典》当编写于春秋时期,经过战国秦汉几度损益而成。⑦《尧典》的主要内容为尧的事迹和言论,其名本身就可说明"典"有记载先祖言论和事迹之书之含义,这是对于尊阁之书的合理引申。这样的解释在《左传》中可以找到相关证据。比如,周王指责荀跞"数典而忘其祖",在陈述晋国先君唐叔、文公故事后,周王数落荀跞:"女,司典之后也,何故忘之?"⑧由此可知,典就是

---

① 《春秋左传正义》卷四,《十三经注疏》本,中华书局 1980 年影印版,第 1732 页。
② 《春秋左传正义》卷四,《十三经注疏》本,中华书局 1980 年影印版,第 1732 页。
③ 杨伯峻:《春秋左传注》,中华书局 2009 年版,第 1120 页。
④ 《春秋左传正义》卷四,《十三经注疏》本,中华书局 1980 年影印版,第 1991 页。
⑤ 孙诒让:《周礼正义》,中华书局 1987 年版,第 134 页。
⑥ 孙诒让:《周礼正义》,中华书局 1987 年版,第 474 页。
⑦ 参见周宝宏:《上古汉语词义是上古文献写成时代的重要依据——以产生时代分歧最多的〈尧典〉为例》,《沈阳师范学院学报》(社会科学版),2001 年第 5 期。
⑧ 杨伯峻:《春秋左传注》,中华书局 2009 年版,第 1373 页。

记载关于晋国故事之书。又如，季孙欲用田赋，令冉有征求仲尼之意见。孔子私下表示反对："且子季孙若欲行而法，则周公之典在"。① "法"为取法、效法之意，则"周公之典"指记载周公在田赋方面故事或者诰命之书。孔子的意思很明显，季孙应该查阅相关典籍，在田赋问题上效法周公故事或者取法周公之诰命。

在《周礼》前述记载中，"典"似不能作如是解。为此不妨从其他文献中寻找合理解释的线索。比如，"宣子于是乎始为国政，制事典……使行诸晋国，以为常法"。② 其中，"典"，杜预训为"常"。③ 孔颖达认为："'制事典'者，正国之百事，使有常也"。④ 若依杜预之说，制事常令人难以理解，而孔颖达之解释似又有增字解经之嫌。其实，如果从"典"的本义出发，将"事"视为"典"的限制性名词，进而将"制事典"解释为选编故事而成书，（为后来遇到类似事件提供解决的办法或者经验），这样不仅做到与"使行诸晋国，以为常法"相衔接，而且比较符合"议事以制"时代的特点。具体地说，在遇到需要解决的问题之际，寻求先例或者先王先公的言论等来作为依据或者参考。试问有什么可比"事典"更为方便地提供先例呢？ 又如，"古之王者知命之不长，是以……告之训典……"⑤杜预注："训典，先王之书"，⑥可从。这是因为，"训典"与"法制"、"礼则"等并列，将"典"训为"法"、"则"均有不可调和的困难。如果将"训"理解为先王先公之遗训或教训，而将"训典"理解为记载此类训之书，比较合理！ 又如，"言以考典"。⑦ 杜预注曰："考，成也"。⑧

"典"既然可以记载先祖的言论和事迹，也就可以记载他们所发布的令、则、法等。比如，"蔿敖为宰，择楚国之令典"⑨也可如是解。之后"军行，右

---

① 杨伯峻：《春秋左传注》，中华书局 2009 年版，第 1668 页。
② 杨伯峻：《春秋左传注》，中华书局 2009 年版，第 545—546 页。
③ 《春秋左传正义》卷十九上，《十三经注疏》本，中华书局 1980 年影印版，第 1843 页。
④ 《春秋左传正义》卷十九上，《十三经注疏》本，中华书局 1980 年影印版，第 1843 页。
⑤ 杨伯峻：《春秋左传注》，中华书局 2009 年版，第 548 页。
⑥ 杨伯峻：《春秋左传注》，中华书局 2009 年版，第 548 页。
⑦ 《春秋左传正义》卷四十七，《十三经注疏》本，中华书局 1980 年影印版，第 2078 页。
⑧ 《春秋左传正义》卷四十七，《十三经注疏》本，中华书局 1980 年影印版，第 2078 页。
⑨ 杨伯峻：《春秋左传注》，中华书局 2009 年版，第 723 页。

辕,左追蓐,前茅虑无,中权,后劲,百官象物而动,军政不戒而备,能用典矣"①
完全可以理解为蒍敖能够正确或者结合实际情况灵活运用楚国记载军令之
书。《尚书·胤征》的最终成书时间可能较晚,②然而其中一些语言现象也有
可能来源于先秦时期,其中诸如"政典曰:'先时者杀无赦,不及时者杀无
赦'"③之类记载或可作为旁证。既然如此,"典"就可以进一步引申为令、则、
法等本身。比如,晋侯使巩朔献齐捷于周,周王不予接见,命单襄公对使者说:
"蛮夷戎狄,不式王命,淫湎毁常,王命伐之,则有献捷。王亲受而劳之,所以
惩不敬、劝有功也。兄弟甥舅,侵败王略,王命伐之,告事而已,不献其功,所以
敬亲昵、禁淫慝也。今叔父克遂,有功于齐,而不使命卿镇抚王室,所使来抚余
一人,而巩伯实来,未有职司于王室,又奸先王之礼,余虽欲于巩伯,其敢废旧
典以忝叔父……"④其中,"旧典"显然是指"蛮夷戎狄……禁淫慝也"这类过
去通常的做法。诸如此类由先王制定并记载于典,进而人们将这些做法等同
于记载它们的典本身。又如,"大司寇之职,掌建邦之三典,以佐王刑邦国,诘
四方。一曰刑新国用轻典,二曰刑平国用中典,三曰刑乱国用重典"。⑤ 此处
之"刑"显然为刑罚,用作动词,意为用刑罚来治理。春秋晚期,郑、晋等国先
后铸刑书,最早产生于战国时期的《周礼》顺应时代发展的趋势,成文化实属
可能。换言之,三典所载为刑罚条文而非言论故事的可能性较大,条文所规定
的刑罚轻重而导致它们产生轻重之别。

如果对《周礼》中的"典"作如是解,则《周礼》中与之相应的"法"、"则"等
也应作如是解。大宰之职除前述"建邦之六典,以佐王治邦国"外,还包括"以
八法治官府"、"以八则治都鄙"等。⑥ 郑玄注曰:"则,亦法也。典、法、则,所
用异,异其名也。"⑦小宰之职为"掌邦之六典、八法、八则之贰,以逆邦国、都

① 杨伯峻:《春秋左传注》,中华书局 2009 年版,第 723—724 页。

② 参见宗静航:《〈尚书·胤征〉的成书年代——一个语言学的考察视角》,《徐州师范大学学报》(哲学社会科学版)2010 年第 1 期。

③ 《尚书正义》卷七,《十三经注疏》本,中华书局 1980 年影印版,第 158 页。

④ 杨伯峻:《春秋左传注》,中华书局 2009 年版,第 809—810 页。

⑤ 孙诒让:《周礼正义》卷六十六,中华书局 1987 年版,第 2741—2742 页。

⑥ 《周礼注疏》,上海古籍出版社 2010 年版,第 41 页。

⑦ 《周礼注疏》,上海古籍出版社 2010 年版,第 41 页。

鄙、官府之治"。① 与大宰之职类似的是，"典"、"法"、"则"分别为小宰治理"邦国"、"都鄙"、"官府"的依据，名称和内容或有不同，在属性上一致。大史之职为，"掌建邦之六典，以逆邦国之治，掌法以逆官府之治，掌则以逆都鄙之治。"②贾公彦针对前述郑玄注指出："其实典、则与法，一也，故云典、则亦法也"。③ 归纳以上列举的记载，人们应该可以得出这样的结论："典"、"法"、"则"的作用和功能相同，不过适用的对象不同而已。加之"法"、"则"与"典"所处的语法地位相同，有理由认为，"典"、"法"、"则"均为《周礼》所设计的规范。由于它们分别适用于不同的对象，在具体内容上很可能有所不同。郑玄所谓"典、法、则，所用异"非常正确，然其"异其名也"之说可能并不十分准确。至于贾公彦"典、则与法，一也"之说，可能是没有注意到《周礼》作者在使用三者方面存在的差别。

在以上分析中，我们已经证明"典"、"法"、"则"等是《周礼》所设计的理想国制定的成文性规范。在前面的论述中，我们将稳定性确定为制度的一项特征。其实，稳定性与成文性相伴随。换言之，只要制度是以成文规范的形式出现，在位者不废除和更改，它们就将长期存在并发挥作用。归根结底，它们必须是作为国家意志的体现并且以国家的强制力保障实施。在《周礼》中，前述各种规范恰好具备这样的特征。比如，"正岁，帅治官之属而观治象之法，徇以木铎，曰：'不用法者，国有常刑。'"④小宰帅治官之属观法，目的是为了他们知治政之法。"不用法者，国有常刑"一语，非常清楚地表明国以刑罚来保障法之实施，进而体现法之强制性。又如，"正岁，则帅其属而观教法之象，徇以木铎曰：'不用法者，国有常刑'。"⑤又如，"正岁，帅其属而观刑象，令以木铎，曰'不用法者，国有常刑'。"⑥在《周礼》中，难以发现关于"典"、"则"这两类规范的类似记载。不过，二者既然均为与"法"适用对象不同的规范，而

①　孙诒让：《周礼正义》卷五，中华书局 1987 年版，第 158 页。
②　《周礼注疏》，上海古籍出版社 2010 年版，第 998 页。
③　《周礼注疏》，上海古籍出版社 2010 年版，第 998 页。
④　孙诒让：《周礼正义》卷五，中华书局 1987 年版，第 186 页。
⑤　孙诒让：《周礼正义》卷二十，中华书局 1987 年版，第 815 页。
⑥　孙诒让：《周礼正义》卷六十六，中华书局 1987 年版，第 2780 页。

且,"典"包含"刑典",其主要功能是"以诘邦国,以刑百官,以纠万民";"八则"亦含"刑赏",其主要目标是"以驭其威"。二者之强制性不言而喻。总而言之,在《周礼》中,大小职官的职掌在这部要籍中规定得十分清楚。不仅如此,他们往往必须依据典、法、则、成等规范履行职责,实施治理并处理各项事务。这就使得《周礼》所描述的理想国具有浓厚的制度色彩。正如柳诒徵所言:"周代政治以法为本,自王公至庶民无不囿于礼法之中"。① 他使用的"法"也颇具现代色彩,如果将之替换为制度,并且将《周礼》之内容回归设计或理想的本来面目,则是对于《周礼》之内容非常恰当之评价。既然这样,断狱决讼作为国家治理的重要组成部分,制度化也属理所当然。这一点在后面的分析中可以看得尤为清楚。

二、《周礼》所载狱讼制度的主要内容和特征

鉴于学人以来自外域的"司法"为视角和框架考察《周礼》相关记载存在若干弊端,本文试图将《周礼》这部典籍放在先秦时期的历史发展、制度环境予以考察,在去除一切近现代司法制度"前见"的情况下,完全从《周礼》相关记载出发进行考察,借以对《周礼》中狱讼制度形成更加符合其本来面目的认识。

(一) 在《周礼》中,从治理者的角度而言,刑罚之实施与以往相比发生较大变化

张全民在近现代刑法框架下对《周礼》中刑罚及其处罚的行为作了系统梳理和考察,他将刑罚处罚的行为分为八类,然后分别考察了归属于这些大类的各种行为。对于它们,他在继承历代训诂家成果的基础上作比较准确的解释,然后考察它们在其他先秦文献中的相关记载,进而根据这些记载考察它们反映的时代。② 在其成果基础上,人们可以总结出一些有意义的看法。比如,春秋时期,"宋万弑闵公于蒙泽……宋人皆醢之。"③而在《周礼》中,"放弑其君则残之"。④ 诸如此类尚有很多,或可以因而形成这样的看法:《周礼》作者

---

① 柳诒徵:《中国文化史》,上海古籍出版社 2001 年版,第 152 页。
② 张全民:《〈周礼〉所见法制研究(刑法篇)》,法律出版社 2004 年版,第 28—64 页。
③ 杨伯峻:《春秋左传注》,中华书局 2009 年版,第 191—192 页。
④ 孙诒让:《周礼正义》卷五十五,中华书局 1987 年版,第 2289 页。

对于周王室和各诸侯国刑罚实践作了总结,将其条文化,上升为制度。徐祥民在考察《左传》、《国语》等文献中的大量例证的基础上发现,春秋时期几乎没有依法用刑的史实,除个别适用于具体的战争或其他事件的不具有反复适用性的誓令外,也绝少发现刑罚制度化的记载。这个时期的刑罚总地来说是握于有能力处罚他人的统治者手中;刑罚不是法定的,而是人定的。① 换言之,刑罚是在位者根据治理和维持社会秩序的需要而实施的。不仅如此,徐祥民还发现,春秋时期刑罚的种类很多,仅《左传》所见就有三十余种。它们不是春秋时人通过建立完整的法典而详细规定的,而是由惩罚他人的人随机决定的。② 在《周礼》中,刑罚不是针对具体的人和事,而是针对某一种或者某一类行为。比如,"凡伤人见血而不以告者……以告则诛之"。③ 与《左传》、《国语》中刑罚的临时性、随意性不同的是,《周礼》中的刑罚分类清楚,功能明确。比如,"以五刑纠万民:一曰野刑,上功纠力;二曰军刑,上命纠守;三曰乡刑,上德纠孝;四曰官刑,上能纠职;五曰国刑,上愿纠暴。"④与《左传》和《国语》中在位者根据他人的行为临时和任意决定刑罚尤为不同的是,《周礼》在危害统治和社会秩序的行为与刑罚之间建立确定的联系。比如,"凡杀其亲者,焚之。"⑤如果《周礼》这类记载得以实施,则在位者势必要根据这样的制度决定刑罚之实施,而不能像以往那样任一己之意而为。总的说来,在《周礼》中,人们不再针对具体事件而提出处理办法,而是对一类行为规定处罚的办法,与后世刑法条文非常类似。不仅如此,《周礼》作者全盘规划,为每一类乃至每一种行为规定刑罚,并且明确希望由此达成的目标,反映出战国时人的理性化、规范化程度的明显提高。

从《周礼》相关记载来看,在很多情况下,职官们直接依其职掌实施刑罚处罚,不太可能经过断狱决讼过程。比如,宰夫之职为,"掌治法以考百官府、群都县鄙之治,乘其财用之出入。凡失财用、物辟名者,以官刑诏冢宰而诛

① 参见徐祥民:《略论春秋时期刑罚的特点》,《法学研究》2000 年第 3 期。
② 参见徐祥民:《略论春秋时期刑罚的特点》,《法学研究》2000 年第 3 期。
③ 孙诒让:《周礼正义》卷七十,中华书局 1987 年版,第 2891 页。
④ 孙诒让:《周礼正义》卷六十六,中华书局 1987 年版,第 2743—2744 页。
⑤ 孙诒让:《周礼正义》卷六十九,中华书局 1987 年版,第 2877 页。

之"。① 又,"岁终则令群吏正岁会,月终则令正月要,旬终则令正日成,而以考其治。治不以时举者,以告而诛之"。② 乡师之职为,"大军旅、会同,正治其徒役与其蜚辇,戮其犯命者"。③ 司稽之职为,"掌巡市,而察其犯禁者与其不物者而搏之。掌执市之盗贼,以徇,且刑之"。④ 大史之职为,"掌建邦之六典,以逆邦国之治,掌法以逆官府之治,掌则以逆都鄙之治。凡辨法者考焉,不信者刑之。凡邦国都鄙及万民之有约剂者藏焉,以贰六官,六官之所登。若约剂乱,则辟法,不信者刑之"。⑤ 又,"及致,建大常,比军众,诛后至者"。⑥ 司圜之职为,"掌收教罢民。凡害人者,弗使冠饰而加明刑焉,任之以事而收教之。能改者,上罪三年而舍,中罪二年而舍,下罪一年而舍。其不能改而出圜土者,杀"。⑦ 禁暴氏之职为,"掌禁庶民之乱暴力正者,挢诬犯禁者,作言语而不信者,以告而诛之。凡国聚众庶,则戮其犯禁者以徇。凡奚隶聚而出入者,则司牧之,戮其犯禁者"。⑧ 在上述记载中,各类职官对实施某一些行为的人直接"诛之"、"刑之"、"戮之",其间完全没有经历断狱决讼过程。《周礼》所载上述行为,或者失治,或者不信国家之法,或者犯命,或者犯禁,属于危害国家治理的行为,而与源于人与人之间的争端无关,故而应属于官府六职之刑职——"以诘邦国,以纠万民,以除盗贼"处理的范畴,不必经过断狱决讼的过程。

与此同时,在《周礼》中,一些职官兼掌刑罚实施和断狱决讼,不能将二者混为一谈。比如,大司徒之职为,"以乡八刑纠万民"。⑨ 与之同时,"凡万民之不服教而有狱讼者,与有地治者听而断之,其附于刑者,归于士"。⑩ 小司徒之职为,"凡用众庶,则掌其政教与其戒禁,听其辞讼,施其赏罚,诛其犯命

① 孙诒让:《周礼正义》卷六,中华书局1987年版,第197页。
② 孙诒让:《周礼正义》卷六,中华书局1987年版,第209页。
③ 孙诒让:《周礼正义》卷二十一,中华书局1987年版,第822—823页。
④ 孙诒让:《周礼正义》卷二十八,中华书局1987年版,第1092—1093页。
⑤ 孙诒让:《周礼正义》卷五十一,中华书局1987年版,第2079—2082页。
⑥ 孙诒让:《周礼正义》卷五十六,中华书局1987年版,第2353页。
⑦ 孙诒让:《周礼正义》卷六十九,中华书局1987年版,第2869页。
⑧ 孙诒让:《周礼正义》卷七十,中华书局1987年版,第2892—2893页。
⑨ 孙诒让:《周礼正义》卷十九,中华书局1987年版,第760页。
⑩ 孙诒让:《周礼正义》卷十九,中华书局1987年版,第762页。

者"。①　乡师之职为,"及期,以司徒之大旗致众庶,而陈之以旗物,辨乡邑而治其政令刑禁,巡其前后之屯而戮其犯命者,断其争禽之讼"。②　胥师之职为,"各掌其次之政令,而平其货贿,宪刑禁焉。察其诈伪、饰行、儥慝者而诛罚之。听其小治小讼而断之"。③　对上述司徒类职官而言,刑罚实施与断狱决讼二项权责并列,为他们同时承担,并行不悖。这或可以通过分析《周礼》关于"调人"的相关记载实现相对合理之解释。调人"掌司万民之难而谐和之。凡过而杀伤人者,以民成之,鸟兽亦如之。凡和难,父之雠辟诸海外,兄弟之雠辟诸千里之外,从父兄弟之雠不同国,君之雠眂父,师长之雠眂兄弟,主友之雠眂从父兄弟。弗辟,则与之瑞节而以执之。凡杀人有反杀者,使邦国交雠之。凡杀人而义者,不同国,令勿雠,雠之则死。凡有斗怒者,成之;不可成者,则书之,先动者诛之"。④　其中,"难,相与为仇雠。谐犹调也。"⑤"调人,掌司万民之难而谐和之"意为调人负责解决万民之间的仇恨(矛盾),重归和谐。即便发生杀伤人这样后世必严厉处罚的行为,《周礼》作者不过是主张努力设法避免矛盾进一步激化而已。与此不类的是,"执之"、"死"以及"诛之"发生于民违反调人命令之后。在后世律令中,违反官府或官员的命令的后果通常远不如杀伤人严重。为什么《周礼》会出现这样在习焉于近现代法律的人看来明显不合理的记载? 从关系的角度来分析不难予以回答:杀伤人发生在民与民之间,在统治者看来或并不对其统治和治理秩序构成直接危害。然而,像违反调人命令这样的行为将民与民之间的关系转化为民与职官之间的关系。由于职官系受国家委派实施治理,其相关命令往往根据国家典、法、则而发布,故而可进一步将其行为转化为危害治理秩序。刑罚是"纠万民"的手段和工具,目的是实现有效治理,故而《周礼》作者认为可以刑罚处罚违反诸如调人之类职官命令的行为。在《周礼》中,司徒类职官主土地之图与其人民之数,为此也需要发布政令,故而也有必要以刑罚来制裁违反者。与此同时,或由于其经常

① 孙诒让:《周礼正义》卷二十,中华书局1987年版,第784页。
② 孙诒让:《周礼正义》卷二十一,中华书局1987年版,第831页。
③ 孙诒让:《周礼正义》卷二十八,中华书局1987年版,第1088—1089页。
④ 孙诒让:《周礼正义》卷二十六,中华书局1987年版,第1024—1031页。
⑤ 孙诒让:《周礼正义》卷二十六,中华书局1987年版,第1024页。

与万民接触之缘故,《周礼》也赋予其在相关领域断狱决讼职责。狱讼起源于人与人之间的争端,至为严重者不过导致杀伤人之类事件发生。断狱决讼者的职责与调人的职责比较类似,也是实现解决人与人争端之目标。因此,就这类职官而言,刑罚实施和断狱决讼二者不可同日而语,不能将刑罚理解为断狱决讼之结果。

不容否认的是,在《周礼》一些记载中,刑罚在断狱决讼之后实施。比如,媒氏之职为,"凡男女之阴讼,听之于胜国之社;其附于刑者,归之于士。"①小司寇之职为,"以五刑听万民之狱讼,附于刑,用情讯之。"②关于乡士、遂士、县士之职掌,除职听于朝的时间分别为旬、二旬、三旬以及刑杀的地点分别为不详、郊、县以外,职责基本相同:"听其狱讼,察其辞,辩其狱讼,异其死刑之罪而要之,旬而职听于朝。司寇听之,断其狱,弊其讼于朝。群士司刑皆在,各丽其法以议狱讼。狱讼成,士师受中。协日刑杀,肆之三日。"③学者在阐述小司寇"以五刑听万民之狱讼,附于刑"之际注曰:"附犹著也。故书'附'作'付'。"④在阐述媒氏之职之际注曰:"阴讼,争中冓之事以触法者"。⑤ 人们因而可将"附于刑者"理解为在断狱决讼过程中发现需要施以刑罚者。人与人之间容易因各种原因而发生争端。比如,珊生三器记载了兄弟之间因仆庸土田发生纠纷。争端诉诸第三者称为狱讼,由第三者通过裁决的方式加以解决。然而,争端如果恶化到一定程度就有可能导致性质发生变化,进而导致解决的方式也发生变化。具体地说,如果人们在争端发生后实施的行为所危及的人与人之间的关系对于治理者而言至为重要,像这样的行为就有可能上升到危及治理秩序的程度,统治者就会以刑罚来予以纠正。比如,西周初年,王告诫康叔:"元恶大憝,矧惟不孝不友。子弗祗服厥父事,大伤厥考心;于父不能字厥子,乃疾厥子。于弟弗念天显,乃弗克恭厥兄;兄亦不念鞠子哀,大不友于弟。惟吊兹,不于我政人得罪;天惟与我民彝大泯乱;曰乃其速由文王作罚,刑

---

① 孙诒让:《周礼正义》卷二十六,中华书局 1987 年版,第 1051 页。
② 孙诒让:《周礼正义》卷六十六,中华书局 1987 年版,第 2766 页。
③ 孙诒让:《周礼正义》卷六十七,中华书局 1987 年版,第 2794、2803、2807 页。
④ 孙诒让:《周礼正义》卷六十六,中华书局 1987 年版,第 2766 页。
⑤ 孙诒让:《周礼正义》卷二十六,中华书局 1987 年版,第 1051 页。

兹无赦"。① 在《周礼》中,大司徒"以乡八刑纠万民",其八刑为:"一曰不孝之刑,二曰不睦之刑,三曰不婣之刑,四曰不弟之刑,五曰不任之刑,六曰不恤之刑,七曰造言之刑,八曰乱民之刑"。② 孝、友、睦、弟、恤之类,均为处理人与人之间关系需要遵守的原则。周统治者将"不孝不友"上升到"元恶大憝"的地步,故而以刑罚处之。《周礼》上述记载与之相较既有延续性,也有发展。比如,"造言"以及"乱民"不是处理人与人之间关系须遵守的原则。然而,它们显然均为对于正常秩序之破坏,这就与"不孝不友"之类具有共同的性质。在致力于通过维持人与人之间正常关系的方式来维持社会秩序的中国古代社会,这类记载之出现容易理解。

所谓附于刑者应该是争端恶化到一定程度需要施以刑罚的情形。在乡士、遂士、县士等"听其狱讼,察其辞,辨其狱讼,异其死刑之罪而要之,三旬而职听于朝"之后,"司寇听之,断其狱,弊其讼于朝",结果也可能为"刑杀"。③对于此类记载,应将其置于王朝听狱断讼体系予以考察。在《周礼》中,刑官之属包括:大司寇、小司寇、士师、乡士、遂士、县士等。前面关于乡士、遂士、县士的记载表明,他们在听狱讼的过程中,如果发现死刑之罪应"职听于朝",然后"司寇听之"。换言之,经过乡士、遂士、县士等初步听理,已经认为争端需要通过施以刑罚的方式解决。"小司寇"、"大司寇"对这类争端是否需要施以五刑要进行判断。经过群士司刑"各丽其法以议狱讼"之后,最终以刑杀的方式解决。也就是说,《周礼》关于小司寇以及乡士、遂士、县士等职掌的记载并不是矛盾的,不过是分工有别而已。由以上的分析可知,《周礼》作者设想或者安排专门的职官体系,负责在断狱决讼之后需要施以刑罚的事务。将这一段与前面二段略加比较可以发现,在《周礼》作者的设想或者安排中,一些刑罚由一类职官直接实施,一些刑罚由另一类职官在断狱决讼后实施。前者应当属于相关职官权责范围内之事务,而后者则是在断狱决讼过程中发现,由以司寇为首的刑官系统负责实施。以司徒为首的职官系统介于二者之间,由于

---

① 《尚书正义》卷十四,《十三经注疏》本,中华书局1980年影印版,第204页。
② 孙诒让:《周礼正义》卷十九,中华书局1987年版,第760页。
③ 孙诒让:《周礼正义》卷六十七,中华书局1987年版,第2794、2803、2807页。

《周礼》作者对于其所司事务作了明确安排,不可能与前二类职官发生冲突。《周礼》作者关于刑罚和狱讼方面的职官设置之严密和完善令人惊叹!

二、在《周礼》中,一些职官被赋予断狱决讼之责

如果将断狱决讼与《周礼》所设计的王朝政治架构结合起来,人们可以对断狱决讼之类职官设置形成更为全面而深入的认识。大宰之职,"掌建邦之六典,以佐王治邦国",①又,"以八则治都鄙"。② 由此可见,大宰所治理之邦国和都鄙均为王朝重要组成部分。大司徒之职,"以天下土地之图,周知九州之地域、广轮之数,辨其山林、川泽、丘陵、坟衍、原隰之名物,而辨其邦国、都鄙之数,制其畿疆而沟封之……"③由此可知,对于大宰所治理之邦国、都鄙,大司徒都要总括天下而确定其边界。邦国和都鄙在《周礼》中通常像这样并称,表明二者各有所指。关于邦国,《周礼》有如是记载:"凡建邦国,以土圭土其地而制其域:诸公之地,封疆方五百里,其食者半;诸侯之地,封疆方四百里,其食者参之一;诸伯之地,封疆方三百里,其食者参之一;诸子之地,封疆方二百里,其食者四之一;诸男之地,封疆方百里,其食者四之一。"④由此可知,邦国即公、侯、伯、子、男之地以及食邑。瞿同祖曾将《春秋》所载诸侯爵称进行全面的排比,发现各国爵称除个别变例外,都是固定不变的。⑤ 王世民将金文资料同《春秋》的记载对比,发现除吴、楚、秦等国存在差异外,多数诸侯国的爵称是两相一致的,进一步支持了瞿同祖的结论。⑥ 既然如此,《周礼》所谓"邦国"很有可能延续西周、春秋以来的实践。关于都鄙,《周礼》有如是记载:"凡造都鄙,制其地域而封沟之,以其室数制之。"⑦学者注曰:"都鄙,王子弟、公卿大夫采地。"⑧在其他地方又注曰:"都鄙,公卿大夫之采邑,王子弟所食邑。"⑨

① 孙诒让:《周礼正义》卷二,中华书局 1987 年版,第 58 页。
② 孙诒让:《周礼正义》卷二,中华书局 1987 年版,第 67 页。
③ 孙诒让:《周礼正义》卷十八,中华书局 1987 年版,第 689—692 页。
④ 孙诒让:《周礼正义》卷十九,中华书局 1987 年版,第 727 页。
⑤ 参见瞿同祖:《中国封建社会》,上海人民出版社 2005 年版。
⑥ 参见王世民:《西周春秋金文中的诸侯爵称》,《历史研究》1983 年第 3 期。
⑦ 孙诒让:《周礼正义》卷十九,中华书局 1987 年版,第 735 页。
⑧ 孙诒让:《周礼正义》卷十九,中华书局 1987 年版,第 735 页。
⑨ 孙诒让:《周礼正义》卷二,中华书局 1987 年版,第 67 页。

《周礼》相关记载本身似难以与王子弟、公卿大夫之采邑或采地联系起来。就此问题，应该从《周礼》关于"都"、"鄙"的记载出发来确定"都鄙"的本来含义。比如，小司徒之职，"乃经土地而井牧其田野，九夫为井，四井为邑，四邑为丘，四丘为甸，四甸为县，四县为都，以任地事而令贡赋"。① 其中关于"都"的含义非常明确。关于"鄙"，比如，遂人"掌邦之野。以土地之图经田野，造县鄙形体之法。五家为邻，五邻为里，四里为酂，五酂为鄙，五鄙为县，五县为遂，皆有地域，沟树之。"②同样，其中关于"鄙"的含义非常明确。由以上二项记载可知，"都"、"鄙"均与田野进而与居住于田野之人相关。所谓"小司徒之职，掌建邦之教法，以稽国中及四郊都鄙之夫家九比之数，以辨其贵贱、老幼、废疾"③可进一步证实这样的结论。由以上分析可知，《周礼》确定"都"的主要目的是征收贡赋，确定"鄙"的主要目的是划定边界。由于目的不同，划分或者组成其的单位就不同。在此基础上，王朝为"都鄙"设置机构和官吏。比如，"凡官府、都鄙之吏及执事者受财用焉。"④根据"邦都之赋"⑤这样的记载可知，"都"之贡赋也是邦之收入的重要组成部分。作为"以九赋"之一的"邦都之赋"属于大宰"敛财贿"的职责之一，可见这里的"邦"系指整个王朝而言。从常理而言，也不能排除邦国同样有从属它们的"都鄙"的可能性。

　　王朝在乡、县、遂均设置职官，形成比较完善和整齐的职官体系。比如，大司徒之职，"乃施教法于邦国、都鄙，使之各以教其所治民。令五家为比，使之相保；五比为闾，使之相受；五闾为族，使之相葬；五族为党，使之相救；五党为州，使之相赒；五州为乡，使之相宾。"⑥无论邦国还是都鄙，均在家的基础上建立各级组织，最高为"乡"。"乡"设"乡师"。比如，"乡师之职，各掌其所治乡之教，而听其治……掌其戒令纠禁，听其狱讼。"⑦《周礼》又针对"乡"设置"乡士"。比如，"乡士，掌国中。各掌其乡之民数而纠戒之，听其狱讼，察其辞，辩

①　孙诒让：《周礼正义》卷二十，中华书局 1987 年版，第 786 页。
②　孙诒让：《周礼正义》卷二十九，中华书局 1987 年版，第 1121 页。
③　孙诒让：《周礼正义》卷二十九，中华书局 1987 年版，第 1121 页。
④　孙诒让：《周礼正义》卷十一，中华书局 1987 年版，第 445—446 页。
⑤　孙诒让：《周礼正义》卷三，中华书局 1987 年版，第 90 页。
⑥　孙诒让：《周礼正义》卷十九，中华书局 1987 年版，第 751 页。
⑦　孙诒让：《周礼正义》卷二十一，中华书局 1987 年版，第 819 页。

其狱讼……"①"乡师"属于司徒系统,而"乡士"属于司寇系统。前者主"教",而后者主"纠戒"。或由于乡士与乡师均有听狱讼之责,故而对于乡师所断之狱讼,乡士在必要之际须力"辩"。与"乡"相似的是,《周礼》为"县"设置"县师"。比如,"县师,掌邦国、都鄙、稍甸、郊里之地域,而辨其夫家、人民、田莱之数,及其六畜、车辇之稽"。② 不仅如此,《周礼》还为县设置"县正"。比如,"县正,各掌其县之政令徵比,以颁田里,以分职事,掌其治讼,趋其稼事而赏罚之"。③ 针对"县",《周礼》又设置"县士"。比如,"县士掌野,各掌其县之民数,纠其戒令,而听其狱讼,察其辞,辨其狱讼……"。④ 与"县"相似的是,《周礼》为"遂"也设置了职官。其一为"遂师"。比如,"遂师,各掌其遂之政令戒禁……作役事则听其治讼"。⑤ 其二为"遂大夫"。比如,"遂大夫,各掌其遂之政令……听其治讼。"⑥与"乡"、"县"相似的是,《周礼》也为"遂"设置"遂士"。比如,"遂士,掌四郊。各掌其遂之民数,而纠其戒令,听其狱讼,察其辞,辨其狱讼……"⑦值得注意的是,与乡士"听其狱讼"不同的是,同样属于司寇系统的"遂士"、"县士"等"辨其狱讼"。原因可能在于,既然县、遂之职官"听其治讼"或"掌其治讼",则属于司寇系统"遂士"、"县士"就履行监督之责。"辨"者,"别也","辨别"之义。"辨其狱讼"或为对狱讼进行审核并选择提交司寇听断之义。总而言之,在《周礼》中,乡、县、遂各职官职掌明确,不太可能发生职掌交叉重叠之类问题。乡、县、遂之狱讼,比较类似于今日地方之狱讼。在以乡师、县正、遂师等地方职官为主负责听讼的过程中,《周礼》又为其设置不从属于它们而是从属于司寇系统的乡士、县士以及遂士进行监督,有利于实现断狱决讼之公正。

此外,就人们可能涉及的其他狱讼,《周礼》也为之确定专司听断之职官。比如,"(司市)凡市入,则胥执鞭度守门。市之群吏平肆展成奠贾,上旌于思

---

① 孙诒让:《周礼正义》卷六十七,中华书局 1987 年版,第 2794—2795 页。
② 孙诒让:《周礼正义》卷二十五,中华书局 1987 年版,第 981 页。
③ 孙诒让:《周礼正义》卷二十九,中华书局 1987 年版,第 1155 页。
④ 孙诒让:《周礼正义》卷六十七,中华书局 1987 年版,第 2805—2807 页。
⑤ 孙诒让:《周礼正义》卷二十九,中华书局 1987 年版,第 1144 页。
⑥ 孙诒让:《周礼正义》卷二十九,中华书局 1987 年版,第 1151 页。
⑦ 孙诒让:《周礼正义》卷六十七,中华书局 1987 年版,第 2802—2803 页。

次以令市,市师涖焉,而听大治大讼。胥师、贾师涖于介次,而听小治小讼"。① 这是《周礼》为市场专门设置断狱听讼之职官。又如,"(马质)若有马讼,则听之"。② 这是《周礼》为因为马而产生的争端专门设置职官予以处理。

《周礼》对于诸侯之间的争讼也做了明确规定。比如,"讶士,掌四方之狱讼,谕罪刑于邦国。凡四方之有治于士者,造焉。四方有乱狱,则往而成之"。③ 关于"四方",郑玄注曰:"四方诸侯之狱讼。"④从紧接着"谕罪刑于邦国"这样的记载来看,其说也属合理。关于"四方之有治于士者,造焉",有学者解释曰:"四方诸侯有疑狱不决,遣使上王府士师者,故云'四方之有治于士者'。知士是士师者,以其士师受中,故知疑狱亦士师受之也。云'造焉'者,谓先造诣讶士",⑤其说可从。关于"乱狱",学者解释为"谓若君臣宣淫、上下相虐者也",⑥在目前的条件下难以提出更合理的解释。这类争端发生之后,由于诸侯地位尊贵,故讶士"往而成之",进一步证实郑玄之说的可信性。在《周礼》布局中,乡士、遂士、县士、讶士等与"小司寇"同列。大司寇负责受理之狱讼,除诸侯、卿大夫以外,也包括庶民。比如,大司寇之职,"以两造禁民讼,入束矢于朝,然后听之。以两剂禁民狱,入钧金,三日乃致于朝,然后听之"。⑦ 据此可以推测,大小司寇在听狱断讼方面有所分工:外朝之狱讼由小司寇负责,"小司寇之职,掌外朝之政"⑧这样的记载或可作为旁证。既然如此,大司寇受理庶民狱讼之范围应以王畿为限。由于诸侯、卿大夫地位尊贵之故,他也受理其狱讼。总而言之,《周礼》建立比较整齐和完善的职官体系,并为其确定了职掌。下至庶民,上至诸侯、卿大夫在发生争端之后,都要寻求既定的职官听讼断狱,而不能像以往那样自由选择。

---

① 孙诒让:《周礼正义》卷二十七,中华书局 1987 年版,第 1061 页。
② 孙诒让:《周礼正义》卷五十七,中华书局 1987 年版,第 2376 页。
③ 孙诒让:《周礼正义》卷六十七,中华书局 1987 年版,第 2812—2814 页。
④ 孙诒让:《周礼正义》卷六十七,中华书局 1987 年版,第 2812 页。
⑤ 《周礼注疏》,上海古籍出版社 2010 年版,第 1366 页。
⑥ 孙诒让:《周礼正义》卷六十七,中华书局 1987 年版,第 2814 页。
⑦ 孙诒让:《周礼正义》卷六十六,中华书局 1987 年版,第 2748—2750 页。
⑧ 孙诒让:《周礼正义》卷六十六,中华书局 1987 年版,第 2762 页。

三、断狱决讼者必须以既定的典、法、则等规范为依据进行裁断

大司寇之职,"凡诸侯之狱讼,以邦典定之。凡卿大夫之狱讼,以邦法断之。凡庶民之狱讼,以邦成弊之。"①关于"邦典",学者注曰:"邦典,六典也。以六典待邦国之治";②关于"邦法",学者注曰:"邦法,八法也。以八法待官府之治。"③在卿大夫与官府之间的关系未阐述清楚以前,这样的解释似有武断之嫌。《周礼》不乏关于"邦法"之记载。比如,"党正,各掌其党之政令教治。及四时之孟月吉日,则属民而读邦法,以纠戒之。"④又如,"族师,各掌其族之戒令政事。月吉,则属民而读邦法,书其孝弟睦婣有学者。"⑤又如,"以八辟丽邦法,附刑罚。"⑥族应是在百家之上建立的机构,而党应是在五百家的基础上建立的机构。族、党"属民而读邦法",可见《周礼》试图将"邦法"普及至地方和百姓。就"以八辟丽邦法,附刑罚"而言,"丽",多数学者从郑玄训为"附"。盖"法"对所有人作出规定,而"八辟"之对象需要因之而有所损益。"亲"、"故"、"贤"、"能"、"功"、"贵"、"勤"以及"宾"之流,应为邦国和公卿大夫。如此,则"邦法"亦上及于贵族,对贵族有约束力。总而言之,"邦法"应为通行于全天下之规范。《周礼》中存在大量诸如"宰夫之职,掌治朝之法,以正王及三公、六卿、大夫、群吏之位……"⑦以及"(司会)以九贡之法致邦国之财用,以九赋之法令田野之财用,以九功之法令民职之财用,以九式之法均节邦之财用"⑧之类记载,"邦法"很可能与之有关,这几乎是唯一合理之解释。不过,《周礼》并未提供直接的证据,存以待考。关于"邦成",郑玄注曰:"邦成,谓若今时决事比也"。⑨ 贾公彦疏曰:"若今律,其有断事,皆依旧事断之,其无

---

① 孙诒让:《周礼正义》卷六十六,中华书局 1987 年版,第 2756—2757 页。
② 孙诒让:《周礼正义》卷六十六,中华书局 1987 年版,第 2756 页。
③ 孙诒让:《周礼正义》卷六十六,中华书局 1987 年版,第 2756 页。
④ 孙诒让:《周礼正义》卷二十二,中华书局 1987 年版,第 868 页。
⑤ 孙诒让:《周礼正义》卷二十二,中华书局 1987 年版,第 877—878 页。
⑥ 孙诒让:《周礼正义》卷六十六,中华书局 1987 年版,第 2771 页。
⑦ 孙诒让:《周礼正义》卷六,中华书局 1987 年版,第 189 页。
⑧ 孙诒让:《周礼正义》卷十二,中华书局 1987 年版,第 474—475 页。
⑨ 孙诒让:《周礼正义》卷六十六,中华书局 1987 年版,第 2757 页。

条,取比类以决之,故云决事比也"。① 决事比、律条均为后世产物,将"邦成"
与之类比有可能产生危险。比较可靠的做法仍然是从《周礼》中寻找内证,进
而作合理的解释。比如,大宰之职,"以官成待万民之治"。② 由此可知,具有
规范性质的"成"作为断狱决讼的依据决非偶然。又如,调人"掌司万民之难
而谐和之。凡过而杀伤人者,以民成之……凡有斗怒者,成之。不可成者,则
书之,先动者诛之"。③ "成"在此处显然用为动词,意为消除矛盾、重归和谐。
这样的用法与"官成"、"邦成"之间或存在内在的联系。又如,小宰之职,"以
官府之八成经邦治:一曰听政役以比居,二曰听师田以简稽,三曰听闾里以版
图,四曰听称责以傅别,五曰听禄位以礼命,六曰听取予以书契,七曰听卖买以
质剂,八曰听出入以要会"。④ 如果将其与"凡民讼,以地比正之;地讼,以图正
之"⑤以及"凡以财狱讼者,正之以傅别、约剂"⑥联系起来,三处记载在"比
居"、"版图"、"傅别"以及"质剂"等方面发生交叉,由此或许可以推断"邦成"
与官府之八成存在密切的联系。与此同时,可以肯定的是,"邦成"与"掌士之
八成"即"一曰邦汋,二曰邦贼,三曰邦谍,四曰犯邦令,五曰挢邦令,六曰为邦
盗,七曰为邦朋,八曰为邦诬"⑦无关,因为这八类行为均为严重危害邦国秩序
和利益的行为,应当由邦国相关机构和职官直接予以处罚。百姓因各种事由
发生争端,也很难设想可以以上所述的规范(如果存在的话)为依据来加以解
决。此外,"司约,掌邦国及万民之约剂……凡大约剂,书於宗彝。小约剂,书
於丹图。若有讼者,则珥而辟藏,其不信者服墨刑。"⑧又,"司盟,掌盟载之
法……凡民之有约剂者,其贰在司盟。有狱讼者,则使之盟诅。"⑨由此可知,
约剂,与典、法、则一样,亦为断狱决讼之依据。二者不同之处在于,前者发生

① 孙诒让:《周礼正义》卷六十六,中华书局 1987 年版,第 2757 页。
② 孙诒让:《周礼正义》卷四,中华书局 1987 年版,第 134 页。
③ 孙诒让:《周礼正义》卷二十六,中华书局 1987 年版,第 1024—1031 页。
④ 孙诒让:《周礼正义》卷五,中华书局 1987 年版,第 167 页。
⑤ 孙诒让:《周礼正义》卷二十,中华书局 1987 年版,第 814 页。
⑥ 孙诒让:《周礼正义》卷六十七,中华书局 1987 年版,第 2791 页。
⑦ 孙诒让:《周礼正义》卷六十七,中华书局 1987 年版,第 2787—2788 页。
⑧ 孙诒让:《周礼正义》卷六十八,中华书局 1987 年版,第 2845—2849 页。
⑨ 孙诒让:《周礼正义》卷六十九,中华书局 1987 年版,第 2852—2856 页。

在具体的邦国和百姓之间,后者对邦国和百姓均为适用。

四、《周礼·秋官·司寇》在狱讼制度设计方面出现一些崭新内容

其一,对妨碍百姓在争端发生以后要求断狱决讼的行为予以制裁。比如,"禁杀戮,掌司斩杀戮者,凡伤人见血而不以告者,攘狱者,遏讼者,以告则诛之。"①关于"攘狱者,遏讼者",郑玄注曰:"攘狱者,距当狱者也。遏讼者,遏止欲讼者也。"②理解前者的关键在"攘"。《说文·手部》:"攘,推也。"引申为"却"。比如,"桓公救中国而攘夷狄"。③ 又如,"彼无亦置其同类以服东夷,而大攘诸夏。"④其中,"攘,却也。"⑤ 既如此,"攘狱者"之"攘"应解释为阻止。"攘狱者"即阻止狱讼者。"遏讼者",有学者正确地解释为:"有人见欺犯,欲向官所讼之,而遏止不使去也"。⑥ "攘狱者"只有像刚才那样解释才可与之相应。《周礼》像这样安排显然是为了保障百姓可随时随地提起狱讼。其二,在断狱决讼过程中,增加参与者。前面已经论及,遂、县职官"听其治讼",遂士、县士辩遂、县之狱讼;乡师听乡之狱讼,乡士应"辩其狱讼"。与之相类的是,"(士师之职,)察狱讼之辞,以诏司寇断狱弊讼,致邦令"。⑦ 学者释曰:"狱讼辞诉,各有司存。谓若乡士、遂士、县士、方士,各主当司之狱讼,其有不决,来问都头士师者,则士师察审,以告大司寇断狱弊讼也。云'致邦令'者,此即所察狱讼断讫,致与本官,谓之致邦令也。"⑧在狱讼提交司寇听断过程中,"群士司刑皆在,各丽其法以议狱讼。"不仅如此,《周礼》还作其他安排。比如,"(司刑,)若司寇断狱弊讼,则以五刑之法诏刑罚,而以辨罪之轻重"。⑨《说文·言部》:"诏,告也。"先秦典籍中常用为"告",此处亦同。如

---

① 孙诒让:《周礼正义》卷七十,中华书局1987年版,第2890页。
② 孙诒让:《周礼正义》卷七十,中华书局1987年版,第2890页。
③ 《春秋公羊传注疏》卷十,《十三经注疏》本,中华书局1980年影印版,第2249页。
④ 徐元诰:《国语集解》,中华书局2002年版,第185页。
⑤ 徐元诰:《国语集解》,中华书局2002年版,第185页。
⑥ 《周礼注疏》,上海古籍出版社2010年版,第1410页。
⑦ 《周礼注疏》,上海古籍出版社2010年版,第1350页。
⑧ 《周礼注疏》,上海古籍出版社2010年版,第1350页。
⑨ 孙诒让:《周礼正义》卷六十八,中华书局1987年版,第2840页。

此,则狱讼涉及刑罚之际,司刑可参与。又如,"司刺掌三刺、三宥、三赦之法,以赞司寇听狱讼"。① "赞"在先秦典籍中常可训为"佐"。比如,"能赞大事"。② "赞"在此处亦应像这样解释。司刺协助司寇断狱决讼,亦可视为参与其中。断狱决讼过程中,听讼者增加,有利于提高裁决的公正程度。其三,总结或者创造出一些断狱决讼经验、方法、或者原则。比如,"(小司寇之职,)以五声听狱讼,求民情:一曰辞听,二曰色听,三曰气听,四曰耳听,五曰目听"。③ 这很可能是对长期以来断狱决讼实践经验的总结,如果能为各级断狱讼者掌握,势必会提高断狱决讼的水平。又如,"(小司寇之职,)以三刺断庶民狱讼之中:一曰讯群臣,二曰讯群吏,三曰讯万民"。④ 又如,"司刺掌三刺、三宥、三赦之法,以赞司寇听狱讼。一刺曰讯群臣,再刺曰讯群吏,三刺曰讯万民……"⑤像这样进行三刺,不仅有利于求民情,也有利于弥补断狱决讼者自身不足,吸取更多人的智慧。

　　总而言之,在《周礼》中,断狱决讼者比较明确,百姓不再能够如以往那样在争端发生之后自行寻求双方都信任的裁决者;裁决依据制度化,明确化,百姓自行提出的理由和根据,除非符合典、法、则等邦国承认的依据,不可能得到采纳。由于维持秩序是治理的终极目标,而只有得到百姓认同的秩序才是比较稳定的秩序。为此,《周礼》作者希望通过上述制度确保裁决者以及裁决依据获得百姓认同,上述制度也只有从这个方面才能得以理解。比如,为何增加断狱决讼过程中参与者的数量? 或主要是为防止听狱讼者出现差错或者因种种原因偏听偏信而做出背离"中"之目标的裁决。为何出现"五听"这样的经验或技术? 为何在必要的时候实行三刺? 或主要是为在相对以往更为复杂的社会关系和环境中求民情,进而最大限度地"断民中"。在《周礼》中,人们不难发现诸如"求民情,断民中"此类的记载,这样的现象绝非偶然,因为它们在一定程度上可以视为断狱决讼的主要目标。

---

① 孙诒让:《周礼正义》卷六十八,中华书局 1987 年版,第 2841 页。
② 杨伯峻:《春秋左传注》,中华书局 2009 年版,第 1129 页。
③ 孙诒让:《周礼正义》卷六十六,中华书局 1987 年版,第 2770—2771 页。
④ 孙诒让:《周礼正义》卷六十六,中华书局 1987 年版,第 2775—2776 页。
⑤ 孙诒让:《周礼正义》卷六十八,中华书局 1987 年版,第 2841 页。

第二节 《包山楚简》所载楚国狱讼制度之考察

包山楚简 1987 年 1 月出土于南距战国时期楚国故都纪南城 16 公里的荆门十里铺镇王场村包山岗地包山二号楚墓。墓主为男性,任职于楚怀王时期。① 战国初期,楚悼王"素闻起贤,至则相楚。明法审令⋯⋯"②人们应可相信,至少从吴起在楚国变法开始,楚国已经走上"以法治国"的轨道。因此之故,将包山楚简中记载的狱讼案例视为楚国狱讼制度运行的结果,进而从相关记载中归纳和分析战国时期楚国的狱讼制度,应该不致引起多少异议。

包山楚简以比较具有地域和民族特色的楚国文字写成,在秦统一天下和文字之后,楚国文字不再通行。不仅如此,在包山楚简研究过程中,没有多少传世文献可供参考,学人们只能采用归纳的方法进行探索。加之一些海内外学者在研究思路和方法上存在不尽合理之处,在利用包山楚简研究楚国狱讼制度方面仍然有不少问题和困难存在,一些分歧和争议也未能得以厘清和解决。有鉴于此,我们试图在利用有关古文字专家包山楚简考释成果的基础上,从狱讼制度的角度对包山楚简狱讼相关材料进行审视,试图去除一些成见和遮蔽,消弭一些分歧和争议,最大限度地释放包山楚简所蕴含的狱讼制度方面的历史信息。

一、包山楚简狱讼类简文之辨析

因为前面所述之理由,楚文字之考释比较困难,加之古文字和历史研究者多不怎么谙熟法学理论,在研究过程中难免受到心目中法学理论和制度的干扰。迄今为止,不仅有些字词没有得到合理解释,有些简文不能通读,甚至哪些简文应当归入狱讼类都不乏争议。因此,在进一步研究过程中比较稳妥的做法应该是从关于楚国的可靠文献记载以及楚国狱讼的历史发展出发,对于包山楚简中的材料进行辨析并确定狱讼类简文的范围,为狱讼制度研究打下

---

① 参见王红星:《包山楚简》,文物出版社 1991 年版,"序言"。
② 司马迁:《史记》卷六十五《孙子吴起列传》,中华书局 1959 年版,第 2168 页。

比较可靠的材料基础。《包山楚简》之《文书》部分包括《集著》、《集著言》、《受期》以及《疋狱》等,下面分别予以辨析。

　　关于《集著》和《集著言》,整理者认为,它们分别是"验查名籍的案件记录"和"有关名籍纠纷的告诉及呈送主管官员的记录"。① 李零认为,"集著(书)"是杂录之义,并非专指名籍登录。② 陈伟认为,"著"是指文书,"集著"是指文书汇编。③ 事实上,集著只是将文书集录在一起,它们是否涉及纠纷和狱讼的关键在于《集著》所载事务的内容。《集著》和《集著言》所记载的事务大多与"典"有关,绝大多数简文的主要内容是在位者命令将一些人载于各种形式之"典",并不涉及人与人之间的争端,也就不存在断狱决讼问题。不过,第 15—17 号简之简文可能有所不同:"仆五师宵偈之司败若,敢告见日:④邵行之夫夫(大夫)盘阿岺执仆之偈登虡、登具、登仆、登壁而无古(故)。仆以告君王,君王逗仆于子左尹。子左尹逗之新偌迅尹丹,命为仆至典。既皆至典,仆有典,邵行无典,新偌迅尹不为仆断。仆裻偈夏事将澫,不檣新偌迅尹,不敢不告见日"。⑤ 整理者认为:"见日,从简文内容看,指左尹。简 133 反有'左尹以王命告汤公……命一执事人以致命于郢'。简 135 反有'以致命于子左尹。仆军造言之,见日……'。汤公向左尹复命时,称左尹为'见日'"。⑥ 这样的解释不无合理之处。不过,如果像这样解释的话,如何处理上文中出现的"子左尹"? 按照这样的解释原则,左尹也应称为"见日"。李零所谓"多称廷官为'见日'(义如后世所谓的'青天')"之说应该更为合理。⑦ 也就是说,左尹作为廷官之际也可能被人称为"见日"。而且,左尹不是唯一可被称为"见日"之

---

　　① 湖北省荆沙铁路考古队:《包山楚简》,文物出版社 1991 年版,第 9—10 页。

　　② 参见李零:《包山楚简研究》,《李零自选集》,广西师范大学出版社 1998 年版,第 134 页。

　　③ 参见陈伟:《包山楚简初探》,武汉大学出版社 1996 年版,第 59 页。

　　④ 原释为"见日",后学者多认为"视日",为论述方便计,这一部分暂不作改动。参见陈伟《包山楚司法简 131—139 号考析》注释,载《燕说集》,商务印书馆 2011 年版,第 180 页。

　　⑤ 参见刘彬徽等:《包山二号楚墓简牍释文与考释》,《包山楚墓》,文物出版社 1991 年版,第 349—350 页。三简反面皆有文字,然而没有超出以上内容之记载,故而从略。

　　⑥ 湖北省荆沙铁路考古队:《包山楚简》,文物出版社 1991 年版,第 41 页。

　　⑦ 李零:《〈包山楚简研究〉(文书类)》,《李零自选集》,广西师范大学出版社 1998 年版,第 136 页。

人。这段文字中的"子左尹",系司败向左尹官署之人陈述之际对于左尹的尊称。"逗",整理者认为:"借作读"。① 未提供例证,而且难以说通。从上下文来看,"逗"很可能是指将事务交给某某办理之义。司败向楚王禀报邵行之夫夫无故执仆之事,请求处理。接下来发生的理所当然地应是,楚王将事务交给左尹处理,左尹进而交给新倍迅尹丹办理。关于"至典","至"之意通常为到达,这里用其引申义,"至典"很可能为按照典的相关规定办理。"仆有典,邵行无典"大意很可能为"我有典章方面的依据,而邵行没有"。"断",这里应该解释为裁断、裁判。"新倍迅尹不为仆断"意为,新倍迅尹拒绝裁判。"灋",整理者认为,借作废。② 事情闹到楚王那里,新倍迅尹奉命裁断,在他拒绝裁断的情况下,四名倌人大概无受刑之虞,故而整理者训为废的意见较为可取。这句话的大意为,我们裟倌的事务将要荒废。"檈",整理者认为:"读如队",③未提供任何例证。从上下文来看,"不檈新倍迅尹"表达的是反对新倍迅尹的做法,故而"不敢不告见日"。在以上的分析中,本文没有像学者们通常所做的那样通过分析字形以及利用音韵建立通假关系等方法建立与传世文献的联系,而是在其通常用法或者本义的基础上将它们置于具体语境中判断其含义。这是因为,即便是对战国文字字形比较熟悉的学者,其通常所采用的寻找字形变化的规律进而对未知的字形进行判断的做法是没有多少说服力的:其一,在出土材料有限的情况下,他们所使用的都是不完全归纳法,不完全归纳法的特征是对进入归纳范围的文字有说服力,而对未知也未进入归纳范围的文字没有说服力。其二,他们通常采用这样的办法去分别判断文字各组成部分的字形,然后将其总括起来完成对文字的解释,这实际上是偏旁分析法的进一步延伸。偏旁分析法本身就是一种需要严格的条件限制才能够成立的方法,一些学者在像这样做的过程中未考虑文字部分与整体之间的关系,其可靠性是非常值得怀疑的。不仅如此,音韵学是学者们在总结《诗经》等文献中一些语言

---

① 刘彬徽等:《包山二号楚墓简牍释文与考释》,《包山楚墓》,文物出版社 1991 年版,第373 页。

② 参见刘彬徽等:《包山二号楚墓简牍释文与考释》,《包山楚墓》,文物出版社 1991 年版,第 373 页。

③ 刘彬徽等:《包山二号楚墓简牍释文与考释》,《包山楚墓》,文物出版社 1991 年版,第373 页。

现象的基础上逐渐发展的学科,至多对与之同时代的中原地区的一些语言现象有一定说服力。楚国文化当时与中原文化的差距相对较大。很多楚国语言现象业已表明,在楚文字中,有些字符合一些学者所建构的通假规则,然而,它们不构成通假关系;有些字不符合通假规则,然而它们形成通假关系。因此之故,我们拟在"同情的理解"的基础上对于事件发展进行理性的分析,进而对一些疑难字形成判断,很有可能更加接近历史真相。① 回到本文讨论的问题,根据前面的分析,15—17 简记载的是司败向左尹官署陈述一起狱讼经过,请求左尹官署予以干预,以避免其倌的事务荒废。不过,断言它反映了楚国上诉制度似言之过早。准确地说,简文记载的是一起向左尹官署控诉官员拒绝裁判的事件。

关于包山楚简《受期》类争议较大,其焦点又集中在对于"受期"和"陞门有败"的解释上面。一些学者将其解释成为与狱讼有关,进而将其划归所谓司法类。关于"受期"类简,《包山楚简》整理者认为它们是"受理各种诉讼案件的时间与审理时间及初步结论的摘要记录"。② 整理者的结论对后来学者的研究产生影响和制约。比如,李零认同其"受理各种诉讼案件的时间"之说,而不赞同其"初步审理时间的记录之说"。他认为,"简文记录的都是未能结案的案例",理由是睡虎地秦律多以"廷"称受讼之所。③ 值得进一步推敲的是,楚国有其独特的发展历史,在职官设置方面别具特色。比如,与作为受讼之所的"廷"相关的是,秦设"廷尉"作为掌刑狱之官,楚国则没有"廷尉"这样的职官。这让人很容易联想到,楚与秦在治讼地点方面也可能有所不同。就"廷"而言,《说文·廴部》:"廷,朝中也"。比如,"左史倚相廷见申公子亹,子亹不出,左史谤之……"④ "廷见",即"见于廷也"。事件与狱讼无关,故而"廷"也不应是受理狱讼之所。也就是说,楚国之"廷"未必如秦之"廷"一样系治讼之所。这就意味着,"将某以廷"很可能仅仅意味着与某某一起到廷,

---

① 在后面的分析中,若无特别说明,本文将继续使用这样的方法。

② 湖北荆沙铁路考古队:《包山楚简》,文物出版社 1991 年版,第 10 页。

③ 参见李零:《包山楚简研究(文书类)》,《李零自选集》,广西师范大学出版社 1998 年版,第 137 页。

④ 徐元诰:《国语集解》,中华书局 2002 年版,第 500 页。

未必与诉讼有关。陈恩林等将"受期"解释为"接受期约",并列举大量文献为证,比较令人信服。接下来他们指出,关于治狱期限,《周礼》有明确的记载。他们进而将《周礼》相关记载与"受期"类简上面的期限作比较。在认为基本一致之后,他们虽未明言,实际上认为"受期"类简与《周礼》一样记载的是狱讼期限。① 同样值得推敲的是,《周礼》所反映的是中原地区的文化,与记载楚文化的包山楚简在简单类比的基础上得出结论难免令人心中不安。从另外的角度而言,他们实际上是在将"受期"类简视为狱讼类简的前提下进行前述论证。若在初步分析的基础上形成其他判断,人们完全可能将"受期"类简与其他相关文献类比,得出完全不一样的结论。正如后面的分析所表明的,"受期"类简根本就与狱讼无关。

关于"陛门有败",日本学者广濑薰雄专门撰文予以讨论。他赞同陈伟所谓《受期》是左尹官署向被告责任人或被告本人下达指令的记录。"受期"指接到时间的约定:第一个日期是对方接到指令的日期;第二个日期是要求对方执行指令的日期。在此前提下,他对"阩门又败"进行探讨,基本过程如次:以秦汉时代所谓诉讼程序的叙述与"阩门又败"相类似的句子为依据指出"阩门"当读为"征问",意为传唤嫌疑人或证人(征),对其进行讯问(问);将"阩门又败"与张家山汉简《奏谳书》中"恐为败"联系起来,认为"为败"是"败事"之意,"又败"当读为"有败"。如果将左尹官署的指令理解为审案的准备工作,则全句意为,准备工作做不好,审案当然会失败。② 这样的论述颇有可商之处。首先,陈伟的论述本身存在需要澄清的地方,从"受期"简本身来看根本无从得知其与"受审"有关。像"简书所'期'之事多数要'受期'者于指定日期带某人或自己前来受审"③之类论述存在如前述陈恩林文一样的问题,而唯一的"廷"字如前所述通常指"朝中",目前尚无充足的理由认为"……以廷"是指到治狱之所。其次,广濑薰雄关于"阩门又败"之解释建立在整理者"门,借作问"这样的意见的前提之上。在整理者未提供足够例证的情况下,

---

① 参见陈恩林等:《包山"受期"简析疑》,《江汉考古》1998 年第 2 期。

② 参见广濑薰雄:《包山楚简〈受期〉"阩门又败"再探》,武汉大学简帛研究中心:《简帛》(第二辑),上海古籍出版社 2007 年版,第 53—62 页。

③ 陈伟:《包山楚简初探》,武汉大学出版社 1996 年版,第 53 页。

这样的处理显得非常主观和随意。如果不能成立,则广濑薰雄接下来的相关论述失去意义。而且,广濑薰雄将一个模棱两可的语词置于很可能与楚国狱讼制度存在较大差异的汉代狱讼制度语境中,①即便这样的语词获得比较确切的含义也是它们在汉代的含义,而未必是它们在包山楚简中的含义。这样的思维方式与前面的论述其实是一样的,当学人将包山楚简中的语词与中原或者秦汉相关记载建立联系,进行比附,实际上就赋予它们在中原或者秦汉语境中的含义。如果认为它在包山楚简中的意义就是如此,则需要提供进一步的证明。

判断一些简文是否与狱讼有关,比较可靠的做法是从"狱讼"本身出发。在前面的论述中已经多次提到,狱讼起源于人们之间的争端。虽然"狱"、"讼"之类字眼不一定必然在狱讼相关记载中出现,然而,在它们出现的情况下一般就与狱讼有关。《疋狱》部分正是这类记载。观察其格式,基本上为"××××之日,××××讼××××,以其××××(或者胄(谓)××××),××××戠(識)之,××××为李"。如果将其与《左传》一些记载对比的话,就会发现二者在形式上存在很大的相似性。比如,"周公将与王孙苏讼于晋,王叛王孙苏,而使尹氏与聊启讼周公于晋"。②又如,"晋郤至与周争鄇田,王命刘康公、单襄公讼诸晋"。③又如,"婼将与季氏讼,书辞无颇",等等。④《包山楚简》与《左传》一为文书,一为史书,在形式上存在如此之大的相似性,很可能表明它们是战国时关于狱讼之类的记载习惯的产物。也就是说,《疋狱》部分才是左尹官署关于狱讼的简要记录,而且很可能是左尹官署在受理狱讼之后的记录。这是因为,《疋狱》没有关于狱讼裁判结果的记载。李零所谓"简文记录的都是未能结案的案例"在这种意义上应该是成立的。既然如此,与其内容和形

---

① 汉承秦制,然而,楚秦之制未必相同或者相似。

② 《春秋左传正义》卷十九,《十三经注疏》本,中华书局 1980 年影印版,第 1854 页。

③ 杨伯峻:《春秋左传注》,中华书局 2009 年版,第 854 页。

④ 杨伯峻:《春秋左传注》,中华书局 2009 年版,第 1336 页。在前面的论述中,本文一再认为,不能将《包山楚简》一些记载强行与中原地区或者秦汉时代文献和典章制度进行比附,这样容易导致郢书燕读,不能准确理解和解释《包山楚简》的内容。《左传》固然很可能成书于齐鲁人士之手,然而,《左传》毕竟存在大量关于春秋时期楚国的记载。换言之,在内容上,《左传》是兼容并包的,与中原地区或者秦汉时代文献和典章制度不同。而且,战国时期的楚国与春秋时期的楚国在政治和文化上都是一脉相承的。

式截然不同的《受期》就绝不可能是左尹官署的又一关于狱讼的纪录。关于"受期"和"阱门又败"应当作出更加符合其本来面目的解释,当然,这样的工作已经超出本文的范围。

关于"贷金"类简文,整理者认为,它们是司马、令尹、大师以及楚王令有关官员为各地贷黄金、砂金以购买的纪录,结果均为在超过规定的期限以后"不赛金"。其后附有诸官员应为各地所贷黄金或砂金数量的明细帐,当是有关官员办理此事的纪录。① 罗运环指出:"贷金有一定的偿还期限,不按期偿还的,在简文中称之为'迄期不赛金',就会引起诉讼。这些贷金简文就是因'迄期不赛金'引起诉讼、打官司时的纪录资料"。② 二者表述之间有细微之差别,由于简文 103—114 与简文 115—119 之间可以形成对照,后者在时间、人物乃至贷金方面数量大多相同,很有可能前者记载的是命令而后者记载的是实际执行情况。换言之,一些地方的官员按时足额完成任务。这样看来,"迄期不赛金"很可能的确如罗运环所言系各地未按期偿还。不过,"诉讼、打官司"之说不过是他在简文的基础上作出的推测而已。人们虽不能武断地认为战国时期不太可能出现官告民或者官员因为公务而告其他官员的现象,但是,简文只是记载"迄期不赛金"的事实,的确不存在任何关于所谓诉讼的记载。在"迄期不赛金"的解决方式有多种的情况下,直接将其视为诉讼恐不足以服人。

除以上所述以外,《包山楚简》文书类其余部分是关于一些具体事件的记载,本文不拟一一予以探讨,仅仅对那些学者们认为与狱讼相关的文书予以解释和辨析。③ 简 120—123 记载的是一起杀人案件的处理经过:

　　□客监匠迄楚之岁,亯月乙卯之日,下蔡薮里人酓䵼告下蔡軏执事人易城公美睪,酓䵼言胃(谓):郉俸掫马于下蔡,夵賫之于易城,或杀下蔡人酓睪。小人命为智以传之。易城公美睪命俸郉解句传郉俸,得之。亯月丁巳

---

①　参见湖北省荆沙铁路考古队:《包山楚简》,文物出版社 1991 年版,第 9—10 页。

②　罗运环:《包山楚简贷金简研究》,罗运环:《出土文献与楚史研究》,商务印书馆 2011 年版,第 142 页。

③　如果学者们在其论著中对文书记载的一些事件随意加上"案件"之类字眼,然从其行文本身来看也未必将其视为狱讼案件,对此也不拟讨论。

之日,下蔡山阳里人玺倗言于易城公兼罨、大敓尹屈遚、郐易莫嚻臧盇、酓羊,倗言胃(谓):小人不信槑马,小人信卡下蔡人问里人雇女返、东郐里场贮、墓里人兢不割并杀酓罨于兢不割之官,而相卡弃之于大路,兢不割不至□女。孔执场贮、里公玺㪤、士尹紬㛥,返。孔言胃(谓):场贮既走于前,孔弗送。孔执雇女返、加公臧中、里公利盫,返。孔言胃(谓):女返既走于前,孔弗送。孔执兢不割、里公吴拘、亚□郫鄣,返。孔言胃(谓):不割既走于前,孔弗送。孔收玺倗之伎、加公范戉、里公酓□,返。孔言胃(谓):玺倗之伎既走于前,孔弗送。玺倗未至剸,有疾,死于笱。雇女返、场贮、兢不割皆既盟。①

"□客监匜逅楚之岁,亯月乙卯之日"为事件发生的日期,这种以事纪年的方法在楚国铜器铭文和楚国简帛中发现较多,在不影响本文欲解决的制度问题的前提下,对其具体所指不作考证。

"下蔡菽里人酓㪤告下蔡虳执事人易城公兼罨。""下蔡"为一级地方官府。春秋时期,楚国在灭诸侯国以后往往设县,并任命官员进行管理。从左尹官署记载其事来看,"下蔡"直接向其传递文书,故而可能为"县"。"酓㪤"是其名为"菽"的里的百姓。"告"在此非控告、起诉之义,而十分类似后世"报告"。整个调查和处理因为其"告"而启动,意味着他向官府报告了一起尚不为官府所察觉的事件。"虳",整理者认为"读如咎",②未提供例证和解释。在相关记载比较匮乏的情况下,恐不能像学者们通常所做的那样强行解释。从后面负责处理此事之人为"孔"来看,易城公兼罨应该是下蔡负责受理具体事务的官员,也负责处理一些事务的前期工作。比如,易城公兼罨听取了玺倗的陈述。由此可见,"虳执事人"应当是下蔡官府的官员,其职掌当如是解。

"玺倗槑马于下蔡,孪賵之于易城,或杀下蔡人酓罨。小人命为𫍮以传之。""槑",整理者认为:"槑,简文作𣘻,读如敖。《说文》:'敖,出游也。'"③然

---
①　刘彬徽等:《包山二号楚墓简牍释文与考释》,《包山楚墓》,文物出版社 1991 年版,第357 页。
②　刘彬徽等:《包山二号楚墓简牍释文与考释》,《包山楚墓》,文物出版社 1991 年版,第379 页。
③　刘彬徽等:《包山二号楚墓简牍释文与考释》,《包山楚墓》,文物出版社 1991 年版,第379 页。

· 167 ·

而,从后文"邦僕"承认杀人而否认"檄马"来看,"檄马"应该是当时处罚比较重的行为,"出游"之类解释不仅在上下文中不通而且不能很好地说明这一问题。刘信芳指出,𥂕,即"窃"字。郭店《语丛四》简8:"𥂕钩者诛,𥂕邦者为者(诸)侯。"据文例知是"窃"字。① 其说可从。"檄马于下蔡"之后为"㝉賹之于易城","贝"为"賹"之组成部分,故而这样的事很可能与买卖有关。因此,"檄马于下蔡,㝉賹之于易城"意为在下蔡盗马后在易城销赃。"小人命为𨻻以传之",陈伟认为,"传"(作者注:即𨻻)有逮捕的意思。《汉书·刘屈氂传》:"以奸传朱安世。"师古曰:"传,逮捕也。"《后汉书·陈禅传》:"禅当传考。"李贤注:"传谓逮捕而考之也。"简文中"传"字正应如此解。② 不过,李守奎认为,"小人"是下蔡寻里人余猎的自称,是案件的原告,与被杀者余睪同族,他不应当有下令拘传疑犯的权力。(中略)"命"不是原告发布命令,而是原告对司法机关提出的诉讼要求,义当"请求"。这种用法的"命"在包山简中还有两处。③ 经过上述二位学者的解释,这句话的意思已经比较清楚。

"易城公羕睪命僗邦解句传邦僕,得之。"整理者认为"句,借作拘",未提供例证。④ 联系后文邦僕死于筍来看,这样的解释是合理的:"句"借作"拘","筍"为拘留之所。李守奎怀疑僗在此简中可以释为"停"读为"亭"。他认为,"亭邦解"中的"亭"是官署,战国时期有官署"亭"(《墨子·备城门》),有职官"亭尉"(《墨子·旗帜》)。包山简中以"职官+人名"标明人的身份为常见。(中略)古书所载设"亭"有亭卒,负责缉捕盗贼。邦解任职于亭,可能就是亭卒,所以令其拘捕疑犯。"句"整理者读为"拘"是对的。"传"与"拘"是同义并列,"拘传"是现代司法术语,因其太现代,所以《汉语大词典》不录辞例。学者大概也是因为这个词太年轻而不敢相信楚简中的"拘传"是一个词。笔者

---

① 参见刘信芳:《包山楚简解诂》,(台)艺文印书馆2003年版,第110页。
② 参见陈伟:《包山楚简初探》,武汉大学出版社1996年版,第139页。
③ 参见李守奎:《包山楚简120—123号简补释》,http://www.gwz.fudan.edu.cn/SrcShow.asp? Src_ID=861,访问时间:2014年11月1日11时27分。
④ 参见刘彬徽等:《包山二号楚墓简牍释文与考释》,《包山楚墓》,文物出版社1991年版,第379页。

以为简文"拘传"是一个词,义同拘捕,所以后文曰"得之"——捕得疑犯。①

"小人不信椒马。"整理者认为:"信,借作身,亲自。"②未提供例证,可进一步探讨。《说文》:"信,诚也。"在先秦典籍中,有人言不欺为信之例。比如,《论语·述而》:"文行忠信"。③"信"在此应该用作动词,为楚国百姓在向官府陈述事实之际的用语。简90有"鄝丘之南里信又(有)葬酉"这样的内容,是鄝丘少司败答复左尹官署文书中的一句话。二者的共同特征为下对上的答复。"信"或许是楚国当时这类场合的常用语。

"卡",从上下文来看,其意当为"与"。它是否可以释为"与"字,值得古文字专家探讨。"官"疑为误释,正确的考释似应为"宫"。"官"、"宫"二字在字形上非常相近,此处释为"官"在上下文中不通,因为"官"常用为"官府","杀人于官"似于情于理不合。如果释为"宫"则文从字顺。《说文·宫部》:"宫,室也。"四人合谋杀人于室比较容易理解。

"××既走于前,孔弗逑。""逑",整理者认为:"逑字,借作鸄。《说文》:'次第驰也。'即前后相随而驰。"未提供例证,④而且,整理者在解释之际有意省略"次第驰也"略显不妥,故而需要重新解释。《说文·走部》:"走,趋也。"通常用为"疾驰"之义,然亦可用为"去也"。比如,"三国疾攻楚,楚必走秦以急"。⑤这里解释为"去也"即"离开"似更为合理。"逑"从上下文来看,其义当为"追究"。全句大意为,××既然先前已经离开(意即未参与杀人),孔就不予追究。

"郱偞未至剚。""剚",《说文》无此字。整理者在注释简17之际指出,"剚,从叀从刀,叀声,读如断。《礼记·乐记》:'临事而屡断',注:'犹决

---

①　参见李守奎:《包山楚简120—123号简补释》,http://www.gwz.fudan.edu.cn/SrcShow.asp? Src_ID=861,访问时间:2014年11月2日9时19分

②　刘彬徽等:《包山二号楚墓简牍释文与考释》,《包山楚墓》,文物出版社1991年版,第379页。

③　杨伯峻:《论语译注》,中华书局1980年版,第73页。

④　参见刘彬徽等:《包山二号楚墓简牍释文与考释》,《包山楚墓》,文物出版社1991年版,第379页。

⑤　缪文远:《战国策新校注》,巴蜀书社1987年版,第214页。

也。'"①像这样解释不仅在这一案例中可通,他处亦可通,在目前条件下看来是一种比较合理的解释。"郏倖未至劓"很可能意为,郏倖未等到裁断(这一天)。

从文书本身出发,事件起因于发现并处理尸体之畲鼺的报告,官府据而进行类似后世官府在断狱决讼过程中的调查,并拟对凶手郏倖进行处置。它表面看起来与以往乃至《周礼》所记载的职官对实施一些行为的人进行处罚的模式相类。实际上,这一案件与《周礼》相关记载完全不同的是,官吏进行调查和讯问,通过这一过程发现凶手并且给予处罚,与《周礼》中记载的一些职官直接对有些违反法令之人进行处罚存在重大差别。《包山楚简》记载一些杀人和伤害类案件,均由其本人或亲友向官府提起狱讼。从情理上而言,如果发现尸体者为受害人之亲友,很可能就会发生与之相似的过程。因此,将此案件视为狱讼类案件当更为合理。

简 124—125 记载的是一起死亡调查事件,李零认为系"死亡调查案"②,需要略加辨析。简文如次:"司豊之塞邑人桯甲受浧易之酷官黄齐、黄鼺,黄齐、黄鼺皆以甘匛之岁奥月死于郚域东敔,邵戉之笑邑。宋客盛公鷞薵楚之岁,屈柰之月戊寅之日,邜易公命郚域之客荜、戝尹癸諐之。东敔公𧫬牌、敔司马隍牛皆言曰:邜易之酷官黄齐、黄鼺皆以甘匛之奥月死于小人之敔,邵戉之笑邑。既雙笐,廷迋易之酷官之客。堊倚为李"。③ 其中,"浧易"、"邜易"、"迋易"为整理者提供的地名,疑为同一地名。关于"受",《说文》:"受,相付也"。既葬后以轻服易重服,谓之受。比如,《仪礼·丧服》:"无受者"。④ 简文既然涉及黄齐、黄鼺死亡之事,而"受"与丧事相关者只有如此之用法,故而此处受当解释为"既葬后以轻服易重服"。"諐",从上下文来看,应当解作"讯问"、"调查"。在其下达这样的命令之后,后文乃东敔公𧫬牌、敔司马隍牛对黄齐、黄鼺

---

① 《包山楚简》,文物出版社 1991 年版,第 41 页。
② 李零:《包山楚简研究(文书类)》,《李零自选集》,广西师范大学出版社 1998 年版,第 142 页。
③ 刘彬徽等:《包山二号楚墓简牍释文与考释》,《包山楚墓》,文物出版社 1991 年版,第 357 页。
④ 《仪礼注疏》卷三十一,《十三经注疏》本,中华书局 1980 年影印版,第 1111 页。

之死的答复，故而应当作如是解。"雙𥬇"，迄今学界尚未提供有说服力的解释。楚人当时书于竹简，故而从其偏旁来看，当与文书记录有关。这样的行为完成于东敔公𧥼牌、敔司马𨻳牛陈述之后，"雙𥬇"很可能类似后世"签字画押"。如果官府因为东敔公𧥼牌、敔司马𨻳牛的陈述而形成定谳，则没有必要"廷疋易之酷官之客"。"雙𥬇"作为有待继续进行的询问之后的事务，作类似后世"签字画押"解可能比较合理。"廷"在此用作动词，李零认为系"传××诣廷，证实此事"之义，[1]比较合理。事件显然未涉及争端以及狱讼，因此，"廷"恐不能理解为"法庭"之类，为前面的相关论述提供比较有力的例证。从整个经过来看，事件涉及官员死亡，故而官府予以调查，仅此而已。换言之，它不过是左尹官署日常处理的一件普通事务而已。

简 127—128 记载关于𨻳鋗是否与其父同室的调查。李零认为系"调查案"，[2]故而在此略作解释和探讨。简文如次："东周之客鄦絽至𡧛于栽郢之岁，夏层之月癸卯之日，子左尹命漾陵之宫大夫謹州里人𨻳鋗之与父𨻳年同室与不同室。大宫疕、大駐尹师谓：𨻳鋗不与其父𨻳年同室。鋗居郢，与其季父𨾊连嚣𨻳必同室。大宫疕入氏𥬇。左尹与隰公赐、正娄悑、正敏翠、王丁司败遝、少里乔与尹翠、郯造尹虖、雙尹利之命谓：兼陵大夫司败謹兼陵之州里人𨻳鋗之不与其父𨻳年同室。夏层之月己酉之日，由一识狱之宔以致命。不致命，陛门有败。"[3]整理报告出现"漾陵"、"兼陵"、"隰公"这样一些记载，从事件发生经过来看，疑为同一地名。"謹"在此亦为"讯问"、"调查"之义，后面为大宫疕、大駐尹师关于所謹事务之答复。"𥬇"字如果与"筹"有关，可以作"筹划"解的话，"入氏𥬇"之大意为"入左尹官署谋划处置（𨻳鋗之办法）"。"由一识狱之宔以致命。不致命，陛门有败"："由"，整理者认为，"借作舁。《尔雅·释

---

① 李零：《包山楚简研究（文书类）》，《李零自选集》，广西师范大学出版社 1998 年版，第142 页。

② 李零：《包山楚简研究（文书类）》，《李零自选集》，广西师范大学出版社 1998 年版，第142 页。

③ 刘彬徽等：《包山二号楚墓简牍释文与考释》，《包山楚墓》，文物出版社 1991 年版，第358 页。整理报告中其余文字为"夏层之月癸卯之日，识言市以至。既涉于乔与，乔差仆受之。其仆识言市，既，以适郢"，似与事件没有多少关联。

诂》:'甹,予也。'"①未提供例证,且"甹"作"予"解则上下文不通。简 134、136
有与甹相关之记载,分别为"子郜公謌之于陰之歔客,甹剸之"以及"仆不敢不告
于视日,甹聖之"。从上下文来看,前者乃对他人下达命令,后者希望视日处
理,都是在尊重对方的前提下表达要求和愿望,非常类似于后世"请"字。如
果像这样理解"甹",则"甹一識狱之宝以致命"就比较容易理解,大意为请一識
狱之宝去传达命令。《说文·言部》:"識,常也。一曰知也。"識这里意为
"知","識狱"即在处理狱务方面的知识或经验比较丰富。"宝"字难与后世
汉字建立联系,左尹官署派出传达命令之人当为官吏,此外没有更合理之解
释。如各家所言,"陞门有败"的确表达的是一种负面的或不利的后果。然
而,在这篇文书中,它是"不致命"的结果。在左尹官署指派官员传达命令之
后,"不致命"者应当不是左尹官署没有传达命令,而是接受方未能按照命令
办理,这样就会承担不利后果,像这样解释可能更加符合文书原意。至于是什
么样的不利后果,由于文献匮乏之故,难以作出令人信服的解释,有待更多的
相关材料问世。这一事件不知由何故引起,左尹官署派出处理狱讼方面的能
吏去传达命令可能是预计到同室问题之处理会引发争端而作出的安排。也就
是说,仅仅从文书本身来看不过是左尹官署的日常事务而已,难以将其与狱讼
案件联系起来。

简 131—139 记载的是一起杀人案件处理经过,李零称之为"舒庆杀人
案"。② 不过,整理者的编联似不能让人满意。③ 刘祖信认为,就文书简而言,
楚国官府先编联后书写,并视需要添加,而不是在每支竹简上书写以后编
联。④ 既然如此,131—138 号简就应该是官府事先编联的空白文书,因为书写
者在 138 号简正面书写完毕以后转入其反面。刘祖信还指出,依照他们整理
楚简的经验来看,书写者在发现遗漏或者认为需要补充说明之际,就会在竹简

---

① 刘彬徽等:《包山二号楚墓简牍释文与考释》,《包山楚墓》,文物出版社 1991 年版,第
380 页。
② 李零:《包山楚简研究(文书类)》,《李零自选集》,广西师范大学出版社 1998 年版,第
142 页。
③ 参见刘彬徽等:《包山二号楚墓简牍释文与考释》,《包山楚墓》,文物出版社 1991 年版,
第 358—359 页。
④ 在笔者向刘祖信请教的过程中,刘先生发表的看法。

反面书写。① 在整理者未予说明的情况下,人们恐只能根据释文认为书写者转入反面以后依习惯从右至左书写。令人非常奇怪的是,按照整理者的编联方式,书写者在 131—137 号简反面均为空白的情况下又添加 139 号简,在 139 号简下笔仅九字以后又转入 135、137、139 以及 132 等简的反面书写。书写者为何不在 138 号简反面书写以后在左边 137 号简反面书写而是跳入 135 号简反面书写? 在 135 号简反面书写完毕以后为何又跳入 137 号简反面书写? 在 137 号简反面书写以后如何转入 139 号简反面? 从物理形态方面而言,人们实在难以按照整理者的编联方式席卷或展开竹简。从内容而言,整理者也难以回答以下问题:其一,在没有受害者或其亲属告诉的情况下,陰司败直接向汤公陈述案情,这不太符合当时的情况。《疋狱》部分 80、84、86、90、95 以及 96 号简表明,包括凶杀在内的一切人与人之间的纠纷,通常由受害者本人或其亲属提出告诉,贵族或者官府予以审理。更何况,如果进行更为合理的编联之后可以发现,本案本来也可如此。其二,按照目前的编联方法,132—135 号简应当为陰司败向汤公转述受害人亲属之陈述,如何在陈述同一事件过程中 132—134 号简记载苛冒被捕、趄卯自杀而 135 号简又出现“苛冒、趄卯并杀仆之锐呀”这样的表述,试问死人如何再次杀人? 其三,不仅如此,案件起初为陰司败将案件报于汤公,大意为子郜公处理此事未果,故而请汤公继续处理。后文表明汤公查清事实,左尹以王命告汤公如何结案之后,出现左尹以王命告子郜公如何处理盟也就是证据问题,这让人颇难以理解。

文书应该清楚地记载事件的经过,人们可借以了解事件的前因后果。如果出现叙述混乱、前后矛盾的情况,那就是人们对于简文的理解尚不准确。如果一种编联和解释能够让人对事件形成比较清楚的印象,那么,它离本来面目应该更近。至于一些尚不能弥补的缝隙,也许可以归之于种种原因导致的竹简遗漏。有些时候一些语句的脱落,并不妨碍人们对事件的了解。正是基于上述理由,本文对包山楚简 131—139 号进行重新编联。整理报告指出:“出土时,竹简编绳均已腐烂,其编联顺序因水的浮动而漫散不清,但原放置位置无

---

① 在笔者向刘祖信请教的过程中,刘先生发表的看法。

大变动。整理后依文意统一编号,即按照内容顺序逐简给号",①这就意味着重新编联的可能性。为利于揭示楚国狱讼制度之真相,本文对简文进行重新编联如下:

秦竞夫人之人𦣞庆坦尻陰郳之东窮之里,敢告于视日②:陰人苛冒、超卯以宋客盛公𪔂之岁𥝢㞋之月癸巳之日(简132)倚执仆之𩔉經,会之正国执仆之父造,苛冒、超卯并杀仆之𩔉昭。会人陈脂、陈旦、陈陇、陈郚、陈宠、连利皆知其杀之。仆不敢不告于视日(简135)并杀仆之𩔉昭。仆以诘告子郚公,子郚公命郳右司马彭惧为仆笑嗼,以舍会之戠客、会郳之庆李百宜君,命为仆韂之,得苛(简133)冒、超卯自杀。戠客、百宜君既以致命于子郚公得苛冒,超卯自杀,子郚公誈之于陰之戠客,白剚之。吟会之戠客不为其剚,而(简134)大胭尹公穸必与戠卅(简139)盟[左尹以王命告子郚公,命澂上之戠狱为陰人夅焜盟,其所命于此箸之中,以为諆(简139反)],□凡二百人十一人。既盟,皆言曰:信謹觟知夅庆之杀怛卯。造、焜与庆皆謹觟知苛冒、怛卯不杀夅昭。夅焜执,未有剚,违㝂而逃(简137)。[以致命于子左尹。仆军造言之:视日以陰人𦣞庆之告誈仆,命澂为之剚。陰之正既为之盟諆,庆逃,焜违㝂,其余执将至皆而剚之。视日命一执事人致命,以行古澂上恒。仆倚之,以致命(简137反)。]

东周之客鲁焜归作于栽郢之岁,顕𦣞之月癸丑之日,陰司败**葟**鐸告汤公竞军言曰:执事人誈陰人怛糈、苛冒、夅造、夅焜、夅庆之狱于陰之正(简131),白聖之:造、焜皆言曰:苛冒、怛卯并杀夅昭,小人与庆不信杀怛卯,卯自杀。怛糈、苛冒言曰:夅庆、夅焜、夅造杀怛卯。庆逃。夏㞋之月癸亥之日,执事人为之□(简136),陰人夅焜命諆,陰人𦣞君子陈旦、陈龙、陈无正、陈戣与其戠客百宜君、大叟连中、左闓尹黄惕、酷差蔡惑、坪俤公蔡冒、大瞒尹连戱(简138)白焜之栽敊于焜之所諆,与其栽,又愠不可諆。同社、同里、同官不可諆,匪至从父兄弟不可諆(简138反)。左尹以王命告汤公:

---

① 刘彬徽等:《包山二号楚墓简牍释文与考释》,《包山楚墓》,文物出版社1991年版,第266页。
② 原释为"见日",今从众说改为"视日"。参见陈伟《包山楚司法简131—139号考析》注释,《燕说集》,商务印书馆2011年版,第180页。

厽庆告谓:苟冒、宣卯杀其觋昵,陰人之戜客敢得冒,卯自杀,陰之戜客或执㕛之觋㹷,而旧不为剚。君命遴为之剚。夏棠之月,命一执事人以致命于郢(简135反)。鲁经之高月甲午之日,翁尹作駐从郢以此等厽(简132反)。①

在上述编联方式下,官府事先将九支简编联成为空白文书,于正面从右至左书写(其中,139 号简以及 137 号简反面系对案件审理过程中相关事务的补充说明)。在书写 138 号简之后,由于需要继续书写的内容不多,书写者未添加竹简,而是转入反面书写:在书写完 138 号简反面以后转入 135 号简反面书写,最后在 132 号简反面作类似后世档案号的记录。像这样编联,无论席卷还是查阅都比较方便,而且与其他楚简的书写方式基本一致。当然,像这样进行编联,我们对其内容也必须能够做出合理解释。

"秦竞夫人之人㪍庆坦尻陰郯之东窮之里"交待告于视日者的身份、姓名以及居住地,它们分别为"秦竞夫人之人"、"㪍庆"、"陰郯之东窮之里"。132号简记载"㪍庆"向官府控告,而 135 号简反面记载"厽庆告谓:苟冒、宣卯杀其觋昵",由此可知,"㪍庆"即"厽庆"。"尻"为动词,其义当为"居住"。包山楚简《集著》中亦有"尻于郢埞区汤邑"以及"尻郢里"这样的记载,②它们显然也应解释为"居住"。由此,"尻"训为"居"殆无多大异议。"坦"为修饰"尻"之副词,《说文·土部》:"坦,安也。"从上下文来看,"坦尻"应该表示常住之意。③ 若像这样处理简文,则与绝大多数文书不同的是,文书前面没有交待案件发生的时间。不过,包山楚简《疋狱》亦不乏未记载时间之案件,④故而也无不妥。"倚",整理者认为,"借作掎,《国语·鲁语》:'掎止晏莱焉。'注:'从后曰掎。'"⑤未提供例证,故而终不能令人释怀。《礼记·中庸》:"夫焉有

---

① 参见刘彬徽等:《包山二号楚墓简牍释文与考释》,《包山楚墓》,文物出版社 1991 年版,第 358—359 页。

② 参见刘彬徽等:《包山二号楚墓简牍释文与考释》,《包山楚墓》,文物出版社 1991 年版,第 349 页。

③ 刘信芳认为,坦尻"含有一直安定居处"之意。参见刘信芳:《包山楚简解诂》,艺文印书馆 2003 年版,第 130 页。

④ 比如 90 号简。

⑤ 刘彬徽等:《包山二号楚墓简牍释文与考释》,《包山楚墓》,文物出版社 1991 年版,第 381 页。

所倚。"①孔颖达疏："倚,谓偏有所倚近。"②在这一句中像这样解释"倚"可通。"苟冒、趄卯并杀仆之觍呎"比较费解。如前所述,"苟冒、趄卯……倚执仆之觍緷",何以"并杀仆之觍呎"? 由于后文均为"呎"字,"緷"字考释有误,"觍緷"即"觍呎"。③ "仆不敢不告于视日并杀仆之觍呎"一句,也颇令人踌躇。不过,这样的句式在《左传》中亦较为常见。比如,"公语之故,且告之悔"。④ 又如"见莫敖而告诸天之不假易也"。⑤ 如果将"并杀仆之觍呎"理解为告之内容,则本句可通。⑥ 从上下文来看,这段话应为𢑥庆向官府陈述案件处理经过。从后文来看,案件没有获得最终解决,故而他再次请求官府处理。

　　"诘",整理者认为:"《周礼·秋官·大司寇》:'大司寇诘四方',注:'谨也'。诘告,谨告"。⑦《周礼》之注值得商榷,"诘"在此显然为动词,而"谨"为副词。而且,本句原文为"仆以诘告子郘公",像整理者那样解释显然置"以"于不顾。"诘"在此用为名词。刘信芳认为,(诘)"指追究凶犯罪责之辞,犹后世状子。"⑧尽管缺乏足够的证据,然像这样解释于上下文可通,应大致不差。"筴簿"二字不识,整理者认为"似指文书"。⑨ 战国时期楚国书于竹帛,二字从"竹",因此,筴簿定然与文书活动相关。迄今为止,学人们均将筴簿连读,然对其含义进行的解释基本上不能令人信服。在"筴"后断开,并将"簿"下读可能更加合理。筴、簿二字均从竹,在书于竹帛的时代,都是指与文书相关的活动。𢑥庆向官府控告苟冒、趄卯等人杀其兄,官府予以记录理所当然,古今一般而言均如此,故"筴"很可能就是指诸如"记录在案"之类的文书活动。下文陰之

① 《礼记正义》卷五十三,《十三经注疏》本,中华书局 1980 年影印版,第 1635 页。
② 《礼记正义》卷五十三,《十三经注疏》本,中华书局 1980 年影印版,第 1635 页。
③ 刘信芳作如是解。参见刘信芳:《包山楚简解诂》,艺文印书馆 2003 年版,第 131 页。
④ 杨伯峻:《春秋左传注》,中华书局 2009 年版,第 15 页。
⑤ 杨伯峻:《春秋左传注》,中华书局 2009 年版,第 137 页。
⑥ 当然,也不能排除简脱漏的可能性。如后面论述所表明的那样,简 135 号反面记载左尹以王命告汤公以后没有下文,故而让人难以获悉案件的处理结果。因此,在 132 号简 135 号简之间插入一支简应更加合理。正面紧接上文记载告的内容,而反面记载案件的最终结果。
⑦ 刘彬徽等:《包山二号墓墓简牍释文与考释》,《包山楚墓》,文物出版社 1991 年版,第 381 页。
⑧ 刘信芳:《包山楚简解诂》,艺文印书馆 2003 年版,第 130 页。
⑨ 刘彬徽等:《包山二号墓墓简牍释文与考释》,《包山楚墓》,文物出版社 1991 年版,第 381 页。

斁客和庆李①向子郜公汇报得苛冒,趄卯自杀系"莇"之结果,故"莇"很可能是指子郜公向二人发出官府文书,其具体内容很可能是"命为仆轚之"。当然,这是在目前条件下一种合理的推测,需要更多的材料予以证明。"舍"从"余"从"曰",大约意为告知,只有这样才可能"命为仆轚之"。"庆李"在"百宜君"前,而"百宜君"为人名,从他奉命抓捕来看,"庆李"当为楚国职官,类似后世捕快。"轚",整理者认为:"从隻从專,读如获"。② 如果因而认为轚之义为"获(得)"的话,则与后文"得苛冒"重复。从上下文来看,解释为"抓捕"更加通畅。"子郜公諰之于陰之斁客,由剌之"大意为,子郜公将此案件交给陰之斁客,请他予以裁断。

"吟",整理者认为"读作今"。③ 整理者提供了例证,且这样的解释在上下文可通,可从。子郜公在接受控告之后,根据单方面控诉抓捕凶犯,而且要求予以裁断。在未经审讯并获得足够证据的情形下,这样做显然不太合适,故而陰之斁客拒绝执行,大胳尹公箩也坚持下文所述的"盟"。④ 二百人十一人于盟誓之后提供证词:"信謹嗣知夳庆之杀恒卯。"其中,"信謹嗣知……"这样的语句令人费解。结合上下文来看,"信"应该是百姓向官府陈述事实之际的常用语,用以表明所说的话完全属实。"謹"从上下文看,系指核实事实。⑤ 官府非常慎重,要求百姓们在了解、核实的基础上作证也属合理。像这样界定"謹"在包山楚简文书相关部分通行无碍,说明这种解释比较合理。关于"嗣",史杰鹏认为,也应当读为"问"。"察问"之"问"古代有"审问"、"问案"的意思。《汉书·翟方进传》"会丞相宣有事与方进相连,上使五千二百石杂问丞相、御使",颜师古注:"大臣狱重,故以秩二千石五人诘责之。"(中略)

---

① "斁客"和"庆李"均为职官,在这一案件中,他们负责实施抓捕嫌犯。至于他们之间的分工和具体职掌,在材料相当有限的条件下无法予以确定。

② 刘彬徽等:《包山二号楚墓简牍释文与考释》,《包山楚墓》,文物出版社 1991 年版,第381 页。

③ 刘彬徽等:《包山二号楚墓简牍释文与考释》,《包山楚墓》,文物出版社 1991 年版,第381 页。

④ 夳庆的告诉当于此结束,在眼看即将大功告成之际横生波澜,故而继续告诉。子郜公对于案件的处理让他看到得逞的希望,然而,事情的发展终非如其所愿。

⑤ 李运富认为,謹的"基本含义应该是对已知情况的检验、核实和确认"。参见李运富:《包山楚简"謹"义解诂》,《古汉语研究》2003 年第 1 期。

"斟"当用此义,这与"察"的意思是一致的。而且,"察问"一词本身也见于古书,意为考察讯问,如《管子·小匡》:"退而察问其乡里,以观其所能。"①对于子郜公之命令,陰之歠客等不予执行,他们何以敢如此?139号简反面载:"左尹以王命告子郜公,命澈上之戠狱为陰人夅媞盟,其所命于此箸之中,以为詳。"关于"澈上之戠狱",在楚王下达"为陰人夅媞盟"命令之后,陰司败某牌向汤公竞军汇报"盟"之结果。由此可见,"澈上"为陰之别称。《说文系传·戈部》:"戠,古职字。"职,主也。比如,《国语·楚语下》:"非子职之"韦昭注。因此,"戠狱"意为主持狱讼事务者。楚王没有必要也不太可能对陰地某位官员下达命令,故而以"澈上之戠狱"笼而统之称呼之。关于"箸",整理者认为:"借作书",未提供例证。② 从上下文来看,"箸"显然是指楚国的一种文书。关于"詳",整理者认为:"读如证,作证",未提供例证。③ 后文有"同社、同里、同官不可詳,匿至从父兄弟不可詳"这样的表述,如果将"詳"解释为"作证",则不仅这一句上下文可通,且后文这样的表述亦可通,且很合情理,故而可从。这段话大意为,左尹以王命要求子郜公继续获取可靠证据,而不是轻率裁断,并且记录于文书中。在子郜公下令陰之歠客劐的情况下,"佘之歠客不为其劐,而大胈尹公畧必与戠卅盟"有抗命之嫌,所以他们向楚王汇报情况,并得到楚王的支持。因此,"其所命于此箸之中,以为詳"是指将楚王的命令置于文书中,作为凭证。这段话在简139号简反面,目的是为补充说明案件相关情况。"以为詳"的真正用意是如果以后朝廷追究佘之歠客、大胈尹公畧抗命之责,记录在案的楚王命令将作为免责的凭证。

"逜、媞与庆皆謹斟知苛冒、佢卯不杀夅叹",与二百人十一人"信謹斟知夅庆之杀佢卯"这样的证词完全不同。结果,"夅媞执,未有劐,违徇而逃。"夅媞之所以被执,从上下文看可能是因为他提供与绝大多数人相左的证词,且对凶犯有利,甚至可能牵连到他身上。"未有劐"从上下文看指尚未裁断。"违",

---

① 参见史杰鹏:《读包山司法文书简三则》,《简帛研究(2001)》,广西师范大学出版社2001年版。
② 参见刘彬徽等:《包山二号楚墓简牍释文与考释》,《包山楚墓》,文物出版社1991年版,第381页。
③ 参见刘彬徽等:《包山二号楚墓简牍释文与考释》,《包山楚墓》,文物出版社1991年版,第381页。

整理者认为"读如圭"。① 从其引用《礼记·儒行》相关注释来看,整理者事实上将其解释为"穿墙为之如圭矣"。"苟"为牢房无疑。这样解释在文书各处均通,实属合理,可从。在此情形下,②子郚公认为可以裁断并命令向左尹官署上报,即137号简反面所谓"视日命一执事人致命"。不过,双方证言有分歧,案件尚未彻底查清,故而有下文之处理过程。换言之,137号简反面记载的是案件处理过程中的一个插曲,事涉官府内部运作,故而于反面记之。"仆军"系书写者对"遽"的尊称,③依据前文"子郚公諐之于陰之數客,甶剌之"可知,"视日以陰人鬱庆之告諐仆,命遽为之剌"中的"视日"系指"子郚公",而"陰之數客"名"遽"。在"其余执将至齿而剌之"一语中,齿显然系官员自称,疑通"职"。关于"以行古澬上恒","古"与"澬上"应连读,表示"澬上"古已有之或者自古以来之意。朱晓雪认为,"恒"则有可能读为"极",有准则、法度一类的意思。④ 然而,"极"在古书中没有准则、法度之意。《说文·二部》:"恒,常也。"在古书中常用为"久也"。"以行古澬上恒"很可能意为,以便澬上自古以来之常道得以实行。关于"仆倚之,以致命"之"倚",《说文解字》云:"依,倚也。"又:"倚,依也。"二字互训,这里意为听从。这句话大意为,遽听从子郚公的命令,向左尹官署汇报案件并请命。

　　或因为子郚公在证据尚不足的情况下就案件两次下令裁断之故,左尹官署命令案件在汤公竞军的主持下继续彻查。于是,"陰司败某踔告汤公竞军言曰:执事人諐陰人恒糈、苟冒、牟逆、牟煋、牟庆之狱于陰之正"。这么看来,"执

　　① 刘彬徽等:《包山二号楚墓简牍释文与考释》,《包山楚墓》,文物出版社1991年版,第381页。
　　② 二百余人证实凶手,提供相反证言的人仅有三个,而且其中一个逃跑。从情理上而言,子郚公决定结案亦不为过。不过,从案件的发展体现出楚国官府对于证据的态度来看,子郚公之决定未必严谨。
　　③ 整理者以及诸多学者均将"军"视为"汤公竞军"自称,这样的说法缺乏足够的证据。若像这样理解,如何解释"命遽为之剌"以及"其余执将至齿而剌之"? 齿系自称。如果理解为汤公竞军,前文明言"命遽为之剌",为何又至军而剌之? 因此,只有将其理解为文书撰写者对于遽的尊称才比较通畅!
　　④ 参见朱晓雪:《包山楚简综述》,福建人民出版社2013年版,第458页。

事人"为左尹官署成员。"聖",从耳从口,疑为"听"字。① "小人与庆不信杀恒卯,卯自杀"系"逜"、"媞"二人之供辞。不过,"恒粮、苛冒"的供词,即"岑庆、岑媞、岑逜杀恒卯"与之相左。那么,究竟是何人的供词属实呢?故而"执事人为之□"。"□"应为动词,从上下文来看,系采取有效措施予以查实之意。关于"甶媞之敓敊于媞之所誁,与其敓"之"敓",整理者认为:"读如来,《尔雅·释诂》:'来,至也'"。② 未提供例证,故而有探讨之余地。在上文中,逜、媞之言有二处,其一为"逜、媞皆言曰:苛冒、恒卯并杀岑叻。小人与庆不信杀恒卯,卯自杀",其二为"逜、媞与庆皆謮酮知苛冒、恒卯不杀岑叻"。第二处在"命誁"之后,故而为"媞之所誁",则第一处为"媞之敓"。第一处为"媞"在"陰之正"处之言,类似后世之供词,则"敓"的含义当如此。媞在二次场合下所言事实截然相反,由此可知,"甶媞之敓敊于媞之所誁"之"敊",系"对比"之义。"与其敓,又悄不可誁":文书记载的情形是,陰人俹君子与其戟客通过对比发现问题,然后将媞敓交给媞,即"与其敓"。媞发现自己原来的供词,则就不敢再作与其截然相反之誁。③ "悄"字不识,通过上下文来看,显然系"惶恐"之义。"悄"与"惶"同部故而意义相近。"同社、同里、同官不可誁,匿至从父兄弟不可誁"不难理解,为文书所记官府关于"誁"之规则。"匿",整理者认为:"借作昵,《尔雅·释诂》:'昵,近也'",未提供例证。④ "从父兄弟"系从血缘的角度而言,血缘关系讲究亲疏,像这样解释也属合理。前文二百一十人作证"岑庆之杀恒卯",提供完全相反之证言的岑媞与岑庆同姓,很可能就是上文所指"从父兄弟"。如果这样的推测成立,则文书的上述记载表明,官府不是简单用上述证据规则排除岑媞之证言,而是在让岑媞承认提供伪证之后用上述规则排除其证言,说明官府极其慎重。

---

① 陈伟参照简 130 整理者的意见"借作听"认为,这里也借作听。参见陈伟《包山楚司法简 131—139 号考析》注释,《燕说集》,商务印书馆 2011 年版,第 185 页。

② 刘彬徽等:《包山二号楚墓简牍释文与考释》,《包山楚墓》,文物出版社 1991 年版,第 381 页。

③ 本来"岑媞执,未有剶,违苛而逃"表明岑媞已逃跑,然而,从"陰人岑媞,命誁"这样的记载来看,岑媞已经被捕。

④ 刘彬徽等:《包山二号楚墓简牍释文与考释》,《包山楚墓》,文物出版社 1991 年版,第 381 页。

　　案件至此真相大白：杢氏兄弟与其父杀佪卯，在此过程中，李叼亦被杀。杢氏兄弟倒打一把，到官府控告苟冒、赹卯并杀杢叼。令其始料不及的是，官府非常重视此案，通过适当的方式查明了真相。左尹遂以王的名义给汤公下达裁断该案的指令。"夏柰之月，命一执事人以致命于郢"应为裁断之后，有关官员向左尹官署汇报。"晉縏之膏月甲午之日，翁尹作駤从郢以此等李"为文书编联并且席卷之后，官府在外露的 132 号简反面做的记录，言明制作文书的时间，制作者的身份以及文书相关信息。① 等等。

　　简文 151—152 是有关确定番戍后人的记载，李零称之为"番戍继承权案。"②像这样的表达很容易让人认为与狱讼相关，故而需要加以解释和辨析。简文如次："左駇番戍飤田于郹域歖邑城田一素畔苗。戍死，其子番步后之。步死，无子，其弟番黯后之。黯死，无子，左尹士命其从父之弟番款后之。款飤田，疠于责，骨賃之。左駇遊晨骨貯之，有五箹。王士之后郢赏闻之，言冒番戍无后。左司马逌命左敃歝定之，谓戍有后。"③目前尚缺乏足够的证据表明番戍为官吏，"左駇"充任地名的可能性也是存在的，诸如此类的用法在包山楚简中比较常见。"飤"，整理者认为："通作食。飤田即食田。"④未提供例证，二者之间的通假关系恐需要更多的材料予以证明。简 151—152 记载的是官府确定受田人资格的问题。官府若确认某某为既往受田人之"后"，就予以授田。"如果受田者没有继承人，国家有权收回田地，作为'间田'，成为国有的土地。"⑤因此，飤田很可能意为"受公田"。"郹域歖邑城田一素畔苗"为田的具体地点，在材料匮乏且不影响本文欲解决之问题的情况下，这里不予考证。"款飤田，疠于责，骨賃之"。疠从"疒"，与病有关。"责"，整理者认为"读作

---

　　①　参见《定狱》简"为李"之类记载。

　　②　李零：《包山楚简研究（文书类）》，《李零自选集》，广西师范大学出版社 1998 年版，第 144 页。

　　③　刘彬徽等：《包山二号楚墓简牍释文与考释》，《包山楚墓》，文物出版社 1991 年版，第 360 页。

　　④　刘彬徽等：《包山二号楚墓简牍释文与考释》，《包山楚墓》，文物出版社 1991 年版，第 382 页。

　　⑤　王红亮：《包山楚简 151—152 号简补释》，《四川文物》2014 年第 2 期。

债"，①在先秦典籍中比较多见。"賈"从"贝"，与买卖相关。人们将此三个字联系起来，很容易对这句话形成这样的理解：歖以田为生，为债所困，故而卖了它。"骨"形容、描述卖的状态，卖者急于得钱，故而"骨賈之"，很可能意为贱卖或者随意估算而卖。"左駊遊晨骨貯之，有五箇"。整理者在"遊"字之后断，导致这句话难以解释。根据"左駊番戌"这样的表达提供的线索，这句话应该在"晨"字后断，与"左駊番戌"一样，"左駊遊晨"为"左駊"之地名为"遊晨"之人。"骨貯之"与"骨賈之"相应，后者表示售卖的话，前者从"贝"，表示"买受"。像这样解释可以互为印证，上下贯通。"箇"字，整理者未提供可靠的意见。其在句子中为数量单位，既可能为货币单位，表示二人成交的钱数；也有可能为田地单位，表示二人成交的田地数量。前者的可能性较大，若为后者，在这一文书记载事项之初就可能出现。"王士之后鄞赏闻之，言胃番戌无后。左司马遄命左敀歖定之，言胃戌有后"这句话不难解释，非常重要的是，它透露出这一事件引起官府关注和干预的原因。这就是番歖与遊晨之间就田地达成的交易引起王士之后鄞赏的异议。具体地说，鄞赏认为番歖并非番戌之后，言外之意是，他不能售卖原本属于番戌之田地。对此，左司马遄命令左敀歖进行定夺，认定番戌有后，也就是番歖。这项记载的言外之意是二人的交易有效。附带说明的是，在"左敀歖"一语中，"左敀"似应为官职，而"歖"为其名。如果上述分析成立的话，从事件本身来看，鄞赏对番歖与遊晨二人的田地交易行为根本没有干预，而只是向官府表达的不同意见。换言之，文书记载的并非因为争议引起的狱讼事件。

总之，包山楚简文书类所记载的狱讼案件的范围及其内容可以确定如次：《集箸言》部分简14—17系司败向左尹官署报告一起狱讼案件的处理情况，请求及时干预，《疋狱》部分记载官府狱讼案件的受理情况，简120—123记载的是一起杀人案件的审讯过程，简131—139记载的也是一起因杀人而引起的狱讼案件的详细经过。

---

① 刘彬徽等：《包山二号楚墓简牍释文与考释》，《包山楚墓》，文物出版社1991年版，第382页。

二、包山楚简所反映楚国狱讼制度的主要内容和特征

《包山楚简》记载的一些狱讼案件表明，楚国各级官府有效运作，努力解决人们之间的争端。在整理小组以及陈伟等众多学者取得的成果基础上，现从前面观察和分析狱讼案件或制度的角度入手，对包山楚简所反映的楚国狱讼制度的内容和特征作简要分析。

第一，楚国建立比较完善的狱讼机构。从《集箸言》所记载的案件来看，狱讼案件的受理者为楚王，这是因为，五师宵倌之司败在郚行之大夫执其倌之后"以告君王"。楚王则将案件交由左尹官署办理。从《疋狱》简的记载来看，左尹官署受理大量狱讼案件，这些案件可以发生于县、州或里人与县、州或里人之间，对此需要进行深入分析。从简 131—139"仆以诰告子郙公"这样的记载来看，舒庆坦告苛冒、趄卯杀人一案最初受理者为子郙公。陈伟指出，简书记载楚国封君共有 25 位，他们多称为"×君"，个别称为"×侯"。[1] 既然如此，则"汤公"、"子郙公"这类称呼本身表明他们并非封君。子郙公可以下令会之歎客、会郧之庆李百宜君抓捕逃犯以及"諨之于陰之歎客，由剌之"，陰司败需要向汤公请示狱讼案件方面的事务，可见他们的地位和权力较会或陰之官员为高。需要确认的是，会或陰为楚国哪一级官府？在简 120—123 中，三位里公为孔所执，充当证人，可见里公地位不高。这从一个侧面证明陰不可能为里，因为陰专门设置正、司败以及歎客等各司其职的官员，如果里也设置上述官员，在这类具体事务中不至于让里公充当证人。陈伟指出："……州集中于楚都周围，直接归中央管辖，不是普遍设置的地方政区单位，与里并没有隶属关系"。[2] 据此，陰也不可能为州。若陰为县，则一切迎刃而解。或因为子郙公、汤公有权命令县级官府之官吏办理狱讼相关事务，陈伟认为，其地位似乎与郡级官员相当，因为郡统辖各县。[3] 这样也可以合理解释包山楚简中子郙公调派陰县官员以及陰县官员就案件向汤公汇报这样的现象。然而，陈伟又言：

---

① 陈伟：《包山楚简初探》，武汉大学出版社 1996 年版，第 101—104 页。

② 陈伟：《包山楚简所见邑、里、州的初步研究》，《武汉大学学报》（哲学社会科学版）1995 年第 1 期。

③ 参见陈伟：《包山楚简初探》，武汉大学出版社 1996 年版，第 101 页。

"简书中多有县的线索而缺乏郡存在的证据。"①既然如此,他有关子郙公、汤公为郡官之推测缺乏比较有力的证据。"××公"更有可能为左尹官署之官员,理由有二:其一,《乻狱》简81、82、86以及94分别出现"郏逘公蠡識之"、"嬴逘公角"以及"郏逘公寿"这样的记载。《乻狱》是左尹官署关于狱讼案件的记载,他们既然从事与狱讼相关的事务,自然就是左尹官署的官员;其二,子郙公可以命令㑄郦之庆李百宜君抓捕逃犯。㑄郦系㑄地封君,其下属恐非地方官员可以调动。此外,《乻狱》简各项记载表明,在左尹官署中,除"××公"之外,诸多"正××"也从事"識"这样的工作。而且,几乎在每一狱讼案件中,左尹官署均有人"为李"。《乻狱》简的记载还表明,"識"与"为李"分别由二人进行,而且经常变化。在传世文献和诸家注释中,"識"基本上与断狱决讼无关。然而,《乻狱》简的记载表明,至少在楚国,"識"存在与狱讼相关的用法。简132—139的记载表明,子郙公担任案件第一次主审官,而在第二次审理过程中,陰县官员向汤公报告案件情况,均表明"識"为断狱决讼过程中非常重要之工作。"李"在先秦典籍中偶尔用作"治狱之官"。比如,"皋陶为李"。②又如,"国子为李"。③因此,左尹官署之人"为李"即担任治狱之官的可能性是存在的。根据上述分析可知,左尹官署为楚国中央狱讼机构,由左尹和多位属官构成,负责处理楚王交办的案件,也直接受理比较重大的案件。在《乻狱》简中,县人与县人、县人与州人、县人与里人、州人与州人、州人与里人以及里人与里人之间的狱讼案件也向左尹官署提出。依据后面的分析,县很有可能有权受理狱讼案件。那么,它们为人们对县级官府的裁判不服,继续向左尹官署告诉的可能性较大。

整理小组认为:"楚国县以下的基层单位有里、州。里有里公,负责全里的管理,接受里人的诉讼,当是最低一级行政组织。州在里之上,如'司马之州'下设里。"④陈伟对此提出质疑:"整理小组相信'受期'简为受理告诉的记录,因而说里公也接受诉讼(州不属于地方政区,姑且不论)……'受期'简实

---

① 陈伟:《包山楚简初探》,武汉大学出版社1996年版,第101页。
② 黎翔凤:《管子校注》卷六,中华书局2004年版,第313页。
③ 黎翔凤:《管子校注》卷七,中华书局2004年版,第368页。
④ 湖北省荆沙铁路考古队:《包山楚简》,文物出版社1991年版,第11页。

为左尹官署对所下指令的记录。"①整理者误将《受期》简确定为狱讼类简，故而基于这一错误的判断所作出的结论自然难以成立。何者为受理狱讼的基层官府，应当从狱讼案件本身出发来获得答案。在简120—123记载的杀人案件中，县级官员孔审讯并予以处理，简131—139的记载又表明，案件最终由陰县官员审理。而且，县设置正、司败以及敼客等职官："执事人詬陰人佢精、苟冒、李逆、李娃、李庆之狱于陰之正"这样的记载表明，正负责审理案件；"陰司败某旖告汤公竞军……"这样的记载表明，司败参与狱讼案件的审理，负责处理相关事务；"子郜公詬之于陰之敼客，甶劓之"这样的记载表明，敼客负责裁断；而从"以舎余之敼客、舎郦之庆李百宜君，命为仆轆之……"这样的记载来看，敼客还负责抓捕逃犯。既然如此，县直接受理案件的可能性也比较大。从另外一个角度而言，这样的推测也颇具合理性：楚国的疆域辽阔，人们将所有的争端和纠纷都要诉诸左尹官署审理显得不尽合理。百姓之间经常可能因为细故而发生争端和纠纷，即便在狱讼中胜诉，获取的利益也比较有限。在路途遥远、交通不便的情况下是否有必要诉诸左尹官署颇令人怀疑。而且，如果人们将所有纠纷都诉之于左尹官署，也非其能承受。经过以上分析，陈伟所谓县级官府为"最基本的司法机关"之说当可令人信服。② 当然，县以下的州、里，也不能排除它们在狱讼过程中根据县的指令承担一些具体事务的可能性，就像《睡虎地秦简》中一些记载那样。然而，不能由此认为它们有权受理狱讼。总而言之，楚国的狱讼机构大致分为两级，在中央为左尹官署，在地方为县。人们发生争端，通常诉于县（比较重大的也可直接诉于左尹官署）。如果对县的判决不服，可以继续向左尹官署提起狱讼。

第二，导致狱讼发生的事由多种多样。大致说来，导致狱讼发生的原因可以分为如下三类：第一类，因田土类细故之争端而引发的狱讼。比如，简82：誅态讼邡賢等六人，"以其不分田之古（故）"。③ 简85：銙害公愳讼宋庚等24

---

① 陈伟：《包山楚简初探》，武汉大学出版社1996年版，第147页。
② 参见陈伟：《包山楚简初探》，武汉大学出版社1996年版，第147页。从其言外之意来看，"最基本的司法机关"是最低一层也就是基层受理诉讼的机关。
③ 刘彬徽等：《包山二号楚墓简牍释文与考释》，《包山楚墓》，文物出版社1991年版，第354页。

人,"以其受𦈢𡧱人而逃"。① "𦈢"字从缶,"𡧱"字不识,一些学者直接将其隶
定为"缶"。这样看来,"𦈢𡧱"很可能为缶类器物。𦈢𡧱公明显系官府中人。
结合"𦈢𡧱人"这样的简文来看,𦈢𡧱很可能为地名,因为盛产𦈢𡧱而得名。当
然,也不能排除其为专门负责𦈢𡧱事务的官府成员的可能性。提起讼争者为
官府中人,被告则多达 24 人。不妨大胆推测,这 24 名被告为贩卖𦈢𡧱之商
贩。这样一来可以解释为什么 24 人同时成为被告,因为经营大宗𦈢𡧱买卖需
要大量人手,二来也能解释为何告者为官府之人。如果百姓普遍以制作𦈢𡧱
为生,在众多百姓交付𦈢𡧱而未得到报酬的情况下,由官府之人出面追讨实属
可能。因此,"以其受𦈢𡧱人而逃"大意或为,以他们接受𦈢𡧱人(的器物?)后
逃离(为由)。当然,以上所述纯属推测,希望将来有更多的出土楚简予以证
实。简87:郼昜大夫尹讼陞军等 5 人,"以受郼昜之欂官陞遏遏逃之古(故)",②
大致与简 85 所载情形类似。简 89:"远乙讼司衣之州人苛𧵅,胃(谓)取其妾
姒"。③ 学者们很容易将之与"若以妾为夫人,则固无其礼也"④这样的记载联
系起来,认为苛𧵅成为被告系以妾为妻之故。然而,文书没有任何证据表明远
乙系负责相关礼法事务之人。而且,狱讼往往因为争端而起,远乙与苛𧵅应当
为争端双方。加之"妾"字后有"姒"字,将其忽略而将"妾姒"视为妾不妥。根
据女部字的通常用法和"妾姒"这样的表述来看,姒应当为妾之亲属或者奴婢
之类。《说文·又部》:"取,捕取也。"后引申为"杀之",比如,《资治通鉴·齐
纪八》:"帝使文旷取祐"胡三省注。简文中的"取"或为没有正当理由之捕取,
或意为"杀之"。由于简文中"杀之"多直接用"殺",因此,前者的可能性更
大。简91:"偌大畷六命周霢之人周雁讼付𡑞之闉人(地名)周琛、周敚,胃

---

① 刘彬徽等:《包山二号楚墓简牍释文与考释》,《包山楚墓》,文物出版社 1991 年版,第
354 页。
② 刘彬徽等:《包山二号楚墓简牍释文与考释》,《包山楚墓》,文物出版社 1991 年版,第
354 页。
③ 刘彬徽等:《包山二号楚墓简牍释文与考释》,《包山楚墓》,文物出版社 1991 年版,第
355 页。
④ 杨伯峻:《春秋左传注》,中华书局 2009 年版,第 1723 页。

（谓）葬于其土。琛、敓、罂雁、成唯、周鼺之妻葬女"。① "琛、敓、罂雁、成唯、周鼺之妻葬女"显然是对"葬于其土"的进一步说明。这是一起因为坟地而引起的狱讼。简92："郚陈午之里人蓝讼登賆尹之里人苟鼺，以其槊其子丹，而得之于鼺之室"。② "槊"字，整理者认为："读如操，《说文》：'把持也'"，③未提供例证。不过，从上下文来看，槊解释为"把持"比较合理。蓝与苟鼺居住地不同，在其子失而复得之后居然兴讼，可见二者之间也无比较密切的血缘关系。因此，苟鼺看管蓝之子不慎故而致其亡失的可能性不大，蓝之子为苟鼺把持乃至绑架的可能性更大。简93："郚人軛缰讼軛骒，以其敓其后"。④ 正确理解简文的关键在"敓"字之解释。整理者认为："敓，《说文》：'强取也'"。⑤ 罗新慧认为，"敓"本有殴打之义。在《包山楚简》中，除了祭名之外，还用于击、打，如"敓妻"；"敓某人"，即殴打某人。⑥ 如果"敓"像这样解释，其他地方均通行无碍，是目前条件下最合理之解释。简94："苟朡讼聖家之大夫軛竪以賕田"。⑦ "賕"字从贝，此处系动词，故而或者有关商业活动，或者有关财物取予。被告为大夫，不管其行为属于其中哪一种，均可能违背原告之意愿和利益而取得，故而引起争端。简97："宎易㠭盘邑人郘□以讼坪易之枸里人文遣，以其敓妻"。⑧ "文遣"殴打之妻很可能系前者亲属，故而导致前者提起告诉。简98：

---

① 刘彬徽等：《包山二号楚墓简牍释文与考释》，《包山楚墓》，文物出版社1991年版，第355页。

② 刘彬徽等：《包山二号楚墓简牍释文与考释》，《包山楚墓》，文物出版社1991年版，第355页。

③ 刘彬徽等：《包山二号楚墓简牍释文与考释》，《包山楚墓》，文物出版社1991年版，第378页。

④ 刘彬徽等：《包山二号楚墓简牍释文与考释》，《包山楚墓》，文物出版社1991年版，第355页。

⑤ 刘彬徽等：《包山二号楚墓简牍释文与考释》，《包山楚墓》，文物出版社1991年版，第378页。

⑥ 参见罗新慧：《战国竹简中的"敓"及其信仰观念》，《北京师范大学学报》2011年第2期。

⑦ 刘彬徽等：《包山二号楚墓简牍释文与考释》，《包山楚墓》，文物出版社1991年版，第355页。

⑧ 刘彬徽等：《包山二号楚墓简牍释文与考释》，《包山楚墓》，文物出版社1991年版，第355页。

"誓鼉以讼邸易君之人佫公番申以赖"。① "赖",整理者认为:"责字,读作债"。② 赖字从贝,与财物有关。像整理者这样解释上下文通畅,然视"赖"为"责"似应提供更多的证据。简100:"郏敓之郏邑人走仿登成讼走仿邸绺以其敓汤沴与𦵒溴之古(故)"。③ 整理者在第一个"走仿"处断开,将"走仿"视为人名,然而,这样就无法解释"走仿邸绺"这样的记载。由"走仿邸绺"这样的表述可知,"走仿"仍然为地名。"汤沴"和"𦵒溴"可能为田地名,也可能是与水利相关的工具,待考,二人就是因它们而发生狱讼。简101:"章陡讼宋偶以攺田"。④ 整理者认为:"攺,读如巨",未提供例证。⑤ 从记载本身来看,"攺田"应该是指田地名,二人为攺田而发生狱讼。

第二类,因为杀伤人而引发的狱讼。比如,简80:"少臧之州人信土石佢讼其州人信土石骨,谓伤其弟石轨跎"。⑥ 这是石佢代其弟向官府提起狱讼。又如,简83:"鄳之瓘里人湘痫,讼鄳之厤域之圣者邑人邜女,谓杀衰易公合,伤之妾旮嬰"。⑦ 湘痫可能与衰易公合有比较亲密的关系,而他又知系邜女所为,故而向官府告诉,采取狱讼的途径处理。简86:"鄶易君之菜陵邑人紫,讼兼陵君之陈冏邑人迪𡑞,谓杀其弟"。⑧ 又如,简90:"兢得讼鲦丘之南里人龚

---

① 刘彬徽等:《包山二号楚墓简牍释文与考释》,《包山楚墓》,文物出版社1991年版,第355页。

② 刘彬徽等:《包山二号楚墓简牍释文与考释》,《包山楚墓》,文物出版社1991年版,第378页。

③ 刘彬徽等:《包山二号楚墓简牍释文与考释》,《包山楚墓》,文物出版社1991年版,第356页。

④ 刘彬徽等:《包山二号楚墓简牍释文与考释》,《包山楚墓》,文物出版社1991年版,第356页。

⑤ 参见刘彬徽等:《包山二号楚墓简牍释文与考释》,《包山楚墓》,文物出版社1991年版,第378页。

⑥ 刘彬徽等:《包山二号楚墓简牍释文与考释》,《包山楚墓》,文物出版社1991年版,第354页。

⑦ 刘彬徽等:《包山二号楚墓简牍释文与考释》,《包山楚墓》,文物出版社1991年版,第354页。

⑧ 刘彬徽等:《包山二号楚墓简牍释文与考释》,《包山楚墓》,文物出版社1991年版,第354页。

怵、龚酉,谓杀其觊"。① 陈伟在行文过程中遇"觊"字直接写为"兄"。② 从这样的记载来看,他的做法也不无道理。简 95 和简 96 分别记载因他人杀弟和杀兄而引起的狱讼案件,兹不赘述。

第三类是百姓与官府之间的狱讼案件。比如,简 88:"楚斨司败𢀚须讼𨓦道斨邑𨟻军、𨟻𩣓,以反其官"。③ 简 99 记载的同样是一起因反官而引起狱讼案件。"反官"应作何解? 李零认为:"反官。指违抗上级,如简 88、99。后者除反官,还自斗,涉于斗殴。"④"反"有"不服从"之意。比如,《荀子·议兵》:"反之者亡。"因此,"反其官"的意思或许是,百姓不服从其官,故而官府予以追究。与之相类的是,百姓也可因官员的不法行为而告官府。比如,简 102:"上新都人蔡蘁讼新都南陵大宰綜瘩、右司寇、正陈得、正戛炎,以其为其兄蔡瘭剅,不瀍。"⑤蔡蘁认为几位官员其兄蔡瘭剅,不合于瀍,与其产生争端,故而告于左尹官府。随葬的狱讼类文书并非这位左尹曾经过问或者处理的狱讼类文书的全部,然而,它们基本上已经涉及楚国百姓在日常生活中所可能发生争端的方方面面。仅从这些文书本身,人们难以得知楚人在发生争端以后首要的以及主要的解决方式,不过,一旦他们决定通过狱讼的途径解决,则文书表明,官府几乎就是唯一的受理者和裁决者。换言之,官府基本垄断了狱讼案件的受理、审讯和裁决的权力。

第三,楚国的断狱决讼过程大致包括五个步骤。其一,在接到告诉之后,确定审理官员。由前面县级官吏的设置情况来看,一些官员可能从事狱讼初期之工作,然主审官员似应当由县之正担任。这可由简 131—139 记载的案件作为佐证。就《疋狱》记载的左尹官署受理的狱讼案件而言,前面已经对"識"

---

① 刘彬徽等:《包山二号楚墓简牍释文与考释》,《包山楚墓》,文物出版社 1991 年版,第 355 页。
② 陈伟:《包山楚司法简 131—139 号补释》,《新出楚简研读》,武汉大学出版社 2010 年版,第 15 页。
③ 刘彬徽等:《包山二号楚墓简牍释文与考释》,《包山楚墓》,文物出版社 1991 年版,第 354—355 页。
④ 李零:《包山楚简研究(文书类)》,《李零自选集》,广西师范大学出版社 1998 年版,第 139 页。
⑤ 刘彬徽等:《包山二号楚墓简牍释文与考释》,《包山楚墓》,文物出版社 1991 年版,第 356 页。

以及"为李"作简单的考察,并没有得出比较肯定的结论。实际上,不能肯定的是二人在狱讼案件中分别充当什么角色,履行什么职责。大致而言,他们担任主审官员大概没有多少疑问。由于担任"識"以及"为李"的人员经常发生变化,这样的变化又发生在一个左尹在位期间,则他们的职责很可能是由左尹官署在受理以后根据需要而确定。简14—17记载的是司败告于楚王的狱讼案件,楚王随之交给左尹,后者进一步交给新偝迅尹处理。这就是确定主审官员的过程。在这起案件中,告诉者为司败,他有机会直接向楚王告诉。对于绝大多数百姓而言,似无这样的可能。其二,在伤害以及杀人案件中,根据原告之告诉,抓捕凶手。简80记载的是一起伤人案件。在原告告诉之后,官府"既发笞,执勿遴",大意为发出抓捕文书,捕获之,不令其逃跑。在简131—139记载的案件中,(子郜公)"以畬舍之斁客、畬郶之庆李百宜君,命为仆轚之",亦如此。其三,审理并作出裁决。《疋狱》部分文书仅仅记载案件以及主审官员,尚未涉及审理过程。不过,简14—17中"既皆至典,仆又有典,邵行无典"显然是审理过程中提交证据。然而,主审官员拒绝就此作出裁决。在简131—139记载的案件中,"子郜公詙之于陰之斁客,卣剚之"实际上是裁决。其四,若有人不服而继续向左尹官署告诉,则再次经历确定主审官员,审理以及裁决这样的过程。简14—17记载的是因为新偝迅尹拒绝裁决,司败故而告诉于左尹官署。在简131—139记载的案件中,由于县有关官员因为证据不足等原因拒绝执行裁决,故而原告继续告诉。楚国事实上仅设置二级狱讼机构,原告继续告诉的官府亦为左尹官署。汤公竞军很可能与那些《疋狱》记载完成"識之"工作的"××公"一样同为左尹官署负责狱讼事务的官员。只有像这样才可以解释为什么陰司败某滂向汤公竞军报告案件审理情况以及"左尹以王命告汤公"。其五,执行裁决并向左尹官署报告。简14—17未记载上诉以后的情况,不过,简131—139记载:"君命遖为之剚。夏栾之月,命一执事人以致命于郢(简135反)"。

　　与以往大不相同的是,楚国官府在断狱决讼过程中非常重视证据,努力通过证据判断事实真相。这一点从简131—139记载的案件得以充分体现。首先,原告在告诉之际就积极提供证据。比如,"苟冒、趄卯并杀仆之斁呞。畬人陈脅、陈旦、陈陇、陈卹、陈宠、连利皆知其杀之"。"畬人陈脅、陈旦、陈陇、陈鄇、陈宠、连利”等是䜣庆坦在向官府告诉苛冒、趄卯并杀仆之䡘叨之际提供的人证,目的是为了向官府表明其所告诉之事实的真实性。其次,楚国上下在施刑之前比较重视证据是否确凿。“子郙公諠之于陰之歜客,甶剸之”,记载的是子郙公将案件交给陰之歜客,命令他裁断。不过,“ 酓之歜客不为其剸”,也就是说他拒绝执行,而是将案件上报左尹官署,即“致命于子左尹”,并陈述其理由:“陰之正既为之盟詳,庆逃,焜逵徇,其余执将至甾而剸之”。由此,人们也不能排除陰之歜客拒绝裁断系由于尚有凶手在逃的可能性。从后文的记载来看,在第一次审理过程中,佢䄪、苛冒提供了伪证,即“䍃庆、䍃焜、䍃敍杀佢卯”。也不能排除陰之歜客拒绝裁断是因为他认为证据不确凿的可能性。在此情况下,“左尹以王命告子郙公,命澂上之識狱为陰人䍃焜盟,其所命于此箸之中,以为詳”,也就是做了一些补充证据工作,却没有再次下达相关命令,说明楚王和左尹官署也考虑到证据薄弱甚至存在瑕疵的问题。最后,在证据确凿充分之后,楚国上下迅速达成一致,案件得以处理。

此外,楚国官府有关执事人采取多种措施查明真相,获得确凿证据之方式和规则也值得关注:其一,二百十一人盟以后提供证言:“信諿䎩知䍃庆之杀佢卯,逬、焜与庆皆諿䎩知苛冒、佢卯不杀䍃叨”;其二,审核证人证言,排除虚假供词,即“甶焜之䵭敍于焜之所詳,与其䵭,又情不可詳”;其三,采纳“同社、同里、同官不可詳,匿至从父兄弟不可詳”这样的证据规则,排除这几类人的证词。换言之,执事人在可靠的证据基础上对于事实真相作最大限度之还原。经过以上努力之后,楚王明确下达裁断命令,未有人继续表示异议,即“君命速为之剸。夏柰之月,命一执事人以致命于郢”。《周礼》有“以三刺断庶民狱讼之中:一曰讯群臣,二曰讯群吏,三曰讯万民”之说,然而没有史料表明中原诸国在断狱决讼过程中采取什么措施和制度以实现这样的理想,《包山楚简》记载的狱讼案件表明,楚国上下的确曾经努力通过确凿的证据发现案件事实真相,与《周礼》相关理想有异曲同工之妙。

小　结

　　就《周礼》以及楚国的政治架构而言,在周秦时代的历史变迁中,二者都具有过渡性的特征。在《周礼》中,王室和邦国整齐划一,井井有条。王室建立比较完善的机构,对天下实施有效的治理。它应当是在"普天之下,莫非王土;率土之滨,莫非王臣"的理想下,将周王朝建立之后"礼乐征伐自天子出"特点和诸侯国逐渐强大,消除蛮夷戎狄之威胁,国与国之间逐渐接壤以及设立郡县等方面实践结合起来,形成的天才设想。像这样的设想既不同于西周或者春秋时期的周王室与各诸侯国实际,又不同于秦统一之后的郡县制,具有明显的过渡性特征。楚国的封君制应当是从周王朝封邦建国实践中发展而来,与此同时,楚国也在中央和地方建立比较整齐划一的治理机构(地方以县为基础,有些区域设置高于县的郡)。这既不同于周代,也有别于秦代,也具有比较明显的过渡性特征。在职官体系方面,战国时期,官僚逐渐取代贵族成为日常治理的主体。然而,二者之间又存在紧密地联系。沈长云等通过对春秋时期列国官制的清理,并以之与西周官制及《周礼》所记载的职官系统仔细比较,发现无论在整体格局上,还是在各职官的官称和具体职掌上,《周礼》的官制都比较接近春秋时期的官制。[①] 楚国也是如此,包括令尹、左尹、司败等在内的诸多职官,在《左传》中也比较常见,虽然在职掌方面可能有所变化。断狱决讼在比较宽泛的意义上也是一种治理,而治理由职官实施,并受到政治架构的制约。因此,以上所述《周礼》以及楚国的政治架构和职官体系,有可能影响和制约狱讼制度,进而令其具有如下过渡性:

　　其一,在裁决者方面,无论《周礼》之安排还是楚国之实践,都与以往发生巨大变化,这样的变化可能是春秋晚期各国狱讼实践发展的必然结果。周王朝建立之后,就上层社会而言,诸多职官被赋予断狱决讼之责。这就使得贵族可以延续或比较久远的传统,在争端或者纠纷发生之后自由选择裁决者。然

---

　　① 　参见沈长云等:《春秋官制与〈周礼〉比较研究——〈周礼〉成书年代再探讨》,《历史研究》2004 年第 6 期。

而,春秋时期,诸侯国与诸侯国之间的争端,其裁决之责逐渐集中于盟主。在晋国,执政、理以及县大夫这样的断狱决讼职官系统逐渐成型,出现县之贵族将争端诉之于县大夫,进而诉诸理和执政这样的现象。而在《周礼》和楚国,都建立比较完善的治理机构和相应职官,人们在发生争端之后必须诉之于既定的机构和人员,由他们负责裁决。在此过程中,楚国的封君也可以发挥作用。正如后面的论述所表明的,秦在全国范围内推行郡县制,断狱决讼均由各级官府负责。相形之下,战国时期特别是楚国的狱讼制度的过渡性特征比较明显。

其二,在裁决依据方面,楚国的情形不明,《周礼》则体现比较明显的过渡性。在西周和春秋时期,裁决的依据多种多样。周代社会为礼治社会,"为国以礼",故而礼在裁决过程中易为人共同接受,成为裁决依据。与之相应的先王先公言论、古之制、故事乃至《诗》、《书》中相关记载,似乎也容易为人所接受,故而在裁决中也可能充当依据。《周礼》却明确规定各级职官必须以"典"、"法"、"则"等为裁决依据,它们都具备强制性、规范性等特征。不过,与秦法律令相比,它们在公开性、普及性等方面似乎有所不足。而且,在断狱决讼过程中,秦各级官府必须按照法律进行裁决。秦为此甚至建立专门机构和官员,确保各级官员准确适用秦法律,甚至对于违反者施以刑罚。在《周礼》中,相关规定也不难发现。然而,就建立专门机构和职官而言,似又不及于此。因此,至少可以这么认为,《周礼》作者在断狱决讼方面确保职官依照既定规则进行裁判方面不及秦彻底。人们或可据此认为《周礼》在此方面亦具有过渡性。

其三,在刑罚的实施方面,《周礼》延续比较久远的传统,在有些情况下,一些职官在其权责范围内对于一些人直接施以刑罚,刑官在断狱决讼过程中发现需要施以刑罚的人和事也可作出相应的裁决。就楚国而言,由于前面所考察的为狱讼类文书,故而难以判断在刑罚实践中是否存在直接施刑的情形。不仅如此,一些案例中实施的刑罚是否为楚国明确规定也不得而知。像这样的情形在秦统治时期发生根本的变化。具体地说,在正常情况下,一切为秦法律所规定应当予以处罚的人和行为,都要经过官府的审理,在查明事实的基础上准确适用法律,然后施以刑罚。不过,秦法律毕竟由以秦最高统治者为首的

集团制定,体现秦最高统治者的意志。在最高统治者非理性或者争夺最高统治者的过程中,也会出现直接施以刑罚的可能性。总的说来,人们还是可以一般性地认为,在此方面,《周礼》相关记载具有过渡性。

与之相关的是,周代社会具有浓厚的"为政在人"的特征,在断狱决讼过程中,更多的是依靠裁决者核查争端各方言辞的真实性,并且提出足以令各方信服的裁决方案。在《周礼》的设想中,在楚国的实践中,国家取消了人们选择裁决者的自由,与此同时,也采取措施确保在裁决过程中实现公平正义。在此方面,除了以上所述各方面相关规定外,《周礼》总结或者发展出一套断狱决讼的技术:"以五声听狱讼,求民情。一曰辞听,二曰色听,三曰气听,四曰耳听,五曰目听"。① 而楚国如前所述不仅存在证据规则,而且对于通过证据发现真相达到高度重视的程度。秦在此方面仍然强调裁判者的作用,除以"失刑罪"震慑裁判者外,强调尽量避免刑讯逼供,通过与案件相关的一切人和事的口供和物证相互吻合来确保查明案件真相。在确保公正性方面,秦的做法似不及《周礼》设想以及楚国断狱决讼实践。

---

① 孙诒让:《周礼正义》卷六十六,中华书局 1987 年版,第 2770—2771 页。

第五章　秦狱讼制度之考察

　　秦王朝结束中国有史以来大小社会、政治共同体各自为政、互相攻伐的局面，完成华夏大地的统一。为了治理在武力征服基础上形成的天下，秦王朝废除封建制，实行郡县制，建立了中央集权的政治制度。就法制而言，自商鞅变法以来，秦在弘扬自身传统，积极吸取山东六国实践经验的基础上，不断建立和完善包括狱讼制度在内的法律令体系。秦王朝建立之后，中国古代狱讼制度基本成型。在一定程度上可以说，秦代狱讼制度在中国古代狱讼制度发展史上居于承上启下的重要阶段。对于秦代狱讼制度之研究因而具有非常重大之意义。

　　秦国断狱决讼模式经过商鞅变法之后发生巨大变革，与其他诸侯国狱讼制度相比可能发生较大变化。秦王朝狱讼制度在很大程度上是秦国狱讼制度的发展和完善，人为地割裂二者对于考察秦狱讼制度显然不太有利。因此，对于秦狱讼制度的考察应当从商鞅变法开始，而且不能将秦国狱讼制度纳入战国时期狱讼制度部分进行考察。目前，关于秦狱讼制度，除了《史记》、《商君书》等相关记载外，《云梦睡虎地秦简》、《岳麓书院藏秦简》（三）的面世让人们有更多的途径和条件深化对于它的认识。不过，本来可借以考察秦地方狱讼制度的其他地方出土秦简（狱讼类）尚未问世，这一方面迫使研究者不得不更为慎重地从既有史料出发得出结论，为它们可能提出的挑战留下空间，也迫使研究者尽可能挖掘目前各类文献所能释放的信息。比如，人们在争端发生以后对于裁决者的选择、裁决者所使用的依据，狱讼制度体现统治者的治理目标，对狱讼参与者的含义，等等。

第一节　秦中央狱讼制度之考察

　　商鞅变法及由此而导致的秦狱讼制度的发展变化等史实主要载于《史

记》、《商君书》等传世文献之中。诸如此类的文献通常只记载"国之大事",而且,它们往往记载法律令所塑造的制度环境中若干重大事件的起因,发展和结局,基本上不记载相关法律令之具体内容。这就意味着,在目前条件下只能通过这类文献了解和把握秦中央政府断狱决讼相关史实,进而分析其中蕴含的狱讼制度。

商鞅变法的内容涉及什伍、连坐、赏罚、分户、军功、私斗、农耕、爵位等方面,"(孝公)以卫鞅为左庶长,卒定变法之令"①这样的记载表明,各项在中国历史上影响至为深远的改革以"令"的形式颁布和实施。"于是遂出垦草令"②以及"令行于民期年,秦民之国都言初令之不便者以千数"③等皆可为比较有力的旁证。商鞅变法极大改变了秦国的治理方式。比如,在施刑方面,变法以前,"殽之役,晋人既归秦帅,秦大夫及左右皆言于秦伯曰:'是败也,孟明之罪也,必杀之。'秦伯曰:'是孤之罪也。周芮良夫之诗曰:大风有隧,贪人败类。听言则对,诵言如醉。匪用其良,覆俾我悖。是贪故也,孤之谓矣。孤实贪以祸夫子,夫子何罪?'复使为政。"④变法之后,"于是太子犯法。卫鞅曰:'法之不行,自上犯之。'将法太子。太子,君嗣也,不可施刑,刑其傅公子虔,黥其师公孙贾。"⑤又,"行之四年,公子虔复犯约,劓之。"⑥前者在讨论孟明等三帅是否应当处罚之际缺乏明确的制度性规定:秦大夫及左右认为孟明等三帅当杀是因为伐郑之战失利。从晋楚等国的刑罚实践来看,战争失利之后,主帅应当为之负责。故而,秦大夫等主张处死孟明等三帅的依据很可能是与春秋时期各国相似的秦国惯例。秦穆公认为孟明等人无罪,开脱的依据是周王朝芮良夫之诗。这种处理政务的方式与春秋时期各方都从各种途径寻求能够说服裁决者的断狱决讼的方式基本相似,简而言之即"议事以制"。后者与前者则极为不同,公子虔、公孙贾之所以受刑,是因为太子犯法,依法当予论处。《说文·系部》:"约,缠束也。"引申为"约束",比如,《论语·雍也》:"约之以

① 司马迁:《史记》卷六十八,中华书局 1959 年版,第 2229—2230 页。
② 蒋礼鸿:《商君书锥指》,中华书局 1986 年版,第 5 页。
③ 司马迁:《史记》卷六十八,中华书局 1959 年版,第 2231 页。
④ 杨伯峻:《春秋左传注》,中华书局 2009 年版,第 516—517 页。
⑤ 司马迁:《史记》卷六十八,中华书局 1959 年版,第 2231 页。
⑥ 司马迁:《史记》卷六十八,中华书局 1959 年版,第 2232 页。

礼。"由"复犯约"之"复"可知,对公子虔构成约束之"约",应该就是法。遗憾的是,由于史书之记载过于简略,难以确定"刑其傅公子虔,黥其师公孙贾"以及"劓之"是否经历断狱决讼环节。

也就是说,商鞅变法之后,秦国由"议事以制"转为依法而断,有时甚至走向违背人情之极端。比如,"秦昭王有病,百姓里买牛而家为王祷。公孙述出见之,入贺王曰:'百姓乃皆里买牛为王祷。'王使人问之,果有之。王曰:'訾之人二甲。夫非令而擅祷者,是爱寡人也。夫爱寡人,寡人亦且改法而心与之相循者,是法不立;法不立,乱亡之道也。不如人罚二甲而复与为治。'"①又如,"秦大饥,应候请曰:'五苑之草著:蔬菜、橡果、枣栗,足以活民,请发之。'昭襄王曰:'吾秦法:使民有功而受赏,有罪而受诛。今发五苑之蔬果者,使民有功与无功俱赏也。夫使民有功与无功俱赏者,此乱之道也。夫发五苑而乱,不如弃枣蔬而治。'"②正因为如此,秦国在统一天下的过程中无往而不利。正如韩非所言:"秦之号令赏罚,地形利害,天下莫若也。以此与天下,天下不足兼而有也。"③

从理论上而言,如果不通过断狱决讼查明事实真相,并在此基础上依法予以赏罚,则法律令难以发挥其应有的作用。这是因为,秦法律令规定有功者赏,有过者罚,目的是鼓励人们积极从事农战行为,并通过严酷的刑罚来制止一切不利于农战的行为。如果事实真相都未查清而赏罚已经加诸于身,则后来者势必根据秦王朝在赏罚方面存在的漏洞,侥幸以获取奖赏,或者避免刑罚。这样的话,人们的行为取向和积极性就不会被调整到秦统治者期望的农战方面。因此,商鞅变法以后,在通常情况下,断狱决讼之后依法施刑应该可能性更大。事实上,史书也不乏相关记载。比如,"韩王始不用非,及急,乃遣非使秦。秦王悦之,未信用。李斯、姚贾害之,毁之曰:'韩非,韩之诸公子也。今王欲并诸侯,非终为韩不为秦,此人之情也。今王不用,久留而归之,此自遗患也,不如以过法诛之。'秦王以为然,下吏治非。"④从李斯、姚贾的建议来看,

① 王先慎:《韩非子集解》,中华书局1998年版,第335—336页。
② 王先慎:《韩非子集解》,中华书局1998年版,第337页。
③ 王先慎:《韩非子集解》,中华书局1998年版,第4页。
④ 司马迁:《史记》卷六十三,中华书局1959年版,第2155页。

秦国诛杀韩非依据的是"过法"。由于史料匮乏之故,今已无从得知"过法"的产生时间、大致内容等。不过,由"非见韩之削弱,数以书谏韩王,韩王不能用。于是韩非疾治国不务修明其法制……观往者得失之变,故作孤愤、五蠹、内外储、说林、说难十余万言"①之记载可知,韩非作为韩国公子,希望通过自己的努力改变韩国日益削弱的局面。《史记·秦始皇本纪》载:"李斯因说秦王,请先取韩以恐他国,于是使斯下韩。韩王患之,与韩非谋弱秦"。②《韩非子·存韩篇》很可能正是这种背景下的产物。在这篇上书中,表面上看起来,韩非站在秦国的立场上论述存韩对于秦国之利。然而,韩国若因而得以保存,则最大限度地实现既定目标。与此同时,韩非竭力主张秦国讨伐赵、齐二国。李斯对此不以为然,他认为:"秦之有韩,若人之有腹心之病也。虚处则心骇然。若居湿地,著而不去,以极走则发矣。夫韩虽臣于秦,未尝不为秦病,今若有卒报之事,韩不可信也……"③也就是说,韩非谋弱秦的本意在李斯面前暴露出来。"过"可作"祸"。比如,《经义述闻·诗·勿予祸适》:"汉书公孙弘传:后竟报其过。《史记》过作祸。"韩非以使臣的身份进入秦国,谋求弱秦,那么,"过法"或许针对的是其他诸侯国以使臣等名义进入秦国而为祸秦国之人。由于韩非的言论至少在表面上是维护秦国的利益,是否违反过法需要进行审问。故而,秦王需要"下吏治非",在查明情实的基础上依法处刑。

又如,"(九年,)长信侯毐作乱而觉,矫王御玺及太后玺以发县卒及卫卒、官骑、戎翟君公、舍人,将欲攻蕲年宫为乱。王知之,令相国昌平君、昌文君发卒攻毐。战咸阳,斩首数百,皆拜爵,及宦者皆在战中,亦拜爵一级。毐等败走。即令国中:有生得毐,赐钱百万;杀之,五十万。尽得毐等。卫尉竭、内史肆、佐弋竭、中大夫令齐等二十人皆枭首。车裂以徇,灭其宗。及其舍人,轻者为鬼薪"。④ 与之相关的记载是,"始皇九年,有告嫪毐实非宦者,常与太后私乱,生子二人,皆匿之,与太后谋曰'王即薨,以子为后'。于是秦王下吏治,具

① 司马迁:《史记》卷六十三,中华书局1959年版,第2147页。
② 司马迁:《史记》卷六,中华书局1959年版,第230页。
③ 王先慎:《韩非子集解》,中华书局1998年版,第16页。
④ 司马迁:《史记》卷六,中华书局1959年版,第227页。

得情实,事连相国吕不韦。九月,夷嫪毐三族,杀太后所生两子"。① 二处记载不无抵牾之处:在《本纪》中,嫪毐因为作乱而"车裂以徇,灭其宗"。而依据《列传》之记载,嫪毐不过与太后私乱并谋篡王位而已;前者未提及"下吏治",嫪毐等人为乱被平定之后即"车裂以徇,灭其宗"。后者则在"具得情实"之后"夷嫪毐三族"。"灭其宗"与"夷嫪毐三族"之间不无区别。在《本纪》中,嫪毐作乱为公开发生的重大事件,为史官记载理所当然。而在《列传》中,事情涉及太后秽乱,从常理而言,告者为避免激怒秦王,最有可能采取密报的方式。秦王为存颜面,也有可能秘密处理。如果这样的推测成立,事情如何为人得知? 李开元对太史公关于吕不韦献姬谋秦国诸事作颇具说服力的分析,认为相关记载存在难以克服的困难。② 出于对秦王朝的极端仇视,人们炮制诸如此类的故事实有可能。比如,出于泄愤之目的,六国之后可以炮制这样的故事说秦国早已灭亡,太史公也有可能根据传闻作后一记载。在没有更多资料的情况下,目前已经难以确认何者更加接近真相。不过,对于本文而言,无论哪一种记载属实,都多少可以透露一些与狱讼相关的历史信息。这是因为,即便时人炮制故事,也不可能脱离时代以及荒诞不经,否则像这样的行为没有多少意义。基于这样的认识可以发现,在前者所描述的情形下,事实清楚,的确没有案问的必要性。就后者而言,嫪毐与太后发生关系,系由于吕不韦之进献,这样又牵涉吕不韦与太后之间故事,的确需要"下吏治"。像这样弥合是否符合历史本身,难以给出肯定的答案。不过,上述记载至少可以表明,在非常时期且事实清楚之际,秦统治者直接予以处罚。而在仅仅得到告诉的情形下,需要狱吏审讯,查明真相,进而依法处置。

在完成统一大业之后,"始皇推终始五德之传,以为周得火德,秦代周德,从所不胜。方今水德之始……刚毅戾深,事皆决于法,刻削毋仁恩和义,然后合五德之数。于是急法,久者不赦。"③人们或许可以通过一些历史事件观察秦王朝在"事皆决于法"这种治国方略下实施治理的一些特点。比如,"侯生、

① 司马迁:《史记》卷八十五,中华书局 1959 年版,第 2512 页。
② 参见李开元:《秦始皇的秘密》,中华书局 2009 年版。
③ 司马迁:《史记》卷六,中华书局 1959 年版,第 237—238 页。

卢生相与谋曰："始皇为人，天性刚戾自用，起诸侯，并天下，意得欲从，以为自古莫及己。专任狱吏，狱吏得亲幸。博士虽七十人，特备员弗用。丞相诸大臣皆受成事，倚辨于上。上乐以刑杀为威，天下畏罪持禄，莫敢尽忠。上不闻过而日骄，下慑伏谩欺以取容。秦法，不得兼方，不验，辄死。然候星气者至三百人，皆良士，畏忌讳谀，不敢端言其过。天下之事无小大皆决于上，上至以衡石量书，日夜有呈，不中呈不得休息。贪于权势至如此，未可为求仙药。'于是乃亡去。始皇闻亡，乃大怒曰：'吾前收天下书不中用者尽去之，悉召文学方术士甚众，欲以兴太平，方士欲练以求奇药。今闻韩众去不报，徐市等费以巨万计，终不得药，徒奸利相告日闻。卢生等吾尊赐之甚厚，今乃诽谤我，以重吾不德也。诸生在咸阳者，吾使人廉问，或为讹言以乱黔首。'于是使御史悉案问诸生，诸生传相告引，乃自除犯禁者四百六十余人，皆阬之咸阳，使天下知之，以惩后。"①李开元质疑这样的记载的真实性，认为它"是三重伪造的历史"。②观其理据，均有可商之处：其一，"文学方术士"、"方士"以及"诸生"各有其语境，并非指同一人群，故而不存在称谓变化的问题，建基于其上的"人为涂抹"之说于是缺乏根据。其二，始皇长子扶苏所谓"天下初定，远方黔首未集，诸生皆诵法孔子，今上皆重法绳之，臣恐天下不安。唯上察之"成为李氏质疑的第二条根据，理由是"这句话，不像是为了劝谏秦始皇说的，倒像是为说明诸生就是儒生而说的"。扶苏之言的确有利于证实诸生即儒生，然而，在第一条理由不能成立的情况下，所谓通过称谓变化而将所阬之人引向儒生之推测似不足以否认这样的记载。其三，李氏认为，诸生处刑的方式令人生疑，按照秦汉法律，死刑没有"坑"，也就是没有坑埋处死律文和案例。这样的记载系作伪之人对法律不太专业，故而留下作伪的马脚。然而，无论传世文献也好，出土文献也好，仅为人们留下秦王朝法律内容的一鳞半爪，以此就断定秦朝没有"坑"这种死刑模式比较危险。不仅如此，前面已经论及，秦始皇可以通过"诏"来突破既有法定之限制。法律令不过其意志的体现而已，在比较愤怒之际，他完全有可能法外施刑。至于有名的方士没有被坑云云，从上述记载来

---

① 司马迁：《史记》卷六，中华书局 1959 年版，第 258 页。
② 李开元：《焚书坑儒的虚伪真实——半桩伪造的历史》，《史学集刊》2010 年第 6 期。

看,事情由侯生、卢生引发,然而,他们已经逃跑,从"诸生在咸阳者,吾使人廉问,或为妖言以乱黔首"这样的记载来看,秦始皇考虑的问题是如何处置在咸阳妖言惑众之诸生,制止对他不利的言论进一步扩大化,李氏的质疑没有太大意义;李氏所谓太史公相关记载与《说苑》的故事为同一底本云云缺乏必要的证据,也不足以说明坑儒为故事,这样的文字纯属没有多少说服力的推测;李氏所谓西汉典籍不见"焚书坑儒"云云亦不足以否定坑儒之记载,像这样的论述不过是滥用默证而已。总而言之,在缺乏有力证据之前,似不能仅凭猜测来否定《史记》关于这类重大事件记载的真实性。从双方的言论来看,事情的经过是:侯生、卢生等方士"费以巨万计,终不得药",依秦法"不得兼方不验,辄死"之规定,他们均应被处死。他们不得已选择逃亡,同时不忘为其"费以巨万计"的行为开脱。他们"徒奸利相告日闻",为掩盖其罪行而对秦始皇进行"诽谤",导致秦始皇成为街头巷议之对象。在他们已经逃跑的情况下,秦始皇于是将矛头对准"为妖言以乱黔首"之诸生。《论语·述而》:"子不语怪、力、乱、神"。又,《论语·泰伯》:"笃信好学,守死善道"。诸生"诵法孔子",的确可能因此事而对秦始皇生非议。在"于是使御史悉案问诸生,诸生传相告引,乃自除犯禁者四百六十余人,皆阬之咸阳"一语中,"引",《说文·弓部》:"引,开弓也"。其可引申为"牵",比如,《孟子·告子下》:"务引其君以当道。"其中引为"牵连"之义。"除",当读为"储"。比如,《群经评议·毛诗三》:"何福不除",俞樾按语。"乃自除犯禁者四百六十余人"意为通过"传相告引"等方式累积四百六十余人。从秦始皇"或为妖言以乱黔首"这样的言论看,"犯禁者"应指违反有关"妖言"方面之法律规定,这是秦汉法律规定的罪名之一。[1] "阬",学人大都理所当然地将其视为"坑",解释为活埋。理由之一是,"于是楚军夜击阬秦卒二十余万人新安城南"。[2] 然而,与之相关的记载是,"项羽救巨鹿,枉矢西流,山东遂合从诸侯,西坑秦人,诛屠咸阳"。[3] "西坑秦人"之主语为"山东",故而不能简单将《天官书》的记载与《项羽本纪》的记载相提并论进而将"阬"与"坑"等同视之。如果"阬"与"坑"为同一词,在

---

① 参见程树德:《九朝律考》卷一《汉律考四》,中华书局 1988 年版,第 101 页。
② 司马迁:《史记》卷七,中华书局 1959 年版,第 310 页。
③ 司马迁:《史记》卷二十七,中华书局 1959 年版,第 1348 页。

《史记》同一部书中不应出现这样的语言现象。白平认为:"这则材料能够充分体现'阬'的词义特点:一是不分臧否轻重地全部屠杀,一是要通过这种从严从重的手段'惩后'"。① 这样的解释比较符合实际情况。囿于材料的限制,难以确定"阬"是否为法定刑。根据前述"事皆决于法"这样的记载推测,其为法定刑的可能性也是存在的。这一事件与《史记》的他处记载类似,秦始皇大体上按照通常的程序处理:他将案件交给御史办理,在案问的基础上查出犯禁者,最后,对犯禁者施刑。

此外,即便史书记载胡亥在夺取帝位期间经常突破法律令之规定滥施刑罚,然而,在帝位巩固之后,秦二世也能在法律令之框架内定罪处刑。比如,"(二世)尽问诸生,诸生或言反,或言盗。于是二世令御史案诸生,言反者下吏,非所宜言,诸言盗者皆罢之"。② 如果"非所宜言"系秦法律令规定应当受到处罚的行为,则二世办理诸生的过程至少从形式上而言符合法律令之规定。

在秦"法令出一"实际上是出自秦王或皇帝的情况下,秦王或皇帝有没有拒绝法律令约束和羁绊的可能性? 从理论上而言,法律令体现秦之长远和根本利益,然有些时候却与秦王或皇帝的个人利益或眼前利益发生冲突。在他们只顾个人利益或眼前利益而不顾长远利益和根本利益之际,法律令就难以避免遭到践踏。甚至在愤怒等情绪左右之际,秦王或皇帝也有可能撇开法律令规定的案问程序,直接施刑。事实上也的确如此。比如,在商鞅变法之后史书上不乏秦王直接下令诛杀大臣之现象:"诸侯攻秦军急,秦军数却,使者日至。秦王乃使人遣白起,不得留咸阳中。武安君既行,出咸阳西门十里,至杜邮。秦昭王与应侯群臣议曰:'白起之迁,其意尚怏怏不服,有余言。'秦王乃使使者赐之剑,自裁。武安君引剑将自刭,曰:'我何罪于天而至此哉?'良久,曰:'我固当死。长平之战,赵卒降者数十万人,我诈而尽阬之,是足以死。'遂自杀。武安君之死也,以秦昭王五十年十一月。死而非其罪,秦人怜之,乡邑皆祭祀焉"。③ 无论从白起的言论"我何罪于天而至此哉"、秦人的态度"秦人

---

① 白平:《"坑(阬)"非"活埋"辨》,《语文研究》2008 年第 3 期。他在有意无意之间将"阬"与"坑"等同不太可取,应该在进一步搜集相关材料后比较其区别。
② 司马迁:《史记》卷九十九,中华书局 1959 年版,第 2720—2721 页。
③ 司马迁:《史记》卷七十三,中华书局 1959 年版,第 2337 页。

怜之,乡邑皆祭祀焉"以及太史公的议论"死而非其罪"来看,白起本无必诛之罪。然而,秦昭王未经审理,直接"使使者赐之剑,自裁",整个过程与春秋故事几无二致。

又如,即便"事皆决于法"的秦始皇,也法外用刑。比如,"有坠星下东郡,至地为石,黔首或刻其石曰'始皇帝死而地分'。始皇闻之,遣御史逐问,莫服,尽取石旁居人诛之……"[1]秦始皇固然派御史追查,如果依法而论的话,他应当在查明刻石人之后将其绳之以法。然而,在不太正常的状态下,秦始皇尽取石旁居人诛之,必然令多人无辜受刑,有违"事皆决于法"之准则。又如,"令咸阳之旁二百里内宫观、二百七十复道、甬道相连,帷帐钟鼓美人充之,各案署不移徙。行所幸,有言其处者,罪死。始皇帝幸梁山宫,从山上见丞相车骑众,弗善也。中人或告丞相,丞相后减车骑。始皇怒曰:'此中人泄吾语。'案问莫服。当是时,诏捕诸时在旁者,皆杀之,自是后莫知行之所在"。[2] 事件因为随从泄露皇帝言语而引发,表面看起来,似与"行所幸,有言其处者,罪死"之法律令无关。实际上,丞相车骑路过秦宫附近有确切的时间和地点,而在秦宫内可以望见丞相车骑的地点有限,故而人们可以根据秦始皇随从之言论而推知他当时所处的位置,这样就违反了法律令。从随从的动机来看,他至多希望丞相有所收敛,因为皇帝已经表露不快,并无泄露皇帝行踪的主观意图。因此,对于秦始皇的行为,太史公"急法"二字比较传神地予以描述。其目的应该是查出违反法律令之人,依法律令"罪死"。既然法律令已经规定"行所幸,有言其处者,罪死",则只有言其处者当罪死。秦始皇在无法查获此人之际"诏捕诸时在旁者,皆杀之",表明他可以通过"诏"突破既定法律令之规定。

在争夺最高权力这样非常政治状态中,不经案问而直接处死的事件就更难以避免。比如,"(高乃与公子胡亥、丞相斯)更为书赐公子扶苏、蒙恬,数以罪,赐死"。[3] 与之相关的记载是,"更为书赐长子扶苏曰:'……今扶苏与将军蒙恬将师数十万以屯边,十有余年矣,不能进而前,士卒多耗,无尺寸之功,

① 司马迁:《史记》卷六,中华书局 1959 年版,第 259 页。
② 司马迁:《史记》卷六,中华书局 1959 年版,第 257 页。
③ 司马迁:《史记》卷六,中华书局 1959 年版,第 264 页。

乃反数上书直言诽谤我所为,以不得罢归为太子,日夜怨望。扶苏为人子不孝,其赐剑以自裁! 将军恬与扶苏居外,不匡正,宜知其谋。为人臣不忠,其赐死,以兵属裨将王离。'封其书以皇帝玺……扶苏为人仁,谓蒙恬曰:'父而赐子死,尚安复请!'即自杀。蒙恬不肯死,使者即以属吏,系于阳周"。① 后来,"(胡亥)遣御史曲宫乘传之代,令蒙毅曰:'先主欲立太子而卿难之。今丞相以卿为不忠,罪及其宗。朕不忍,乃赐卿死,亦甚幸矣。卿其图之!'(中略)使者知胡亥之意,不听蒙毅之言,遂杀之"。② 又,"二世又遣使者之阳周,令蒙恬曰:'君之过多矣,而卿弟毅有大罪,法及内史。'(中略)蒙恬喟然太息曰:'我何罪于天,无过而死乎?'良久,徐曰:'恬罪固当死矣。起临洮属之辽东,城堑万余里,此其中不能无绝地脉哉? 此乃恬之罪也。'乃吞药自杀"。③ 从赵高、李斯等人捏造的秦始皇诏书来看,扶苏没有足以诛杀之罪,在皇位未定的情况下,正常的案问程序只会导致节外生枝,故而胡亥等直接以秦始皇的名义迫其自杀。至于蒙氏兄弟,蒙恬长期与扶苏守边,忠于扶苏理所当然。事实上,"蒙恬止扶苏曰:'陛下居外,未立太子,使臣将三十万众守边,公子为监,此天下重任也。今一使者来,即自杀,安知其非诈? 请复请,复请而后死,未暮也。'"④从他们捏造的赐死诏书、蒙毅所谓"用道治者不杀无罪,而罚不加于无辜"之类言论以及蒙恬临终遗言来看,蒙氏兄弟均无必死之罪。因此,对于胡亥和赵高而言,案问程序纯属多余。扶苏几乎毫不犹豫地自杀,蒙恬也只是认为其无罪而已,他们对于皇帝赐死本身并未进行质疑。可见,这样的施刑方式在人们的心目中仍然理所当然。

又如,"(二世)乃阴与赵高谋曰:'大臣不服,官吏尚强,及诸公子必与我争,为之奈何?'"赵高的答复是"不因此时案郡县守尉有罪者诛之,上以振威天下,下以除去上生平所不可者。今时不师文而决于武力,愿陛下遂从时毋疑,即群臣不及谋。"⑤于是,"(二世)乃行诛大臣及诸公子,以罪过连逮少近

---

① 司马迁:《史记》卷二十七,中华书局 1959 年版,第 2551 页。
② 司马迁:《史记》卷八十八,中华书局 1959 年版,第 2568—2569 页。
③ 司马迁:《史记》卷八十八,中华书局 1959 年版,第 2569—2570 页。
④ 司马迁:《史记》卷二十七,中华书局 1959 年版,第 2551 页。
⑤ 司马迁:《史记》卷六,中华书局 1959 年版,第 268 页。

官三郎,无得立者,而六公子戮死于杜。公子将闾昆弟三人囚于内宫,议其罪独后。二世使使令将闾曰:'公子不臣,罪当死,吏致法焉。'将闾曰:'阙廷之礼,吾未尝敢不从宾赞也;廊庙之位,吾未尝敢失节也;受命应对,吾未尝敢失辞也。何谓不臣?愿闻罪而死。'使者曰:'臣不得与谋,奉书从事。'将闾乃仰天大呼天者三,曰:'天乎!吾无罪!'昆弟三人皆流涕拔剑自杀"。① 与之相关的记载是,"二世然高之言,乃更为法律。于是群臣诸公子有罪,辄下高,令鞫治之。杀大臣蒙毅等,公子十二人僇死咸阳市,十公主矺死于杜,财物入于县官,相连坐者不可胜数。"②上述记载也不乏前后不一致乃至矛盾之处。比如,赵高主张"案郡县守尉有罪者诛之"。接下来的记载却表明,秦二世诛杀的主要对象是诸公子以及公主。这并非不能加以解释:赵高作为臣子或不便谋划皇室事务,或不愿意得罪诸公子。不过,他的主张其实已经暗含其中,秦二世可以如他所言诛杀大臣,亦可依据同样的道理诛杀诸公子。《秦始皇本纪》和《李斯列传》之间存在比较明显之差别或者矛盾之处在于:其一,依《本纪》之记载,二世诛杀之公子为九人,而《李斯列传》的记载表明受到诛杀之公子达到十二人之多。在缺乏有力证据之际已经难以判断何者之记载更为真实;其二,《本纪》未提及公主之难,而《列传》明确记载"十公主矺死于杜"。临潼上焦村秦墓的考古发掘报告表明,《列传》之记载可能是真实的;③其三,从《本纪》的记载来看,二世并没有经过案问而直接处死诸公子,至少关于公子将闾昆弟三人的处死过程的记载表明如此:二世使吏致法,三人"愿闻罪而死",说明其间没有经历案问和判决。由此不免让人认为"六公子戮死于杜"也是如此。依据《列传》之记载,"辄下高,令鞫治之"。"'鞫',根据罪犯口供断狱",比如,"今遣廷吏与郡鞫狱"。④ 如淳曰:"以囚辞决狱事为鞫。"⑤秦汉

① 司马迁:《史记》卷六,中华书局1959年版,第268页。
② 司马迁:《史记》卷八十七,中华书局1959年版,第2552页。
③ 《临潼上焦村秦墓清理简报》载:"M17,女性,头、身、下肢骨相互分离,左脚骨与胫骨分离,两臂伸张";"M11,女性,骨骼较完整,但上、下腭骨左右相错,仰身直肢(图略)"。又,"M17的墓主人约为20岁左右",(M11)"在30岁左右"。《考古与文物》1980年第2期。一些学者据以认为,墓主可能就是秦二世二年被秦二世和赵高杀死的公主。参见查瑞珍:《战国秦汉考古》,南京大学出版社1990年版,第162页。
④ 班固:《汉书》卷二十三,中华书局1962年版,第1102页。
⑤ 班固:《汉书》卷二十三,中华书局1962年版,第1102页。

制度和语言之间有较大继承性，此处"鞠"像这样解释也比较合适。这样看来，赵高似在案问之后施刑。然而，《列传》含"杀大臣蒙毅等"这样的记载，前面已经论及，蒙毅系胡亥直接赐死。在《列传》的记载与其他多处记载矛盾的情况下不免让人生疑，加之赵高自己也曾明言"今时不师文而决于武力"。所谓"师文"当指依照既定的法律令和规则行事，而"决于武力"显然是指以武力决定争夺国家最高权力的政治斗争的成败。既然如此，《列传》所谓"辄下高，令鞠治之"的记载不如《本纪》的相关记载可靠，后者很可能更为真实地反映二世即位初期激烈的政治斗争方式。换言之，在你死我活的争夺国家权力的关键时刻，掌权者不会让法律令束缚自己的手脚，在可能的情况下采取直接处死这样源远流长的方式。

总的说来，商鞅变法之后，秦在断狱决讼之后依法处刑是常态，未经审理而用刑以及法外用刑属于非常态。因此，对于秦狱讼制度及其运作进行考察非常重要。通过这样的考察甚至可以产生意外的发现，比如李斯之狱。《史记》关于李斯之狱的记载相对详细，相关记载分布在《秦始皇本纪》和《李斯列传》中。不过，少数记载容易令人误解，个别地方也可能存在错简，故而有必要认真辨析。李斯之狱的起因是，"赵高因曰：'……夫沙丘之谋，丞相与焉。今陛下已立为帝，而丞相贵不益，此其意亦望裂地而王矣。且陛下不问臣，臣不敢言。丞相长男李由为三川守，楚盗陈胜等皆丞相傍县之子，以故楚盗公行，过三川，城守不肯击。高闻其文书相往来，未得其审，故未敢以闻。且丞相居外，权重于陛下。'二世以为然，欲案丞相，恐其不审，乃使人案验三川守与盗通状"。① 其中，"盗"非偷盗之义，比如，"冬十月戊辰，尉止、司臣、侯晋、堵女父、子师仆帅贼以入，晨攻执政于西宫之朝，杀子驷、子国、子耳，劫郑伯以如北宫……子产闻盗……"②又如，"陈胜自立为将军，吴广为都尉。攻大泽乡，收而攻蕲。蕲下，乃令符离人葛婴将兵徇蕲以东。攻铚、酂、苦、柘、谯，皆下之……"③陈胜、吴广的行为与尉止等人类似，其共同特征是群体性地攻击朝廷（官府），劫杀贵族（官吏）。因此，"盗"指的是这类行为，而非偷盗。"案"，

---

① 司马迁：《史记》卷八十七，中华书局1959年版，第2558—2559页。
② 杨伯峻：《春秋左传注》，中华书局2009年版，第980页。
③ 司马迁：《史记》卷四十八，中华书局1959年版，第1952页。

这里应训为"察"。比如,"府下记案考之"。① 李贤注"案,察之也。"②《史记》记载秦王朝狱讼案件之际经常使用它,极有可能为狱讼审判的专门术语。"审"的用法较多,可以用为"详"。比如,"公怒不审"。③ 高诱注:"审,详也";④亦可以用为"知"。比如,"不可不审",⑤高诱注:"审,知。"⑥赵高听闻其文书往来,不敢向二世报告,则"未得其审"之审显然意为"详"。所谓"三川守与盗通"之事,身在咸阳之李斯未必知悉,故而"恐其不审"之"审"当释为"知"。"通",从上下文来看,应该是指所谓"文书相往来",即勾结。其实,所谓"望裂地而王"乃诛心之论,而李由不肯击陈胜以及文书相往来皆捕风捉影之事。事实是,"李由为三川守,守荥阳,吴叔弗能下"。⑦ 遗憾的是,秦二世这个"不道之君"听信赵高之言,启动案验程序。

"右丞相去疾、左丞相斯、将军冯劫进谏曰:'关东群盗并起,秦发兵诛击,所杀亡甚众,然犹不止。盗多,皆以戍漕转作事苦,赋税大也。请且止阿房宫作者,减省四边戍转。'二世曰:'……今朕即位二年之间,群盗并起,君不能禁,又欲罢先帝之所为,是上毋以报先帝,次不为朕尽忠力,何以在位?'下去疾、斯、劫吏,案责他罪。去疾、劫曰:'将相不辱。'自杀。斯卒囚,就五刑"。⑧从这里的记载来看,李斯系因进言而获罪,似与赵高无关。案问者也未明确为赵高,而是"吏"。"斯卒囚,就五刑"表面看来也与《李斯列传》有抵牾之嫌。像李斯这样有功于秦王朝,且官至丞相之人物,受到案问乃至"就五刑",起因和过程比较复杂,与案件相关的诸多事件不一定均有记载,秦廷档案也未必完全可信,也有可能亲历者的说法过多或者相互矛盾。故而太史公莫衷一是,兼采各种他认为可信的历史记忆,并在不同的地方予以记载。实际情形很可能是,右丞相去疾、左丞相斯、将军冯劫等人系为秦谋而进言,本身不可能违反任

---

① 范晔:《后汉书》卷四十一,中华书局 1965 年版,第 1406 页。
② 范晔:《后汉书》卷四十一,中华书局 1965 年版,第 1406 页。
③ 许维遹:《吕氏春秋集释》,中华书局 2009 年版,第 423 页。
④ 许维遹:《吕氏春秋集释》,中华书局 2009 年版,第 423 页。
⑤ 张双棣:《淮南子校释》,北京大学出版社 1997 年版,第 1666 页。
⑥ 张双棣:《淮南子校释》,北京大学出版社 1997 年版,第 1668 页
⑦ 司马迁:《史记》卷四十八,中华书局 1959 年版,第 1954 页。
⑧ 司马迁:《史记》卷六,中华书局 1959 年版,第 271—271 页。

何法律令,秦二世也只能空泛地指责"群盗并起,君不能禁,又欲罢先帝之所为,是上毋以报先帝,次不为朕尽忠力"。然而,如前所述,秦二世已经对李斯心生疑窦,甚至启动了调查。在案三川之守尚未返回报告调查结果的情况下,去疾、斯以及劫等人进谏为胡亥提供一个难得的机会,胡亥迫不及待地予以利用。对于像李斯这样的朝廷重臣,仅仅因为进谏而处死又难以服众。因此,胡亥下令审理并查明李斯等人的其他罪行,依法予以惩处,这就是"案责他罪"最为可能的真实原因。换言之,二世拟通过案问来获得足以实现其既定目的的罪名,进而实施惩罚。如此一来,案问不过手段而已。不过,它承载的主要任务是寻找足以施以皇帝心目中之刑的罪名以及证据。案件一旦进入法律程序,就非短期内可以结束。因此,"卒",终也。"斯卒囚,就五刑"这样的记载并非指出李斯在去疾、劫自杀后立即"就五刑",而是言其最终结局如此。

"及二世所使案三川之守至,则项梁已击杀之。使者来,会丞相下吏,赵高皆妄为反辞"①这样的记载在今人所见《史记》"(李斯)辞服。奏当上……"②之后,疑为错简之故。前面已述,"二世以为然,欲案丞相,恐其不审",故而做出案验决定。在尚未获得任何结果的情况下,下文"赵高案治李斯。李斯拘执束缚,居囹圄中……"③让人觉得不可思议。"项梁已击杀之"之"之"当指李由。这是因为,李由为李斯长子,在犯所谓"与盗通"这样的大罪的情况下,如果他还在人世,后文不至于不出现任何关于他的记载,而只有"斯出狱,与其中子俱执"这样的记载。前面也提到,李由事实上成功抵抗吴广之进犯。如果他还在人世,至少可以此为自己辩护,赵高不至于能够"皆妄为反辞"。"来",应训为"还",比如,"使者未来",④高诱注:"来,犹还也。"⑤李由已死,使者前往三川调查不果,故而返回。他(们)会丞相下吏,被赵高视为与李斯父子勾结,故而其言辞被妄为反辞。在此情况下,"赵高案治李斯"云云才比较合理。

① 司马迁:《史记》卷八十七,中华书局 1959 年版,第 2561—2562 页。
② 司马迁:《史记》卷八十七,中华书局 1959 年版,第 2561 页。
③ 司马迁:《史记》卷八十七,中华书局 1959 年版,第 2560 页。
④ 缪文远:《战国策新校注》,巴蜀书社 1987 年版,第 119 页。
⑤ 缪文远:《战国策新校注》,巴蜀书社 1987 年版,第 121 页。

　　"于是二世乃使高案丞相狱,治罪,责斯与子由谋反状,皆收捕宗族宾客。赵高治斯,榜掠千余,不胜痛,自诬服。斯所以不死者,自负其辩,有功,实无反心,幸得上书自陈,幸二世之寤而赦之……书上,赵高使吏弃去不奏,曰:'囚安得上书!'"①日本学者籾山明认为:"毫无疑问的是,这里所记载的'案丞相狱治罪'之程序,相当于第〈1〉说的'案治'。"② 其说不确。非常明显,"案丞相狱"与"治罪"之间应断开,它们陈述的是不同的事务,结合在一起无法解释。从"案验"所处语境来看,它针对的是传闻之事。而"案治"的结果是"拘执束缚",系在获得所谓反辞之后。"案……狱"的目的是"治罪",系李斯在图圄中发表"嗟乎,悲夫!不道之君,何可为计哉"、"今吾智不及三子,而二世之无道过于桀、纣、夫差,吾以忠死,宜矣"以及"三者已行,天下不听。今反者已有天下之半矣,而心尚未寤也,而以赵高为佐,吾必见寇至咸阳,麋鹿游于朝也"③之类怨望以及大逆不道言论之后。根据上述有关材料可以对三者进行区别:"案验"的对象是否犯罪尚不得而知,故而对其不采取任何强制措施;"案治"是根据"案验"所获得的证据初步判定对象涉及犯罪,然而,情状尚未全部查实,性质难以判定,故而仅采取关押的措施;"案……狱"系确信其性质恶劣,可以采取一切措施查明情状。它们应该是秦王朝案问不同阶段的专门术语。"责",《说文·贝部》:"责,求也。""状",事状。比如,"春申君问状",④鲍彪注:"状,事状。"⑤"榜掠",结合"不胜痛"来看,应是指严刑拷打,具体方式不详。"诬",妄也。比如,"喜之而观其不诬也",⑥卢辩注:"诬,妄也。"⑦在不胜拷打、妄言服罪之后,李斯上书希望二世"寤而赦之"。从"赵高使吏弃去不奏"这样的记载来看,囚上书应该不是秦代案问过程中的法定程序,否则这样的行为有违法之嫌。

　　"赵高使其客十余辈诈为御史、谒者、侍中,更往覆讯斯。斯更以其实对,

①　司马迁:《史记》卷八十七,中华书局 1959 年版,第 2561 页。
②　籾山明:《中国古代诉讼制度研究》,李力译,上海古籍出版社 2009 年版,第 31 页。
③　司马迁:《史记》卷八十七,中华书局 1959 年版,第 2560—2561 页。
④　缪文远:《战国策新校注》,巴蜀书社 1987 年版,第 576 页。
⑤　缪文远:《战国策新校注》,巴蜀书社 1987 年版,第 577 页。
⑥　黄怀信等:《大戴礼记汇校集注》,三秦出版社 2004 年版,第 492 页。
⑦　黄怀信等:《大戴礼记汇校集注》,三秦出版社 2004 年版,第 492 页。

辄使人复榜之。后二世使人验斯,斯以为如前,终不敢更言,辞服。奏当上……"①在李斯已经"自诬服"之后,赵高命其门客诈为御史、谒者、侍中,"更往覆讯",李斯于此际翻供,以实情告知,想必其中必有缘故:赵高与李斯均为熟谙秦朝法律令之人,如果没有"覆讯"的程序,赵高没有必要像这样施诡计,因为他担心李斯在"验"的过程中翻供导致前功尽弃;李斯也不会在招供之后"更以其实对"。换言之,他对赵高门客冒充的御史、谒者、侍中之"覆讯"信以为真,希望在此阶段为自己开脱罪责。如果御史、谒者、侍中没有讯问的职责,如果在囚犯供认之后没有"覆讯"这样的程序,想必李斯不会如此轻易中计。"二世使人验斯,斯以为如前,终不敢更言"这样的记载说明,"覆讯"与前述讯问别无二致,否则,李斯不会将"覆讯"视为与以往"讯"一样,而错过最后辩白之机会。日本学者籾山明亦认为:"蒙受谋反之嫌疑的李斯,在受到赵高'案治'时,已知道反正有'覆讯'的程序。在李斯看来,那是由二世的近侍所进行的再讯问,对使者的回答有着近乎辩解的意义……"②人们容易因为"二世使人验斯"等记载而认为,"验"才是秦法律规定的程序。其实不然,这在《岳麓书院藏秦简》(三)中"譊、妠刑杀人等案"中看得比较清楚:

"0448—1 正:十月癸酉,佐赦曰:士五(伍)譊刑人(?)市舍□【……】0448—1 背:为狱訮状。0421 正:不(?)得。诊、问。鞫:譊刑审,妠杀疑。九月丙寅,丞相、史如论令妠赎舂。仓人【……】0421 背:为覆奏状 0455 正:九月丙辰,隶臣哀诣隶臣喜,告盗杀人。问,喜辤(辞)如告。鞫:审。己卯,丞相、史如论磔【……】"。③

"訮"字疑为"詣"。在《睡虎地秦简》中有"今甲裹把子来诣自告"④、"某里公士甲缚诣大女子丙,告曰"⑤之类记载,"为狱詣状"疑为诣告之际呈递之文书。整理者在0448简和0421简之间加入0494简:"0494 正:□□□不可起,怒,以刀刑(?),弃刀【……】0494 背:为气(乞)鞫奏状"。他们其实已经注意到

① 司马迁:《史记》卷八十七,中华书局 1959 年版,第 2561 页。
② 籾山明:《中国古代诉讼制度研究》,李力译,上海古籍出版社 2009 年版,第 44 页。
③ 朱汉民、陈松长:《岳麓书院藏秦简》(三),上海辞书出版社 2013 年版,第 175—176 页。
④ 睡虎地秦墓竹简整理小组:《睡虎地秦墓竹简》,文物出版社 1990 年版,第 161 页。
⑤ 睡虎地秦墓竹简整理小组:《睡虎地秦墓竹简》,文物出版社 1990 年版,第 155 页。

《法律答问》"以乞鞫及为人乞鞫者,狱已断乃听,且未断犹听殹(也)?狱断乃听之……"这样的记载,[①]而在 0448 简之后,未有证据表明狱已断。因此,这样的处理方式难以令人信服。如果将 0494 简置于 0421 简之后可能更合理。0421 简已经出现判决,置入"为气(乞)鞫奏状",比较合乎秦法律之规定。不仅如此,在"为气(乞)鞫奏状"之后再次出现判决,比较符合气(乞)鞫之后的情形。像整理者那样处理,如何解释判决之后因为覆奏之故再次出现判决?"覆奏"很可能是覆讯之后的答复。在这份文书中,覆讯之后,丞相、史作出判决。《史记·李斯本纪》相关记载同样如此,二世派人覆讯之后,很快如下文所述出现"具斯五刑"之结果。

"二世二年七月,具斯五刑,论腰斩咸阳市。斯出狱,与其中子俱执……而夷三族"。[②] 与之相关的记载是,"……尚有夷三族之令,令曰:当三族者,皆先黥、劓、斩左右止、笞杀之、枭其首、菹其骨肉于市,其诽谤、詈诅者,又先断舌,故谓之具五刑。彭越、韩信之属皆受此诛"。[③] 这是汉代的情形,对于"具斯五刑"之理解可供参考。而且,李斯也的确被"夷三族"。如果"具斯五刑"与此相类,则似与"论腰斩咸阳市"相互抵牾。关键在于对"具"和"论"的合理解释。关于"具",比如,"乃抱其具狱,哭于府上。"[④]颜师古注:"具狱者,狱案已成,其文备具也。"[⑤]"论",决也。比如,"秋季论囚。"[⑥]李贤注:"论,决也"。[⑦]"具斯五刑"可能为狱吏完成之狱案:李斯依法应受五刑之诛,然二世等人决定施以腰斩之刑。总而言之,李斯之狱的审理系由赵高一手策划,对于李斯而言系彻头彻尾之冤案,然而,一切均在秦法律令规定的范围内进行,故而可从中观察秦中央政府狱讼审判制度之概貌。

关于战国以降秦法律以及狱讼制度之发展,相对可靠的传世文献所能提供的史料非常有限,主要反映秦中央政府狱讼审判的情形。一些记载也比较

① 参见朱汉民、陈松长:《岳麓书院藏秦简》(三),上海辞书出版社 2013 年版,第 177 页。
② 司马迁:《史记》卷八十七,中华书局 1959 年版,第 2562 页。
③ 班固:《汉书》卷二十三,中华书局 1962 年版,第 1104 页。
④ 班固:《汉书》卷七十一,中华书局 1962 年版,第 3042 页。
⑤ 班固:《汉书》卷七十一,中华书局 1962 年版,第 3042 页。
⑥ 范晔:《后汉书》卷四十六,中华书局 1965 年版,第 1551 页。
⑦ 范晔:《后汉书》卷四十六,中华书局 1965 年版,第 1552 页。

模糊、有些记载之间甚至相互抵牾,限制了人们全面而深入地了解和把握秦法律以及狱讼制度的发展。大致而言,商鞅变法之后,秦走上依法治国的轨道,狱讼制度逐渐完善。在秦始皇统一中国之后,狱讼制度基本定型。贵族和官吏犯法经由皇帝本人发现或经过官吏控告,皇帝根据官吏的地位交由御史或其他官吏案问,由于尚未确定其是否违反法律令,暂时不采取强制措施;通过调查获取一些证据,确定官吏违反法律令之后,主审官吏可以对其案治,予以关押,进一步调查取证;在表明官吏依法应予以严惩之后,进入案狱阶段,主审官员收押任何涉案人员,并采取包括"榜掠"在内的一切刑讯措施获取证据特别是犯人的口供;皇帝派近侍"覆讯"违反法律令之官吏,在无异议的情况下,依法确定所处之刑罚。以上各程序很可能是秦法律令所规定,必须严格执行。若有违反,狱吏当受惩罚。比如,"三十四年,适治狱吏不直者,筑长城及南越地。"①当然,这是"以法治国"状态下的情形,在皇帝非理性以及争权夺位等非正常政治状态下,皇帝可以突破法律令之规定,直接赐死或者利用法律令所规定的狱讼程序实现既定目标。

第二节　秦地方狱讼制度之考察

自 20 世纪 70 年代以来相继面世的睡虎地秦简、青川木牍、里耶秦简,岳麓书院藏秦简以及其他地方新出土秦简含大量狱讼类文书(里耶秦简以及其他地方新出土秦简狱讼部分尚未公布),这一部分拟以已经公布的狱讼类秦简为依据考察秦地方狱讼相关史实以及制度,俾有助于人们将其与前面揭示的秦中央政府狱讼制度结合起来形成关于秦狱讼制度全貌的认识。

关于睡虎地秦简的年代,王辉认为,"约秦昭襄王五十一年(前 256 年)至秦始皇三十年(前 217 年)之四十年间"。② 关于岳麓书院秦简(三),整理者认为,以秦王政时代的文书为主,也有文书晚至秦始皇二十六年九月。③ 学术界不乏疑问的是,秦简在故楚地出土,其中之"法律令"是适用于整个王朝,还

① 司马迁:《史记》卷六,中华书局 1959 年版,第 253 页。
② 王辉:《秦出土文献编年》,(台)新文丰出版公司 2000 年版,"目录"第 9 页。
③ 参见朱汉民、陈松长:《岳麓书院藏秦简》(三),上海辞书出版社 2013 年版,"前言"。

是地方官吏因故楚地乡俗而制定？整理者认为："《语书》是秦王政（始皇）二十年（公元前二二七年）四月初二日南郡的郡守腾颁发给本郡各县、道的一篇文告。"①就前述问题而言，关键在于对《语书》"故腾为是而脩法律令、田令及为间私方而下之"②的合理理解。"脩"，《说文·肉部》："脩，脯也"。后引申为"循"。比如，"缘故脩法"。③ 又如，"然后百姓晓然皆知脩上之法"。④"脩"像这样解释还有其他证据：其一，"今天下已定，法令出一，百姓当家则力农工，士则学习法令辟禁"。⑤ 据此，制定法令的权力属于以皇帝为首的秦王朝最高统治层。1979 年在青川出土的秦《为田律》木牍表明，在秦统一以前就很可能已经如此："二年十一月己酉朔朔日，王命丞相戊（茂）、内史匽口口更脩为田律。"正如胡澱咸所云："……《为田律》秦在此以前已经有过，所以这里说'更脩'。"⑥修改法令（换言之，根据形势需要更新法令，本质上是制定法令）的过程是由秦王下令，并由丞相、内史等负责实施。像腾这样的郡守显然必须遵循既定法律令，根据实际情况选择执行法律令。这里所谓"选择"并非根据其意愿有选择地遵循法律令，而是说，若法律令所针对的对象为南郡所无，则南郡不必适用相关法律令。反之，则南郡必须遵循。睡虎地秦简包含的秦律数目有限，除遗失外，很可能就是像这样人为选择之结果。其二，"（陈胜、吴广）入据陈。数日，号令召三老、豪杰与皆来会计事。三老、豪杰皆曰：'将军身被坚执锐，伐无道，诛暴秦……'"⑦又，"当此时，诸郡县苦秦吏者，皆刑其长吏，杀之以应陈涉"。⑧ 何谓"暴"？《说苑·政理》："缓其令，急其诛，是谓暴也。"⑨"（秦始皇）刚毅戾深，事皆决于法，刻削毋仁恩和义，然后合五

---

① 睡虎地秦墓竹简整理小组：《睡虎地秦墓竹简》，文物出版社 1990 年版，第 13 页。
② 睡虎地秦墓竹简整理小组：《睡虎地秦墓竹简》，文物出版社 1990 年版，第 13 页。
③ 黎翔凤：《管子校注》，中华书局 2004 年版，第 704 页。
④ 王先谦：《荀子集解》，中华书局 1988 年版，第 286 页。
⑤ 司马迁：《史记》卷六，中华书局 1959 年版，第 255 页。
⑥ 胡澱咸：《四川青川秦墓为田律木牍考释》，《安徽师大学报》（哲学社会科学版）1983 年第 3 期。
⑦ 司马迁：《史记》卷四十八，中华书局 1959 年版，第 1952 页。
⑧ 司马迁：《史记》卷四十八，中华书局 1959 年版，第 1953 页。
⑨ 赵善诒：《说苑疏证》，华东师范大学出版社 1985 年版，第 192 页。

德之数。于是急法,久者不赦"①的做法完全符合"暴"的特征。何谓"苦"?《汉书·冯奉世传》:"为外国所苦。"②颜师古注:"苦,谓困辱之。"③故楚地之民久在楚国治下,习焉于楚国法令。相对于楚国而言,秦也系外国。如果郡守因其乡俗而修改秦法律令,想必不致导致故楚地之民"苦秦吏"乃至于杀之而后快之地步,而秦郡守强行推行为楚民认为非常残酷的秦王朝法律令却有可能如此。上述史料结合起来表明"脩"解释为"循"最为合理。刘海年认为:"云梦秦简中的《语书》,是秦始皇统一全国过程中南郡守腾颁布的一篇法律文告,属于地方性法规。"④像这样的观点在比较宽泛的意义上也可以成立,郡守腾根据南郡的情况有选择地申明秦王朝法律令,对整个秦王朝而言的确具有地方性。然而,作为地方官吏的腾必须遵循秦王朝之法律令,其中之"法律令"当为秦王朝之法律令。

这就意味着,在狱讼制度方面,各级地方官府与朝廷相比既有一致性,也有地方之特点。朝廷审理的往往是大案要案,对象多为举足轻重的官员,而各级官府审理的往往是编户齐民和低级官吏。因此,朝廷和地方在狱讼制度方面理所当然地会存在一些差别。比如,在朝廷重要官员招供认罪之后,皇帝会派御史、谒者或者侍中覆讯。对于平民百姓而言,难以想象会照此办理。如前所述,地方官府在覆讯的启动以及过程方面与朝廷相关安排相比存在重大差别。为利于观察和分析周秦时代狱讼制度发展演变的趋势,这一部分拟与前面一样从狱讼的启动、裁决者以及裁决过程等方面入手考察秦地方狱讼制度运行情况。

一、狱讼听断的启动

如前所述,以往争端发生之后,断狱决讼往往因争端参与者的"告"而启动。对于各种危害治理秩序的人和事,执政者"议事以制",在权力范围内予以处理。而秦在商鞅变法之后,上述治理模式发生重大变化,在狱讼案件的处理方面也因而表现出与以往完全不同的特点。这首先可以睡虎地秦简之《秦律十八种》、《法律答问》,《封诊式》以及《岳麓书院藏秦简》中一些记载加以

① 司马迁:《史记》卷六,中华书局 1959 年版,第 237—238 页。
② 班固:《汉书》卷七十九,中华书局 1962 年版,第 3294 页。
③ 班固:《汉书》卷七十九,中华书局 1962 年版,第 3295 页。
④ 刘海年:《云梦秦简〈语书〉探悉》,《学习与探索》1984 年第 6 期。

体现。莱顿大学荣誉教授何四维认为："（帝国政府）有一套繁多的法律和条令，以保证这个大帝国的结构复杂的政府行使职能"。他将之归于行政法规，与主要规定行为及其刑罚后果的法典区别开来。① 行政法的主旨和精神在于限制行政机关之权力，故而以"行政法规"称呼秦律令有比附之嫌，秦律应该是秦正式发布各项治理制度，是各级官府管理相关事务的依据，违反者有罚。不过，相对于刑而言，其罚较轻。若有违反秦律之规定者，是否以及如何启动狱讼过程？"今且令人案行之，举劾不从令者，致以律，论及令、丞。"②其中，"案行"应为当时颁行律令的专门用语，与"诸吏人皆案堵如故"类似。③ 从"举劾不从令者"的语境来看，前面的内容为"……令、丞弗智（知），甚不便"，其后又有"论及令、丞"这样的内容。因此，郡守腾针对的就是"令、丞弗智"这样的现象。秦律中有关于令、丞不从令之规定。比如，"过二月弗置啬夫，令、丞为不从令。"④（该律显然不完整，这是因为，秦律往往有违反律之后果——罚）。当然，《语书》所谓"不从令"的后果未必为《内史杂》中律之规定。关于"劾"的合理理解关系到违律是否经由断狱过程。《说文·力部》："劾，法有罪也。"《汉书·孔安国传》："谓上其鞫劾文辞。"孔颖达疏曰："汉世问罪谓之鞫，断狱谓之劾。"由此或可以推测，秦官府"举劾不从令者"亦即断狱，查明不从令者之事实。《法律答问》："发伪书，弗智（知），赀二甲。今咸阳发伪传，弗智（知），即复封传它县，它县亦传其县次，到关而得，今当独咸阳坐以赀，且它县当尽赀？咸阳及它县发弗智（知）者当皆赀。"⑤咸阳发送虚假文书至各县，各县亦如此，至关被查获。秦律规定"发伪书，弗智（知），赀二甲"，审理者不知仅仅惩罚咸阳抑或咸阳及他县，故而向上级官府请示。"坐"字值得推敲。春秋时期，讼曲直曰坐。比如，"晋人使与邾大夫坐。"秦汉之际，"坐"有"被罪"之意。比如，"商君之法，舍人无验者坐之。"由此可知，官府发送文书违反律令也应由有司依律予以惩罚。因此，"劾"不从令或者违反律之官吏之过程

① 参见何四维：《秦汉法律》，《剑桥中国秦汉史》，中国社会科学出版社 1992 年版，第564—581 页。

② 睡虎地秦墓竹简整理小组：《睡虎地秦墓竹简》，文物出版社 1990 年版，第 13 页。

③ 参见司马迁：《史记》卷八，中华书局 1959 年版，第 362 页。

④ 睡虎地秦墓竹简整理小组：《睡虎地秦墓竹简》，文物出版社 1990 年版，第 62 页。

⑤ 睡虎地秦墓竹简整理小组：《睡虎地秦墓竹简》，文物出版社 1990 年版，第 107 页。

或与后面所述违法者的狱讼过程相类,其后果为"坐"。《岳麓书院藏秦简》(三)中的"暨过误失坐官案"可进一步证实这样的推论:

> "……暨自言曰:……以赢论暨。此过误失及坐官殹(也),相遝,赢论重。谒谳(谳)。【视故狱……】某曰:……遮十月乙酉暨坐丹论一甲,其乙亥劾弩,言夬(决)相遝,不赢,它如暨言。郐曰:不当相遝。暨言如前。诘暨:赢论有令,可(何)故曰赢重?可(何)解?暨曰:不幸过误失,坐官弗得,非敢端犯灋(法)令,赴隧以成私殹(也),此以曰赢重,毋(无)它解,它如前。问如辤(辞)。鞫之:暨坐八劾:小犯令二,大误一,坐官。小误五,巳(已)论一甲,余未论,皆相遝。审,疑暨不当赢论,它县论,敢谳(谳)之。吏议:赀暨一甲,勿赢。"①

其中,"过",过失。比如,"人谁无过?过而能改,善莫大焉!"②"误",错误。比如,"使者聘而误,主君弗亲饗食也!"③"失"本为丧失、遗失,引申为做事失当。比如,"治民者表乱,使人无失"。④"过误失"当为秦法律术语,表示因为过失和错误导致行为失当,或轻微违反法律令。官府以"赢"论之,暨认为不当,故谒谳。"赢",恶也。比如,"赢暴于天下",⑤"赢"显然较过误失严重得多。这是官吏对以往判决将过误失论为赢而请谳的案件,其过程与下文中的案件几无二致:审讯→鞫之→谒谳→视故狱→报谳(根据下述癸、琐相移谋购案推知)。暨仅仅小犯令以及误而已,处罚亦仅赀一甲,不属于"端犯灋(法)令"的案件,与违反秦律类案件相类,故而可作为违律之例证。

狱讼案件更多由编户齐民或低级官吏违反法律令而产生,审理则因告诉而启动。告诉可分为两种,其一为公室告,其二为非公室告:⑥"公室告,何殹

---

① 朱汉民、陈松长:《岳麓书院藏秦简》(三),上海辞书出版社2013年版,第145—149页。
② 杨伯峻:《春秋左传注》,中华书局2009年版,第657页。
③ 《礼记正义》卷六十三,《十三经注疏》本,中华书局1980年影印版,第1693页。
④ 王先谦:《荀子集解》,中华书局1988年版,第488页。
⑤ 王聘珍:《大戴礼记解诂》,中华书局1983年版,第210页。
⑥ 《法律答问》很有可能乃下级官吏在审讯查明事实、适用法律存在疑虑的情况下向上级请示而形成。也不能排除《法律答问》是下级官吏学习法律令的过程中发生疑问,向上司请教如何处理之记载。即便如此,也不会动摇本文的分析。这是因为,即便《法律答问》中提出的问题是想象中的而并非实际发生的,在当时法律令所形成的制度环境是有可能发生的,依照当时法律令必须像回答的那样解决。换言之,它们正是法律令对于一些可能出现的问题的解决办法或者规定。

（也）？非公室告，可（何）殹（也）？贼杀、伤、盗它人为公室。子盗父母，父母擅杀、刑、髡子及奴妾，不为公室告"。①　"子告父母，臣妾告主，非公室告，勿听。可（何）谓非公室告？主擅杀、刑、髡其子、臣妾，是谓非公室告，勿听。而行告，告者罪。告者罪已行，它人有（又）袭其告之，亦不当听。"②何谓"公室"？在"昭王得范雎，废穰侯，逐华阳，强公室，杜私门，蚕食诸侯，使秦成帝业"这样的记载中，③"公室"与"私门"相对，当与"朝廷"相类。依据秦法律令之规定，诸如贼杀、伤、盗他人之类行为破坏社会治理秩序，为公室告。前述所谓李斯谋反等案件侵犯的是皇权和统治秩序，由秦廷官吏负责审问，也应当划入公室告的范畴。诸如"子盗父母，父母擅杀、刑、髡子及奴妾"之类系发生在家内人与人之间，破坏的是家内秩序，为非公室告。对于此类行为，法律规定"勿听"。然而，人们不能因而形成错误的理解，以为诸如此类的行为为秦法律所允许。事实上，秦法律有诸如此类之规定："擅杀子，黥为城旦舂。其子新生而有怪物其身及不全而杀之，勿罪。今生子，子身全殹（也），毋（无）怪物，直以多子故，不欲其生，即弗举而杀之，可（何）论？为杀子"。④　又，"士五（伍）甲毋（无）子，其弟子以为后，与同居，而擅杀之，当弃市"。⑤ "直"，从上下文看，当训为"徒"。"举"，谓浴而乳之。比如，"其母窃举生之。"⑥上述二项记载均与杀子相关，发生在家庭内部。然而，官府不仅予以审理，而且处以"城旦舂"乃至"弃市"之刑。《法律答问》在解释"非公室告"之际"勿听"之记载与此处"黥为城旦舂"之记载之间似乎存在矛盾。一种相对合理的解释是，法律虽然规定"子告父母，臣妾告主，勿听"，然而，在"主擅杀、刑、髡其子、臣妾"之后，法律并未禁止邻居或者其他知情人控告。那么，在他们提出控告之后，官府应当受理。

从"公室告"和"非公室告"之角度可在《法律答问》一些记载中获取颇有价值的历史信息。由《睡虎地秦简》相关记载可知，秦法律中不乏关于"失刑"

----

① 　睡虎地秦墓竹简整理小组：《睡虎地秦墓竹简》，文物出版社 1990 年版，第 117 页。
② 　睡虎地秦墓竹简整理小组：《睡虎地秦墓竹简》，文物出版社 1990 年版，第 118 页。
③ 　参见司马迁：《史记》卷八十七，中华书局 1959 年版，第 2542 页。
④ 　睡虎地秦墓竹简整理小组：《睡虎地秦墓竹简》，文物出版社 1990 年版，第 109 页。
⑤ 　睡虎地秦墓竹简整理小组：《睡虎地秦墓竹简》，文物出版社 1990 年版，第 110 页。
⑥ 　司马迁：《史记》卷七十五，中华书局 1959 年版，第 2352 页。

周秦时代狱讼制度的演变
ZHOUQINSHIDAIYUSONGZHIDUDEYANBIAN

之规定,它们以"端"亦即"故意"为前提。"故意"或者"过失"这样的心理状态最终要通过听断结果予以体现。换言之,如果故意违反秦法律之规定进行裁判,就有可能入罪。在实践中出现法律难以适用的情形,官吏贸然裁判,非常容易导致"失刑"的后果。对于他们而言,比较稳妥的做法就是向上司请示。这样一方面可因上司对于法律的把握更加准确和透彻而正确适用法律;另一方面也便于在朝廷追究的时候推卸责任。《法律答问》想必是这种情形下的产物。换言之,《法律答问》中的记载,很有可能是官府抓获人犯,初步查明事实后的结果,故而可由此倒推狱讼听断如何启动。比如,"甲谋遣乙盗,一日,乙且往盗,未到,得,皆赎黥"。① 又,"人臣甲谋遣人妾乙盗主牛,买(卖),把钱偕邦亡,出徼,得,论各可(何)殹(也)? 当城旦黥之,各畀主"。② 其中,"盗"明显为窃取他人财物之义。"得",从上下文来看,系捕获之义。比如,"及秦不然,其俗固非贵辞让也,所尚者告得也"。③ 在前一答问中,乙已经出发,然尚未到达目的地即被捕获。既然如此,则不存在乙被欲偷窃之对象发现并控告之可能性,捕获他的应该就是官府之人。在后一答问中,二人盗主牛已经得手,在逃出边关之际被官府捕获。又,"誉适(敌)以恐众心者,戮(戮)。戮(戮)者可(何)如? 生戮(戮),戮(戮)之已乃斩之之谓殹(也)"。④ 又,"广众心,声闻左右者,赏。将军材以钱若金赏,毋(无)恒数"。⑤ "誉适(敌)以恐众心者"既有可能发生在军营,也有可能发生在面临战事的地区。他们要交由官府依法审理并予以处罚。又,"女子甲去夫亡,男子乙亦阑亡,相夫妻,甲弗告请(情)。居二岁,生子,乃告请(情)。乙即弗弃,而得,论可(何)殹(也)? 当黥城旦舂"。⑥ 其中,"去",离弃也。"阑",无符传出入也。比如,"愚民安知市买长安中物而文吏绳以为阑出财物于边关乎?"⑦ "即",从上下文来看,为接受之意。"乙即弗弃",故而不可能前往官府告发。由"得"可知,

① 睡虎地秦墓竹简整理小组:《睡虎地秦墓竹简》,文物出版社1990年版,第94页。
② 睡虎地秦墓竹简整理小组:《睡虎地秦墓竹简》,文物出版社1990年版,第94页。
③ 王聘珍:《大戴礼记解诂》,中华书局1983年版,第55页。
④ 睡虎地秦墓竹简整理小组:《睡虎地秦墓竹简》,文物出版社1990年版,第105页。
⑤ 睡虎地秦墓竹简整理小组:《睡虎地秦墓竹简》,文物出版社1990年版,第105页。
⑥ 睡虎地秦墓竹简整理小组:《睡虎地秦墓竹简》,文物出版社1990年版,第132页。
⑦ 司马迁:《史记》卷一百二十,中华书局1959年版,第3109页。

官府的追查导致女子甲以及男子乙之事败。又,"女子为隶臣妻,有子焉。今隶臣死,女子北其子,以为非隶臣子殹(也)。问女子论可(何)殹(也)？或黥颜颥为隶妾,或曰完,完之当殹(也)"。① 其中,"北"常训为"背"。从上下文来看,女子向官府隐瞒其子为隶臣之子的事实,目的是洗脱其隶臣子的身份,这样的行为在当时秦法律中称为"北"。女子的行为或为他人告发,或为官府查获。将以上案件置于秦法律令所塑造的制度环境中,可以推究"公室告"发生之过程。《封诊式》中一些记载则有助于更为直观地把握这一过程。比如,"某里公士甲自告曰:以五月晦与同里士五(伍)丙盗某里士五(伍)丁千钱,毋(无)它坐,来自告,告丙。即令令史某往执丙"。② 秦汉之际,"坐"又可指犯法。比如,"王稽为河东守,与诸侯通,坐法诛"。③ "毋(无)它坐"即没有违反其他法(令)。"执",《说文·幸部》:"执,捕罪人也。"这一记载的大意为,官府在公士甲告发丙之后命令令史某前往抓捕丙,启动狱讼之听断。

有些行为发生在人与人之间,不仅受害人可以前往官府控告,他人亦可告发。《封诊式》记载一些案例,让人们得以了解告发或者控告之后官府的处理方式。比如,

> "某亭求盗甲告曰:署中某所有贼死,结发,不智(知)可(何)男子一人,来告。即令令史某往诊。令史某爰书:与牢隶臣某即甲诊,男子死(尸)在某室南首……令甲以布幕剟狸(埋)男子某所,侍(待)令。以襦、履诣廷。讯甲亭人及丙,智(知)男子可(何)日死,闻謈(号)寇者不殹(也)？"④

其中,"求盗"当为秦亭所属官吏,类似后世捕快。"诊",验也。比如,"至狱诊视"。⑤ 这一记载大意为,官府接到下级官吏报案后,命令史前往勘验。令史勘验现场,作详细记载,并展开初步调查。又如,

> "某里士五(伍)乙告白:自宵臧(藏)乙复(複)結衣一乙房内中,闭其

---

① 睡虎地秦墓竹简整理小组:《睡虎地秦墓竹简》,文物出版社1990年版,第134页。
② 睡虎地秦墓竹简整理小组:《睡虎地秦墓竹简》,文物出版社1990年版,第150页。
③ 司马迁:《史记》卷七十九,中华书局1959年版,第2417页。
④ 睡虎地秦墓竹简整理小组:《睡虎地秦墓竹简》,文物出版社1990年版,第157页。
⑤ 班固:《汉书》卷六十一,中华书局1962年版,第3739页。

户,乙独与妻丙晦卧堂上。今旦起启户取衣,人已穴房内,彻(彻)内中,结衣不得,不智(知)穴盗者可(何)人、人数,毋(无)它亡殹(也),来告。即令令史某往诊,求其盗。令史某爰书:与乡□□隶臣某即乙、典丁诊乙房内……讯乙、丙,皆言曰:乙以迺二月为此衣,五十尺,帛里,丝絮五斤橐(装),缪缯五尺缘及殹(纯)。不智(知)盗者可(何)人及蚤(早)莫(暮),毋(无)意殹(也)。讯丁、乙伍人士五(伍)□,曰:见乙有结复(複)衣,缪缘及殹(纯),新殹(也)。不智(知)其里□可(何)物及亡状。以此直(值)衣贾(价)"。①

大意为,士伍乙到官府报案称其结衣被盗,官府命令令史前往勘验,抓捕盗窃者。令史勘验现场,并作详细记录。由于本案是盗窃案件,依照秦法律相关规定,官府以盗窃物品的价值为依据量刑。故而,令史在乙、丙与丁、乙伍人士伍的证言基本一致的情况下确定被盗结衣的价值。此后显然应当是捕获人犯,进行听断。

人们将人犯绑缚官府也是一种比较常见的方式。比如,"男子甲缚诣男子丙,辞曰:甲故士五(伍),居某里,乃四月中盗牛,去亡以命。丙坐贼人□命。自昼甲见丙阴市庸中,而捕以来自出。甲毋(无)它坐。"②其中,"诣",告也。"男子甲缚诣男子丙"之意当为男子甲绑缚男子丙告至官府。"贼",杀也。比如,"(灵公虐),赵宣子骤谏,公患之,使鉏麑贼之"。③"出",《说文·出部》:"出,进也"。"自出"类似后世自动投案。又,"某里士五(伍)甲、乙缚诣男子丙、丁及新钱百一十钱,容(镕)二合,告曰:丙盗铸此钱,丁佐铸。甲、乙捕索(索)其室而得此钱、容(镕),来诣之。"④其中,"镕",整理者认为:"《汉书·食货志》注引应劭云:作钱模也。钱模分两扇,故以合为单位。"⑤又,"市南街亭求盗,才(在)某里曰:甲缚诣男子丙,及马一匹,骓牝右剽,缇覆(复)衣,帛里荓缘领褏(袖),及履,告曰:丙盗此马、衣,今日见亭旁,而捕来

---

① 睡虎地秦墓竹简整理小组:《睡虎地秦墓竹简》,文物出版社1990年版,第160页。
② 睡虎地秦墓竹简整理小组:《睡虎地秦墓竹简》,文物出版社1990年版,第150页。
③ 杨伯峻:《春秋左传注》,中华书局2009年版,第658页。
④ 睡虎地秦墓竹简整理小组:《睡虎地秦墓竹简》,文物出版社1990年版,第151页。
⑤ 睡虎地秦墓竹简整理小组:《睡虎地秦墓竹简》,文物出版社1990年版,第151页。

诣。"①其中，"市"为集中的买卖场所。比如，"臣闻争名者于朝，争利者于市。"②"南街亭"之"南街"或为亭名，或为集市之某场所。"才（在）某里曰"的主语承前省，南街亭之官吏求盗，（获取之后）向众人宣布。又，"某里士五（伍）甲缚诣男子丙，及斩首一，男子丁与偕。甲告曰：甲，尉某私吏，与战刑（邢）丘城。今日见丙戏旞，直以剑伐痍丁，夺此首，而捕来诣。诊首，已诊丁，亦诊其痍状"。③ 其中，"旞"，道车所载用五彩鸟羽作装饰的旗。比如，《周礼·春官·宗伯》："道车载旞，斿车载旌"。④ "直"，《说文》："直，正见也"。在典籍中常用为"正"。比如，"上直欲从单于求之。"颜师古注："直犹正耳。"⑤"痍"，《说文》："痍，伤也"。比如，"王痍者何？伤乎矢也。"⑥又如，"告奸者与斩敌首同赏"。它们表明秦以所斩敌首论功。丙夺他人所获之首，目的显然是冒功领赏，其行为很可能违反秦法律令，故而甲将其绑缚官府。又，"某里士五（伍）甲诣男子乙、女子丙，告曰：乙、丙相与奸，自昼见某所，捕校上来诣之。"⑦关于"奸"，《说文·女部》："奸，犯淫也"。关于"校"，《说文·木部》："校，木囚也"。"诣"常训为"至"，然而，在《封诊式》包括此处在内的几处记载中，训"至"恐不妥。根据上下文来看，"诣"当为秦常用法律术语，与"告"相类。

与此同时，秦法律允许"自告"。比如，"司寇盗百一十钱，先自告，可（何）论？当耐为隶臣，或曰赀二甲"。⑧《法律答问》中的"告"，可以解释为"控告"。比如"告人盗千钱，问盗六百七十，告者可（何）论？毋论"。⑨ 其中，"问"为官府或者官吏对于囚犯之审讯。比如，"淑问如皋陶，在泮献（谳）囚"。⑩ 问起因于"告"，则"告"应当为"控告"。"自告"意为自我控告，相当

---

①　睡虎地秦墓竹简整理小组：《睡虎地秦墓竹简》，文物出版社 1990 年版，第 151 页。
②　缪文远：《战国策新校注》，巴蜀书社 1987 年版，第 100 页。
③　睡虎地秦墓竹简整理小组：《睡虎地秦墓竹简》，文物出版社 1990 年版，第 153 页。
④　孙诒让：《周礼正义》，中华书局 1987 年版，第 2207 页。
⑤　班固：《汉书》卷九十四，中华书局 1962 年版，第 3810、3811 页。
⑥　《春秋公羊传注疏》，《十三经注疏》本，中华书局 1980 年影印版，第 2297 页。
⑦　睡虎地秦墓竹简整理小组：《睡虎地秦墓竹简》，文物出版社 1990 年版，第 163 页。
⑧　睡虎地秦墓竹简整理小组：《睡虎地秦墓竹简》，文物出版社 1990 年版，第 95 页。
⑨　睡虎地秦墓竹简整理小组：《睡虎地秦墓竹简》，文物出版社 1990 年版，第 102 页。
⑩　《毛诗正义》，《十三经注疏》本，中华书局 1980 年影印版，第 611 页。

于后世"自首",应当是秦法律中的专门术语。由于史料匮乏之故,人们难以比较自告与他人之告之刑罚后果。《史记·商君列传》:"令民为什伍,而相牧司连坐。不告奸者腰斩,告奸者与斩敌首同赏,匿奸者与降敌同罚"。在未有记载表明商鞅之后秦又进行大规模法制变革的情况下,人们应该可以认为秦王朝法律继承相关原则和精神。《法律答问》中出现如次之记载因而不难理解:"夫有罪,妻先告,不收。妻媵(滕)臣妾、衣器当收不当?不当收"。① 其中,"收",执拘也,没收入官也。比如,"以城叛者,身死家收"。② 由此记载可以推测,秦法律规定夫有罪其家人和财产没收入官。妻由于其告发行为导致陪嫁之臣妾、衣器不予没收入官,表明秦法律鼓励告奸的一贯立场。又,"啬夫不以官为事,以奸为事,论可(何)殹(也)?当罷(迁)。罷(迁)者妻当包不当?不当包"。③ 其中,"啬夫"为职官名。"官",从上下文来看,相对于"奸"而言,当理解为"公",谓不私也。"奸",《说文·女部》:"奸,犯淫也",引申为凡有所犯之称。"迁",从上下文来看,显然为一种刑罚。《封诊式》载:"罷(迁)蜀边县,令终身毋得去罷(迁)所"。④ 由此可知,"迁"类似于后世流放。"包",从上下文来看,与犯官之妻是否与犯官一同迁相关。下文为,"当罷(迁),其妻先自告,当包"。⑤ 自告者通常予以奖励,由此不妨推测,"包"为免除之意。"啬夫"当迁,其妻若不自告,则不应免除。相反,若其自告,则予以免除。

秦法律对于"告不审"、"诬告"等也有比较详细之规定。比如,"告人盗百一十,问盗百,告者可(何)论?当赀二甲。盗百,即端盗驾(加)十钱,问告者可(何)论?当赀一盾。赀一盾应律,虽然,廷行事以不审论,赀二甲"。⑥ 其中,"端",《说文·立部》:"端,直也。"文献中常引申为"正直"。比如,"吏端刑轻"。又常用为"首"、"始"。比如,"仁之端也。"不过,诸如此类的用法在秦法律中皆不通,"端"在这里似应作"故意"解,即在控告之际故意加十钱,

---

① 睡虎地秦墓竹简整理小组:《睡虎地秦墓竹简》,文物出版社1990年版,第133页。
② 张敬:《烈女传今注今译》,台湾商务印书馆1994年版,第233页。
③ 睡虎地秦墓竹简整理小组:《睡虎地秦墓竹简》,文物出版社1990年版,第107—108页。
④ 睡虎地秦墓竹简整理小组:《睡虎地秦墓竹简》,文物出版社1990年版,第155页。
⑤ 睡虎地秦墓竹简整理小组:《睡虎地秦墓竹简》,文物出版社1990年版,第108页。
⑥ 睡虎地秦墓竹简整理小组:《睡虎地秦墓竹简》,文物出版社1990年版,第102页。

"告人盗百一十"，审问的时候发现"盗百"。"端"像这样解释在秦法律他处可通。比如，"甲告乙盗牛、若贼伤人，今乙不盗牛，不伤人，问甲可（何）论？端为，为诬人；不端，为告不审"。① 其中，"审"，实也。比如，"审此言也，可以为天下"。② 高诱注："审，实也。"③"诬"，《说文·言部》"诬，加也"，凡无实而虚加皆为诬。比如，"甲告乙盗直（值）□□，问乙盗卅，甲诬驾（加）乙五十，其卅不审，问甲当论不论？廷行事赀二甲"。④ 大意为，甲告乙盗窃价值□□钱（的财物），审问得知乙所盗值三十钱，甲有意多加五十钱，这就是无实而虚加。"端为，为诬人；不端，为告不审"意为故意控告为诬告人；相反，若非故意，则为所告不实。何谓端亦即"故意"？甲明知乙未盗牛、若贼伤人却去控告，这就是故意。何谓"不端"？比如甲误信人言乙盗牛、若贼伤人或者根据所了解和掌握的证据主观臆断或者形成错误的判断，这就是不端，大致相当于后世"过失"。"端"像这样解释在出土秦法律中基本可通，为避免与后面的论述重复，不再列举其他材料。如果将秦法律中这样的规定与"诬人盗千钱，问盗六百七十，诬者可（何）论？毋论"⑤这样的规定结合起来，让人觉得难以理解：前者仅仅故意多加十钱，依律"当赀一盾"。这里故意多加三百三十钱，有司却认为当"毋论"。秦法律的完整内容以及其精义已经不为后人所知。关于这类记载比较合理的解释是，相对于盗百钱这样的小罪而言，盗六百七十钱为大罪。人们在控告这样的大罪的过程中虽有过错，然而其功足以抵其过。

百姓在向官府控告之际，必须严格、准确地告发、控告，否则就有可能面临刑罚后果。《法律答问》中诸如此类的记载较多。比如，"甲告乙盗牛，今乙贼伤人，非盗牛殹（也），问甲当论不当？不当论，亦不当购。或曰为告不审"。⑥ 又，"甲盗羊，乙智（知），即端告曰甲盗牛，问乙为诬人，且为告不审？当为告盗驾（加）臧（赃）"。⑦ 又，"甲盗羊，乙智（知）盗羊，而不智（知）其羊数，即告

①　睡虎地秦墓竹简整理小组：《睡虎地秦墓竹简》，文物出版社1990年版，第103页。
②　许维遹：《吕氏春秋集释》，中华书局2009年版，第73页。
③　许维遹：《吕氏春秋集释》，中华书局2009年版，第73页。
④　睡虎地秦墓竹简整理小组：《睡虎地秦墓竹简》，文物出版社1990年版，第103页。
⑤　睡虎地秦墓竹简整理小组：《睡虎地秦墓竹简》，文物出版社1990年版，第103页。
⑥　睡虎地秦墓竹简整理小组：《睡虎地秦墓竹简》，文物出版社1990年版，第103页。
⑦　睡虎地秦墓竹简整理小组：《睡虎地秦墓竹简》，文物出版社1990年版，第104页。

吏曰盗三羊,问乙可(何)论?为告盗驾(加)臧(赃)"。① 又,"甲告乙盗牛,今乙盗羊,问可(何)论?为告不审"。② 又,"诬人盗直(值)廿,未断。有(又)有它盗,直(值)百,乃后觉。当并臧(赃)以论,且行真罪、有(又)以诬人论?当赀二甲一盾"。③ 又,"上造甲盗一羊,狱未断,诬人曰盗一猪,论可(何)殹(也)?当完城旦"。④ 其中,"购",《说文·贝部》:"购,以财有所求也"。有时候引申为以财设赏。比如,"吾闻汉购我头千金,邑万户"。⑤ 颜师古注:"购,以财设赏"。⑥ 这里亦当为悬赏捉拿之意。"真",不虚假也。由"诬人盗直(值)廿,未断。有(又)有它盗,直(值)百,乃后觉"可知,就告者而言,实不知其事,告皆为"诬"。然而,被告者又确有其事,乃后来通过他途得知,故相对于"诬"而言,被告者所为之罪为"真罪"。根据上述秦法律之规定,无论"告盗驾(加)臧(赃)",还是"诬"也好,都明确规定应当予以处罚。然而,"告不审"未明确规定法律后果。"可(何)谓'州告'?'州告'者,告罪人,其所告且不审,有(又)以它事告之。勿听,而论其不审"⑦这样的记载表明,"告不审"当论,其后果是否较"诬"为轻,囿于材料,不得而知。

秦法律令鼓励人们告发、控告犯罪,然而,亦有如次之规定:"有投书,勿发,见辄燔之;能捕者购臣妾二人,毄(系)投书者鞫审谳之。所谓者,见书而投者不得,燔书,勿发;投者【得】,书不燔,鞫审谳之之谓殹(也)"。⑧ 其中,"发",启也,打开之意。比如,"将为胠箧、探囊、发匮之盗而为守备"。⑨"燔",焚烧也。比如,"燔柴于泰坛,祭天也。"⑩关于"臣妾",从法律规定本身来看,臣妾为官府依法律可以赏赐给他人之人。"鞫",审讯、查问。比如,"汤

① 睡虎地秦墓竹简整理小组:《睡虎地秦墓竹简》,文物出版社1990年版,第104页。
② 睡虎地秦墓竹简整理小组:《睡虎地秦墓竹简》,文物出版社1990年版,第104页。
③ 睡虎地秦墓竹简整理小组:《睡虎地秦墓竹简》,文物出版社1990年版,第105页。
④ 睡虎地秦墓竹简整理小组:《睡虎地秦墓竹简》,文物出版社1990年版,第105页。
⑤ 班固:《汉书》卷三十一,中华书局1962年版,第1820页。
⑥ 班固:《汉书》卷三十一,中华书局1962年版,第1820页。
⑦ 睡虎地秦墓竹简整理小组:《睡虎地秦墓竹简》,文物出版社1990年版,第117页。
⑧ 睡虎地秦墓竹简整理小组:《睡虎地秦墓竹简》,文物出版社1990年版,第106页。
⑨ 王先谦:《庄子集解》,中华书局1987年版,第85页。
⑩ 《礼记正义》卷四十六,《十三经注疏》本,中华书局1980年影印版,第1588页。

掘窟得盗鼠及余肉,劾鼠掠治,传爰书,讯鞫论报,并取鼠与肉,具狱磔堂下"。① "审",审定。比如,"谨权量,审法度"。② 审作为讯问犯人之意乃后起。 "谳",议罪,审理定罪。比如,"狱成,有司谳于公。"③孔颖达疏:"谳,言白也。 谓狱断既平,定其罪状,有司以此辞,言白于公。"④根据以上分析,"鞫审谳 之"之规定看似简单,实际上囊括审理全过程。控告之书不予打开,直接烧 毁,如果能够捕获以书告者还要听断定罪。有学者由此将其视为后世之匿名 信,其实,依照秦法律,官府看到控告之书不予打开,直接烧毁,无从得知匿名 与否。总而言之,这样的规定表明,秦法律要求告者必须亲自到官府进行 控告。

以上为秦法律关于告诉的一般性规定。除此之外,秦法律亦规定在一些 特殊情形下官府对于控告或者告发的处理方式:其一,官府对于一些控告不予 受理。除前述"非公室告"外,《法律答问》还有这样的记载:"甲杀人,不觉,今 甲病死已葬,人乃后告甲,甲杀人审,问甲当论及收不当? 告不听"。⑤ 其中, "听",就狱讼而言,常作"听讼",意为听其所讼之辞以判曲直。不过,"告不 听"之"听"似不能作如是解。在典籍中,"听"亦常作"受"解。比如,"寡人不 听也"。⑥ 高诱注:"听,受也"。⑦ 故而,"听"在此可作"受"解。与之相似的 是,"家人之论,父时家罪殹(也),父死而诵(甫)告之,勿听。可(何)谓家罪? 家罪者,父杀伤人及奴妾,父死而告之,勿治"。⑧ 又,"葆子以上,未狱而死,若 已葬,而诵(甫)告之,亦不当听治,勿收,皆如家罪"。⑨ 其中,"甫",方也。由 此可知,秦法律规定,在违反法令之人已经死亡之后,针对他(他们)的控告不 予受理。

---

① 司马迁:《史记》卷六十二,中华书局 1959 年版,第 3137 页。
② 杨伯峻:《论语译注》,中华书局 1980 年版,第 208 页。
③ 《礼记正义》卷二十,《十三经注疏》本,中华书局 1980 年影印版,第 1409 页。
④ 《礼记正义》卷二十,《十三经注疏》本,中华书局 1980 年影印版,第 1409 页。
⑤ 睡虎地秦墓竹简整理小组:《睡虎地秦墓竹简》,文物出版社 1990 年版,第 109 页。
⑥ 缪文远:《战国策新校注》,巴蜀书社 1987 年版,第 135 页。
⑦ 缪文远:《战国策新校注》,巴蜀书社 1987 年版,第 138 页。
⑧ 睡虎地秦墓竹简整理小组:《睡虎地秦墓竹简》,文物出版社 1990 年版,第 118 页。
⑨ 睡虎地秦墓竹简整理小组:《睡虎地秦墓竹简》,文物出版社 1990 年版,第 118 页。

其二,秦法律规定对于父母之控告予以受理。比如,"免老告人以为不孝,谒杀,当三环(还)之不? 不当环(还),亟执勿失"。① 关于"免老",《仓律》规定:"隶臣欲以人丁粼者二人赎,许之。其老当免老……"②由此可知,"免老"当为普通百姓,其地位高于隶臣之老。这是因为,隶臣必须在赎以后,其老之地位才与"免老"相当。谒,请也。比如,"宣子谒诸郑伯"。③ 杜预注:"谒,请也"。"三环",目前学界尚有争议,朱红林在对诸说进行认真辨析的基础上指出其意为"连续三次劝其返还,如果原告人坚持诉讼,法官才予以受理"。④ 在先秦典籍中,"环"可训为"还"。比如,"环陵十一施",⑤故而朱说可从。《封诊式》亦有相关记载:"某里士五(伍)甲告曰:甲亲子同里士五(伍)丙不孝,谒杀,敢告。即令令史己往执。令史己爰书:与牢隶臣某执丙,得某室。丞某讯丙,辞曰:甲亲子,诚不孝甲所,毋(无)它坐罪。"⑥其中,"诚",实也。比如,"吾未知善之诚善邪。"⑦"所"为语气助词,无实义。也就是说,丞某对人犯进行了审讯,"诚不孝甲所"表明甲控告属实,然而,"毋(无)它坐罪"未能说明丙被处以何种刑罚。在后世,"只要告子孙不孝,法司是不会拒绝受理的。而且还有一点可注意的是父母如果以不孝的罪名呈控,请求将子处死,政府也是不会拒绝的"。⑧ 由于后世法律是在秦法律的基础之上因革损益而成,故而不能排除官府应父母之请将不孝之子处死的可能性。

二、狱讼的听断

《封诊式》记载了几个官府断狱决讼的案例,大致可以划分为二类:第一类是违反秦法律令应当予以惩罚的案例;第二类是人们因为争端而发生的案例。关于第一类,比如:

---

① 睡虎地秦墓竹简整理小组:《睡虎地秦墓竹简》,文物出版社 1990 年版,第 117 页。
② 睡虎地秦墓竹简整理小组:《睡虎地秦墓竹简》,文物出版社 1990 年版,第 35 页。
③ 杨伯峻:《春秋左传注》,中华书局 2009 年版,第 1378 页。
④ 朱红林:《再论竹简秦汉律中的"三环"——简牍中所反映的秦汉司法程序研究之一》,《当代法学》2007 年第 1 期。
⑤ 黎翔凤:《管子校注》卷十九,中华书局 2004 年版,第 1085 页。
⑥ 睡虎地秦墓竹简整理小组:《睡虎地秦墓竹简》,文物出版社 1990 年版,第 156 页。
⑦ 王先谦:《庄子集解》,中华书局 1987 年版,第 149 页。
⑧ 瞿同祖:《中国法律与中国社会》,中华书局 1981 年版,第 10 页。

"某亭校长甲、求盗才(在)某里曰乙、丙缚诣男子丁,斩首一,具弩二、矢廿,告曰:丁与此首人强攻群盗人,自昼甲将乙等徼循到某山,见丁与此首人而捕之。此弩矢,丁及首人弩矢殹(也)。首人以此弩矢□□□□□乙,而以剑伐收其首,山俭(险)不能出身山中。【讯】丁,辞曰:士五(伍),居某里。此首某里士五(伍)戊殹(也),与丁以某时与某里士五(伍)己、庚、辛,强攻群盗某里公士某室,盗钱万,去亡。己等已前得,丁与戊去亡,流行毋(无)所主舍。自昼居某山,甲等而捕丁戊,戊射乙,而伐杀收首。皆毋(无)它坐罪。诊首,毋诊身可殹(也)"。①

其中,"校长",整理者指出:"见《后汉书·百官志》,注:'主兵戎盗贼事。'《封泥汇编》有'校长'半通印封泥"。②"首人",整理者认为:"指被斩首的人"。③"攻",《说文》:"击也"。此处之"盗"不是指盗窃而言,而是指明火执仗地打家劫舍。"徼循",整理者译为"巡逻"。④"出身山中"意为将身体运出山中。"辞",《封诊式》中比较常见,从上下文看,不是指普通言辞,而是指人犯之供辞,应当为秦王朝常用法律术语。"流",流亡也。比如,"其政散,其民流"⑤孔颖达疏:"流,谓流亡"。⑥"主",整理者解释为"寄居"。⑦丁、戊等人打家劫舍受到追捕,故而无所寄居。"公子虔之徒告商君欲反,发吏捕商君。商君亡至关下,欲舍客舍。客人不知其是商君也,曰:'商君之法,舍人无验者坐之'"⑧这样的记载可作为参考。人赃并获,人犯很快招供,故而审讯过程相对简单。

又,"某里士五(伍)甲缚诣男子丙,告曰:丙,甲臣,桥悍,不田作,不听甲令。谒买(卖)公,斩以为城旦,受贾(价)钱。讯丙,辞曰:甲臣,诚悍,不听甲。甲未赏(尝)身免丙。丙毋(无)病殹(也),毋(无)它坐罪。

---

① 睡虎地秦墓竹简整理小组:《睡虎地秦墓竹简》,文物出版社 1990 年版,第 152 页。
② 睡虎地秦墓竹简整理小组:《睡虎地秦墓竹简》,文物出版社 1990 年版,第 152 页。
③ 睡虎地秦墓竹简整理小组:《睡虎地秦墓竹简》,文物出版社 1990 年版,第 152 页。
④ 睡虎地秦墓竹简整理小组:《睡虎地秦墓竹简》,文物出版社 1990 年版,第 152 页。
⑤ 《礼记正义》卷三十六,《十三经注疏》本,中华书局 1980 年影印版,第 1528 页。
⑥ 《礼记正义》卷三十六,《十三经注疏》本,中华书局 1980 年影印版,第 1528 页。
⑦ 睡虎地秦墓竹简整理小组:《睡虎地秦墓竹简》,文物出版社 1990 年版,第 152 页。
⑧ 司马迁:《史记》卷六十八,中华书局 1959 年版,第 2236 页。

令令史某诊丙,不病。令少内某、佐某以市正贾(价)贾丙丞某前,丙中人,贾(价)若干钱。丞某告某乡主:男子丙有鞫,辞曰:某里士五(伍)甲臣。其定名事里,所坐论云可(何),可(何)罪赦,或覆问毋(无)有,甲赏(尝)身免丙复臣之不殹(也)。以律封守之,到以书言"。①

其中,"桥",整理者认为通"骄"。② 在传世文献中,"桥"无此用法。实际上,"桥"可训为"戾",比如,"其与桥言无择。"③高诱注:"桥,戾也"。④ 关于"城旦",如淳曰:"城旦,四岁刑"。⑤ 在《睡虎地秦简》中,它处尚有相关记载。比如,"有为故秦人出,削籍,上造以上为鬼薪,公士以下刑为城旦。"⑥又如,"五人盗,臧(赃)一钱以上,斩左止,有(又)黥以为城旦;不盈五人,盗过六百六十钱,黥劓以为城旦……"⑦据此,"城旦"既可单独作为刑罚使用,也可在施以"斩左止"、"黥"、"劓"等刑罚以后适用。在《仓律》"城旦之垣及它事而劳与垣等者,旦半夕参。其守署及为它事者,参食之。其病者,称议食之……"⑧这样的规定中,"旦"当训为日、天。比如,"人有卖骏马者,比三旦立市,人莫之知。"⑨"夕"当训为"夜"。比如,"竟夕不眠。"⑩这是关于为城旦提供饮食的规定。一日半夜"劳与垣"仅提供三次饮食,可能寓有惩罚之意。又如,"稟衣者,隶臣、府隶之毋(无)妻者及城旦,冬人百一十钱,夏五十五钱。其小者冬七十七钱,夏四十四钱"。⑪ 城旦之劳有报酬,并非如后世服有期徒刑者。"斩"当不为"刑杀",否则"城旦"无从谈起,疑读为"惭"。后文无官府应士五(伍)甲之请"斩以为城旦"之记载,可见"丙毋(无)病殹(也)"这样的辩解发挥了作用,官府在"令令史某诊丙,不病"之后,仅"令少内某、佐某以市正贾

① 睡虎地秦墓竹简整理小组:《睡虎地秦墓竹简》,文物出版社1990年版,第154页。
② 睡虎地秦墓竹简整理小组:《睡虎地秦墓竹简》,文物出版社1990年版,第154页。
③ 许维遹:《吕氏春秋集释》,中华书局2009年版,第489页。
④ 许维遹:《吕氏春秋集释》,中华书局2009年版,第489页。
⑤ 转引自司马迁:《史记》卷六《秦始皇本纪》,中华书局1959年版,第255页。
⑥ 睡虎地秦墓竹简整理小组:《睡虎地秦墓竹简》,文物出版社1990年版,第80页。
⑦ 睡虎地秦墓竹简整理小组:《睡虎地秦墓竹简》,文物出版社1990年版,第93页。
⑧ 睡虎地秦墓竹简整理小组:《睡虎地秦墓竹简》,文物出版社1990年版,第33页。
⑨ 缪文远:《战国策新校注》,巴蜀书社1987年版,第1079页。
⑩ 范晔:《后汉书》卷四十一,中华书局1965年版,第1402页。
⑪ 睡虎地秦墓竹简整理小组:《睡虎地秦墓竹简》,文物出版社1990年版,第42页。

（价）贾丙丞某前"而已。由此可知，"斩以为城旦"系以人犯有病为前提。"免"，赦也。比如，"若欲免之，则王令三公会其期"。① 郑玄注："王欲赦之，则用乡师职听之时，命三公往议之。"②在此应为免除丙甲臣之身份。在这一案例中，由于丙无病，在官府主持下，解除丙甲臣之身份，转卖他人（甲很可能因而"受贾钱"）。

本案最后有"丞某告某乡主：男子丙有鞫，辞曰：某里士五（伍）甲臣，其定名事里，所坐论云可（何），可（何）罪赦，【或】覆问毋（无）有，甲赏（尝）身免丙复臣之不殹（也）。以律封守之，到以书言"③这样的记载。《封诊式》亦有类似记载："敢告某县主：男子某辞曰：士五（伍），居某县某里，去亡。可定名事里，所坐论云可（何），可（何）罪赦，或覆问毋（无）有，几籍亡，亡及逋事各几可（何）日，遣识者当腾，腾皆为报，敢告主"。④ 其中，"鞫"，审讯也。比如，"廷尉治，未闻九卿、廷尉有所鞫也"。⑤ 师古曰："鞫，问也。"⑥九卿、廷尉之问当为审讯。"定"，确定也。"名"，当读如刑名之名。比如，"上亦法臣法，断名决，无诽誉。"⑦丁式涵云："'名'读如刑名之名。"⑧"事"，任使也。比如，"大臣不足以事之"。⑨ "定名事里"意为，确定人所犯之名［即后文"所坐论云可（何），可（何）罪赦"等］，任使"里"办理相关事务。"定名事里"很可能为秦法律令专门术语，与"所坐论云可（何），可（何）罪赦"云云为断狱决讼过程中惯常用语。"籍"，录也，书之于籍。比如，"义再拜受命而籍之"。⑩"逋"，通"捕"。"当"，主也，相当于后世之"负责"。比如，"然后征知必将待天官之当簿其类，然后可也"。⑪"簿"，簿书也。此处用作动词，记录于簿书。"当簿"

① 孙诒让：《周礼正义》卷六十七，中华书局1987年版，第2804页。
② 孙诒让：《周礼正义》卷六十七，中华书局1987年版，第2804页。
③ 睡虎地秦墓竹简整理小组：《睡虎地秦墓竹简》，文物出版社1990年版，第154页。
④ 睡虎地秦墓竹简整理小组：《睡虎地秦墓竹简》，文物出版社1990年版，第148页。
⑤ 班固：《汉书》卷六十六，中华书局1962年版，第2885页。
⑥ 班固：《汉书》卷六十六，中华书局1962年版，第2885页。
⑦ 黎翔凤：《管子校注》，中华书局2004年版，第999页。
⑧ 黎翔凤：《管子校注》，中华书局2004年版，第1000页。
⑨ 吴毓江：《墨子校注》，中华书局1993年版，第35页。
⑩ 司马迁：《史记》卷四十三，中华书局1959年版，第1814页。
⑪ 王先谦：《荀子集解》，中华书局1988年版，第417页。

即负责记录于簿书。"当腾"疑与"当簿"相类,"遣识者当腾"意为派遣识者负责记录。如果这样的解释成立,"腾皆为报"当为记录都要向(县主)报告。在涉案人犯已经逃亡之际,官府只能像这样处理。又如,"敢告某县主:男子某有鞫,辞曰:士五(伍),居某里。可定名事里,所坐论云可(何),可(何)罪赦,或覆问毋(无)有,遣识者以律封守,当腾,腾皆为报,敢告主"。① 这一段与前面不同的是,增加依律查封其财产。"当腾,腾皆为报"一语若依前面之解释,此处亦通。查封财产之际理所当然应予记录,并且向县主报告。《封诊式》提供一份查封实录:

> "乡某爰书:以某县丞某书,封有鞫者某里士五(伍)甲家室、妻、子、臣妾、衣器、畜产。甲室、人:一宇二内,各有户、内室皆瓦盖,大木具,门桑十木。妻曰某,亡,不会封。子大女子某,未有夫。子小男子某,高六尺五寸。臣某,妾小妇子某。牡犬一。几讯典某某、甲伍公士某某:甲党(倘)有(它)当封守而某等脱弗占书,且有罪。某等皆言曰:甲封具此,毋(无)它当封者。即以甲封付某等,与里人更守之,侍(待)令"。②

其中,"以",根据。"封",根据上下文来看,系查封之意。"典",犹职也。比如,"我典主东地"。③ 在此用为名词,当为承办相关事务之官吏。"脱",失也。比如,"鱼不可脱于渊"。"占",在上述记载中用作副词,典籍中罕见此用法,从上下文看应解释为"全部"。若将此记载与"于是二世乃使高案丞相狱,治罪,责斯与子由谋反状,皆收捕宗族宾客"这样的记载联系起来观之,秦丞相犯法都可以如此,更遑论百姓矣! 二者之内容比较一致,说明查封为秦法律之规定。"甲党(倘)有(它)当封守而某等脱弗占书,且有罪"这样的记载也可表明这一点。否则,乡之官吏何以如此宣示? 秦法律像这样规定必有其深意。《封诊式》有这样的记载:

> "某里公士甲缚诣大女子丙,告曰:某里五(伍)大夫乙家吏。丙,乙妾殴(也)。乙使甲曰:丙悍,谒黥劓丙。讯丙,辞曰:乙妾殴(也),毋(无)它坐。丞某告某乡主:某里五(伍)大夫乙家吏甲诣乙妾丙,曰:乙令甲谒

---

① 睡虎地秦墓竹简整理小组:《睡虎地秦墓竹简》,文物出版社1990年版,第148页。
② 睡虎地秦墓竹简整理小组:《睡虎地秦墓竹简》,文物出版社1990年版,第149页。
③ 缪文远:《战国策新校注》,巴蜀书社1987年版,第532页。

黥劓丙，其问如言不然。定名事里，所坐论云可（何），或覆问毋（无）有，以书言"。①

其中，"其"为语气助词，表示强调。"如"，若也。"若言"即如其所言。"不"，表否定；"然"表肯定。这句话意为，其所言是否应当。"以书言"即以文书报告。非常明显，这是官府要求乡里调查大女子丙是否坐罪，目的是为审理提供证据。此其一。由于秦法律有夷三族之罪，亦常有罚没财产之刑，因此，在已经确定人犯有罪的情况下，不能排除官府下令封守也有满足日后施刑之需要的目的。此其二。又如，

> "某里典甲诣里人士五（伍）丙，告曰：疑疠，来诣。讯丙，辞曰：以三岁时病疕，麋（眉）突，不可智（知）其可（何）病，毋（无）它坐。令医丁诊之，丁言曰：丙毋（无）麋（眉），艮本绝，鼻腔坏，刺其鼻不嚏（嚏），肘厀（膝）□□□到□两足下奇（踦），溃一所，其手毋胅，令澓（号），其音气败。疠殹（也）。"②

《法律答问》中有相关记载：

> "疠者有罪，定杀。定杀可（何）如？生定杀水中之谓殹（也）。或曰生埋，生埋之异事殹（也）。甲有完城旦罪，未断，今甲疠，问甲可（何）以论？当甓（迁）疠所处之；或曰当甓（迁）甓（迁）所定杀。城旦、鬼薪疠，可（何）论？当甓（迁）疠甓（迁）所"。③

其中，"疠"，《说文·疒部》："恶疾也"。整理者认为系麻风病，④从目前的史料来看似缺乏足够的证据。"定杀"，依《法律答问》，即"生定杀水中"，可能如整理者所言，"投入水中淹死"。"异事"，如整理者言，不同的事，⑤意为不合法律规定。"断"，断决，类似后世定罪量刑。尚未定罪者有疠当投入水中淹死，而已经判为城旦、鬼薪者仅甓（迁）疠甓（迁）所而已，未提及投入水中淹死。如果不是阙简所致，则根据这样的规定可知秦法律对于执行已裁断之刑

---

① 睡虎地秦墓竹简整理小组：《睡虎地秦墓竹简》，文物出版社 1990 年版，第 155 页。
② 睡虎地秦墓竹简整理小组：《睡虎地秦墓竹简》，文物出版社 1990 年版，第 156 页。
③ 睡虎地秦墓竹简整理小组：《睡虎地秦墓竹简》，文物出版社 1990 年版，第 122 页。
④ 参见睡虎地秦墓竹简整理小组：《睡虎地秦墓竹简》，文物出版社 1990 年版，第 122 页。
⑤ 参见睡虎地秦墓竹简整理小组：《睡虎地秦墓竹简》，文物出版社 1990 年版，第 122 页。

罚绝不打折扣之义。在人控告之后，官府听取人犯之辞，命令医丁勘验，表明官府重视依据证据查明真相。如果整理者将归入《法律答问》的上述秦简置于《封诊式》的这个案例之后，可以构成一个相对完整的断狱过程。之所以相对完整，是因为根据《法律答问》相关秦法律之规定，士五（伍）丙将被"定杀"无疑！又如，

> "某里公士甲等廿人诣里人士五（伍）丙，皆告曰：丙有宁毒言，甲等难饮食焉，来告之。即疏书甲等名事关谍（牒）北（背），讯丙，辞曰：外大母同里丁坐有宁毒言，以卅余岁时覂（迁）。丙家节有祠，召甲等，甲等不肯来，亦未尝召丙饮。里节有祠，丙与里人及甲等会饮食，皆莫肯与丙共柘（杯）器。甲等及里人弟兄及它人智（知）丙者，皆难与丙饮食。丙而不把毒，毋（无）它坐"。①

其中，"毒言"，整理者认为，系口舌有毒之义，引《论衡·言毒》"太阳之地，人民促急，促急之人，口舌为毒。故楚、越之人，促急捷疾，与人谈言，口唾射人，则人屑胎肿而为创"之记载为证。② 然而，整理者似乎有意忽略《论衡·言毒》最后之论述：

> "辩口之毒，为害尤酷。何以明之？孔子见阳虎，却行，白汗交流。阳虎辩，有口舌。口舌之毒，中人病也。人中诸毒，一身死之；中于口舌，一国之贵乱。《诗》曰：'谗言罔极，交乱四国。'四国犹乱，况一人乎！故君子不畏虎，独畏谗夫之口。谗夫之口，为毒大矣"。③

由此可知，诸如"口唾射人，则人屑胎肿而为创"之类系东汉之人为论证其说而提出，与先秦诸子关于尧舜之说有异曲同工之处，不大可能出现在记载狱讼案件的秦法律文书之中。换言之，"有宁毒言"应另行解释。从"莫肯与丙共柘（杯）器"以及"外大母同里丁坐有宁毒言"这样的记载来看，"宁毒言"可能是一种传染性疾病：丙外大母因此病覂（迁），人们怀疑丙亦被传染，故而"莫肯与丙共柘（杯）器"。由此可知，"有宁毒言"是一种通过消化道传播的传染性疾病。在秦法律中，"疠者有罪"，"宁毒言"被处以覂（迁）也属合理。"疏

---

① 睡虎地秦墓竹简整理小组：《睡虎地秦墓竹简》，文物出版社1990年版，第162—163页。
② 参见睡虎地秦墓竹简整理小组：《睡虎地秦墓竹简》，文物出版社1990年版，第163页。
③ 黄晖：《论衡校释》，中华书局1990年版，第959—960页。

书",整理者解释为,分条记录。① 其论证合理,可从。不过,整理者所谓"名事关"同于前文"定名事里"之"名事里"之意见②可商。"名事关"均为"疏书"之对象,应分别有其含义:从上下文看,"名"应指甲等之姓名;"事"当指甲等所告发之事;"关",整理者认为:"读为贯,籍贯"。③ 比如,"大臣括发关械"。④ 颜师古注:"关,贯也。"⑤故而整理者意见可从。"节",期也。比如,"天节不远"。⑥ 韦昭注:"节,期也"。⑦ "祠",祭名。"把",持也,这里意为携带。在甲等廿人告发之后,官府询问丙,丙进行答辩。可惜的是,简文至此结束,令人难以知后续过程以及结果。

在《封诊式》中,亦有关于人们因为争端而发生狱讼之记载。比如,"某里公士甲、士五(伍)乙诣牛一,黑牝曼麿(縻)有角,告曰:此甲、乙牛殹(也),而亡,各识,共诣来,争之。即令令史某齿牛,牛六岁矣"。⑧ 其中,"此甲、乙牛殹(也)",甲、乙各自认为属于他们之牛,官府之人故而像这样略写。"识",辨识也,"各识"即各自辨识(认为是他们的牛)。这个案例省略许多内容。比如,甲乙各自的主张及其理由,官府很可能根据他们的言论认为通过判定牛的年龄而知其归属,裁决结果很可能因而确定。当然,也有可能由于双方都无法提出更有力的证据,官府的勘验结果不足以判定牛当归属何人,不了了之,文书故而未予以记载。又,"某里士五(伍)甲、公士郑才(在)某里曰丙共诣斩首一,各告曰:甲、丙战刑(邢)丘城,此甲、丙得首殹(也)。甲、丙相与争,来诣之。诊首口齰发,其右角痏一所,衰五寸,深到骨,类剑迹。其头所不齐腠腠然。以书讇首曰:有失伍及菌不来者,遣来识戏次。"⑨其中,"甲、丙战刑(邢)丘城,此甲、丙得首殹(也)"与前面同理,二人自说自话,官府之人因而像这样

---

① 参见睡虎地秦墓竹简整理小组:《睡虎地秦墓竹简》,文物出版社 1990 年版,第 163 页。
② 参见睡虎地秦墓竹简整理小组:《睡虎地秦墓竹简》,文物出版社 1990 年版,第 163 页。
③ 睡虎地秦墓竹简整理小组:《睡虎地秦墓竹简》,文物出版社 1990 年版,第 163 页。
④ 班固:《汉书》卷八十六,中华书局 1962 年版,第 3501 页。
⑤ 班固:《汉书》卷八十六,中华书局 1962 年版,第 3501 页。
⑥ 徐元诰:《国语集解》,中华书局 2002 年版,第 586 页。
⑦ 徐元诰:《国语集解》,中华书局 2002 年版,第 586 页。
⑧ 睡虎地秦墓竹简整理小组:《睡虎地秦墓竹简》,文物出版社 1990 年版,第 152 页。
⑨ 睡虎地秦墓竹简整理小组:《睡虎地秦墓竹简》,文物出版社 1990 年版,第 153 页。

略写。"囗嚣发,其右角痏一所,衺五寸,深到骨,类剑迹。其头所不齐腃腃然"云云,为官府对首级的勘验记录。"书",征令之书。比如,"则奉书以使于四方"。① "譔",整理者认为,"求也"。② 譔首,征求辨认首级。"伍",通常五人为伍。比如,"令民为什伍,而相牧司连坐"。不过,此处之"失伍"之"伍"当与军队有关,行伍也,"失伍"即掉队。所谓"菌",整理者认为,读为迟,"菌不来者"即迟到。③ 像这样解释或者不妥:一则,未有实例可证;二则,在秦律中,"迟到"之义的正式用语为"失期"(《徭律》)。整理者所谓"菌",从上下文来看,其义当为逡巡。比如,"秦人开关延敌,九国之师逡巡遁逃而不敢进。"④整理者所谓"菌"如何与逡巡发生关联,值得古文字学界进一步探索。在此案例中,官府听取了双方的主张和根据,后者很可能是双方对于战斗过程的陈述。这样,富有战争经验的军人对首级进行辨识,就可以判定首级之归属。简文之记载至此结束,不知后续过程以及结果。

《封诊式》亦记载一些秦关于断狱决讼的原则,比如,"治狱,能以书从迹其言,毋治(笞)谅(掠)而得人请(情)为上;治(笞)谅(掠)为下,有恐为败"。⑤ 其中,"书",记录。"从",从而。"迹",《说文》:"步处也",引申为痕迹。比如,"不若相与追而杀之,以灭其迹"。⑥ 这里引申为动词,探究,追查。比如,"然后圣人听其言,迹其行"。⑦ "迹其言"即对其言进行追查。"情",整理者认为,真情。比如,"情,争讼之辞"。⑧ 可从。恐,《说文·心部》:"惧也"。比如,"恃此以不恐"。⑨ "有恐为败"意为,人犯因为对于治谅的恐惧而招供(导致不得情实)为失败。又,

> "凡讯狱,必先尽听其言而书之,各展其辞,虽智(知)其訑,勿庸辄诘。其辞已尽书而册(无)解,乃以诘者诘之。诘之有(又)尽听书其解

---

① 孙诒让:《周礼正义》卷五十九,中华书局 1987 年版,第 2486 页。
② 睡虎地秦墓竹简整理小组:《睡虎地秦墓竹简》,文物出版社 1990 年版,第 154 页。
③ 参见睡虎地秦墓竹简整理小组:《睡虎地秦墓竹简》,文物出版社 1990 年版,第 154 页。
④ 司马迁:《史记》卷六,中华书局 1959 年版,第 275 页。
⑤ 睡虎地秦墓竹简整理小组:《睡虎地秦墓竹简》,文物出版社 1990 年版,第 147 页。
⑥ 许维遹:《吕氏春秋集释》卷十四,中华书局 2009 年版,第 349 页。
⑦ 吴毓江:《墨子校注》卷二,中华书局 1993 年版,第 74 页。
⑧ 孙诒让:《周礼正义》卷五,中华书局 1987 年版,第 159 页。
⑨ 杨伯峻:《春秋左传注》,中华书局 2009 年版,第 440 页。

辞,有(又)视其它毋(无)解者以复诘之。诘之极而数訑,更言不服,其律
当治(笞)谅(掠)者,乃治(笞)谅(掠)。治(笞)谅(掠)之必书曰:爰书:
以某数更言,毋(无)解辞,治(笞)讯某"。①

其中,"展",陈述也。比如,"寡君之老无恤,使陪臣隆敢陈谢其不共"。②
"訑",欺诈。比如,"寡人甚不喜訑者言也。"③"解",解释。比如,"大惑者,终
身不解"。④"更言不服"之"更",再也。比如,"在此行也,晋不更举也。"⑤
"某数更言"之"更",改变。比如,《说文》:"更,改也。"上述法令大意为,在数
次盘问,无法对其言行进行合理解释,甚至不服罪的情况下,秦律允许进行治
(笞)讯。不过,必须以爰书记载治(笞)讯情事。从另外一个角度观之,以上
之规定也反映秦王朝讯狱之过程。具体而言,官府起初命人犯自行供诉,若认
为不实则利用告者之言、证人之言、官府查获之证据以及勘验结果等诘问人
犯,要求提供合理解释,在运用这样的方式达到极致,人犯仍不服罪,则允许通
过刑讯来获得情实。所谓"告者之言、证人之言、官府查获之证据以及勘验结
果等"系依据上述《封诊式》中的案例进行的合理推测。在《封诊式》记载的案
例中,官府通过上述方式获得证据。若人犯不招供,官府理所当然地将应用于
诘之过程。

《岳麓书院藏秦简》(三)中的一些文书详细记载案件审讯记录,从中可以
观察秦地方官府审讯过程,下面以"尸等捕盗疑购案"为例加以说明:

"……迺二月甲戌,走马达告曰:盗盗杀伤走马好□□□部(?)中
(?)。即(?)令(?)狱(?)史(?)骓(?)、求盗尸等十六人追。尸等产捕诣
秦(男子治等)四人、荆男子阆等十人,告群盗盗杀伤好等。治等曰:秦
人,邦亡荆。阆等曰:荆邦人,皆居京州。相与亡,来入秦地,欲归蒹(义)。
行到州陵界中,未诣吏,悔。谋言曰:治等巳(已)有辠(罪)秦。秦不□归
蒹(义)。来居山谷以攻盗。即攻盗盗杀伤好等。它如尸等。诊、问如告

---

① 睡虎地秦墓竹简整理小组:《睡虎地秦墓竹简》,文物出版社1990年版,第148页。
② 杨伯峻:《春秋左传注》,中华书局2009年版,第1716页。
③ 缪文远:《战国策新校注》,巴蜀书社1987年版,第1063页。
④ 王先谦:《庄子集解》,中华书局1987年版,第110页。
⑤ 杨伯峻:《春秋左传注》,中华书局2009年版,第310页。

辤（辞）。京州后降为秦，为秦之后，治、阎等乃群盗（盗）杀伤好等。律曰：产捕群盗一人，购金十四两。有（又）曰：它邦人□□□盗，非吏所兴，毋（无）什伍将长者捕之，购金二两。鞠之：尸等产捕治、阎等，告群盗盗杀伤好等。治等秦人，邦亡荆。阎等荆人。亡，来入秦地，欲归羛（义），悔，不诣吏。以京州降为秦后，群（盗盗杀伤好等）。皆审，疑尸等购，它县论……"①

其中，"盗盗杀伤……"之第一个盗为名词，指"盗杀伤"他人之治、阎等人。第二个人"盗"为动词。关于"盗"，前面已作分析。在这个案件中，"走马达告曰：盗盗杀伤走马好□□□部（？）中（？）"表明案发。"即（？）令（？）狱（？）史（？）驩（？）、求盗尸等十六人追"为官府对于案件的处理方式，即命令官吏追查群盗。"尸等产捕诣秦（男子治等）四人、荆男子阎等十人，告群盗盗杀伤好等"表明官吏求盗尸等抓捕治、阎等群盗，并向官府提出控告。"治等曰：秦人，邦亡荆。阎等曰：荆邦人，皆居京州"当为他们对于官府讯问其身份之回答。"相与亡……它如尸等"系阎等人对于盗杀伤过程之交待。"诊、问如告辤（辞）"表明勘验、讯问之结果与控告相符。"鞠之"之后为判决。这份文书未记载讯问治等人的记录，也未有诘问的记录，下面的案例可以弥补这样的缺憾，在阐述相关制度的过程中亦会略加言及。

三、狱讼之奏谳

《岳麓书院藏秦简》(三)中有多篇奏谳类文书。② "谳"，《说文·水部》："议罪也"。比如，"高皇帝七年，制诏御史：狱之疑者，吏或不敢决，有罪者久而不论，无罪者久系不决。自今以来，县道官狱疑者，各谳所属二千石官，二千石官以其罪名当报之。所不能决者，皆移廷尉，廷尉亦当报之。廷尉所不能决，谨具为奏，传所当比律令以闻。"③又如，"诸狱疑，若虽文致于法而于人心不厌者，辄谳之"。④ 又如，"狱，重事也。人有智愚，官有上下。狱疑者谳有

---

① 朱汉民、陈松长：《岳麓书院藏秦简》(三)，上海辞书出版社 2013 年版，第 113—117 页。

② 岳麓书院秦简一般使用"瀻"字。不过，"瀻"又作"谳"。

③ 班固：《汉书》卷二十三，中华书局 1962 年版，第 1106 页。

④ 班固：《汉书》卷五，中华书局 1962 年版，第 148 页。

司。有司所不能决,移廷尉。有令谳而后不当,谳者不为失"。① 由此可知,"谳"起因于狱疑,汉初高、景二位皇帝以诏书的形式确定奏谳之制。到了武帝时期,廷尉署设置专门官员负责奏谳事务,表明该事务已经常态化。比如,"是时张汤方乡学,以为奏谳掾,以古法议决疑大狱"。② 又如,"汤决大狱,欲传古义,乃请博士弟子治《尚书》、《春秋》补廷尉史,亭疑法。奏谳疑事,必豫先为上分别其原,上所是,受而著谳决法廷尉……"③从《岳麓书院藏秦简》(三)来看,各案例之奏谳程序相同,奏谳文书格式一致。在"事皆决于法"的秦王朝,这样的情形足以令人相信,奏谳已经制度化。《史记》、《汉书》等传世文献为人们提供的是汉代的奏谳制度方面的知识,对于证明秦制而言,它们在历史学上属于间接证据,以岳麓秦简相关案例为依据补充、完善乃至修正以往对于秦相关制度的认识因而实属必要。

(一)琐相移谋购案

"廿□□④六月丙辰朔癸未,州陵守绾、丞越敢谳(谳)之:廼(乃)四月辛酉,校长癸、求盗上造柳、士五(伍)轺、沃诣男子治等八人、女子二人,告群盗盗杀人,治等曰群盗。盗杀人,辟,未断,未致购。到其甲子,沙美守驩曰:士五(伍)琐等捕治□□⑤鼠(予)癸等。癸□⑥:□□□⑦等群盗盗杀人校长果部,州陵守绾令癸与令佐士五(伍)行将柳等追。□迹行到沙美界中,琐等巳(已)捕。琐等言治等四人邦亡,不智(知)它人何辠(罪)。癸等智(知)利得群盗盗杀人购。癸、行请告琐等曰:琐等弗能诣告,移鼠(予)癸等。癸等诣州陵,尽鼠(予)琐等[死辠(罪)购。琐等利得死辠(罪)购,听请相移。癸等券付死辠(罪)购,先以私钱二千]鼠(予)琐等,以为购钱数。得公购,备鼠(予)琐等。行弗诣告,皆谋分购。

---

① 班固:《汉书》卷五,中华书局 1962 年版,第 150 页。
② 司马迁:《史记》卷六十一,中华书局 1959 年版,第 3125 页。
③ 司马迁:《史记》卷六十二,中华书局 1959 年版,第 3139 页。
④ 整理者补入"五年"二字。
⑤ 整理者补入"等,移"二字。
⑥ 整理者补入"曰"字。
⑦ 整理者补入"治"字。

未致购，得。它如沙美书。□①、柳、轿、沃言如癸。士五（伍）琐、渠、乐曰：与士□②得、潘、沛戍，之山材，见治等，共捕治等四人，言秦人，邦亡，其它人不言所坐。得、潘、沛令琐等将诣沙美。沛等居亭，约得购分购钱。未到沙美，实不智（知）治等何辠（罪），弗能告。有（又）不智（知）群盗购多，利癸等约死辠（罪）购，听请，券付死辠（罪）购，先受钱二千。未受公购钱，得。沛等不智（知）琐等弗诣、相移受钱，它如癸等。沛、潘、得言如琐等。五月甲辰，州陵守绾、丞越、史获论令癸、琐等各赎黥，癸、行戍衡山郡各三岁，以当灋（法），先备赎，不论沛等。监御史康劾以为不当，钱不处，当更论，更论及论失者言夬（决）。绾等曰：治等发与吏徒追。癸等弗身捕，琐等捕，弗能告。请相移，给以求购。购未致，得。绾等以盗未有取吏赀灋（法）戍律令论癸、琐等。□令琐等环（还）癸等钱，它如癸等及劾。诊、问：死辠（罪）购四万三百廿，群盗盗杀人购八［万六百卌钱……它如告、辤（辞）。治等别（论……）］鞫之：癸、行、柳、轿、沃，群盗治等盗杀人，癸等追。琐、渠、乐、得、潘、沛巳（已）共捕。沛等令琐等诣，约分购，未诣。癸等智（知）治等群盗盗杀人，利得其购，给琐等约死辠（罪）购。琐等弗能告，利得死辠（罪）购，听请相移，给券付死辠（罪）购。先受私钱二千以为购，得公购备。行弗□③告，约分购。沛等弗诣，约分购，不智（知）弗诣，相移受钱。狱未断，未致购，得。死辠（罪）购四万三百廿，群盗盗杀人购八万六百卌钱。绾等以盗未有取吏赀灋（法）□④律令论□⑤、琐等，不论［沛等……。审，疑癸、琐、绾等辠（罪），癸、琐、绾］及它不毄（系）。敢讞（谳）之。吏议曰：癸、琐等论当殴（也），沛、绾等不当论。或曰：癸、琐等当耐为侯（候），令琐等环（还）癸等钱，（……）。□□⑥年七月丙戌朔乙未，南郡叚（假）守贾报州陵守绾、丞越：子讞（谳）：校长癸等

---

① 整理者补入"行"字。
② 整理者补入"五"字，与"伍"通。
③ 整理者补入"诣"字。
④ 整理者补入"戍"字。
⑤ 整理者补入"癸"字。
⑥ 整理者补入"廿五"二字。

诣男子治等,告群盗(盗)〔杀人。沙美曰:士五(伍)琐捕治等〕,移鼠(予)癸等。癸曰:治等杀人,癸与佐行将□①追。琐等巳(已)捕,□□□②人曰邦亡,不智(知)它人皋(罪)。癸等利得群盗购,请琐等□□③等,癸等诣,尽鼠(予)琐等死皋(罪)购。琐等鼠(予)。癸先以私钱二千鼠(予)以为购数。行弗以告,皆谋分购。未致购,得。疑癸、琐、绾等皋(罪)。瀗(谳)固有审矣。癸等,其审请琐等,所出购,以死皋(罪)购,备鼠(予)琐等,有券。受人货材(财)以枉律令,其所枉当赀以上。受者、货者皆坐臧(赃)为盗,有律,不当瀗(谳)。获手,其赀绾、越、获各一盾。它有律令”。④

经过整理者的努力,这个案例已经大致可读,有些地方可能需要略作解释。“告群盗盗杀人,治等曰群盗。盗杀人,辟,未断,未致购”一语,整理者原处理为:“治等曰:群盗盗杀人”。然而,校长癸等人告群盗盗杀人,作为人犯之治等亦曰“群盗盗杀人”令人难以理解,不如作下述调整:校长癸等人告群盗盗杀人,治等人就是群盗。古“曰”与“为”通,比如,“炕火曰炙”。⑤“辟”,罪也。比如,“贰乃辟也”。⑥“断”,裁断。“致”与“乃致辟管叔于商”⑦之“致”类似,意为下令。“癸等智(知)利得群盗盗杀人购”中之“利”为意动用法,以……为利。“得公购,备鼠(予)琐等”意为得到官府颁发的悬赏金以后,将死罪购剩余部分给琐等。备,犹尽也。比如,“士备入而后朝夕踊”。⑧“共捕治等四人,见秦人,邦亡”一语,整理者原为“共捕。治等四人,见秦人,邦亡”,⑨像这样处理则“捕”缺宾语,而像本文那样断句,则可避免这一问题。不仅如此,“见秦人,邦亡”的主语承前省,为治等四人招供,与“其他人不言所坐”相一致。在“疑癸、琐、绾等皋(罪)”一语中,“绾”究系何指?在本案例中,与“绾”

---

① 整理者补入“徒”字。
② 整理者补入“治等四”三字。
③ 整理者补入“鼠癸”二字。
④ 朱汉民、陈松长:《岳麓书院藏秦简》(三),上海辞书出版社2013年版,第95—104页。
⑤ 《毛诗正义》卷十五—三,《十三经注疏》本,中华书局1980年影印版,第499页。
⑥ 杨伯峻:《春秋左传注》,中华书局2009年版,第403页。
⑦ 《尚书正义》卷十七,《十三经注疏》本,中华书局1980年影印版,第227页。
⑧ 《礼记正义》卷八,《十三经注疏》本,中华书局1980年影印版,第1294页。
⑨ 朱汉民、陈松长:《岳麓书院藏秦简》(三),上海辞书出版社2013年版,第96页。

相关只有州陵守绾。或许,在"绾"等人作出判决之后,监御史康劾以为不当,绾因而涉嫌犯罪。朝廷当时尚未对绾进行处分,他因而仍然以州陵守的身份奏谳。"吏议曰"之吏,整理者认为乃县吏,"吏议曰"为奏谳者附属的县吏意见,并以刘颂以及《唐律》相关规定为证。然而,《唐律·断狱律》"法官执见不同者,得为异议",①只能说明其他官员在裁断之际可以提出不同意见,不能证明在奏谳文书中必须附属持异议官吏意见。在这一案例中,判决系由州陵守绾、丞越、史获等县主要官吏作出,他们治下尚有何官吏可言"沛、绾等不当论"? 而南部郡之吏像这样表达则相对容易理解。在"绾"等奏谳之后,案件已经上交,南部郡官吏进行讨论似更合情理。这段文书比较完整,事件经过也记载得比较详细,就狱讼制度而言,这段文书至少可说明三点:其一,在审理过程中,案件相关人员都要供述事实,官府予以记录。沙羡守雝言及瑣等将人犯交与癸,癸随即详细供述相移谋购过程,其中提及(行)、柳、轿、沃,后者言如癸。交付人犯一方瑣、渠、乐等供述抓捕人犯以及相移谋购过程,其中涉及沛、潘、得等人,后者亦言如瑣等。以上为官府之纪录,是官员讯问相关人等之结果,由此人们可借以回顾官府审讯之过程。如果案件涉及何人,则此人必须在审讯中告知相关事实。在本案中,诸人口供相吻合,事实确凿无疑,主审官员遂在讨论的基础上作出判决。其二,主审官员绾等作出判决,监御史康劾,意味着案件存在疑难。主审官员绾等因而向南部郡请谳。其三,上级官府在答复谳的过程中详细叙述案件经过,很可能是对案件事实的重新认定。这表明下级官府在请谳之际不仅概述案情,而且提供审讯记录和相关证据,这样上级官府才有此行为可能。最后,上级官府必须就事实认定和法律适用作出明确的答复。

(二)猩、敞知盗分赃案

"廿三年四月,江陵丞文敢谳(谳)之:廿三②年九月庚子,令下,劾掾(録)江陵狱:上造、敞士、五(伍)猩智(知)人盗叔冢,分臧(赃),得。敞当耐鬼薪,猩黥城旦。遝戊午赦(赦),为庶人。鞠审,谳(谳)。今视故

---

① 长孙无忌等:《唐律疏议》卷三十,中华书局1983年版,第575页。
② 整理者认为当为"二",可从。

狱,廿一年五月丁未,狱史窜诣士五(伍)去疾、号曰:载铜。去疾、号曰:
号乘轺之醴阳,与去疾买铜锡,冗募,乐一男子所载欲买(卖),得,它如
窜。执一男子,男子士五(伍),定名猩。□□①:□□□□□乐,为庸
(傭),取铜草中,得,它如号等。屏陵狱史民诣士五(伍)达,与猩同狱,将
从猩。达曰:亡,与猩等猎渔,不利,负责(债),冗募上造禄等从达等渔,
谓达、禄等亡居莢(夷)道界中,有庐舍,欲殴(驱)从禄。达等从禄,猩独
居舍为养,达与仆徒时(蒔)等谋掫冢。不告猩,冢巳(已)劈(掇),分器,
乃告猩。蒔等不分猩,达独分猩。他如猩。猩曰:达等掫冢,不与猩谋,分
器,蒔等不分猩,达独私分猩。猩为乐等庸(傭),取铜草中,它如达及前。
醴阳丞悝曰:冗募上造敞……。敞曰……掫冢者锡。到舍,达巳(已)分
锡。达谓敞:巳(已)到前,不得锡。今冢中尚有器,器巳(已)出,买(卖)
敞所。时(蒔)告达,请与敞出余器,分敞。达曰:发冢一岁矣!□②劈
(掇),敞乃来,不可与敞。达等相将之水旁,有顷,来告敞曰:与敞。敞来
后,前者为二面,敞为一面。敞曰:若(诺)。皆行,到冢,得锡。敞买及受
分,觉亡,得,它如达等。达言如敞。{问}:达等掫冢,不与猩、敞谋,得衣
器告。猩、敞受分,臧(赃)过六百六十钱。【它】如辤(辞)。鞫之:达等
掫冢,不与猩、敞谋,【得】衣器告。猩、敞受分,臧(赃)过六百六十钱,得。
猩当黥城旦,敞耐鬼薪。遝戊午赦(赦),审。江陵守感、丞暨、史同论赦
(赦)猩、敞为庶□③,达等□□论。敢谳(谳)之"。④

文书比较简明,然一些地方仍然需要略作解释。首先需要解决的问题是,下令
者是谁?根据《法律答问》"今咸阳发伪传,弗智(知),即复封传它县,它县亦
传其县次,到关而得"这样的记载可知,秦文书系一级一级往下封传。作为南
部郡的下属,像这样的命令只有可能来自南部郡。为何南部郡下达这样的命
令?其中或蕴含着秦狱讼制度的重要内容,惜不得而知。案罪曰劾,省察为
录,二者均指向江陵狱,故而整理者"劾:掾捸(录)江陵狱"的处理方式有所不

---

① 整理者补入"猩曰"二字。
② 整理者补入"今"字。
③ 整理者补入"人"字。
④ 朱汉民、陈松长:《岳麓书院藏秦简》(三),上海辞书出版社2013年版,第119—124页。

妥,应像本文那样处理。"鞫审",审讯详实。"号乘轺之醴阳,与去疾买铜锡,冗募,乐一男子所载欲买(卖)","铜锡"之后应断开,若像整理者那样处理势必不知所云。"冗募"整理者认为系身份,不妥。冗,散也。比如,"在所冗食之"。① "募",《说文·力部》:"广求也"。冗募,即各处求(购)。这样上下文才可通。如果"冗募"为身份,后面诸如"冗募上造禄等……"这样的记载也不好解释,因为禄等已经有上造之身份。而像本文那样处理就比较容易解释:达等广泛征求而得之禄等……"徹",坏也,此处意为掘开。比如,"徹我墙屋"。② 由这篇文书可知,在秦统治时期,奏谳并不仅仅是下级官府在遇到疑难案件之际向上级官府寻求解决,上级官府亦可主动要求下级官府提出奏谳。这份文书也可以告诉人们,秦地方官府断狱,相关人员供述相互之间协调一致,主审官员才定罪量刑。

(三)芮盗卖公列地案

　　敢澸(谳)之,江陵言:公卒芮与大夫材共盖受棺列,吏后弗鼠(予)。芮买(卖)其分肆士五(伍)朵,地直(值)千,盖二百六十九钱,以论芮。二月辛未,大(太)守令曰:问芮买(卖)与朵别贾(价)地,且吏自别直,别直以论状何如。勿庸报,鞫审,澸(谳)。视狱:十一月己丑,丞暨劾曰:闻主市曹臣吏隶臣更不当受列,受棺列,买(卖),问论。更曰:芮、朵谓更:棺列旁有公空列可受,欲受,亭佐驾不许芮、朵,更能受,共。更曰:若(诺)。更即自言驾,驾鼠(予)更。更等欲治盖相移,材争弗得,闻材后受。它如劾。材曰:巳(已)有棺列,不利。空列,故材列。十余岁时,王室置市府,夺材以为府。府罢,欲复受,弗得。迺往九月辝(辞)守感,感令亭贺曰:毋(无)争者,鼠(予)材。走马喜争,贺即不鼠(予)材。材私与喜谋:喜故有棺列,勿争。材巳(已)治盖,喜欲,与喜……贸,喜曰可。材弗言贺,即擅窃治盖以为肆,未歡(就)。芮谓材与芮共,不共,且辝(辞)争。材詑(……喜),辝(辞)贺,贺不鼠(予)材、芮,将材、芮、喜言感曰:皆故有棺肆,弗鼠(予),擅治盖相争,感曰勿鼠(予)……欲居,材曰不

---

① 班固:《汉书》卷十,中华书局1962年版,第311页。
② 《毛诗正义》卷十二—二,《十三经注疏》本,中华书局1980年影印版,第446页。

可，须芮来，朵即弗敢居，它如更。芮曰：空列地便利，利与材共。喜争，芮乃智（知）材弗得，弗敢居。迺十一月欲与人共渔，毋（无）□①。朵子士五（伍）方贩棺其列下，芮利□②（卖）所共盖公地……芮分方曰：欲即并贾（价）地盖千百四。方前顾（雇）芮千，巳（已）尽用钱买渔具。后念悔，恐发觉有辠（罪）。欲益贾（价）令方勿取，即枉（诳）谓方：贱，令二千。二千弗取，环（还）方钱。方曰：贵，弗取。芮毋（无）钱环（还）。居三日，朵责，与期五日备赏（偿）钱，不赏（偿），朵以故贾（价）取肆。朵曰：若（诺）。即弗环（还）钱，去往渔，得，它如材、更。方曰：朵不存，买芮肆。芮后益贾（价），弗取。责钱，不得，不得居肆。芮毋索后环（还）二百钱，未备八百。它即朵言如芮、材。驾言如更。贺曰：材、喜、芮妻佞皆巳（已）受棺列，不当重受。它及喜言如材、芮。索言如方。诘芮：芮后智（知）材不得受列，弗敢居，是公列地殹（也），可（何）故给方曰巳（已）受，盗买（卖）于方？巳（已）尽用钱，后挠益贾（价），欲令勿取。方弗取，有（又）弗环（还）钱，去往渔，是即盗给人买（卖）公列地，非令。且以盗论芮，芮可（何）以解？芮曰：诚弗受。朵姊孙故为兄妻，有子。兄死，孙尚存。以方、朵终不告芮，芮即给买（卖）方。巳（已）用钱，勿（无）以赏（偿）。上即以芮为盗买（卖）公地，辠（罪）芮，芮毋（无）以避，毋（无）它解。它如前。狱史豬曰：芮、方并贾（价）。豬以芮不（……。问：……六百）九钱，买（卖）分四百卅五尺，直（值）千钱。它如辤（辞）。鞫之：芮不得受列，擅盖治公地，费六百九（钱）……巳（已）受千钱，尽用，后环（还）二百。地臧（赃）直（值）千钱，得。狱巳（已）断，令黥芮为城旦，未□□□□□。□□③（谳）□④。⑤

其中，少数语句比较费解，试疏通之。"公卒芮与大夫材共盖受棺列"之"盖"在语句中无实义。这份文书还有其他与之相似之例。比如，"擅盖治公地"。

---

① 整理者补入"钱"字。
② 整理者补入"买"字。
③ 整理者补入"敢谳"二字。
④ 整理者补入"之"字。
⑤ 朱汉民、陈松长：《岳麓书院藏秦简》（三），上海辞书出版社2013年版，第129—137页。

在秦代,"郡守"与"太守"之称同时并存。不过,秦多称"太守"或简称"某守",太守与郡尉是郡主要管事者。① 这份文书始于"江陵言",即江陵报告。若文书为江陵制作当不会如此。"大(太)守令曰"前面未有郡名,郡府官吏在制作文书之际有可能像这样简称。江陵属南郡治下,文书很可能为南郡官府制作。"勿庸报,鞫审,灊(谳)"一语不难理解,透露的信息却十分重要。从江陵言的内容来看,当时江陵县决定查办芮。它说明,下级官府在查办犯罪之际,须向上级官府报告案情。太守的命令表明,上级官府若认为有必要,下级官府须报告案情;上级官府若认为无此必要,然而对案件比较关注,可以命令下级官府在判决之后奏谳。关于"丞暨劫曰",结合"田与市和奸案"中"主治瓣(辨)市"这样的记载来看,这起案件由暨主办。该问题在相关部分继续予以阐述,兹不赘述。整理者将"闻主市曹臣吏隶臣更不当受列"一语在"吏"之后断开,不妥,更应当为主市曹臣吏之隶臣,像整理者那样处理则"主市曹臣吏"亦不当受列,而文书未涉及这一问题。"共",《说文·共部》:"同也"。芮、朵之意为,更向官府获得此地,然后卖与他二人,这样大家共同受益。"驾",从上下文来看,为法律术语,在这一文书中表示授予公列地。"更等欲治盖相移":"治",办理。"盖",同前,无实义。更欲卖地获利,芮、朵二人欲得,"治盖相移"即(像这样)办理移转事宜。"材巳(已)治盖喜欲",整理者在"盖"后断开,不妥。"盖"的用法同前,无实义。"治盖喜欲"意为摸清喜的欲求,故而像后文那样提出与喜贸。"就"当为法律术语,由"擅窃治盖以为肆"一语可以推知,像这样的行为应当向官府报告并办理相关事项,这就是"就"。"给",欺骗也。比如,"项王至阴陵,迷失道,问一田父,田父给曰:'左'。左,乃陷大泽中。"②或由于系官府文书之故,文书大意比较清楚,即芮将一块本来不属于他的公列地卖与他人,后因畏惧入罪故意提价,试图取消买卖。然而,他已经将非法卖地所得花光,其母也未能全部偿还。这件事后为官府无意间察获,芮因而事发。在这个案例中,值得注意的尚有三点:其一,在前面一个案例中,人们难以得知为何上级官府会下令下级官府奏谳。这份文书则提供了

---

① 参见张惠珍:《秦官制研究——出土文字与传世文献的比较研究》,国立中山大学中国文学系 2007 年度硕士论文,第 177 页。

② 司马迁:《史记》卷七,中华书局 1980 年版,第 334 页。

一种可能之方式。其二,在案件涉及诸人的证言基本吻合之后,官府对于芮进行盘诘,即文书中记载"诘芮"的过程。由盘诘内容可知,官府比较关注芮犯罪的动机("可(何)故给方曰巳(已)受,盗买(卖)于方?")。不仅如此,芮明知违反法令,却仍然那样做,官府希望获取他对于这样不合常理行为之解释,显然是为挖掘实情。在前面关于睡虎地秦简的分析中,本文推测官府会依据常理以及勘验所获得的证据进行盘诘,这个案例提供依据常理进行盘诘之例证。其三,奏谳文书用语比较严谨,比如断狱过程称为"视狱"。在前面的论述中,本文将鞫解释为审讯、审问。这一份文书的记载则显示,"鞫之"后面的内容为判决,由此可知,"鞫"在秦代也有判决之意。

上述三个案例以及前述"暨过误失坐官案"向人们展示秦王朝奏谳制度之一斑,大致言之:第一,受到处罚之官吏认为官府对于其应受处罚行为的判断值得商榷故而对判决不服者,由于监御史的介入导致官府对于适用法律出现争议者,以及上级官府认为必要的,都可由下级官府(官员)向上级官府奏谳。这就意味着,秦王朝奏谳制度与《史记》、《汉书》记载的奏谳制度在此方面存在差别;第二,下级官府在奏谳之际,应当向上级官府移交审讯获得相关材料;第三,上级官府在接到下级官府奏谳文书后,在认为必要的情况下可以重新审讯以便进一步查明事实,或者对下级官府所认定的事实予以重新认定,相关官吏通常对如何适用法律进行商讨,最后向下级官府就事实认定和法律适用作出明确的答复。遗憾的是,囿于材料所限,尚无从解决上级官府在报谳中作出的判决是否为最终判决,若人犯对此判决不服是否可以乞鞫等之类问题。

四、狱讼之乞鞫

大致而言,奏谳通常发生在上下级官府之间,往往在官吏对于裁判存疑之后发生。从理论上而言,裁决结果与他们尤其是上级官吏之间没有太多利害关系(因为他们不用承担失刑的后果),故而他们通常不会积极主动地启动奏谳程序。人犯则与此不同,他们更容易对于裁判提出异议(不论是出于真实的认知还是出于侥幸),因为他们是刑罚的承受者,一旦官府在事实认定和法律适用方面出现错误就可能给他们造成不可挽回的后果。或因为此,秦法律

规定了乞鞫制度。在目前可资利用的资料中,《睡虎地秦简》记载少量关于乞鞫的法律规定,《岳麓书院藏秦简》(三)包含若干乞鞫案例,现以它们为依据略作探讨。

《睡虎地秦简》:"以乞鞫及为人乞鞫者,狱已断乃听,且未断犹听殹(也)?狱断乃听之。"①这段话大意为:乞鞫及为人乞鞫的,在狱讼已经裁断后受理,还是未裁断之前就予以受理?在狱讼裁断以后受理。这一答问蕴含两方面的信息:其一,乞鞫既可以由本人提出,亦可由他人代为提出;其二,乞鞫必须在狱讼裁断以后提出。之所以有此问,或因为,根据前面的案例可知,狱讼通常是先由主审官员讯问案件有关人员以 查明事实。而且,秦王朝对于这一过程亦有明确的法律规定。人犯或其亲属可能对官府在这一过程中的做法有异议,认为有可能影响到后面的定罪和量刑,故而希望在裁断之前乞鞫。那么,乞鞫是向同级官府还是向上级官府提出?在乞鞫之际是否需要像后世一样提出新的证据才予以受理? 如果不是如此,具备什么样的条件官府才予以受理? ……对于诸如此类的问题,《岳麓书院藏秦简》(三)中相对完整的乞鞫案例,有助于解决。比如,"得之强与弃妻奸案":

"【……当阳隶臣得之气(乞)鞫曰:……当阳论□②得之为隶臣】。得之气(乞)鞫(鞫),廷覆之,以得之不审,毄(系)得之□□③(……)覆视其狱:夋告:为得之妻而弃,晦逢得之,得之捽偃夋,欲与夋奸。夋弗听,有(又)□④夋。夋【言如告】。得之曰:捽擑(偃)夋,欲与奸,它如夋。其鞫(鞫)曰:得之强与人奸,未铫(蚀),审。丞□论耐得之为隶臣。元年四月,得之气(乞)鞫曰:和与夋卧,不奸。廷史赐等覆之:夋曰:得之屏(屏)、欲与夋奸。夋弗听,捽搒殹夋,它如故狱。得之政(改)曰:欲强与夋奸,未铫(蚀),它如夋。其鞫曰:得之殹屏(屏)夋,欲强与奸,未铫(蚀),气(乞)鞫不审,审。廷报之:毄(系)得之城旦六岁。今讯得之,得之曰:逢夋,和

---

① 睡虎地秦墓竹简整理小组:《睡虎地秦墓竹简》,文物出版社1990年版,第120页。
② 整理者补入"耐"字。
③ 整理者补入"城旦"二字。
④ 整理者补入"殹"字。

与奸，未巳(已)，闻人声，即起，和与谐之夐里门宿，得□①弗能与奸，它如气(乞)鞫书。夐曰：晦逢得之，得之欲与夐奸，夐弗听，即捽倍庰(屏)夐，欲强与夐奸。夐与务，殴榜夐。夐恐，即逮谓得之：迺之夐里门宿。到里□□②，【逢颠，弗能】与夐奸，即去。它如故狱。颠曰：见得之牵夐，夐谓颠：救吾！得之言曰：我□□□□□□殴(也)。颠弗救，去，不智(知)它。睢曰：夐言逢得之，得之欲与夐奸，夐弗听，即殴【……】，不智(知)它。得之改(改)曰：逢夐，欲与奸。夐不育(肯)，得之即捽庰(屏)夐，揭幂欲强与奸。夐与得之务，未蚀(蚀)奸，夐谓得之：迺之夐里□[宿。]得之与偕，欲与奸。夐不育(肯)，有(又)殴之。它如夐。诘得之：得之强与夐奸，未餩(蚀)，可(何)故而气(乞)鞫？得之曰：幸吏不得得之请(情)……气(乞)鞫，气(乞)鞫为不审，皋(罪)殴(也)。问(?)……气(乞)鞫，它如辤(辞)。鞫之：得之气(乞)鞫，不审，审。□③当阳啬夫：当阳隶臣□④之气(乞)鞫曰：□□不强与弃妇夐奸，未餩(蚀)，当阳论耐，得之气(乞)鞫，廷有(又)论嫠(系)城旦，皆不当。覆之：得之去嫠(系)亡，巳(已)论嫠(系)十二岁，而来气(乞)鞫，气(乞)鞫不如辤(辞)，以嫠(系)子县，其嫠(系)得之城旦六岁，备前十二岁嫠(系)日"。⑤

其中有几个字需要略加解释："晦"，夜也。比如，《左传·昭公元年》："晦淫惑疾"。⑥ "蚀"，从上文来看，应当为成功、得逞之义。"逮"，从上下文来看，系假意之义。夐本不欲与得之奸，因其"捽倍庰(屏)"而"恐"，故而假意提出"之夐里门宿"，实际上欲寻机逃脱。这一点由下文"谓颠：救吾"可知。"幸"，侥幸也。由文书中"谓当阳啬夫"以及"以嫠(系)子县"这样的记载可知，得之后一次气(乞)鞫及裁断发生在南部郡。当阳当时为南部郡治下之县，只有上级才可以这样的语气对下级说话，也只有南部郡才能像"当阳论耐，得之气

---

① 整理者补入"之"字。
② 整理者补入"门宿"二字。
③ 整理者补入"谓"字。
④ 整理者补入"得"字。
⑤ 朱汉民、陈松长：《岳麓书院藏秦简》(三)，上海辞书出版社 2013 年版，第 196—201 页。
⑥ 杨伯峻：《春秋左传注》，中华书局 2009 年版，第 1222 页。

（乞）鞫廷有（又）论戳（系）城旦，皆不当"这样发表意见。只有将后一次气（乞）鞫及裁断理解为南部郡发生之事件各处记载之间才可以相互吻合。"廷"，《说文》："朝中也"。它既可以指县廷，比如，"从少年之廷"。[1] 又如，"母欲使给事县廷"。[2] "廷"也可以指朝廷。比如，"贾以此游汉廷公卿间"。[3] 当阳为南部郡治下之县，像这样的案例不太可能因为气（乞）鞫而直达朝廷。故而，在这一案例中，"廷"不太可能指朝廷。而且，"廷"若指朝廷，则南部郡不至以前面那样的语气发表意见。得之原论耐为隶臣，在第一次气（乞）鞫之后系城旦。"秦及汉初，徒刑名称虽然复杂，但主要有城旦舂、鬼薪白粲、隶臣妾、司寇四种。其他各种名称都是这四种徒刑与肉刑、耐刑相结合的产物。四种刑徒由轻到重有一个公认的排列次序：司寇→隶臣妾→鬼薪白粲→城旦舂"。[4] 由此可知，得之在气（乞）鞫之后刑罚加重。或许得之气（乞）鞫在官员看来不服裁断，故而如此。"廷"究竟何指？"当阳论耐"当如何解释？由"丞☐论耐得之为隶臣"可知，"论耐"者为县丞。在前述"猩、敞知盗分赃"案中，江陵丞文单独就此案向上级官府奏谳。由此可知，县丞在县的地位较高，基本上可以对外代表县，则当阳论耐系指当阳县之裁决。气（乞）鞫廷之后，"廷史赐等覆之"。廷史何指？前面的案例已经表明，秦王朝县级官府的主要官员为守、丞等。如果得之气（乞）鞫廷系指县廷的话，此处当为廷守。因此，廷不一定指县廷。联系到前面监御史可以对县级官府的裁决提出异议，人们不妨认为，廷或为秦设置的监察机构，其职责之一是受理吏民对于县府裁决之气（乞）鞫。这一文书之记载比较简明，如果前面的分析成立的话，这一文书就气（乞）鞫制度而言可以提供若干重要信息：其一，得之在县府裁断之后向廷气（乞）鞫。由于廷加重了其处罚，得之进一步向郡气（乞）鞫。也就是说，吏民气（乞）鞫须向秦王朝设置的上级官府或者专门机构提出。其二，在第一次气（乞）鞫之际，"得之改（改）曰"。在第二次气（乞）鞫之后，得之又改（改）曰，其目的仅在于"幸吏不得得之请（情）"，未提交任何新证据。

① 司马光：《资治通鉴》卷七，中华书局 1956 年版，第 262 页。
② 范晔：《后汉书》，中华书局 1965 年版，第 2225 页。
③ 班固：《汉书》卷四十三，中华书局 1962 年版，第 2115 页。
④ 韩树峰：《秦汉徒刑散论》，《历史研究》2005 年第 3 期。

因此,是否提交新证据并不是气(乞)鞫是否受理的条件。文书在南部郡发布裁决意见后完结,是否意味着人犯只有二次气(乞)鞫之机会? 有此可能,然尚需更多的材料予以证实。其三,得之二次气(乞)鞫之后,官府均进行审理:在第一次审理中,得之虽改言,然很快修正,与其弃妻之言吻合。在第二次审理中,官府进一步询问颠、雎等相关人员,甚至诘问得之,得之不得不服。由此可知,在气(乞)鞫之后,官府应当予以审理,并作出裁决。其四,在第一次气(乞)鞫之后,得之经审讯"不审,毄(系)得之(城旦……)",刑罚明显加重。在第二次气(乞)鞫之后,官府认为,前二次裁决均为不当,"其毄(系)得之城旦六岁,备前十二岁毄(系)日"。处罚相对于前一次裁决而言为轻。由此可知,秦王朝之气(乞)鞫制度的根本目标是确保正确适用秦法律,不存在气(乞)鞫加刑或者减刑的问题。

《岳麓书院藏秦简(三)》还记载另外一起气(乞)鞫案——"田与市和奸案":

"……隶臣□①负斧质气(乞)鞫曰:【……覆视故狱……】今讯田,田曰:市,田姑姊子,虽与和奸,与叚(假)子……不奸。毋智捕田,田仁(认)奸,其实未奸。辟(辞)丞诏谒更治,诏不许。它如气(乞)鞫书。毋智曰:……旦田来,与市卧……□②诣田、市,服仁(认)奸。未论,市弟大夫骤、亲走马路后请货毋智钱四千,曰:更言吏不捕田、市□③上。毋智【□】受钱,恐吏智(知),不敢自言,环(还)钱。它如故狱。相曰:主治辧(辨)市,闻田数从市奸,毄(系)所,令毋智捕。弗治(笞)谅(掠),田、市仁(认)奸。它如毋智。骤、路曰:市令骤、路货毋智,以告田,田曰:剸(专)为之,它如毋智。田妻曰:……【它如】田,市言如毋智。田曰:毋智不捕田校上。捕田时,田不奸。骤、路以市言,告田货毋智钱。田幸除毋(无)辠(罪),即弗止。不智(知)市,毋智云故。它如骤、路及前。赟等言如故狱。诏曰:论坐田,田谒更治。诏谓:巳(已)服仁(认)奸,今狱夬(决)乃曰不奸。田尝□毋智,令转□,且有(又)为(?)辠(罪),田即受令(命)。

---

① 整理者补入"田"字。
② 整理者补入"捕"字。
③ 整理者补入"校"字。

它如夔等。以言不同，诣讯，言各如前。诘相：令毋智捕田、市，可（何）解？相曰：怒田、市奸，官府毋（无）它解。诘田：夏阳吏不治（笞）谅（掠），田、市仁（认）奸。今覆吏讯市，市言如故狱。田云未奸，可（何）解？田曰：未奸，而毋（无）以解市言。【诘毋智／市……毋智／市曰：……，毋（无）它解。】问：骊、路以救（赦）前货毋智，以后遝，它如辝（辞）。鞫之：田与市和奸，毋智捕校上。田虽不服，而毋（无）以解骊、路、毋智、市言。田负斧质气（乞）鞫不审，□①巳（已）救（赦）。它为□②发觉，皆审。谓慭（魏）啬夫：重泉隶臣负斧质气（乞）鞫曰：不与女子市奸，夏阳论□③田为隶臣，不□④。覆之：市仁（认）与田和奸，隶臣毋智捕校上。田不服，而毋（无）以解市、毋智言，其气（乞）鞫不审。田毄（系）子县，当毄（系）城旦十二岁。遝巳（已）救（赦），其救（赦）除田，复为隶臣。腾⑤（？）诣（？）重泉、夏阳"。⑥

其中，"负斧质"当为秦汉之际一种刑罚。比如，（范雎乃上书曰：）"一语无效，请伏斧质"。⑦ 又如，"庆幸得待罪丞相，罢驽无以辅治，城郭仓库空虚，民多流亡，罪当伏斧质……"⑧像这样的刑罚还数见于嬴政称始皇帝前后之记载。比如，"荆灵王闻之，率诸侯以攻吴，围朱方，拔之，得庆封，负之斧质，以徇于诸侯军"。⑨ "斧质"又称"斧锧"。比如，"臣昔者不知所以治邺，今臣得矣，愿请玺复以治邺。不当，请伏斧锧之罪。"⑩又如，"孰与身伏斧质，妻子为戮乎？"⑪颜师古注："质谓锧也。古者斩人，加于锧上而斫之也"。⑫ 战国秦汉之际，

---

① 整理者补入"遝"字。
② 整理者补入"后"字。
③ 整理者补入"耐"字。
④ 整理者补入"当"字。
⑤ 此处之"腾"显然为一种文书活动，大意为将最终判决抄送与案件相关之重泉、夏阳。在一定程度上可以作为前文"当腾，腾皆为报"之解释的旁证。
⑥ 朱汉民、陈松长：《岳麓书院藏秦简》（三），上海辞书出版社2013年版，第205—211页。
⑦ 司马迁：《史记》卷七十九，中华书局1959年版，第2405页。
⑧ 司马迁：《史记》卷一百三，中华书局1959年版，第2768页。
⑨ 许维遹：《吕氏春秋集释》卷二十二，中华书局2009年版，第603页。
⑩ 王先慎：《韩非子集解》卷十二，中华书局1998年版，第301页。
⑪ 班固：《汉书》卷三十一，中华书局1962年版，第1805页。
⑫ 班固：《汉书》卷三十一，中华书局1962年版，第1806页。

"伏斧质"很可能为人们常用的请罪方式。比如,"君不如肉袒伏斧质请罪,则幸得脱矣"。① 在这份文书中,"负斧质"很可能是气(乞)鞫者的一种姿态:若气(乞)鞫不审,愿伏斧质,目的可能是为了引起官府的重视。依据与上文同样的理由,这起气(乞)鞫案件很可能发生在南部郡,透露出秦狱讼制度诸多重要信息:其一,根据相"主治瓣(辨)市,闻田数从市奸,覊(系)所,令毋智捕。弗治(笞)谅(掠),田、市仁(认)奸"以及"怒田、市奸,官府毋(无)它解"这样的言论可知,田与市和奸案最初由相办理。由"主治瓣(辨)市"这样的言论可知,案件由其主办。又根据"辟(辞)丞裀谒更治"以及"裀曰:论坐田,田曰更治。裀谓:已(已)服仁(认)奸,今狱夬(决)乃曰不奸……"可知,判决至少由裀在内的官员作出。不过,逮捕以及审讯还是由相来完成。或许,在秦代,县级案件由专人负责。然而,审讯之际,县主要官员均要参加,并共同作出裁决。当然,这样的结论尚需更多证据予以支持。其二,由于案件由一位县主要官员办理,人犯对于判决不服可以向县其他官员提出更治,这一方面说明判决意见可能主要由主办官员提出;另一方面为前文所谓气(乞)鞫系向上级机构或专门机构提出提供佐证。其三,在这起案件中,田虽然负斧质,而且始终不承认与市奸,然而,在主审官员、抓捕人员、市以及相关人员均作出对其不利的证言之后,官府因为其"毋(无)以解市、毋智言"而得出"田负斧质气(乞)鞫不审"的结论。这说明,如果案件相关之其他所有人关于人犯所犯事实的证言相互吻合、相互印证,即便人犯不服,不影响对其定罪量刑。其四,田与市奸,"夏阳论(耐)田为隶臣",然而,经他气(乞)鞫之后,官府查明事实,判决"当覊(系)城旦十二岁",遇赦而免,再次说明秦王朝设置气(乞)鞫的目的是查明真相,准确适用法律,而不是像后世一样上诉不加刑。

小　结

以秦孝公为首的秦统治者改弦更张、变法图强,在商鞅的主持下对秦国法制进行大规模变革,导致秦狱讼制度与以往相比发生重大变化。大致而言,

① 司马迁:《史记》卷八十一,中华书局 1959 年版,第 2440 页。

"以法治国","凡事皆有法式",是令秦迅速强大、进而统一天下的重要原因。具体地说,在秦国(王朝),一切有利于耕战的行为,秦法律令明确规定予以奖励;一切不利于乃至危害耕战的行为,秦法律令明确规定予以处罚。人性趋乐避苦,在秦法律令像这样规定之后,秦民试图改善生活和处境的愿望就可能被秦法律令诱导至在内积极农耕,在外努力杀敌;秦民力求避免生活以及处境恶化乃至受到刑罚处罚,就不能从事任何法律令规定的危害农战以及治理的行为。秦法律令并非在发布以后就可以自动而充分发挥上述作用,而是必须通过一定的途径让人们确信,实施其鼓励的行为就会受到奖励,而实施其禁止的行为就会受到处罚。这就是通过断狱决讼,确定人们的行为是否符合法律令之规定,进而确定奖励或者惩罚,这样人们才会认为法律令有效发挥作用,进而依据法律令来抉择其行为。这就意味着,在断狱决讼的过程中,各级官府之官吏必须严格按照法律令之规定进行裁判。这么一来,与以往相比极为不同的是,为确保秦法律令之实施,秦不仅就官吏枉法裁判以及失刑规定比较严厉的刑罚后果,而且就告诉、听断,奏谳以及乞鞫等作非常严密之规定。

在冷兵器时代,参与耕战之人的数量对于强国乃至完成统一至关重要。相对于山东六国而言,秦人数量并不占据绝对优势。为此,秦一方面采取措施积极招徕三晋之民;另一方面就是充分调动秦人的耕战潜力。就后者而言,它意味着秦必须尽可能将秦人的一切行为均纳入耕战的轨道,也就是符合法律令之规定。为达成此目的,各级官府在断狱决讼过程中严格执行法律令是一方面。如果秦人不符合法律令的行为不能进入断狱决讼过程,则法律令也无从实施。因此,秦不仅在全国建立比较完善的狱讼机构,设立职责分明的职官,而且与以往相比极为不同的是,秦为此制定比较完善的告诉制度,力求将一切纠纷和争端均纳入各级官府进行裁决。比如,鼓励自首和告奸以及诬告反坐等制度就是这样制定出来的。对于编户齐民而言,这就意味着他们就丧失了先人一直享有的选择裁决者的自由。此外,秦毕竟脱胎于周代政治社会,在断狱决讼方面制定了一些确保子女孝顺父母的制度。

总的说来,在秦实行"以法治国"之后,法律令显得至关重要。故而,在正常情况下,秦君臣上下都非常重视依照法律令处理事务,努力维护法律令的权威,在非常困难的情况下也不愿意损害法律令的尊严。就刑罚实施而言,秦王

（皇帝）即便已有决定，也要交由狱吏经由狱讼审判以后作出并予以实施。然而，与以往一样，秦王（皇帝）掌握生杀予夺的大权，在非理性以及为形势所迫等不正常状态下，特别是在争夺最高权力的过程中，他们不会让法律令束缚其手脚，而是回到华夏比较悠久而古老的传统，直接施以刑罚。

结　　语

　　"凡有血性,皆有争心。"凡是在有人群聚集的地方,就会因为各种各样的原因发生争端和纠纷。他们或是争夺食物、土地等人类生存所必需的资源,或是争夺配偶等人类繁衍所必需的对象,或者是在社会政治组织形成之后争夺权力这样的社会政治资源,等等。在不同的民族、国家和地区,在自然条件和因而形成的社会政治结构等条件的制约下,各民族、国家和地区逐渐形成不同的争端解决模式。如果对大致处在同一时期的中国和西方的争端解决模式进行比较,就会发现这一点。诸如"水审"、"热审"之类审判方式对于中国先民来说肯定是值得惊奇的,他们基本上也不可能懂得通过诉讼来维护自己的合法权益。这是因为,在他们生活的时代,没有任何成文或者不成文的法律制度来确认这一点。换言之,中国古代的狱讼模式和制度一开始就走上与西方各民族和国家截然不同的方向。西方近现代以来的司法制度,是从古希腊特别是古罗马司法制度的基础上发展而来。各个在资产阶级革命之后建立的国家,在启蒙运动的洗礼下,在洛克、卢梭等思想家的影响下,在新的政治、经济、社会、文化等条件的制约下建立了一整套相对完善的司法制度。它们相对于古希腊罗马时期的司法制度而言,已经发生翻天覆地的变化,对于与之同期的中国古代狱讼制度而言,更是一种"生活在他处的事物",根本不可同日而语。因此,在中国迫于内外危局对传统狱讼制度进行根本变革、大规模移植或者引进西方发达国家司法制度的背景下成长起来的学者和研究者,或者出于民族自尊心和自豪感而力图证明"古已有之",或者因为缺乏实事求是精神以及理性思考的能力,简单地将中国古代争端解决方面的史料纳入西方近现代司法制度的框架,都是没有注意到古今中西在政治制度以及争端解决的目标取向、根本任务等方面存在的差别,都是在既定西方近现代司法制度和理论的"前见"制约下解释中国古代相关史料,其结果不是隔靴搔痒,就是削足适履。相关研究成果无助于人们认识中国源远流长的狱讼制度传统,不利于人们吸取其精华,反思和改进其存在的不足,也不可能为正在进行的司法制度改革提供有益借鉴。基于上述认识,我们对近现代以降中国一些文书和著述中的"司法"概念进行了梳理,发现一些所谓先进士大夫对西方近现代司法制度和理论的认识大致不差。他们希望在立法、行政和司法三权分立的政治架构下,以限制包括司法权在内的国家权力为主要途径,以保障公民权利和自由为最终目标建立中国司法制度。清末变法以来,在国内外形势发展需要和各方人士的共同努力下,我国逐渐建立起所谓现代司法制度。然而,由于国家的形成方式没有发生根本变化,国家权力集中于少数统治者或者统治集团手中的格局没有发生根本的改变,司法在实践中沦为国家用法来治理百姓,维持社会秩序乃至少数人或集团既得利益的手段和工具。无论从上述"司法"的哪一种概念来看,我国古代的争端解决模式和制度都与之存在巨大差别。这不仅体现在政治架构根本不同方面,也体现在法律的形成方面。因此,研究中国古代的争端解决模式和制度必须从我国古代实际出发,在抛弃一切近现代司法制度成见的前提下,完全从中国古代史料出发来形成比较符合中国古代实际的认识。

中国古代的狱讼起源于人与人之间的争端(到后来诸侯国并立时代,争端也发生在诸侯国与诸侯国之间。不过,从本质上而言,它们仍然属于人与人之间的争端)。从狱讼解决的形式来看,基本上是争端各方提出各自的主张、理由以及支持他们诉求的事实或事物,裁决者对于双方言论的真实性进行调查,在确认无误之后依据各方都可以接受的规则,提出有约束力的裁决。当然,在狱讼模式或者制度的具体内容方面,周秦时代存在一个逐渐演化的过程。在从相关史料出发,对各个阶段的狱讼模式或者制度的内容尽可能作符合历史本来面目的重构之后,观察其演化过程,不难发现一些有意义的趋势或者规律。

西周以前的绝大多数狱讼类文献已经湮没,不过,虞芮之讼仍然通过各种途径流传下来,且为《史记》所记载。它很可能是太史公为说明周文王之德而形成,故而对于狱讼而言属于无意识史料,具有很高的可信性。很可能属于殷

商王朝势力范围的虞芮之人,在为土地发生争端之后,并没有前往殷商王朝寻求裁决,反而至周,说明时人可以自由选择裁决者,无一定之规。无独有偶,《孟子》关于舜禹即位之际的记载表明,百姓在发生争讼之后根据其意愿或者选择先王确定之继承人,或者拒绝禹确定之继承人——益而选择启。这类传说中间未尝不包含若干历史信息,或可作为佐证。

一些西周青铜器铭文的记载表明,在周王朝设置的职官中,很多可以充当狱讼的裁决者,王朝对于人们选择谁担当裁决者无一定之规。在为数不多的狱讼类铭文中,裁决者各不相同,难以从中发现什么规则。这就不能不让人认为,周代仍然延续着以往人们自由选择裁决者的方式。当然,在青铜器铭文中,裁决者均为在周王朝执掌权力的贵族。这并不能说明周王朝将狱讼的裁决权集中于贵族手中。这是因为,铸器者往往为在狱讼中获胜的贵族,在等级森严的时代,他们不可能寻求社会地位较他们为低、甚至没有机会接受教育的百姓充当裁决者。问题在于,平民百姓发生争端和纠纷以后,是否可以自行选择裁决者呢?囿于史料,只能略作推测的是,在地广人稀、交通不便、百姓们占有生产资料较少的周代社会,百姓们选择周围较有威望的人充当裁决者的可能性较大。当然,也不排除他们在受到非贵族不可弹压的人侵害之际诉诸贵族的可能性。

春秋时期,由于文献所限之故,人们仍然只能了解上层社会的狱讼情况。大致说来,在诸侯国内,贵族之间的争端仍然诉之于贵族,不过,相对于西周时期而言,情况或出现一些变化,人们的选择余地逐渐变小。比如,在晋国所设县之内,大的家族之间的争端诉诸于县大夫。晋国执政命人断旧狱,这意味着旧狱的裁决者以往也有可能因执政之命而产生,换言之,各方没有选择裁决者的余地,裁决者须由执政指派的人充当。在周王室内部、在周王室与诸侯国之间,在诸侯国与诸侯国之间,选择裁决者的余地也在变小。主要表现在,其一,周王室往往要求晋国派人担任裁决者;其二,晋国和楚国长期担任一些诸侯国集团的盟主。因此,在同盟诸侯国发生争端之后,它们往往选择作为盟主的晋国或楚国作为裁决者。由于未见各诸侯国进一步强化县以下治理之记载,正如商鞅变法之秦国一样,断狱讼情况可能没有发生像上层社会那样的变化。

战国时期,《周礼》作者设想,在整个王朝版图内建立相对完善的治理机构。具体地说,邦国都鄙在家的基础上设置名为乡的机构,而从地域的角度设置县、遂等层级的机构。它们又成为王室之公卿大夫或者诸侯国的基本单位。王朝在各种层级的机构都设置职责清楚分明的职官系统,一些职官则明确授予听狱断讼之责。由于王朝以家为基础将全体百姓纳入治理范畴,百姓如果发生争端,很可能不能像以往那样自由选择裁决者,而是必须由王朝设置的机构和职官听狱断讼。《包山楚简》的《疋狱》部分系楚国左尹官署受理狱讼之记录,从中可以看到,县、州或里人与县、州或里人之间关于田土细故、伤害乃至杀人类案件以及与官府的争端,都向左尹官署提出,由左尹官署指派职官进行裁决。当然,由于墓主系左尹,陪葬的是左尹官署的文书,因而文书反映出这样的特点。换言之,如果文书出自县级官员之墓,人们也很有可能发现县级官府受理狱讼的记录。无论人们在向县级官府和左尹官署提出告诉之际须遵守什么样的规则,可以确定的是,楚国已经建立比较完善的职官系统,垄断了断狱决讼的权力,人们在发生争端之后,必须寻求楚国各级官府的裁决。

秦"以法治国","凡事皆有法式"。为此,秦不仅制定并颁布比较完备的法律令系统,也按地域在全国建立比较完善的治理机构和职官系统,百姓之间发生争端,不仅必须前往官府告诉,在诸如伤害、杀人之类违反秦法律令的事件发生之后,秦各级官府不待百姓告发,也要依法查明真相,将凶手绳之以法。在这样的法律环境中,百姓在发生争端之后没有任何选择余地和自由,必须遵守秦法律,由秦各级官府予以解决。人们从这个角度观察周秦时代断狱决讼的发展过程,不难发现,它实际上是一个由人们自由选择裁决者向必须将争端诉诸王朝设置的职官逐渐演化的过程。

凡是有人群存在的地方,通常会建立各种类型的组织、通过各种方式产生统治者以维持秩序。人与人之间的纠纷与争端,在通常的情况下往往局限于个别人或少数人与个别人或少数人之间。然而,也不能排除的是,个别或少数人因为各种各样的原因与组织中多人发生争端和纠纷。或者,由于各种各样的原因,人们经常实施一些性质相同或者相似的事件。像这样一些人和事,严重破坏群体的正常秩序,在群体和群体之间经常因为生存和发展而争夺各种资源的时代,这样的人和事有时候甚至危及群体的生存。在此情况下,组织及其统治者就会实施治理,惩罚这样的人和事以维持群体的正常秩序。在不同

的时代,在不同的政治、经济、军事以及文化诸条件的制约下,组织及其统治者实施治理的方式是不同的。在传说时代,自然条件恶劣,对外战争频繁,非拥有高尚的品德、非凡的才能以及高度的智慧的人不足以领导人们应付内外危机、赢得生存和发展,与此同时,他们也获得极大的权威。在此情况下,他们通常直接处罚那些对群体生存构成威胁的人和事,"舜方四凶而天下服"或许可以在一定程度上成为这种治理方式的写照。夏商二代留下的资料较少,从中依稀可以得知,统治者在征伐之际发布具有约束力的命令,违者给予严厉的处罚。在那样的年代,违反者想必容易为众人所知和察觉,处罚也未必会经历类似后世之审判。像这样的情形一直延续到周代,在《尚书》之《康诰》中,诰命发布者希望封在封国就任之后高度重视他们关于刑罚处罚的原则的总结,同时也要借鉴殷商王朝有益的刑罚原则和经验,以维持周王朝的长治久安。在《尚书》之《酒诰》中,周统治者发布关于禁酒之命令。二者均无关于断狱决讼之记载。诰命发布者希望强调的是,刑罚处罚应该遵循相关原则和经验。与之不同的是,《尚书》之《吕刑》明确记载周穆王关于断狱决讼的一些原则。其中,一些刑罚处罚显然系断狱决讼之结果。这样的记载表明,与统治者在日常治理中发现需要刑罚处罚的行为一样,对于在断狱决讼过程中发现的一些行为,统治者也要予以刑罚处罚。在《左传》和《国语》的相关记载中,大量的刑罚处罚依然未经历断狱决讼阶段,而是由各级在位者依据先王先公之制、先例以及发布的命令直接实施。这类情形直到战国时期也未发生改变,在《周礼》中,在位者对一些行为人直接实施刑罚处罚,不是像一些学者所说的那样在进行所谓审判之后,断狱决讼与这类治理行为仍然属于不同的范畴,有着不同的实施模式。《周礼》是战国时人关于未来统一王朝的治理设想,它作为社会意识,也应当是社会存在的反映。如果在战国刑罚实践中,所有刑罚处罚都应当在断狱决讼并宣告判决之后实施,那样就很难出现相关之记载。反过来言之,既然《周礼》依然存在诸如此类的设想,在一定程度上可以表明,战国时期,中原诸国各级统治者经常在权力范围内直接依据各种规范实施刑罚处罚,而不必经历断狱决讼过程。不过,人们不能无视《吕刑》关于断狱决讼之后实施刑罚处罚这样的记载,也不能无视在《左传》和《国语》记载的一些狱讼案例中,一些人的确受到刑罚处罚。像这样的情形亦发生在《包山楚简》记载的一些案例中,合理的解释应当是,统治者或者官员在断狱决讼的过程中,发现依照先王先公确定的原则、旧制和先例以及时君之命应当予以处罚的情形,于是施以刑罚。严格地说,这是断狱决讼发生转化后的情形,与通常的断狱决讼之间存在较大差别。秦王朝建立前后(之所以像这样表述,是因为目前缺乏商鞅变法之后可靠而充足的史料),像这样未审而处罚的情形发生根本改观,尽管不能否认秦最高统治者在非理性状态或者在争夺最高权力这样不正常政治状态下,他们也直接下令对一些人施以刑罚,然而,在正常情况下,即便秦最高统治者希望按照某种罪名处罚犯人,他们也会将案件交有关官员依法办理。从出土发掘所获得的秦简来看,秦王朝建立比较完善的官府以及职官体系,也在法律令中规定比较严格的狱讼程序,地方官员必须依照法律令审判违反法律令之人犯,并依法律令予以处罚。如果各级官员在断狱决讼过程中端为或者不端为导致失刑,也要依法律令予以处罚,秦王朝就是通过这样的方式来实现依照法律令的治理。从这个角度观察周秦时代刑罚处罚的发展历程,可以得出这样的结论:它是一个权力拥有者任意处罚向依照法律断狱决讼并予以处罚的发展过程,是一个人的任意性逐渐向法律规定的确定性转化的过程。

　　人与人之间发生争端和纠纷之后,寻求他人裁决,就会涉及到裁决的依据。在远古时期,由于前面所述的原因,人们对于那些通过其发明、革新极大改善人们生存条件的人或者在自然灾害、对外战争等危及人们生存的事件中展示出品德、智慧以及才能的人产生无与伦比之崇拜,争端和纠纷或者因他们之言而决。裁决者或许不需要依据,他们个人享有的高度权威就可以为其裁决提供权威性,足以令争端各方信服。对于迷信鬼神和占卜的殷商之人而言,争端和纠纷是否可能因为占卜结果而解决呢? 换言之,他们是否在产生争端和纠纷之后通过占卜决定是否采取下一步行动,通过这样的方式就可以解决问题呢? 恐怕完全不能排除部分甲骨文记载这类情形的可能性。然而,由于释读和编联方面存在的极大困难,人们难以通过甲骨文考察殷商时期发生的争端和纠纷。到了周代,人们不再像以往那样迷信鬼神,而是崇拜天神。不过,周人不再像以往那样事事通过占卜来窥伺天意;与此同时,周统治者也似乎不再像以往那样享有崇高的权威。周人在发生争端和纠纷之后,往往寻求他们均信服和认同的人进行裁决。即便是这样的人,也需要提出令双方或者

各方均认同的裁决依据。裁决者提出这样的依据在习惯于依靠国家法律裁判的今人看来是非常困难的。这是因为,争执双方各执一词,也各有其理由,裁判者必须超越它们进而提出令各方均信服的办法和依据,它们显然会因人的不同而各异。周代狱讼类资料过于匮乏,令人难以作出比较准确的归纳。如果可以结合"议事以制"的传统以及《左传》和《国语》中大量处理政务的记载,人们或可以为,通过包括《夏书》、《商书》以及《周书》在内的各种途径流传下来的先王先公的言论、广为人知的《诗》中所阐述的道理、先王先公处理类似事务的先例以及礼治时代的礼,都有可能成为裁决的依据。之所以可以结合政务来讨论这样的问题,是因为在统治者心目中,断狱决讼也是政务之一,难以设想他们会专门为此创造和实践另外一套规则或者方法。在春秋晚期,郑、晋等国先后铸刑书,它们很可能是某些执政在位期间据以处理刑罚事务的"法","人亡政息",各国均未长期适用和推广,故而难以独自成为断狱决讼之依据。需要注意的是,由于史料匮乏之故,在讨论周代狱讼的裁决依据的过程中,人们只能看到贵族社会的情形,平民社会如何解决争端和纠纷,难以确知。不过,在贵族社会都无法通过普遍适用的规则以裁决纠纷的情形下,平民社会恐怕同样不会例外。到了战国时期,在《周礼》中,与以往相比,裁决依据发生明显变化,这就是断狱决讼者必须以既定的典、法、则等规范为依据进行裁断。由于资料匮乏之故,今人已经无从得知中原诸国以及秦如何断狱决讼。不过,战国时期,各国纷纷变法,以法治国先后成为各国的治理方式。也只有在这种比较普遍的社会环境中,《周礼》作者才有可能出现这样的设想。换言之,这样的设想本身在一定程度上或者也可能反映战国时期各诸侯国的断狱决讼实践,尽管有可能与之相比处于萌芽或者相对不完善的阶段。《周礼》很可能产生于中原诸国或者秦国,不能反映楚国的情形。《包山楚简》的出土在一定程度上可以弥补这样的缺憾。然而,人们虽然可在《包山楚简》看到比较完善的断狱决讼制度,但其中绝无任何关于断狱决讼依据的记载。从其中反映楚国的狱讼机构设置比较整齐、告诉、确定裁决者以及证据制度都比较完善以及吴起曾在楚国变法等情形推测,楚国断狱决讼很可能有规则可依,至于规则的形式和内容目前无从得知。这样的推测应该具有很大合理性,这是因为在组成断狱决讼制度诸环节的制度都比较完善的情况下,像裁决依据这样比较重要的环节却无制度可以遵循,这恐怕令人难以相信。当然,事实上究竟如何,只有在更多的楚国狱讼类资料出土之后才能解决相关问题。秦国自商鞅变法之后走上"以法治国"的轨道,无论是从传世文献来看,还是从出土秦简来看,秦对于官吏因为故意或者过失而导致未能在断狱决讼过程中正确适用秦法律令都要给以严厉的处罚,秦法律令就是一切断狱决讼的依据,这一点毋庸置疑,也无须赘言。总而言之,一部周秦时代断狱决讼的历史,其依据就是从令人莫衷一是的裁决者的意志逐渐向确定不移、比较明确的统治者的意志演化的过程,是从不完善的、不系统的、不成文的各种规则向完善的、系统的、成文的规则演化的过程。

　　上述周秦时代狱讼制度演变趋势应当有着深刻的政治、经济、军事以及社会文化方面的根源。从这些角度进行考察应可以得出很有意义的看法。在这里,我们拟主要从军事或者战争的角度进行简要的考察。这是因为,周代"国之大事,在祀与戎",秦历代统治者均以通过战争的方式来统一天下为己任,战争又需要兵员和物资的投入,这些都是执政者需要解决的问题。比如,"宣王既亡南国之师,乃料民于太原"。[①]　又如,(秦晋韩原之战后,)"晋侯使郤乞告瑕吕饴甥,且召之。子金教之言曰:'朝国人而以君命赏,且告之曰:孤虽归,辱社稷矣。其卜贰圉也。'众皆哭。晋于是乎作爰田。吕甥曰:'君亡之不恤,而群臣是忧,惠之至也。将若君何?'众曰:'何为而可?'对曰:'征缮以辅孺子,诸侯闻之,丧君有君,群臣辑睦,甲兵益多,好我者劝,恶我者惧,庶有益乎!'众说。晋于是乎作州兵"。[②]　上述记载足以证明战争可能影响内政,断狱决讼既然亦属于内政之一,那么,战争对于狱讼模式就有可能发生影响。周代的狱讼模式,前面已略作分析。如果认真观察前面所归纳的狱讼制度演化趋势,其制度化基本上发生在周秦之际。就此而言,《史记》以及《商君书》等文献中相关论述都可资利用。关于《商君书》,郑良树认为,其各篇的内容和主张之间有着血肉联系,在此基础上,他主张《商君书》不全是商鞅的真著,而是商鞅及其学派的集体著作。具体地说,其中一小部分是商鞅的

①　司马迁:《史记》卷四,中华书局 1959 年版,第 145 页。
②　杨伯峻:《春秋左传注》,中华书局 2009 年版,第 360—363 页。

真著,绝大部分是商学派其他学生的著作。郑良树所谓商学派其他学生是指认同商鞅变法之后秦国的"政治趋势"以及"强国主张"的秦国历代重要政治人物,尽管他们不一定是商鞅直系弟子。在郑良树看来,自从秦孝公接受商鞅变法的建议之后,秦国政治实际上都以商鞅及其学派的主张为指导,因为他们紧紧地扣住了整个战国局势发展的大趋向。① 本书试图对基于历史事实而形成的狱讼制度发展趋势作出比较合理的解释,在很大程度上是努力追求合理和有效。在此前提下,以郑良树的上述论述为参考来观察《商君书》中相关论述,至少可以认为它们是秦历代重要执政者言论之记载,相关言论对于秦代政治必然发挥或多或少之作用,以其为依据来实现前述目标,在很大程度上具有合理性。

就公布法律而言,在以往的中国历史上,不乏与之相类似的事件。比如,"三月,郑人铸刑书",从叔向"昔先王议事以制,不为刑辟,惧民之有争心也"以及"民知有辟,则不忌于上,并有争心,以征于书,而徼幸以成之"②这样的言辞来看,这应当是公布刑法之事件。又如,"晋赵鞅、荀寅帅师城汝滨,遂赋晋国一鼓铁,以铸刑鼎,著范宣子所为刑书焉。"③从蔡史墨"擅作刑器,以为国法"④这样的言辞来看,这也应是诸侯国公布刑法之事件。然而,无论在《左传》和《国语》中,还是在地下出土文献中,人们难以发现它们发挥何种作用。而且,周代政治具有比较鲜明的"为政在人"特点,故而,"人亡政息"往往难以避免。换言之,在公布刑书之执政离世之后,刑书通常难以继续沿用。秦国与之不同,"周室微,诸侯力政,争相并。秦僻在雍州,不与中国诸侯之会盟,夷翟遇之",孝公觉得"丑莫大焉",下求贤令,希望"复缪公之故地,修缪公之政令"。商鞅"闻是令下,西入秦","说孝公变法修刑,内务耕稼,外劝战死之赏罚"。⑤ 在与甘龙、杜挚等的辩论中,商鞅鲜明地提出:"是以圣人苟可以强国,

---

① 参见郑良树:《秦国政治与〈商君书〉》,《商鞅及其学派》,上海古籍出版社 1989 年版,"自序"第 1—7 页。

② 杨伯峻:《春秋左传注》,中华书局 2009 年版,第 1274—1275 页。

③ 杨伯峻:《春秋左传注》,中华书局 2009 年版,第 1504 页。

④ 杨伯峻:《春秋左传注》,中华书局 2009 年版,第 1504 页。

⑤ 司马迁:《史记》卷五,中华书局 1959 年版,第 202 页。

不法其故;苟可以利民,不循其礼"。① 经此讨论之后,孝公下决心变法。变法主要内容包括:"有军功者,各以率受上爵;为私斗者,各以轻重被刑大小。僇力本业,耕织致粟帛多者复其身。事末利及怠而贫者,举以为收孥。宗室非有军功论,不得为属籍。明尊卑爵秩等级,各以差次名田宅,臣妾衣服以家次。有功者显荣,无功者虽富无所芬华"。② 由此可知,无论是秦孝公也好,还是商鞅也好,其变法目的均与战争直接相关。这是因为,战争是夺取失地,实现国家强盛的不二法门。而农业一方面可以为战争提供所必需的物资;另一方面也可为战争积蓄兵员。因此之故,商鞅变法聚焦于农战,③ 主要手段是赏罚。④ 具体地说,国家因人们"田宅"、"臣妾"、"衣服"以及"显荣"之欲,⑤ 一方面通过官爵之奖赏⑥将人们诱导至在战场上立军功,在务农之际多出粟帛。⑦ 另一方面,国家又用刑罚严厉打击私斗者。这固然可以用私斗破坏治理秩序来解释。然而,如果将其置入奖励耕战这样的变法大背景下观之,则又不仅限于此:私斗一方面有影响乃至破坏农耕之虞;另一方面很可能减少国家兵源。⑧ 通过官爵而赏,通过刑而罚的手段真正发挥作用,实现强国目标的前

---

① 蒋礼鸿:《商君书锥指》,中华书局 1986 年版,第 3 页。

② 司马迁:《史记》卷六十八,中华书局 1959 年版,第 2230 页。

③ 参见《商君书·农战》:"国待农战而安,主待农战而尊"。蒋礼鸿:《商君书锥指》,中华书局 1986 年版,第 22 页。

④ 参见《商君书·说民》:"民勇,则赏之以其所欲;民怯,则杀之以其所恶。故怯民使之以刑,则勇;勇民使之以赏,则死。怯民勇,勇民死,国无敌者必王。民贫则弱,国富则淫;淫则有虱,有虱则弱。故贫者益之以刑,则富;富者损之以赏,则贫。治国之举,贵令贫者富,富者贫"。蒋礼鸿:《商君书锥指》,中华书局 1986 年版,第 38 页。

⑤ 参见《商君书·算地》:"夫治国者能尽地力而致民死者,名与利交至。民之性,饥而求食,劳而求佚,苦则索乐,辱则求荣,此民之情也"。蒋礼鸿:《商君书锥指》,中华书局 1986 年版,第 45 页。

⑥ 参见《商君书·农战》:"凡人主之所以劝民者,官爵也;国之所以兴者,农战也。今民求官爵皆不以农战,而以巧言虚道,此谓劳民。劳民者,其国必无力。无力,则其国必削。善为国者,其教民也,皆从壹而得官爵。是故不官无爵。"蒋礼鸿:《商君书锥指》,中华书局 1986 年版,第 20 页。

⑦ 参见《商君书·算地》:"入使民属于农,出使民壹于战"。蒋礼鸿:《商君书锥指》,中华书局 1986 年版,第 48 页。

⑧ 这是一种解释,《商君书·战法》的解释是,"凡战法必本于政,胜则其民不争,不争则无以私意,以上为意。故王者之政,使民怯于邑斗而勇于寇战"。参见蒋礼鸿:《商君书锥指》,中华书局 1986 年版,第 68 页。

提条件是,百姓皆知晓以赏罚为主要内容的法律的存在。① 而且,百姓坚信法律必将得以严格实施。反过来说,如果百姓不知道法律的存在,或者百姓虽然知道法律的存在,然不相信它们会得到不折不扣地实施,那么,正如众所周知的那样,法律不可能有效发挥作用。换言之,秦国百姓只有知道法律,确信其中规定的赏罚将予以兑现,才有可能根据法律的规定努力获取奖赏,避免刑罚。只有这样,百姓的行为才有可能符合国家的预期,国家才能走上富国强兵之道。为此,商鞅采取了有效措施:"令既具,未布,恐民之不信,已乃立三丈之木于国都市南门,募民有能徙置北门者予十金。民怪之,莫敢徙。复曰'能徙者予五十金'。有一人徙之,辄予五十金,以明不欺。卒下令"。② 在商鞅变法之后,从目前与秦相关的资料来看,未见秦再次进行大规模的法制变革。《史记·秦始皇本纪》有"事皆决于法"这样的记载,地下出土秦简明确表明比较完善之秦法律之存在。人们虽依据现有资料仅可追溯秦法律与商鞅变法之间的若隐若现之关联,③然至少可以认为,商鞅变法之后,秦法律逐渐得到发展和完善。这一点可以得到传世文献的佐证。比如,"古者先王尽力于亲民,加事于明法。彼法明则忠臣劝,罚必则邪臣止。忠劝邪止而地广主尊者,秦是也;群臣朋党比周以隐正道、行私曲而地削主卑者,山东是也。"④它与"秦战未尝不剋,攻未尝不取,所当未尝不破"⑤这样的记载结合起来,在一定程度上可以证明,秦长期以来"官法明",故而不断取得兼并或者统一战争的胜利。⑥

统治者以一己之意或者根据需要用刑罚来处罚群体成员转变成为在通常情况下将那些认为应当予以处罚的人交给官吏审讯,依照法律定罪量刑,从另外一个角度而言,是统治者将实施刑罚从个人意志转向体现国家意志的法律

---

① 参见《商君书·壹言》:"夫民之不治者,君道卑也;法之不明者,君长乱也。故明君不道卑不长乱也。秉权而立,垂法而治法,以得奸于上而官无不,赏罚断而器用有度。若此,则国制明而民力竭……"蒋礼鸿:《商君书锥指》,中华书局 1986 年版,第 61—62 页。

② 司马迁:《史记》卷六十八,中华书局 1959 年版,第 2231 页。

③ 参见郑良树:《秦国政治与〈商君书〉》,《商鞅及其学派》,上海古籍出版社 1989 年版,第 6 页。

④ 王先慎:《韩非子集解》,中华书局 1998 年版,第 122—123 页。

⑤ 王先慎:《韩非子集解》,中华书局 1998 年版,第 4 页。

⑥ 参见《韩非子·奸劫弑臣》:"(孝公)遂行商君之法。民后知有罪之必诛,而私奸者众也,故民莫犯,其刑无所加。是以国治而兵强,地广而主尊"。王先慎:《韩非子集解》,中华书局 1998 年版,第 101 页。

的过程。这意味着,统治者需要限制自己的意志和自由,自觉服从法律的权威和意志。中国远古历代王朝均系通过武力消灭敌对或反对势力之后建立,在王朝版图内没有任何足以影响和挑战其权力的人和势力,统治者因而可以任一己之意行使其权力。为什么统治者愿意尊重和维护逐渐演化形成的法律的权威而限制其自身的意志和权力?"孝公曰:'……拘世以议,寡人不之疑矣'。于是遂出垦草令"①以及前述"令出于一"这样的记载表明,法律令的具体内容或者为秦官员起草,发布一定需要经过秦最高统治者的同意。换言之,法律令本身就体现统治者的意志。统治者尊重和维护法律令实际上就是尊重和服从自身的意志。不仅如此,如前面所言,法律令有利于驱使百姓从事农战,让国家富强,从而实现统治者的长远和根本目标。然而,任何统治者都有非理性的一面。如果任由统治者一己之意而为,就有可能肆意妄为,进而危及国家之目标和富强。比如,"费中善谀,好利,殷人弗亲。纣又用恶来。恶来善毁谗,诸侯以此益疏",②成为导致殷商王朝灭亡的原因之一。当然,像这样的分析只能在理论上成立。作为秦国历代执政者言论之记载,《商君书》的相关论述可以实现更为令人信服之解释。比如,"国之所以治者三:一曰法,二曰信,三曰权。法者,君臣之所共操也;信者,君臣之所共立也;权者,君之所独制也,人主失守则危。君臣释法任私必乱。故立法明分而不以私害法则治,权制独断于君则威,民信其赏则事功成,信其刑则奸无端。唯明主爱权重信而不以私害法,故多惠言而不克其赏,则下不用;数加严令而不致其刑,则民傲死。凡赏者,文也;刑者,武也。文武者,法之约也。故明主任法。明主不蔽之谓明,不欺之谓察。故赏厚而利,刑重而威必,不失疏远,不违亲近……"③其中,"法者,君臣之所共操也;信者,君臣之所共立也",大意为君臣在共同实施法令过程中于天下立大信,"君臣释法任私必乱"。具体地说,如果君臣以私害法,则"多惠言而不克其赏,则下不用;数加严令而不致其刑,则民傲死",法令因而就不能发挥预期效果。换言之,国家不能实现富国强兵之目标。先秦诸子往往是从历史中获取经验教训,《商君书》亦如此,故而上述思想很可能是

---

① 蒋礼鸿:《商君书锥指》,中华书局1986年版,第5页。
② 司马迁:《史记》卷三,中华书局1959年版,第106页。
③ 蒋礼鸿:《商君书锥指》,中华书局1986年版,第82—83页。

在总结以往在位者在权力范围内直接实施刑罚的经验教训上而产生。"失疏远","违亲近"都是君臣因为非理性因素在由一己之意施以刑罚的过程中容易产生的问题(这在历史上比较容易找到先例),它们又往往导致前述比较严重的后果,故而《商君书》之作者一再强调,力求避免。在目前可见的文献中,刑罚往往在断狱之后实施。根据上述指导思想,秦君臣在正常情况下对任何行为均要依法令而断,决定是否施以刑罚,而不是根据自己的意志直接实施,避免"失疏远","违亲近",进而避免导致严重后果。而且,"明主之治天下也,缘法而治,按功而赏。凡民之所疾战不避死者,以求爵禄也。明君之治国也,士有斩首、捕虏之功,必其爵足荣也,禄足食也。农不离廛者,足以养二亲,治军事,故军士死节而农民不偷也。今世君不然,释法而以知,背功而以誉,故军士不战而农民流徙……故明主慎法制。言不中法者不听也,行不中法者不高也,事不中法者不为也。言中法,则辩之;行中法,则高之;事中法,则为之。故国治而地广,兵强而主尊,此治之至也"。①《商君书·君臣》开篇尚有"古者未有君臣、上下之时……"②云云,系作者从历史中获取经验,得出包括"法制设而私善行则民不畏刑"在内的看法。所谓"明主慎法制"之类则是从"今世君不然"的各种行为中获得教训。从这样的论述中,人们可以看到《商君书·君臣》作者一如既往地将"缘法而治"与"国治而地广,兵强而主尊"联系起来,希望国君慎法制,做到"言不中法者不听也,行不中法者不高也,事不中法者不为也"。如此,则刑罚须待断狱之后实施明矣!

对人与人之间的争端和纠纷进行裁决,使之复归秩序乃至和谐,对于贵族或者官吏而言,并非轻而易举,而是要花费时间和精力,有时候核实各方所陈述的事实也可能需要耗费其他资源。既然如此,为何秦代一改以往周代的做法,将所有狱讼纳入各级官府治理的范围呢?《商君书》一些记载可以提供有效之解释。其一,"百人农一人居者王,十人农一人居者强,半农半居者危。故治国者欲民者之农也。国不农,则与诸侯争权,不能自持也,则众力不足也。故诸侯挠其弱,乘其衰,土地侵削而不振,则无及已。圣人知治国之要,故令民

---

① 蒋礼鸿:《商君书锥指》,中华书局 1986 年版,第 130—132 页。
② 蒋礼鸿:《商君书锥指》,中华书局 1986 年版,第 129 页。

归心于农。归心于农,则民朴而可正也,纷纷则易使也,信可以守战也。壹则少诈而重居,壹则可以赏罚进也,壹则可以外用也"。① 在《商君书·农战》之作者看来,对于治国者而言,百姓"归心于农"至关重要,数量和比例越大则国愈强,否则,国在与诸侯争权的过程中必"土地侵削而不振"。百姓"归心于农"并不意味着就不会发生争端和纠纷,这段论述从表面看来与断狱决讼之间并不存在什么关联。然而,《商君书·农战》之作者之意不仅仅限于此,他认为百姓"归心于农"则"朴而可正也,纷纷则易使也,信可以守战也"。而国家令百姓致力于农战的根本措施不外两端,赏罚是也。故国家在百姓"归心于农"方面本来就需要采取赏罚措施,在百姓"归心于农"之后亦需要进一步采取赏罚措施令其"信可以守战也"。因此,这段论述的重要性在于,《商君书·农战》之作者将百姓视为国家必须最大限度地加以利用或者汲取的资源,通过赏罚的途径最大限度地将他们纳入农战之途。② 就赏罚而论,根据前面的论述可知,至少罚必须在断狱决讼之后。换言之,断狱决讼是实现百姓"归心于农"以及"信可以守战"的重要途径。无怪乎国家不惜为此耗费一定资源建立和完善官府和官吏体系! 其二,"今世主有地方数千里,食不足以待役实仓,而兵为邻敌,臣故为世主患之。夫地大而不垦者,与无地同;民众而不用者,与无民同。故为国之数,务在垦草;用兵之道,务在壹赏。私利塞于外,则民务属于农。属于农则朴,朴则畏令。私赏禁于下,则民力抟于敌,抟于敌则胜"。③ 又,"夫刑者所以夺禁邪也,而赏者所以助禁也。羞辱劳苦者,民之所恶也。显荣佚乐者,民之所务也。故其国刑不可恶而爵禄不足务也,此亡国之兆。刑人复漏,则小人辟淫而不苦刑,则徼倖于民上,徼于民上以利。求显荣之门不一,则君子事势以成名。小人不避其禁,故刑烦。君子不设其令,则罚行。刑烦而罚行者国多奸,则富者不能守其财,而贫者不能事其业,田荒而国贫……故刑戮者所以止奸也,而官爵者所以劝功也。今国立爵而民羞之,

①　蒋礼鸿:《商君书锥指》,中华书局 1986 年版,第 24—25 页。
②　参见《商君书·说民》:"国治:断家王,断官强,断君弱。重轻去刑,常官则治。省刑要保,赏不可倍也。有奸必告之,则民断于心。上令而民知所以应,器成于家而行于官,则事断于家。故王者刑赏断于民心,器用断于家"。参见蒋礼鸿:《商君书锥指》,中华书局 1986 年版,第 40 页。
③　蒋礼鸿:《商君书锥指》,中华书局 1986 年版,第 44 页。

设刑而民乐之,此盖法术之患也。"①相对于《商君书·农战》中相关论述而言,诸如"夫地大而不垦者,与无地同;民众而不用者,与无民同"以及"民力抟于敌,抟于敌则胜"之类论述更加直白地表明,国家将民亦即百姓视为与土地类同的资源,力图竭其力以在战场上胜敌。② 在除赏罚之外别无二途的情况下,《商君书·算地》之作者试图充分发挥赏罚之作用,尤其是要极力避免"国立爵而民羞之,设刑而民乐之"这样的局面出现。具体地说,就赏而言,求显荣之门不一,这样才不会导致"君子事势以成名"乃至"国立爵而民羞之"。更为重要的是,刑罚必须充分有效发挥作用,使任何违反法令当受刑罚处罚之人无漏网之虞,用《商君书》作者之言来说就是"刑人复漏,则小人辟淫而不苦刑,则徼倖于民上,徼于民上以利",因为这样会导致"设刑而民乐之"的不利局面。为此,国家采取"有奸必告之"等种种措施。在此情形下,在争端和纠纷经常会导致违反法令的人和事出现的情况下,国家是否有可能让百姓自行解决争端和纠纷? 答案显然是否定的。其三,"圣人之为国也,壹赏,壹刑,壹教。壹赏则兵无敌,壹刑则令行,壹教则下听上"。③ 其中,"所谓壹赏者,利禄官爵抟出于兵,无有异施也。夫固知愚、贵贱、勇怯、贤不肖皆尽其胸臆之知,竭其股肱之力,出死而为上用也。天下豪杰贤良从之如流水,是故兵无敌而令行于天下"。④ 又,"所谓壹刑者,刑无等级,自卿相、将军以至大夫、庶人,有不从王令、犯国禁、乱上制者,罪死不赦。有功于前,有败于后,不为损刑;有善于前,有过于后,不为亏法。忠臣孝子有过,必以其数断。守法守职之吏有不行王法者,罪死不赦,刑及三族"。⑤ 这样的论述对前面相关分析可资补充说明。壹赏的目的是为"兵无敌而令行于天下",其手段是通过利禄官爵而促使"知

---

① 蒋礼鸿:《商君书锥指》,中华书局 1986 年版,第49—50 页。

② 参见《商君书·错法》:"夫人情好爵禄而恶刑罚,人君设二者以御民之志而立所欲焉。夫民力尽而爵随之,功立而赏随之,人君能使其民信于此如明日月,则兵无敌矣。蒋礼鸿:《商君书锥指》,中华书局 1986 年版,第65 页。又,《商君书·去强》:"贫者使以刑则富,富者使以赏则贫。治国能令贫者富,富者贫,则国多力,多力者王"。蒋礼鸿:《商君书锥指》,中华书局 1986 年版,第31 页。

③ 蒋礼鸿:《商君书锥指》,中华书局 1986 年版,第96 页。

④ 蒋礼鸿:《商君书锥指》,中华书局 1986 年版,第96—97 页。

⑤ 蒋礼鸿:《商君书锥指》,中华书局 1986 年版,第100—101 页。

愚、贵贱、勇怯、贤不肖皆尽其胸臆之知,竭其股肱之力",竭尽民力之目的非常明显。壹赏的目的是令行,具体地说,除国君之外,"有不从王令、犯国禁、乱上制者,罪死不赦"。那么,在争端和纠纷经常导致"不从王令、犯国禁、乱上制"的情况下,国家有无可能让百姓继续自行选择裁决者,进而可能逃脱法令的惩罚呢?

总而言之,在春秋战国数百年间,诸侯国能否在战争中取得胜利,攫取霸权进而统一各国,国力是最为重要的因素。为此,秦国进行比较彻底也非常成功的变法。诸如以不断制定和完善的法律制度为依据断狱决讼,君臣上下都必须遵守法令,在断狱决讼之后施以处罚以及百姓在出现争端和纠纷之后必须寻求官府依法裁决等趋势,都是适应秦战争需要而产生,并且伴随着秦统一天下的战争而不断发展和完善。换言之,秦狱讼制度是战时形成的狱讼制度,是适应战争需要的狱讼制度。其有效运转取决于统治者在对外战争的压力下严格而公正地执行法律,更取决于百姓愿意忍受或者至少不反抗国家无休无止地索取。不过,商鞅变法为秦国缔造了一个强大到极点的国家以及一群沉默到极点的个人。这种国家和个人间关系的极度失衡导致以皇帝为首的统治者的欲望不断失控(前面的分析表明,皇帝和权臣在需要的时候破坏法制,制造冤假错案),也导致秦王朝长时间地、无限制地动员和汲取国内资源,终于迫使沉默的大多数不再选择沉默,秦王朝因而迅速土崩瓦解。① 赵鼎新也认为,秦国在统一中国之后所建立的帝国将其自身的统治基础几乎完全奠定在以往军事冲突/竞争过程中所发展出来的一套严酷的治理技术之上(由于秦狱讼制度属于其治理技术重要组成部分,赵氏的观点与本文的结论基本上一致)。② 赵氏进而认为,秦帝国形成了中国历史上国家权力首次不受任何力量有效制衡的局面,这样一种政治体制(狱讼制度属于其组成部分)所带来的只会是灾难性的后果。③ 中国古代也有与此相似的言说。比如,"陆生时时前说

---

① 　参见徐进:《战争与国家形成:春秋战国与近代早期欧洲之比较》,许田波:《战争与国家形成:春秋战国与近代早期欧洲之比较》,上海人民出版社 2009 年版,"译者序"第Ⅱ—Ⅳ页。

② 　参见赵鼎新:《东周战争与儒法国家的诞生》,华东师范大学出版社、上海三联书店 2006年版,第 148 页。

③ 　参见赵鼎新:《东周战争与儒法国家的诞生》,华东师范大学出版社、上海三联书店 2006年版,第 150 页。

称《诗》、《书》。高帝骂之曰：乃公居马上而得之，安事《诗》、《书》！陆生曰：居马上得之，宁可以马上治之乎？且汤武逆取而以顺守之，文武并用，长久之术也。昔者吴王夫差、智伯极武而亡，秦任刑法不变，卒灭赵氏。乡使秦已并天下，行仁义，法先圣，陛下安得而有之？"①由此可知，陆贾也认识到，"居马上而得之"不意味着"可以马上治之"，二者之间应当有所不同。他认为："文武并用，长久之术也"。然而，汉王朝包括狱讼制度在内的各种法律制度均"承秦制"，以后各王朝也没有或者不可能从根本上予以损益。统治者们是否可以做到"文武并用"，其结果又如何？历史已经给出令后世当予以高度重视的回答。

翻开中国历史可以发现，历代王朝往往会形成利益和矛盾对立的势力和集团。在矛盾无法调和之际，他们往往通过战争彻底消灭对立的势力和集团，结果就是在前朝废墟上建立新的王朝。在战争中获胜的势力和集团因而垄断了王朝一切权力，广大编户齐民成为他们可以自由按照其意志加以治理的对象，历代断狱决讼制度就是这样的政治军事背景下的产物。而西方发达国家的发展史与以上所述截然不同，在形成利益和矛盾对立的势力和集团之后，为了保障作为成员的公民的权益以及共同体不致毁灭，各种势力和集团总是倾向于在宽容和尊重对方的前提下，制定大家都必须遵循的法律。这样的法律因而必然会限制国家权力以保障公民权益。这样就可以解释为何近现代以来在国家形成的方式没有发生根本变化的情况下，西方近现代司法制度尽管成功得以移植，在实践中却发生扭曲和变形的现象。这也提示中国古代法律和狱讼制度的研究者们，再也不能像以往那样将中国古代相关史料纳入西方近现代法律和司法制度框架，而是应该从中国古代史料出发，提炼概念，归纳制度，总结出发展大势以及具有说服力和解释力的理论。

---

① 司马迁：《史记》卷九十七，中华书局 1959 年版，第 2699 页。

参考文献

一、文献类

（一）传世经典文献类

《毛诗正义》，《十三经注疏》本，中华书局 1980 年影印版。

《尚书正义》，《十三经注疏》本，中华书局 1980 年影印版。

《周礼注疏》，《十三经注疏》本，中华书局 1980 年影印版。

《仪礼注疏》，《十三经注疏》本，中华书局 1980 年影印版。

《礼记正义》，《十三经注疏》本，中华书局 1980 年影印版。

《春秋左传正义》，《十三经注疏》本，中华书局 1980 年影印版。

《春秋公羊传注疏》，《十三经注疏》本，中华书局 1980 年影印版。

《论语注疏》，《十三经注疏》本，中华书局 1980 年影印版。

《孟子注疏》，《十三经注疏》本，中华书局 1980 年影印版。

孙星衍：《尚书今古文注疏》，中华书局 1986 年版。

顾颉刚、刘起釪：《尚书校释译论》，中华书局 2005 年版。

《周礼注疏》，上海古籍出版社 2010 年版。

孙诒让：《周礼正义》卷六十六，中华书局 1987 年版。

杨伯峻：《春秋左传注》，中华书局 2009 年版。

吕祖谦：《东莱先生左氏博议》，中华书局 1985 年版。

杨伯峻：《论语译注》，中华书局 1980 年版。

王先谦：《荀子集解》，中华书局 1988 年版。

吴毓江：《墨子校注》，中华书局 1993 年版。

王先谦：《庄子集解》，中华书局 1987 年版。

蒋礼鸿：《商君书锥指》，中华书局 1986 年版。

黎翔凤:《管子校注》,中华书局 2004 年版。

王先慎:《韩非子集解》,中华书局 1998 年版。

许维遹:《吕氏春秋集释》,中华书局 2009 年版。

黄怀信等:《逸周书汇校集注》,上海古籍出版社 1995 年版。

赵善诒:《说苑疏证》,华东师范大学出版社 1985 年版。

向宗鲁:《说苑校证》,中华书局 1987 年版。

张双棣:《淮南子校释》,北京大学出版社 1997 年版。

王聘珍:《大戴礼记解诂》,中华书局 1983 年版。

黄怀信等:《大戴礼记汇校集注》,三秦出版社 2004 年版。

张敬:《烈女传今注今译》,台湾商务印书馆 1994 年版。

黄晖:《论衡校释》,中华书局 1990 年版。

董增龄:《国语正义》,巴蜀书社 1985 年版。

徐元诰:《国语集解》,中华书局 2002 年版。

缪文远:《战国策新校注》,巴蜀书社 1998 年版。

司马迁:《史记》,中华书局 1959 年版。

班固:《汉书》,中华书局 1962 年版。

范晔:《后汉书》,中华书局 1965 年版。

姚思廉:《陈书》,中华书局 1972 年版。

魏收:《魏书》,中华书局 1974 年版。

魏征等:《隋书》,中华书局 1973 年版。

脱脱等:《宋史》,中华书局 1977 年版。

司马光:《资治通鉴》,中华书局 1956 年版。

长孙无忌等:《唐律疏议》,中华书局 1983 年版。

(二) 出土文献类

中国社会科学院考古研究所:《殷周金文集成》,中华书局 1987 年版。

马承源:《商周秦铜器铭文选》第三卷,文物出版社 1988 年版。

湖北省荆沙铁路考古队:《包山楚简》,文物出版社 1991 年版。

刘彬徽等:《包山楚墓》,文物出版社 1991 年版。

睡虎地秦墓竹简整理小组:《睡虎地秦墓竹简》,文物出版社 1990 年版。

朱汉民、陈松长:《岳麓书院藏秦简》(三),上海辞书出版社 2013 年版。

二、近代史料类

夏新华等:《近代中国宪政的历程:史料荟萃》,中国政法大学出版社 2004 年版。

怀效锋等:《清末法制变革史料》,中国政法大学出版社 2009 年版。

《司法公报》第 4 号。

《司法公报》第 2 期第 6 号。

《政府公报》第 1610 号。

三、专著类(按照在文中出现的顺序排列)

籾山明:《中国古代诉讼制度研究》,上海古籍出版社 2009 年版。

罗森等:《早期日本游记》,湖南人民出版社 1983 年版。

黄遵宪:《日本国志》,天津人民出版社 2005 年版。

康有为:《日本变政考》,中国人民大学出版社 2011 年版。

梁启超:《梁启超法学文集》,中国政法大学出版社 2000 年版。

孟德斯鸠:《法意》,严复译,商务印书馆 1981 年版。

孟德斯鸠:《论法的精神》,严复译,上海三联书店 2009 年版。

D.布迪、C.莫里斯:《中华帝国的法律》,朱勇译,江苏人民出版社 2004 年版。

赵晓华:《晚清狱讼制度的社会考察》,中国人民大学出版社 2001 年版。

谢振民编著:《中华民国立法史》,中国政法大学出版社 1999 年版。

林廷琛:《法院组织法论》,上海法学编译社 1933 年版。

夏勤:《刑事诉讼法要论》,朝阳大学法律评论社 1931 年版。

吴学义:《民事诉讼法要论》,正中书局 1942 年版。

李在全:《法治与党治:国民党政权的司法党化(1923—1948)》,社会科学文献出版社 2012 年版。

李芦洲编:《国民政府的功绩》,天津庸报社 1936 年版。

王奇生:《党员、党权与党争　1924—1949 年中国国民党的组织形态》,上

海书店出版社 2009 年版。

李剑农:《最近三十年中国政治史》,上海太平洋书店 1932 年版。

张仁善:《司法腐败与社会失控》,社会科学文献出版社 2005 年版。

吕思勉:《中国制度史》,上海教育出版社 2005 年版。

冯天瑜:《"封建"考论》,武汉大学出版社 2006 年版。

林剑鸣:《法与中国社会》,吉林文史出版社 1988 年版。

徐义华:《商代国家与社会》,中国社会科学出版社 2011 年版。

李雪山:《商代分封制度研究》,中国社会科学出版社 2004 年版。

张光直:《商文明》,北京工艺美术出版社 1999 年版。

陈梦家:《殷墟卜辞综述》,中华书局 1988 年版。

王玉哲:《中华远古史》,上海人民出版社 2003 年版。

谭其骧主编:《中国历史地图集》(先秦卷),地图出版社 1982 年版。

范祥雍:《古本竹书纪年辑校订补》,上海人民出版社 1957 年版。

王国维:《观堂集林》,中华书局 1959 年版。

杨树达:《积微居金文说》,上海古籍出版社 2007 年版。

唐兰:《西周青铜器铭文分代史征》,中华书局 1986 年版。

王辉:《商周金文》,文物出版社 2006 年版。

李学勤:《青铜器与古代史》,联经出版事业公司 2005 年版。

李学勤:《当代学者自选文库·李学勤卷》,安徽教育出版社 1999 年版。

杨向奎:《宗周社会与礼乐文明》,人民出版社 1992 年版。

陈梦家:《西周铜器断代》,中华书局 2004 年版。

沈长云:《上古史探研》,中华书局 2002 年版。

张亚初、刘雨:《西周金文官制研究》,中华书局 1986 年版。

王引之:《经传释词》,黄侃、杨树达批本,岳麓书社 1982 年版。

刘翔等:《商周古文字读本》,语文出版社 2002 年版。

郭沫若:《郭沫若著作全集·考古编(第八卷)两周金文辞大系图录考释》,科学出版社 2002 年版。

孙诒让:《古籀拾遗 古籀余论》,中华书局 1989 年版。

彭裕商:《西周青铜器年代综合研究》,巴蜀书社 2003 年版。

钱穆:《两汉经学今古文评议》,商务印书馆 2001 年版。

马非百:《秦集史》,中华书局 1982 年版。

石井宏明:《东周王朝研究》,中央民族大学出版社 1999 年版。

冯绍霆:《周礼:远古的理想》,上海古籍出版社 1997 年版。

柳诒征:《中国文化史》,上海古籍出版社 2001 年版。

张全民:《〈周礼〉所见法制研究》(刑法篇),法律出版社 2004 年版。

瞿同祖:《中国封建社会》,上海人民出版社 2005 年版。

李零:《李零自选集》,广西师范大学出版社 1998 年版。

陈伟:《包山楚简初探》,武汉大学出版社 1996 年版。

李开元:《秦始皇的秘密》,中华书局 2009 年版。

程树德:《九朝律考》,中华书局 1988 年版。

查瑞珍:《战国秦汉考古》,南京大学出版社 1990 年版。

王辉:《秦出土文献编年》,新文丰出版公司 2000 年版。

何四维:《秦汉法律》,《剑桥中国秦汉史》,中国社会科学出版社 1992 年版。

郑良树:《商鞅及其学派》,上海古籍出版社 1989 年版。

许田波:《战争与国家形成:春秋战国与近代早期欧洲之比较》,上海人民出版社 2009 年版。

赵鼎新:《东周战争与儒法国家的诞生》,华东师范大学出版社、上海三联书店 2006 年版。

四、论文类(按照在文中出现的顺序排列)

小林里平:《支那司法制度改革私议》,《江苏》1902 年第 3 期。

欧阳正:《民国初期的法律与司法制度》,《中国审判制度史》,上海三联书店 2009 年版。

李衡梅:《狱讼辨析》,《人文杂志》1987 年第 4 期。

徐祥民:《对中国古代法制研究中几个思维定势的反思》,《中国社会科学》2002 年第 1 期。

徐祥民:《略论春秋刑罚的特点》,《法学研究》2000 年第 3 期。

徐祥民:《春秋时期的司寇是法官吗?》,《郑州大学学报》(哲学社会科学版)2002 年第 1 期。

宁全红:《春秋时期的狱讼初探》,《重庆师范大学学报》(哲学社会科学版)2006 年第 6 期。

宁全红:《从〈左传〉看春秋时期狱讼的基本特征》,《司法》第 4 辑,厦门大学出版社 2009 年版。

宁全红:《春秋时期狱讼的确定性问题初探》,《法律文化研究》第五辑,中国人民大学出版社 2009 年版。

宋镇豪:《夏商法律制度研究》,《夏文化研究论集》,中华书局 1996 年版。

王晖:《周文王受命称王考》,《陕西师范大学学报》(哲学社会科学版)2002 年第 4 期。

王晖:《论文王平虞芮之讼与商周战略形势之遽变》,《社会科学战线》2003 年第 1 期。

冯卓慧、胡留元:《西周军法判例——〈师旅鼎〉述评》,《人文杂志》1986 年第 5 期。

朱凤瀚:《琱生簋与琱生尊的综合考释》,《新出金文与西周历史》,上海古籍出版社 2011 年版。

朱凤瀚:《琱生簋铭新探》,《中华文史论丛》1989 年第 1 期。

王辉:《琱生三器考释》,《考古学报》2008 年第 1 期。

李学勤:《琱生诸器铭文联读研究》,《文物》2007 年第 8 期。

李学勤:《论曶鼎及其反映的西周制度》,《中国史研究》1985 年第 1 期。

王玉哲:《〈琱生簋铭新探〉跋》,《中华文史论丛》第 44 辑。

徐义华:《〈新出土五年琱生尊〉与琱生器铭试析》,《中国史研究》2007 年第 2 期。

赵光贤:《从裘卫诸器铭看西周的土地交易》,《北京师范大学学报》(社会科学版)1979 年第 12 期。

谭戒甫:《西周"曶"其铭文综合研究》,《中华文史论丛》1982 年第 3 辑,中华书局 1963 年版。

陈连庆:《试论曶鼎铭文中的几个问题》,《古文字研究》第 20 辑,中华书局 2000 年版。

晁福林:《"匹马束丝"新释——读〈曶鼎〉铭文札记》,《中华文史论丛》1982 年第 3 辑。

罗伯建:《鬲从簋盖铭文考释及金文中的诉讼》,《中国历史博物馆观刊》第 20 期。

刘桓:《鬲攸比鼎铭新释》,《故宫博物院院刊》2001 年第 4 期。

陈公柔:《西周金文中所载〈约剂〉的研究》,《先秦两汉考古学论丛》,文物出版社 2005 年版。

许进雄:《再谈金与法》,《许进雄古文字论集》,中华书局 2010 年版。

温慧辉:《"命夫、命妇不躬坐狱讼"辨析》,《法律评论》2006 年第 3 期。

彭林:《以人法天的理想国纲领——〈周礼〉》,《光明日报》2001 年 3 月 27 日。

周宝宏:《上古汉语词义是上古文献写成时代的重要依据——以产生时代分歧最多的〈尧典〉为例》,《沈阳师范学院学报》(社会科学版),2001 年第 5 期。

宗静航:《〈尚书·胤征〉的成书年代——一个语言学的考察视角》,《徐州师范大学学报》(哲学社会科学版)2010 年第 1 期。

王世民:《西周春秋金文中的诸侯爵称》,《历史研究》1983 年第 3 期。

陈恩林等:《包山"受期"简析疑》,《江汉考古》1998 年第 2 期。

曹锦炎:《包山楚简中的"受期"》,《江汉考古》1993 年第 1 期。

广濑薰雄:《包山楚简〈受期〉"阩门又败"再探》,载武汉大学简帛研究中心:《简帛》(第二辑),上海古籍出版社 2007 年版。

罗运环:《包山楚简贷金简研究》,罗运环:《出土文献与楚史研究》,商务印书馆 2011 年版。

陈伟:《包山楚简所见邑、里、州的初步研究》,《武汉大学学报》(哲学社会科学版)1995 年第 1 期。

陈伟:《包山楚司法简 131—139 号补释》,《新出楚简研读》,武汉大学出版社 2010 年版。

沈长云等:《春秋官制与〈周礼〉比较研究——〈周礼〉成书年代再探讨》,

《历史研究》2004 年第 6 期。

李开元:《焚书坑儒的虚伪真实——半桩伪造的历史》,《史学集刊》2010
年第 6 期。

白平:《"坑(阬)"非"活埋"辨》,《语文研究》2008 年第 3 期。

《临潼上焦村秦墓清理简报》,《考古与文物》1980 年第 2 期。

刘海年:《云梦秦简〈语书〉探悉》,《学习与探索》1984 年第 6 期。

朱红林:《再论竹简秦汉律中的"三环"——简牍中所反映的秦汉司法程
序研究之一》,《当代法学》2007 年第 1 期。

韩树峰:《秦汉徒刑散论》,《历史研究》2005 年第 3 期。

田湘波:《中国国民党党政体制剖析(1927—1937)》,湖南师范大学 2004
年博士论文。

赵红:《抗战时期国民政府政治体制研究》,吉林大学 2011 年博士论文。

张惠珍:《秦官制研究——出土文字与传世文献的比较研究》,国立中山
大学中国文学系 2007 年硕士论文。

后　记

为什么中国历史学界不与中国法律史学界进行学术交流？学习和研究中国法律史的人或迟或早会产生诸如此类的问题，除非他/她闭门造车，完全不顾相关领域的研究进展。也是带着这样的问题，我进入中国历史学界学习，并逐渐渴望成为一个优秀的中国历史研究者。很多人不理解我为什么要由中国法律史学界转入中国历史学界，我想利用这个机会告诉大家原因，也算是对中国法律史学界的告别吧！

进入中国法律史学界纯属偶然。在此之前我一直想从事中国法哲学研究，在读硕士期间一直希望报考武汉大学西方哲学专业博士。在因故未果之后，我觉得从事中国法哲学研究，不懂儒家思想是不可思议的，于是报考并被录取为西南政法大学中国法律史专业博士生。这就不能不提到我的博士生导师俞荣根先生。俞先生对我的向学之志非常欣赏和鼓励，然而对我的研究旨趣却不大赞成。他严肃地对我指出，佛教在东汉时期就传入中国，直到朱熹才将它纳入儒家思想体系，其间有多少学者从事相关研究啊？中国法哲学研究回避不了中西方思想的融合问题，西方思想进入中国才一百多年，中国已经研究透彻了吗？佛教与儒家思想同属东方，实现二者的有机结合都花了一千多年，中西方思想的有机融合恐怕需要更长的时间！如果我在精力旺盛的时候进行注定没有结果的思考，等到年老发现一事无成以后悔之晚矣！因此不如趁年轻做一些扎扎实实的学术研究。不仅如此，俞先生还时常利用导师的权威软硬兼施，不遗余力地将我引导到从事中国制度史的研究上来，真可谓费尽了心血。事实证明俞先生是对的，他无愧于导师的称号，也是我永远不能忘怀的！在攻读博士学位期间，社会学、人类学、历史学、《左传》以及相关研究等方面的书我都读了不少，以至于学校图书馆在统计借书数量之际，我经常名列

前十名。然而,博士论文答辩结果却是我万万没有想到的。虽然校学术委员会最终认定我通过答辩并授予博士学位,然而,这件事情也确确实实让我看到了世间个别人心之险恶。我至今坚持认为,如果用历史学的学术标准来衡量的话,中国法律史学界的博士论文恐怕绝大多数不合格!

话虽如此,我不能不考虑如何提高自己的学术水平的问题。我将博士论文寄给陕西师范大学王晖先生和武汉大学的杨华先生,请他们帮忙看看并提出我以后努力的方向。两位先生的答复都令我感到非常震惊:王晖先生指出,既然我研究《左传》,首先应该读懂《左传》!杨华先生的答复是,我与历史学者的思维方式格格不入。我感到非常困惑,于是恳请《社会科学研究》的历史编辑许丽梅女士指教,与她短短半天的交流让我一下子明白许多。在不得不完成单位工作任务的情况下,我将博士论文一些章节修改成论文,并将它们组合成为一本书,这就有了《春秋法制史研究》的问世。在出版这本书的二〇〇九年我还不得不为一件对我影响很大的俗事操劳,几乎没有多少心思进行认真修改,以至于这本书存在诸多问题。如果时光能够倒流,我根本不会出版这样的书。我现在只能恳请阅读过《春秋法制史研究》的学人谅解并忘记这本书的存在。无论如何为自己辩解都显得苍白无力,我只能说,我在不断地努力和进步,以后出版的书断不会如此。

我再次向四川大学历史文化学院博士后流动站提出申请,终于获准入站。我以为这或许是因为自己有所长进之故,在与导师彭裕商先生交流以后才发现,他不过是看我意甚诚而给我一个机会而已!彭先生是徐中舒先生的弟子,每念及此,我就觉得自己身上责任重大:我可以丢自己的脸,但没有理由让老师因为我而脸上无光。为此,在站期间,我一方面尽可能去听历史文化学院各位老师的课程;另一方面也尽可能与在课堂上认识的历史文化学院博硕士生们交流,希望可以尽快打好历史学方面的基础,养成历史学思维方式。更为重要的当然是认真读书,在彭裕商先生和他的学生的建议下,我从徐中舒先生的《古文字字形表》以及《说文解字》开始,然后阅读在甲骨文、青铜器铭文以及简帛研究方面做出重大贡献的学者们的代表性论著。与此同时,我在其他老师的建议下阅读中国古代通史以及研究中国古代各个历史阶段著名学者的论著。在此过程中,我发现阅读历史学论文的收获很大,于是将《历史研究》、

《中国史研究》乃至《近代史研究》上的很多文章,特别是考证类文章复印下来阅读、体会。我不断发现自己最为欠缺的是历史学的基本功——考证,于是在师友们的建议下将乾嘉学派名家的一些著作找来阅读和体味……

在彭裕商先生和四川省社会科学院领导们的支持下,我有幸前往清华大学出土文献研究和保护中心做一年访问学者。在李学勤先生的提携下,我有幸参加中心每周一次的工作会议,现场聆听李先生、赵平安先生、沈建华先生、李均明先生以及刘国忠先生等人关于清华简的整理和研究报告。以往学了一些古文字学理论,在中心则获得大量观摩著名学者如何实践的机会,对于我而言意义格外重大! 不仅如此,我还得以有机会经常向上述各位老师请教,至今都觉得收获非常之大! 为了尽可能掌握学术界最新动态和历史学界著名学者的研究方法,在清华访学期间,我还尽一切可能旁听清华大学历史系、北京大学中国古代史研究中心、中国人民大学历史学院以及北京师范大学历史学院一些著名学者的课程,诸如张国刚先生、侯旭东先生、廖名春先生、朱凤瀚先生、陈苏镇先生以及李帆先生等的学识和道德文章都给我留下非常深刻的印象。与在四川大学一样,我利用一切机会向在听课期间认识的优秀博硕士生们请教,问得最多的问题是:“你觉得看什么书对你而言收获最大?”然后,我将他们所说的书找来阅读。就此而言,清华大学图书馆、北京大学中国古代史研究中心资料室从来没有让我失望过! 在清华大学期间,我偶然发现侯旭东先生、方诚峰老师以及黄振萍老师组织了读书会,在他们的支持下,我积极参与其间,从而与诸多清华、北大的师生相识,得到他们诸多宝贵建议和帮助。正是在这样良好的学术环境中,我逐渐领悟到历史学的魅力,自认为完成了向历史学思维方式的转变!

我逐渐发现,历史学界师生大都认真读书,勤于思考。而且,历史系师生一般不随便发言和写文章。这很可能是因为,历史学期刊一般不会刊发没有多少学术价值或者因违反学术规范进而导致学术界口诛笔伐的文章。有人如果发表这样的文章,以后就难以在历史学界立足。与之相应的是,真正的好文章,不用担心诸如《中国史研究》之类重要期刊不会刊发,而且没有必要找关系,走门子。而所谓的真正好文章,在学术规范比较成熟的历史学界,是不难为学人达成共识的。对于一个有志于学术研究的历史系学生而言,这意味着

努力的方向明确,而且,只要愿意努力,在达到一定程度之后,就能够获得足够的学术认同和学术地位。这很可能就是历史学界师生不断努力的原因,也是我毅然决然告别中国法律史学界,进入历史学界的原因!毕竟我希望写出有价值的成果,获得相应的学术认同!

我要向上面提及的师友们表示感谢,特别的感谢要送给彭裕商先生、李学勤先生以及侯旭东先生。正是他们给了我学习和交流的机会,让我度过迄今为止最为幸福的时光!至于博硕士同学,为避免挂一漏万,我没有一一写出名字,然而,情谊永远留存于心中。最后,我要向四川省社会科学院李后强书记、侯水平院长、段渝先生以及人事处、哲学与文化研究所的领导们表示感谢!如果没有他们的关怀和支持,我恐怕没有机会学习和深造,完成对我而言至关重要的学术转型!

责任编辑:杜文丽
责任校对:张杰莉

图书在版编目(CIP)数据

周秦时代狱讼制度的演变/宁全红 著. -北京:人民出版社,2015.12
ISBN 978－7－01－015523－4

Ⅰ.①周…　Ⅱ.①宁…　Ⅲ.①法制史-研究-中国-周代②法制史-研究-
　中国-秦代　Ⅳ.①D929.2

中国版本图书馆 CIP 数据核字(2015)第 275572 号

周秦时代狱讼制度的演变
ZHOUQIN SHIDAI YUSONG ZHIDU DE YANBIAN

宁全红　著

人民出版社 出版发行
(100706　北京市东城区隆福寺街 99 号)

北京汇林印务有限公司印刷　新华书店经销

2015 年 12 月第 1 版　2015 年 12 月北京第 1 次印刷
开本:710 毫米×1000 毫米 1/16　印张:18.25
字数:310 千字　印数:0,001-3,000 册

ISBN 978－7－01－015523－4　定价:63.80 元

邮购地址 100706　北京市东城区隆福寺街 99 号
人民东方图书销售中心　电话 (010)65250042　65289539